Flutter

중고거래 클론 코딩으로 **플러터와 Node.js 배우기**

플러터와 Node.js로 시작하는 풀스택 개발

YoungJin.com Y.
영진닷컴

플러터와 Node.js로 시작하는 풀스택 개발

Copyright ⓒ 2024 by Youngjin.com Inc.
B-10F, Gab-eul Great Valley, 32, Digital-ro 9-gil, Geumcheon-gu, Seoul, Republic of Korea.
All rights reserved. No part of this book may be reproduced or transmitted in any form or by any means, electronic or mechanical, including photocopying, recording or by any information storage retrieval system, without permission from Youngjin.com Inc.

ISBN 978-89-314-7796-2

독자님의 의견을 받습니다.

이 책을 구입한 독자님은 영진닷컴의 가장 중요한 비평가이자 조언가입니다. 저희 책의 장점과 문제점이 무엇인지, 어떤 책이 출판되기를 바라는지, 책을 더욱 알차게 꾸밀 수 있는 아이디어가 있으면 팩스나 이메일, 또는 우편으로 연락주시기 바랍니다. 의견을 주실 때에는 책 제목 및 독자님의 성함과 연락처(전화번호나 이메일)를 꼭 남겨 주시기 바랍니다. 독자님의 의견에 대해 바로 답변을 드리고, 또 독자님의 의견을 다음 책에 충분히 반영하도록 늘 노력하겠습니다.

주 소 : (우)08512 서울특별시 금천구 디지털로9길 32 갑을그레이트밸리 B동 10층 (주)영진닷컴
이메일 : support@youngjin.com
※ 파본이나 잘못된 도서는 구입처에서 교환 및 환불해드립니다.

STAFF

저자 김진형 | **총괄** 김태경 | **진행** 김용기 | **표지 디자인** 김유진 | **내지 디자인·편집** 김효정
영업 박준용, 임용수, 김도현, 이윤철 | **마케팅** 이승희, 김근주, 조민영, 김민지, 김진희, 이현아
제작 황장협 | **인쇄** 예림

지은이의 글

프로그래밍은 여행과 비슷한 점이 많습니다.

여행을 떠나기로 결심했지만, 경험이 부족하면 여행 가방에 무엇을 채워야 할지 막연할 것입니다. 처음에는 주변의 여행 경험자들의 조언을 참고해 신발, 카메라, 의류, 충전기, 세면도구 등을 챙겨 출발하게 됩니다. 그렇게 떠나다 보면 미처 챙기지 못해 아쉬운 물건이 생기기도 하고, 가져왔지만 전혀 쓰지 않는 짐도 생깁니다. 이런 과정을 반복하다 보면, 자신의 여행 스타일에 따라 필요한 물건이 무엇인지 점차 명확해집니다. 여행지에서 걷는 것을 좋아한다면 예쁜 신발보다 편한 신발을 고르고, 걷는 것을 좋아하지 않고 교통수단을 주로 이용하며 사진 찍는 것을 즐긴다면 스타일에 맞게 신을 다양한 신발을 찾게 될 것입니다.

프로그래밍도 이와 비슷합니다. 컴퓨터로 프로그래밍을 시작하기로 마음먹으면 제일 먼저 배우는 것이 프로그래밍 언어입니다. C언어, JAVA, Node.js 또는 Python 등의 다양한 프로그래밍 언어와 백엔드, 프론트엔드, 인공지능, DevOps, 모바일 등 많은 분야가 있지만 처음에는 주변 선배들의 조언을 참고해 프로그래밍을 시작합니다. 프로그래밍을 시작하여 작은 프로젝트라도 몇 번 경험하다 보면, 처음 선택한 분야와 스타일을 계속 유지할 수도 있고, 그렇지 않고 다른 분야에 내가 좀 더 흥미가 있다는 걸 알게 되어 여러 가지 도전을 하다 결국 자신의 스타일에 맞는 분야를 찾게 됩니다.

이 도서는 애플리케이션 서비스를 만들고 싶지만, 경험이 부족한 초보자나 애플리케이션 서비스의 흐름을 이해하고 싶으나 아직 프로젝트를 시작하지 못한 분들을 위해 기획되었습니다. 프로그래밍 언어, 데이터베이스, 서버 등에 대한 기초 지식을 어느 정도는 알고 있지만 프로젝트의 경험이 아직 많지 않은 분들께 간접적으로 경험을 제공하여 자신의 스타일을 찾는 데 도움을 주려는 목적으로 작성하였습니다. 이 책을 통해 앞으로 현업에서 프로젝트를 수행하게 될 독자분들이 자신의 스타일을 찾아가는 여정을 하루라도 시간을 절약하는 데 도움이 될 수 있으면 좋겠습니다.

김진형

이 책에 대하여

이 책의 구성

이 책은 C 언어, JAVA, Python 등 여러 프로그래밍 언어에 익숙하고, 데이터베이스와 네트워크에 대한 기초적인 이해를 한 독자를 대상으로, 작은 프로젝트를 만들어가는 과정을 소개합니다.

프로그래밍 언어 소개 단원에서는 플러터 실행을 위한 Dart 언어의 기본 사용법과 서버 구동을 위한 Node.js 언어의 기초를 다룹니다. 이 내용들은 간략하게 소개되므로 프로그래밍 경험이 전혀 없는 독자들에게는 다소 어렵게 느껴질 수 있지만, 해당 언어에 어느 정도 익숙한 독자들에게는 쉽게 다가갈 수 있습니다.

프로젝트 실행 단원에서는 "당근마켓" 애플리케이션의 알림, 위치 기반 서비스 등 복잡한 기능을 모두 구현하지는 않지만, 간단한 피드 보기, 생성, 삭제, 수정 및 채팅 기능을 백엔드와 프론트엔드에서 혼자 구현할 수 있도록 안내합니다.

각 단원의 내용은 전문적인 플러터 또는 Node.js 기본서들에 비해 상세하지 않을 수 있습니다. 그러나 이 책의 목표는 12장에 걸쳐 모바일 애플리케이션, 백엔드, 데이터베이스, 네트워크, 프로젝트 설계 등 프로젝트 실행에 필요한 다양한 지식의 흐름을 다루는 것입니다.

마지막 13, 14장에서는 앞선 12장을 수행하면서 익숙해진 흐름을 바탕으로 나중에 생긴 기능을 추가하고 싶을 때 어떻게 추가할지 연습할 수 있도록 구성되어 있습니다.

예제 소스 다운로드

이 책에 사용된 예제 코드는 https://github.com/Youngjin-com/FlutterNode.js에서 챕터별 소스코드를 확인할 수 있습니다.

영진닷컴 자료실(https://youngjin.com/reader/pds/pds.asp(영진닷컴 〉 고객센터 〉 부록CD 다운로드))도 다운로드가 가능합니다.

스터디 카페

네이버 카페(개프로 - 개발자 되기 프로젝트): http://cafe.naver.com/codingbeginner 개프로 카페에서 다양한 개발 꿀팁과 스터디 정보를 빠르게 얻을 수 있습니다.

목차

1장 _ 플러터 개발환경 구축 및 DART 문법

1 플러터 설치 및 환경설정 10
2 Dart 기초 21
3 다트의 심화 기능과 객체지향 프로그래밍 27

2장 _ 플러터 레이아웃과 주요 위젯

1 기본 위젯의 이해 및 활용 40
2 이미지, 아이콘 및 사용자 입력 위젯 55
3 Stateless와 Stateful 위젯 65

3장 _ 플러터의 네비게이션과 화면 전환

1 화면 전환과 데이터 전달 74
2 네비게이션 바 93
3 탭 기반 네비게이션 구현 98
4 상호작용형 UI 요소 107
5 Row와 Column을 활용한 레이아웃 구성 117

4장 _ 상태 관리 기법

1 상태 관리의 필요성 138
2 외부 라이브러리 설정 149
3 GetX를 이용한 상태 관리 도입 158

5장 _ SNS 프로젝트: 기본 구조 및 UI 설계

1 프로젝트 아키텍처와 폴더 구조 계획 166
2 Wireframe 및 Mockup 설계 174
3 UX 개선을 위한 애니메이션 및 트랜지션 추가 179
4 API 연동 188
5 GetConnect 도입 194

6장 _ 주요 페이지별 UI 생성

1 Intro 및 로그인 화면 208
2 회원 가입 화면 225
3 마이페이지 화면 241

7장 _ Node.js 기본 문법

1 개발환경 설정하기 250
2 변수와 자료형 255
3 Node.js의 기본 구조: 모듈과 패키지 관리 263
4 콜백과 비동기 처리 268

8장 _ Express 프레임워크

1 Express 프레임워크 소개 276
2 기타 핵심 기능들 296
3 보안 303
4 데이터베이스 312

9장 _ 홍당무마켓 백엔드 구현

1 파일 처리 328
2 회원 332
3 피드 342

10장 _ 홍당무 API와 플러터 연동

1 회원 350
2 피드 생성, 목록, 수정 개선 360
3 피드 상세, 삭제 추가 381
4 마이페이지 396

11장 _ 기타 플러터 패키지 활용하기

1 GetStorage 406
2 Image Picker 411
3 Timeago 427
4 WebviewFlutter 434
5 플러터 런처 아이콘(Flutter Launcher Icons) 438

12장 _ 홍당무마켓 완성

1 검색 442
2 로그아웃 452
3 판매 내역 455
4 즐겨찾기 백엔드 462
5 즐겨찾기 플러터 472

13장 _ 추가 소셜 기능 구현하기(동네 생활)

1 동네 생활 백엔드 486
2 동네 생활 플러터 491

14장 _ 추가 소셜 기능 구현하기(채팅)

1 채팅 520

찾아보기 557

1장

플러터 개발환경 구축 및 DART 문법

플러터는 안드로이드, 아이폰, 윈도우 앱, 맥용 앱, 그리고 웹까지 다양한 플랫폼에서 애플리케이션을 개발할 수 있는 강력한 크로스 플랫폼 프레임워크입니다. 이 장에서는 플러터의 개발환경을 구축하고, 개발을 시작하기 위해 필요한 Dart 언어의 기본 문법을 소개합니다.

1 플러터 설치 및 환경설정

플러터 설치는 다양한 플랫폼을 지원하기 위해 몇 가지 단계를 거쳐야 합니다. 이 장에서는 플러터 SDK, 코드 에디터, 그리고 각 플랫폼의 SDK 및 도구를 설치하여 개발 환경을 준비하는 방법을 설명하겠습니다

❶ **플러터 SDK 설치:** 플러터 프로젝트를 생성하고 빌드하는 데 필요한 핵심 도구입니다. 이 SDK는 플러터의 모든 기능을 제공하며, 플랫폼 간 코드를 관리하는 데 중심적인 역할을 합니다. 설치 방법은 공식 사이트(https://docs.flutter.dev/get-started/install)에 소개되어 있습니다.

❷ **코드 에디터 설치:** 플러터 코드를 효과적으로 작성하고 수정하기 위해 코드 에디터를 설치합니다. 이 책에서는 가벼우면서도 강력한 기능을 제공하는 비주얼 스튜디오 코드를 추천하며, 플러터 개발을 용이하게 하는 확장 프로그램(Extension)도 함께 설치하는 것이 좋습니다.

❸ **각 플랫폼별 SDK 및 도구 설치**

- 매킨토시: 매킨토시에서는 안드로이드 애플리케이션과 아이폰 앱 애플리케이션의 개발을 지원하기 위해 안드로이드 스튜디오와 엑스코드(XCode)를 설치합니다. 이 두 도구는 매킨토시에서 안드로이드 및 아이폰 앱 애플리케이션을 각각 빌드하는 데 필요합니다.
- 윈도우: 윈도우 환경에서는 안드로이드 스튜디오만 설치하게 됩니다. 윈도우는 아이폰 앱 애플리케이션 개발을 지원하지 않기 때문에 엑스코드는 설치할 수 없습니다.

각 플랫폼에서 애플리케이션을 개발할 때, 각 운영 체제에 맞는 SDK와 도구들을 설치하는 것이 필수적입니다. 예를 들어, 윈도우 환경에서는 아이폰 앱을 직접 빌드할 수 없으므로, 플랫폼별로 제한 사항을 미리 파악하는 것이 중요합니다. 여러 플랫폼에 애플리케이션을 배포하려면, 각 플랫폼에서 지원하는 에뮬레이터나 빌드 환경을 잘 알아보고, 이를 적절히 활용하여 충분한 테스트를 진행해야 합니다. 또한, 각 플랫폼의 권한 요구, 정책 차이, 설정 방법 등을 사전에 대비하는 것이 필요합니다.

1.1 매킨토시 환경

플러터 SDK 설치

플러터 공식 사이트에서 안내하는 매킨토시용 설치 방법은 비주얼 스튜디오 코드 에디터의 SDK 설정에서 설치하는 방법과, 직접 다운로드하여 설치하는 방법 두 가지를 안내하고, 비공식으로는 홈브루(homebrew) 라는 매킨토시용 패키지 관리 애플리케이션으로 설치하는 방법이 있습니다.

어느 정도 매킨토시 개발환경에 익숙한 개발자라 하면 홈브루를 통해 설치하는 방법이 간단할 수 있지만, 아직 홈브루에 익숙하지 않을 수 있고, 비주얼 스튜디오 코드 에디터 대신 안드로이드 스튜디오 에디터를 사용하려 하는 사용자가 있을 수 있기에 가장 일반적인 직접 다운로드 후 설치하는 방법을 순서대로 설명하겠습니다.

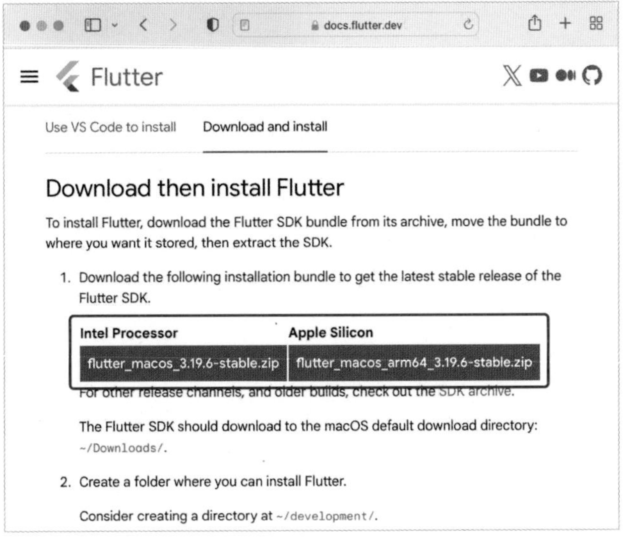

그림 1-1 매킨토시 플러터 다운로드 후 설치 방법 안내 페이지

먼저 자신의 프로세서에 맞는 압축 파일을 다운받은 이후 3번에서 안내한 대로 ~/development/flutter 디렉터리에 압축을 풀어주어야 합니다. 정상 실행하기 위하여 아래와 같이 스크립트를 수정하여 실행해 주어야 합니다.

```
$ unzip ~/Download/다운받은 압축 파일.zip -d ~/development/
```

```
jinhyung — -zsh — 80×24
jinhyung@gimjinhyeong-ui-MacBookPro ~ % unzip ~/Downloads/flutter_macos_3.19.6-s
table.zip -d ~/development/
Archive:  /Users/jinhyung/Downloads/flutter_macos_3.19.6-stable.zip
   creating: /Users/jinhyung/development/flutter/
  inflating: /Users/jinhyung/development/flutter/CODE_OF_CONDUCT.md
   creating: /Users/jinhyung/development/flutter/.pub-preload-cache/
  inflating: /Users/jinhyung/development/flutter/.pub-preload-cache/material_col
or_utilities-0.8.0.tar.gz
  inflating: /Users/jinhyung/development/flutter/.pub-preload-cache/googleapis-3
.0.0.tar.gz
  inflating: /Users/jinhyung/development/flutter/.pub-preload-cache/xml-6.5.0.ta
r.gz
  inflating: /Users/jinhyung/development/flutter/.pub-preload-cache/url_launcher
_macos-3.1.0.tar.gz
  inflating: /Users/jinhyung/development/flutter/.pub-preload-cache/test_api-0.6
.1.tar.gz
  inflating: /Users/jinhyung/development/flutter/.pub-preload-cache/crypto-3.0.3
.tar.gz
  inflating: /Users/jinhyung/development/flutter/.pub-preload-cache/video_player
_android-2.4.11.tar.gz
 extracting: /Users/jinhyung/development/flutter/.pub-preload-cache/camera_platf
orm_interface-2.7.1.tar.gz
 extracting: /Users/jinhyung/development/flutter/.pub-preload-cache/stream_chann
el-2.1.2.tar.gz
```

그림 1-2 플러터 SDK unzip 명령어로 압축 해제

환경 변수 설정

압축을 해제한 이후에는 PATH 설정을 해주어야 합니다. 그래야 앞으로 어느 위치에서나 flutter 명령어를 사용했을 때 정상적으로 플러터가 실행되게 됩니다. 사이트에서는 ~/.zshenv를 만들어 사용하라고 나와있는데, 그대로 사용하여도 좋고 혹시 이전에 사용하던 환경 변수 파일이 ~/.basrc, ~/.bash_profile, ~/.zshrc, ~/.zsh_profile 등으로 존재한다면, 해당 파일의 제일 아래쪽에 다음의 스크립트를 추가합니다.

```
export PATH=$HOME/development/flutter/bin:$PATH
```

추가 이후 source 명령어를 사용해 **source ~/.zshenv** 와 같은 방법으로 해당 환경 변수 파일을 강제 실행해주면 설치 완료입니다.

```
$ vim ~/.zshenv          # zshenv 파일을 열어 PATH 추가
$ source ~/.zshenv       # 추가 완료 이후에 설정 적용
```

Cocoa Pods

매킨토시에서 아이폰 또는 매킨토시용 애플리케이션을 만들기 위해서는 라이브러리 관리 도구인 Cocoa Pods 설치가 필수입니다. 매킨토시 자체에 내장되어 있는 gem 명령어를 통해 설치를 완료한 후, 플러터의 환경 변수를 추가한 것과 같은 과정으로 Cocoa Pods의 환경 변수를 추가해야 합니다.

```
$ sudo gem install cocoapods
```

```
jinhyung — vim ~/.zshenv — 80×24
export PATH=$HOME/development/flutter/bin:$PATH
export PATH=$HOME/.gem/bin:$PATH
~
~
~
~
~
~
~
~
~
~
~
```

그림 1-3 플러터와 Cocoa Pods 환경설정을 포함한 .zshenv 파일

```
export PATH=$HOME/development/flutter/bin:$PATH
export PATH=$HOME/.gem/bin:$PATH
```

앞의 환경 변수 추가 이후, source ~/.zshenv의 명령어로 설정을 적용하면, 이제 flutter --version 명령어를 입력할 때 플러터의 버전이 표시되게 됩니다.

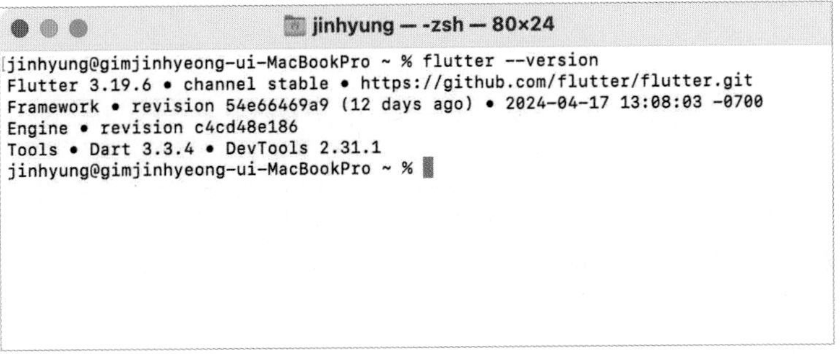

jinhyung — -zsh — 80×24
jinhyung@gimjinhyeong-ui-MacBookPro ~ % flutter --version
Flutter 3.19.6 • channel stable • https://github.com/flutter/flutter.git
Framework • revision 54e66469a9 (12 days ago) • 2024-04-17 13:08:03 -0700
Engine • revision c4cd48e186
Tools • Dart 3.3.4 • DevTools 2.31.1
jinhyung@gimjinhyeong-ui-MacBookPro ~ %

그림 1-4 매킨토시에서 flutter --version 명령어 실행 모습

1.2 윈도우 환경

플러터 SDK 설치

플러터 공식 사이트에서 안내하는 윈도우용 설치 방법은 비주얼 스튜디오 코드 에디터의 SDK 설정에서 설치하는 방법과 직접 다운로드하여 설치하는 방법 두 가지를 안내하고 있습니다. 매킨토시 환경과 같은 이유로 직접 다운로드 후 설치하는 과정을 안내합니다.

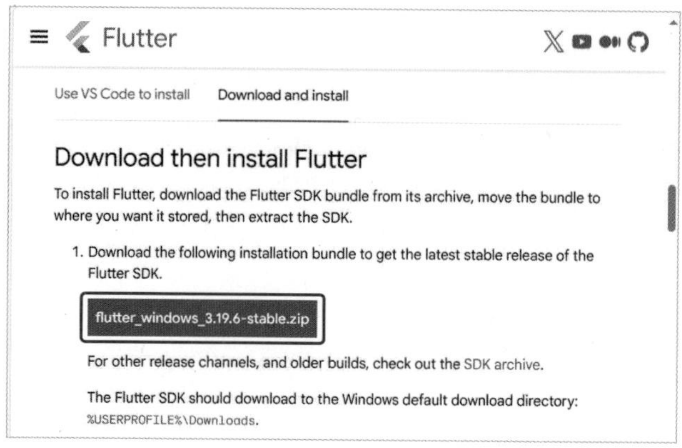

그림 1-5 윈도우에서 플러터 다운로드 후 설치방법 안내 페이지

zip 파일을 다운로드 받은 이후, 사이트에서 안내해 주는 명령어를 그대로 PowerShell에 붙여넣기 하여 실행하면 사용자의 홈 안에 ₩dev 디렉터리에 플러터를 압축해제합니다.

```
C:> Expand-Archive `
    -Path $env:USERPROFILE\Downloads\flutter_windows_3.19.6-stable.zip `
    -Destination $env:USERPROFILE\dev\
```

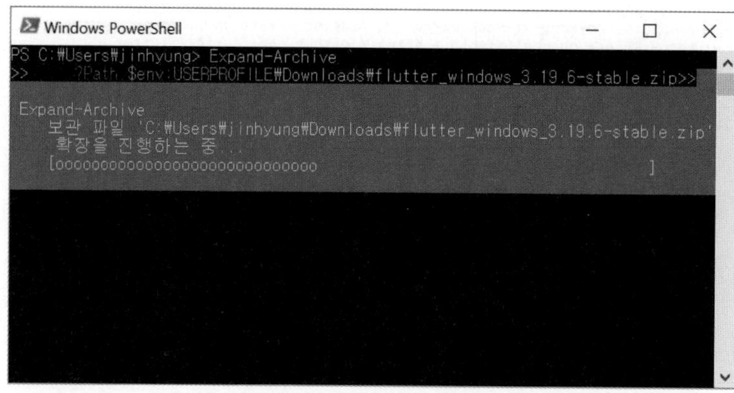

그림 1-6 Expand-Archive 명령어로 압축 해제하는 모습

환경 변수 설정

압축 해제 이후 각 디렉터리에서 플러터 SDK를 참고할 수 있도록 환경 변수에 등록해 줘야 합니다. 환경 변수는 고급 시스템 설정에서 등록할 수 있는데, 가장 쉽게 해당 설정을 들어가는 방법은 윈도우키를 한번 누른 뒤 "고급" 정도의 단어만 입력하더라도 제어판에 있는 고급 시스템 설정 보기 메뉴를 찾을 수 있습니다.

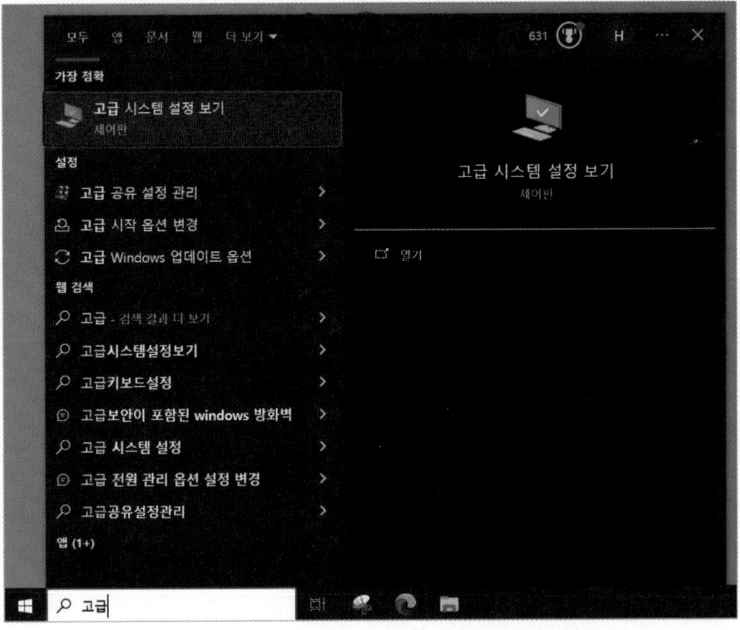

그림 1-7 작업표시줄에서 고급 시스템 설정 보기 검색

이후 [고급] 탭에서 우측 아래의 [환경 변수] 설정을 눌러, 압축을 해제한 플러터 디렉터리를 지정해야 합니다.

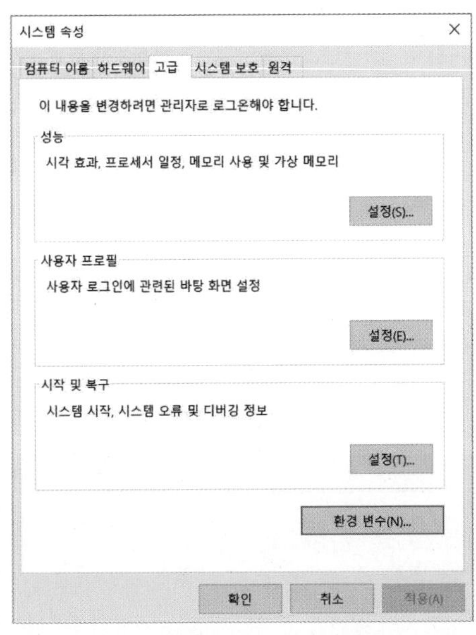

그림 1-8 시스템 속성 중 환경 변수 설정이 위치한 "고급" 탭

환경 변수 탭에는 사용자 환경 변수와, 시스템 변수 두 가지가 상하로 구분되어 있습니다. 플러터 사이트에서 안내하는 방법은 사용자 환경 변수에서 Path 변수에 추가하는 방법입니다. 만약 Path 변수가 없다면 생성하고, 있다면 편집을 눌러서 수정창으로 이동합니다.

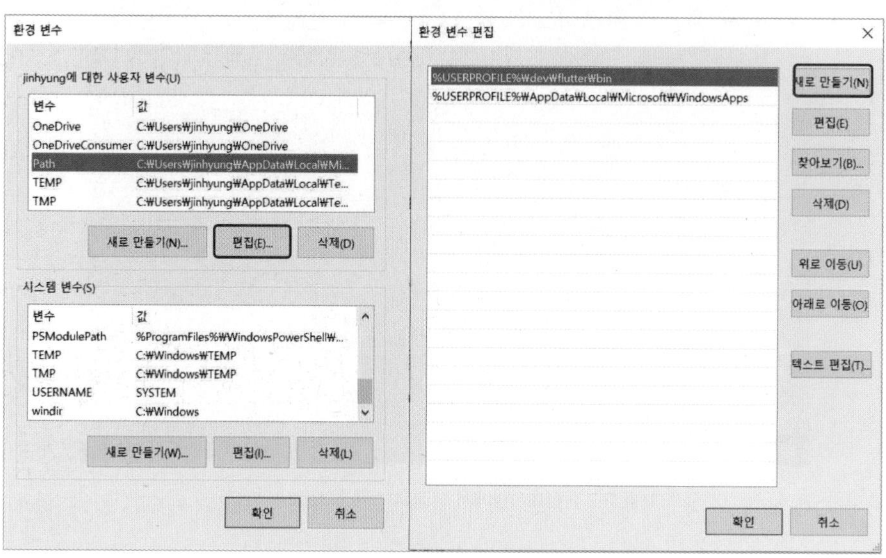

그림 1-9 환경 변수 설정 화면

Path 변수를 편집한 창에서는 여러 개의 환경 변수를 리스트의 형태로 배치할 수 있습니다. **'새로 만들기'**를 눌러 다음의 플러터 환경 변수를 추가한 뒤, **'위로 이동'**을 눌러 제일 상단에 플러터 환경 변수가 위치할 수 있도록 합니다.

```
%USERPROFILE%\dev\flutter\bin
```

이제 기본적인 플러터 설치가 완료되었습니다. 정상 설치 확인은 이제 **PowerShell**을 완전히 종료했다가 다시 실행한 이후 **flutter --version** 명령어를 실행해 정상 동작되는지 확인해 보면 됩니다.

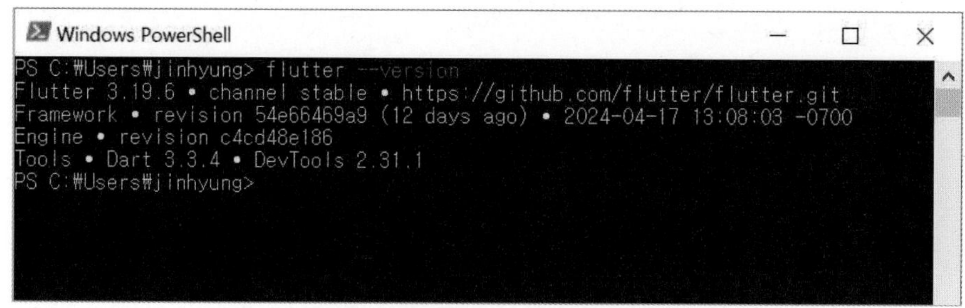

그림 1-10 윈도우 환경에서 flutter —version 명령어 실행 모습

1.3 안드로이드 스튜디오 설치

플러터로 모바일 애플리케이션을 만들기 위해서는 해당하는 애플리케이션 개발 환경이 구축되어 있어야 합니다. 아이폰 애플리케이션 개발은 매킨토시에서만 가능하며 엑스코드를 설치하면 됩니다. 반면, 안드로이드 애플리케이션 개발은 매킨토시와 윈도우 환경 모두 지원되며, 간단하게 안드로이드 스튜디오를 설치하면 가능합니다.

안드로이드 스튜디오 설치 방법은 공식 사이트(https://developer.android.com/studio)에 접속하여 안드로이드 스튜디오 다운로드 버튼을 클릭하여 설치 파일을 다운받습니다.

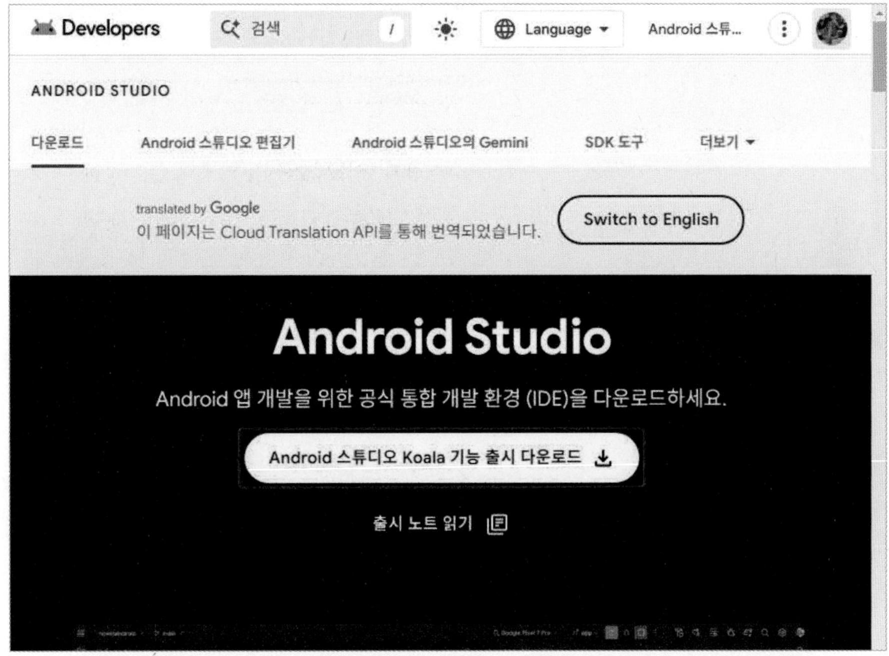

그림 1-11 안드로이드 스튜디오 다운로드 화면

설치 파일을 다운받아 설치를 할 때 주의할 점은 안드로이드 가상 장치를 선택하는 체크박스 화면에서 기본으로 체크되어 있는 체크박스를 해지하지 않고 설치하여야 합니다. 그래야 에뮬레이터 장치를 활용하여 사용자의 컴퓨터 환경에서 안드로이드를 연습해 볼 수 있습니다.

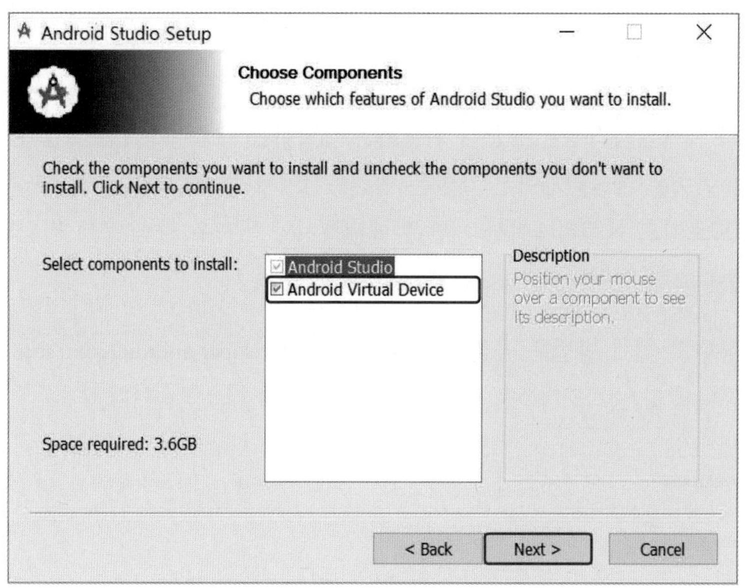

그림 1-12 안드로이드 스튜디오 설치 화면 중 에뮬레이터 선택 화면

설치가 완료된 이후, 최초로 안드로이드 스튜디오를 실행하게 되면, 안드로이드 스튜디오의 관련된 개발 도구들을 설정할 수 있는 창이 나타나게 됩니다. 설치 방법을 일반 설치(Standard)로 선택해서 기본적인 도구들을 모두 설치할 수 있도록 합니다.

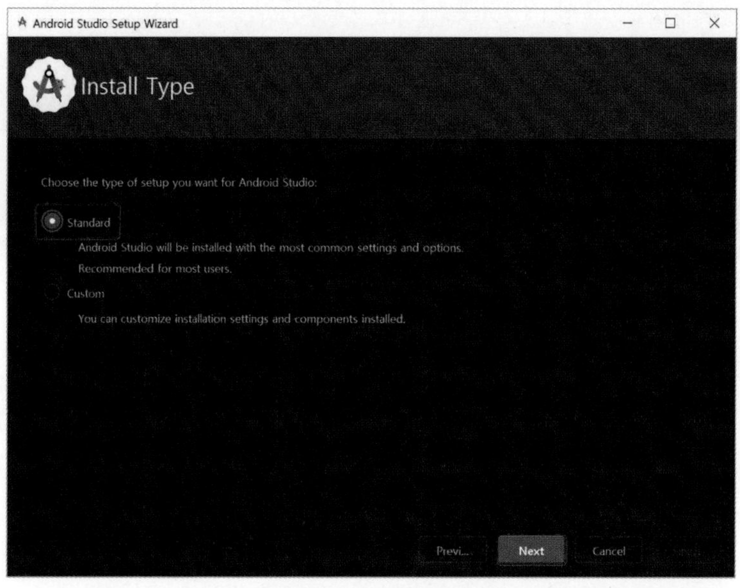

그림 1-13 안드로이드 스튜디오 최초 실행 화면 중 설치 타입 선택 화면

이후 해당 개발 도구들의 기본적인 라이센스 안내를 읽어본 뒤 동의함(Accept)을 체크하여 설치를 마무리합니다.

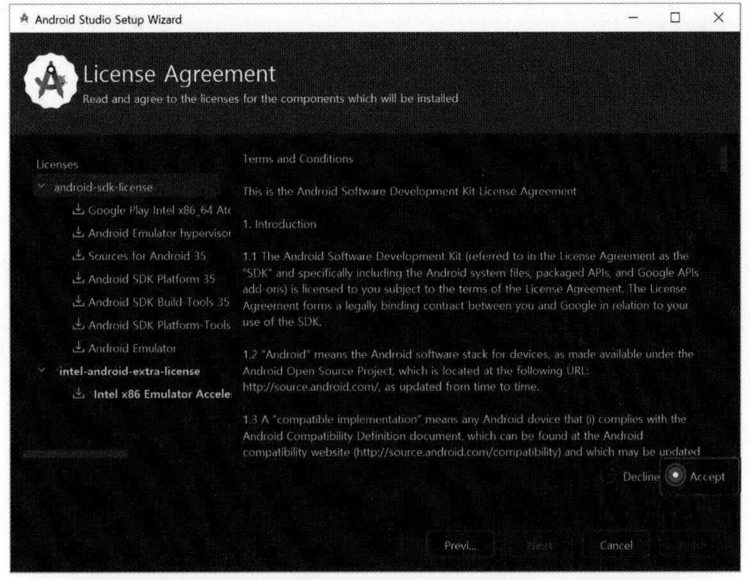

그림 1-14 안드로이드 스튜디오 최초 실행 화면 중 개발 도구 라이선스 화면

설치가 완료되었다면, 안드로이드 가상 에뮬레이터가 적절한 버전으로 추가됩니다. 다음에 설치할 에디터에서 해당 에뮬레이터를 선택하여 실습 컴퓨터 환경에서 안드로이드 가상 환경으로 애플리케이션을 구동할 수 있습니다.

에뮬레이터의 화면 크기나, 버전 또는 하드웨어 사양을 일부 변경하고 싶은 경우에는 안드로이드 스튜디오 메인 화면에서 "More Actions" 버튼 아래 "Virtual Device Manager" 버튼을 눌러 에뮬레이터를 수정할 수 있습니다. 차후 애플리케이션을 배포하거나 대상이 되는 장치의 사양이 명확해질 때 이를 활용해 에뮬레이터를 변경할 수 있습니다.

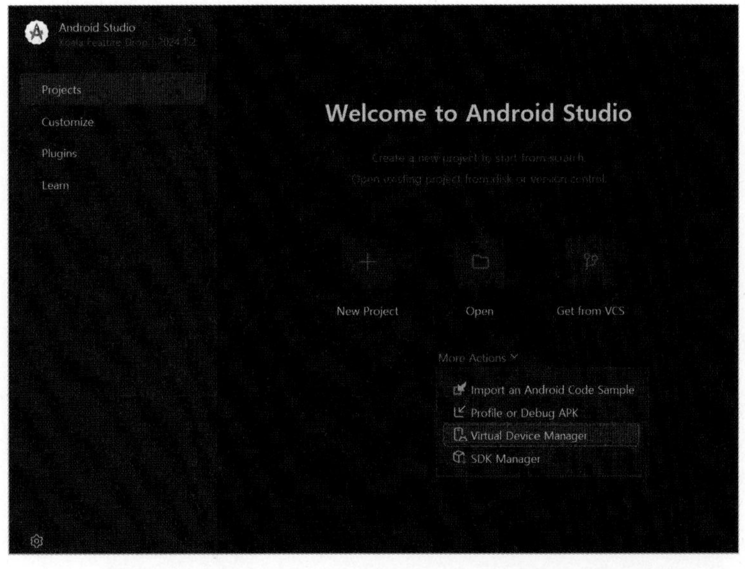

그림 1-15 안드로이드 스튜디오 실행 화면 중 에뮬레이터 선택 화면

1.4 에디터 설치

플러터를 실행하기 위한 플러터 SDK와 안드로이드 스튜디오를 설치 완료하였습니다. 매킨토시를 사용하는 환경을 사용 중이라면 여기에 엑스코드까지 설치하여 아이폰 애플리케이션 개발까지 가능한 환경이 만들 수 있습니다. 이제 이런 개발도구들을 활용할 코드 에디터를 설치하여 플러터 개발 환경을 완성할 단계입니다. 이 책에서는 비주얼 스튜디오 코드를 기준으로 설치 방법과 사용 방법을 안내합니다.

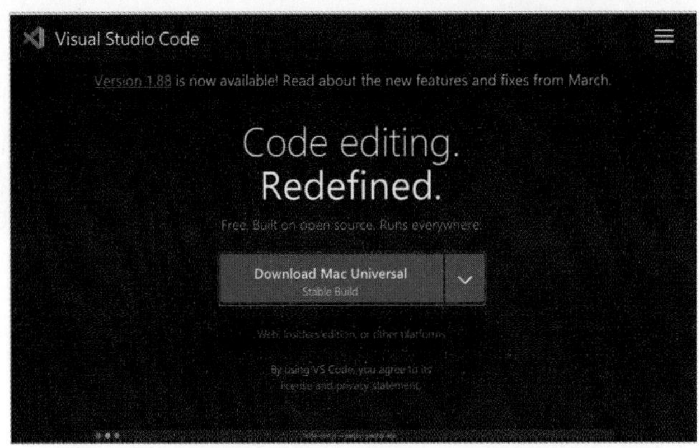

그림 1-16 비주얼 스튜디오 코드 다운로드 화면

비주얼 스튜디오 코드 설치는 공식 사이트에서 프로그램 파일을 다운받고 윈도우 사용자의 경우에는 설치 파일을 실행해 설치를, 매킨토시 사용자의 경우엔 Application 디렉터리에 해당 실행 파일을 복사하면 끝입니다. 다만 한가지 추가 설정이 있습니다.

그림 1-17 비주얼 스튜디오 코드 확장 기능에서 Flutter 설치

설치 후 실행 단계에서 가장 왼쪽의 메뉴 중 5번째 **확장** 메뉴를 선택한 이후, 검색창에 "**Flutter**"를 검색해 나온 플러터 확장을 설치해야 합니다. 해당 확장은 비주얼 스튜디오 코드 에디터에서 플러터를 실행하기 위해 다양한 에뮬레이터(아이폰, 안드로이드 폰, 크롬) 등을 쉽게 연결해 주며, 다트 언어의 오타와 자동완성 등을 지원해 주는 플러그인입니다.

2 Dart 기초

이제 플러터와 다트(Dart) 컴파일러가 컴퓨터에 설치되었습니다. 플러터 개발을 시작하기 전에, 이번 단원에서는 다트 언어의 특징과 다른 프로그래밍 언어와의 차이점에 대해 학습하겠습니다. 여기서 다트 언어의 기초부터 고급 개념까지 이해함으로써, 플러터 개발을 더욱 효율적으로 진행할 수 있을 것입니다.

2.1 다트의 개요 및 특징

이 책은 프로그래밍을 처음 접하는 이들을 대상으로 하지 않습니다. 대신, 이미 어느 정도 프로그래밍 경험이 있는 분들을 주 독자층으로 삼고 있으며, 그러한 배경을 가진 독자들에게 가장 유용할 정보를 제공합니다. 따라서, 다른 프로그래밍 언어 책에서 흔히 볼 수 있는 기본적인 내용(예: if 문과 switch 문의 사용법 등)은 생략하고, 다트 언어만의 독특한 특징과 기능들을 중점적으로 다룹니다.

다트 기본 구조

다트는 객체지향 프로그래밍 언어의 특징을 갖추고 있으며, 모든 다트 프로그램은 main() 함수에서 시작하여 실행 흐름이 구성됩니다.

다음은 다트에서 클래스를 정의하고 사용하는 기본적인 예제입니다. 이 예제에서는 간단한 Person 클래스를 만들고, 이 클래스의 인스턴스를 생성하여 특정 기능을 수행하도록 합니다.

```
// Person 클래스 정의
class Person {
  String name;
  int age;

  // 생성자
  Person(this.name, this.age);

  // 인사 메시지 출력 메서드
  void greet() {
    print("제 이름은 $name이고, $age 살입니다.");
  }
```

```
13  }
14
15  void main() {
16    // Person 클래스의 인스턴스 생성
17    var alice = Person("Alice", 30);
18    var bob = Person("Bob", 25);
19
20    // greet 메서드 호출
21    alice.greet();  // 출력: 제 이름은 Alice이고 30 살입니다.
22    bob.greet();    // 출력: 제 이름은 Bob이고 25 살입니다.
23  }
```

02번째 줄 Person 클래스는 이름(name)과 나이(age)를 속성으로 가지며, 이 두 속성은 클래스의 생성자를 통해 초기화됩니다. 또한, **10**번째 줄 greet() 메서드는 해당 객체의 이름과 나이를 사용하여 인사 메시지를 출력합니다. **15**번째 줄 main() 함수 내에서는 Person 클래스의 인스턴스를 생성하고, **21**번과 **22**번째 줄에서 각 인스턴스의 greet() 메서드를 호출하여 인사 메시지를 출력합니다.

다트의 비동기 프로그래밍

다트에서는 Future와 Stream 객체를 통해 비동기 프로그래밍을 구현하며, 이러한 접근은 네트워크 요청이나 파일 I/O와 같이 시간이 소요되는 작업들을 효율적으로 처리할 수 있게 합니다. 이 두 객체는 이벤트 기반의 비동기 패턴을 활용하여 애플리케이션의 반응성을 극대화할 수 있도록 도와줍니다.

다음의 예제에서는 Future 객체를 사용하여 비동기적으로 데이터를 처리하는 방법을 보여줍니다. 이는 다트에서 비동기 프로그래밍의 기본적인 패턴을 잘 보여줍니다.

```
// 비동기적으로 사용자 데이터를 가져오는 함수
Future<String> fetchUserData() {
  // 가상의 사용자 데이터를 2초 후에 반환합니다.
  return Future.delayed(Duration(seconds: 2), () => 'User data');
}

// 비동기 함수를 호출하는 메인 함수
void main() async {
  // fetchUserData()의 완료를 기다립니다.
  String data = await fetchUserData();
  print(data); // 출력: User data
}
```

02번째 줄 fetchUserData() 함수는 **04**번째 줄 Future.delayed를 사용하여 2초 후에 'User data'라는 문자열을 반환합니다. 이는 네트워크 통신이나 데이터베이스 조회와 같은 비동기 연산을 시뮬레이션하기 위한 간단한 예시입니다. **08**번째 줄 main() 함수에서는 async 키워드로 비동기 함수임을 명시하고, **10**번째 줄 await 키워드를 사용하여 fetchUserData() 함수의 결과가 준비될 때까지 실행을 잠시 멈추고 결과가 준비되면 그 값을 data 변수에 할당한 후 출력합니다.

이 구조를 통해 다트에서는 비동기 연산을 간결하고 명확하게 처리할 수 있으며, 이로 인해 개발자는 비동기 코드의 복잡성을 효과적으로 관리하고 더 읽기 쉽고 유지 보수가 용이한 코드를 작성할 수 있습니다.

다트의 풍부한 표준 라이브러리

다트는 개발자의 요구를 충족시키기 위해 다양한 기능을 제공하는 풍부한 표준 라이브러리를 갖추고 있습니다. 이 라이브러리들은 HTTP 통신, 파일 시스템 작업, 데이터 처리 및 변환 등 복잡한 애플리케이션을 구축할 때 필요한 대부분의 기능들을 포함하고 있어, 개발자가 효율적으로 작업할 수 있도록 돕습니다.

다음 예제에서는 다트의 파일 시스템과 JSON 처리 기능을 활용하여 외부 JSON 파일에서 데이터를 읽고 해석하는 과정을 보여줍니다. 이러한 기능은 설정 파일을 읽거나, 로컬 데이터베이스와의 상호작용 등 다양한 애플리케이션 개발 시나리오에서 중요하게 사용됩니다.

```
01  import 'dart:convert'; // JSON 데이터를 처리하기 위한 라이브러리
02  import 'dart:io'; // 파일 I/O 작업을 수행하기 위한 라이브러리
03
04  // 메인 함수는 비동기적으로 실행됩니다.
05  void main() async {
06    final file = File('example.json');
07
08    // 파일의 내용을 문자열로 읽어옵니다.
09    String contents = await file.readAsString();
10
11    // 읽어온 문자열을 JSON으로 파싱합니다.
12    Map<String, dynamic> data = jsonDecode(contents);
13
14    print('Name: ${data['name']}, Age: ${data['age']}');
15  }
```

01번째 줄 **import 구문**은 필요한 라이브러리를 프로그램에 포함시킵니다. 여기서는 dart:io를 통해 파일 시스템에 접근하고, dart:convert를 사용하여 JSON 데이터를 처리합니다. **05**번째 줄 **비동**

기 함수 설정은 main 함수에 async 키워드를 사용하여 비동기적으로 실행될 것임을 명시합니다. 이는 파일 읽기와 같은 I/O 작업이 비동기적으로 수행될 때 필수적입니다. **06**번째 줄 **파일 객체 생성**은 File 클래스를 사용하여 로컬 시스템에 저장된 'example.json' 파일을 참조합니다. 이 파일은 프로젝트 폴더 내에 위치해야 하며, 필요한 데이터를 포함하고 있습니다. **09**번째 **줄 파일 내용 읽기**는 await 키워드를 사용하여 파일의 내용을 문자열 형태로 읽어옵니다. 이는 비동기적으로 처리되어 애플리케이션의 반응성을 저하하지 않습니다. **12**번째 줄 **JSON 데이터 해석**은 읽어온 문자열을 jsonDecode 함수에 전달하여 JSON 형식을 다트의 Map〈String, dynamic〉 형태로 변환합니다. 이를 통해 JSON 내의 데이터에 쉽게 접근하고 사용할 수 있습니다. **14**번째 줄 **데이터 출력**은 마지막으로, 변환된 데이터 구조에서 필요한 정보를 추출하여 콘솔에 출력합니다. 이 예에서는 사용자의 이름과 나이를 출력하고 있습니다.

이 예제는 다트의 표준 라이브러리가 제공하는 기능을 활용하여 개발자가 효과적으로 데이터를 관리하고 처리할 수 있도록 하는 방법을 잘 보여줍니다

2.2 데이터 처리와 안정성

다트의 데이터 처리와 안전성

다트는 타입 안정성을 중시하는 프로그래밍 언어로서, 정적 타입 시스템을 통해 코드의 안정성과 효율성을 높입니다. 이 언어는 개발자가 변수의 타입을 명시하거나, var 키워드를 사용하여 타입 추론을 컴파일러에게 맡길 수 있는 유연성을 제공합니다. 이는 코드 작성 시 자유도를 높여주며, 오류를 사전에 예방할 수 있게 돕습니다.

또한, 다트의 선택적 타입 시스템은 개발자가 필요에 따라 타입을 명시할 수 있도록 하여 코드의 명확성을 증진시킵니다. 예를 들어, 변수 또는 반환 타입 뒤에 ?를 붙여서 해당 변수가 null 값을 가질 수 있음을 명시할 수 있습니다. 이는 null 가능성을 코드상에서 명시적으로 표현하며, 프로그램의 안정성을 높이는 데 기여합니다.

다트에서 null 처리는 매우 중요한 부분으로, 옵셔널 타입을 사용함으로써 null 값이 발생할 수 있는 변수들을 더욱 안전하게 관리할 수 있습니다. 이는 코드 내에서 예기치 않은 null 값으로 인한 런타임 에러를 방지하며, 개발자가 의도한 대로 코드가 작동하도록 보장합니다.

```
// 'age' 변수는 정수형 또는 null을 저장할 수 있는 옵셔널¹ 타입입니다.
int? age;
// 이 변수에 null을 할당함으로써, null 처리를 안전하게 수행합니다.
age = null;

// 'weight'는 초기 선언 시 타입이 명시되지 않습니다.
// 이후 값이 할당되면 그 타입으로 추론됩니다.
var weight;
// 여기서 'weight'는 정수형으로 추론됩니다.
weight = 50;

// 'name'은 문자열 또는 null을 저장할 수 있는 옵셔널 타입입니다.
String? name;
// 문자열 'Dart'를 할당하며, 이 변수가 null을 포함할 수 있음을 나타냅니다.
name = 'Dart';
```

상수와 불변성

다트에서는 불변의 값을 갖는 변수를 정의할 때 final과 const 키워드를 사용합니다. 두 키워드 모두 변수의 값이 변경될 수 없게 만들지만, 사용하는 시점과 방식에 차이가 있습니다. final 키워드는 변수가 한 번만 할당될 수 있으며, 그 값은 런타임에 결정됩니다. 반면, const 키워드는 변수의 값이 컴파일 타임에 결정되어야 하며, 프로그램 실행 중에 변경될 수 없습니다. 이러한 차이는 다트 개발에서 상태 관리의 안정성을 높이는 데 중요한 역할을 합니다.

```
final name = 'Flutter'; // 런타임에 결정되며 변경 불가능한 최종값
const int maxScore = 100; // 컴파일 시에 결정되는 변경 불가능한 상숫값
```

final은 주로 런타임에 결정될 값들, 예를 들어 API 호출의 결과나 사용자 입력 같은 동적인 데이터를 처리할 때 유용합니다. const는 애플리케이션의 실행 중 변하지 않는 값들을 처리하는 데 사용되며, 특히 UI의 디자인 상수나 설정값 등이 이에 해당합니다.

컬렉션과 데이터 구조

다트는 효과적인 데이터 조작을 위해 다양한 컬렉션과 데이터 구조를 제공합니다. 이러한 데이터 구조들은 개발자가 복잡한 데이터 관리를 간소화하고, 애플리케이션의 성능을 최적화하는 데 도움을 줍니다. 주요 컬렉션 타입으로는 리스트(List), 맵(Map), 그리고 셋(Set)이 있습니다.

1 옵셔널(Optional)은 주로 프로그래밍에서 변수가 특정 값을 가지거나 가지지 않을 수 있는 경우를 나타내기 위해 사용되는 개념입니다. 주로 옵셔널은 변수의 값이 존재할 수도 있고 존재하지 않을 수도 있는 경우에 사용됩니다.

```
void main() {
  // 순서가 있는 컬렉션
  List<String> fruits = ['apple', 'banana', 'cherry'];
  // 키-값 쌍의 컬렉션
  Map<String, int> fruitCalories = {
    'apple': 95,
    'banana': 105,
    'cherry': 50
  };
  // 중복을 허용하지 않는 컬렉션
  Set<String> uniqueFruits = Set.from(fruits);

  print(fruits[1]); // "banana" 출력
  print(fruitCalories['apple']); // "95" 출력
  print(uniqueFruits.contains('cherry')); // "true" 출력
}
```

이 예제에서 리스트는 요소의 순서를 유지하며, 맵은 키와 값을 연결하여 데이터를 관리합니다. 셋은 중복된 값을 제거하여 고유한 항목만을 저장하는 특징을 갖습니다. 이러한 컬렉션들은 데이터의 효율적인 저장, 검색, 및 관리를 가능하게 하며, 애플리케이션의 데이터 처리 부분에서 중추적인 역할을 합니다. 이를 통해 개발자는 데이터의 무결성을 보장하고, 애플리케이션의 반응성을 높일 수 있습니다.

함수형 프로그래밍 요소

다트는 함수형 프로그래밍 패러다임을 효과적으로 지원합니다. 이 언어는 함수를 일급 객체[2]로 취급하며, 고차 함수, 람다(익명 함수), 그리고 맵, 필터, 리듀스와 같은 고차원 컬렉션 연산을 제공합니다. 이러한 기능들은 코드를 더 간결하고 명료하게 만들며, 개발자가 재사용 가능한 로직을 쉽게 작성할 수 있도록 돕습니다.

```
void main() {
  // 정수 리스트를 정의합니다.
  List<int> numbers = [1, 2, 3, 4, 5];
  // 각 요소를 두 배로 만듭니다.
  var doubledNumbers = numbers.map((n) => n * 2).toList();
 // 짝수만 필터링합니다.
 var evenNumbers = numbers.where((n) => n % 2 == 0).toList();
```

2 프로그래밍 언어에서 다른 모든 요소와 동등하게 취급되는 객체. 일급 객체는 변수에 할당되거나, 함수의 인자로 전달되거나, 함수의 반환 값으로 사용될 수 있는 특징을 가집니다.

```
08    // 모든 요소의 합을 계산합니다.
09    int sum = numbers.reduce((cur, n) => cur + n);
10
11  print(doubledNumbers); // [2, 4, 6, 8, 10]
12    print(evenNumbers); // [2, 4]
13    print(sum); // 15
14  }
```

이 예제는 다트에서 함수형 프로그래밍 기법을 어떻게 활용할 수 있는지 보여줍니다. **05**번째 줄 map 함수는 주어진 함수를 리스트의 각 요소에 적용하여 결과를 새로운 리스트로 반환합니다. 이는 데이터 변환 작업에 매우 유용합니다. **07**번째 줄 where 함수는 특정 조건을 만족하는 요소만을 선택하여 새로운 리스트를 생성합니다. 이는 데이터를 필터링할 때 사용됩니다. **09**번째 줄 reduce 함수는 리스트의 요소를 하나씩 순회하면서 누적된 결과를 생성하는데, 이 경우 모든 숫자의 합을 구하는 데 사용됩니다.

3 다트의 심화 기능과 객체지향 프로그래밍

다트는 함수형 프로그래밍 언어의 특성을 가지고 있으며, 이는 자바스크립트, Haskell, Scala 등과 같은 다른 함수형 언어들과 공통점을 가집니다. 특히, 자바스크립트 개발자들은 다트의 구문과 개념을 상당히 친숙하게 느낄 수 있습니다.

3.1 고급 함수 사용법

다트에서 함수는 단순히 코드의 재사용성을 높이는 도구를 넘어서, 프로그램의 기본 구성 요소로 작용합니다. 다트의 함수형 프로그래밍 특성은 개발자들에게 더 큰 유연성과 표현력을 제공하며, 고차 함수와 클로저와 같은 고급 기능을 통해 이를 실현합니다. 이러한 기능들은 데이터 변환, 이벤트 처리, 비동기 작업 등 다양한 프로그래밍 상황에서 유용하게 활용될 수 있습니다.

고차 함수

고차 함수란, 단순히 말해 "함수를 다루는 함수"입니다. 이 말은 우리가 평소에 변수에 숫자나 문자

같은 값을 저장하는 것처럼, 고차 함수는 '함수'를 그 값으로 사용할 수 있다는 의미입니다. 그렇기 때문에 함수를 다른 함수에 인자로 넘겨주거나, 함수에서 새로운 함수를 만들어 내보낼 수 있습니다. 이런 특징 덕분에, 우리는 프로그래밍할 때 더 유연하게 코드를 짤 수 있습니다.

고차 함수의 장점은, 코드를 재사용하기 쉽게 만들어준다는 것입니다. 예를 들어, 여러분이 쇼핑 리스트에서 모든 가격을 두 배로 만들고 싶다고 가정할 때. 물론, 하나하나 직접 계산할 수도 있겠지만, 고차 함수를 사용하면 이 작업을 훨씬 간단하게 할 수 있습니다.

```
// 여기서 numbers는 쇼핑 목록의 가격 리스트
List<int> processNumbers(List<int> numbers, Function(int) processor) {
  // map 메서드를 사용해서, 리스트의 각 가격에 processor 함수
  // (여기서는 두 배로 만드는 연산)를 적용
  return numbers.map(processor).toList();
}

void main() {
  // 쇼핑 목록의 가격. 각 가격을 두 배로 만들고 싶다면
  var prices = [10, 20, 30, 40];

  // processNumbers 함수에 가격 리스트와,
  // 가격을 두 배로 만드는 함수를 넘겨줍니다.
  var doubledPrices = processNumbers(prices, (price) => price * 2);
  print(doubledPrices); // 출력: [20, 40, 60, 80]
}
```

이 예제에서 processNumbers라는 함수는 고차 함수입니다. 이 함수는 다른 함수(여기서는 가격을 두 배로 만드는 연산을 수행하는 함수)를 인자로 받기 때문입니다. 이렇게 고차 함수를 사용하면, 같은 패턴의 작업이 필요할 때마다 새로운 코드를 작성하는 대신, 필요한 작업을 수행하는 함수만 전달해서 여러 상황에 대응할 수 있습니다.

고차 함수는 단지 리스트와 숫자에만 사용되는 것이 아니고, 웹 애플리케이션에서 사용자가 버튼을 클릭할 때 발생하는 이벤트를 처리하거나, 서버로부터 데이터를 받아온 후 실행할 작업을 정의할 때도 고차 함수를 활용할 수 있습니다.

클로저

클로저는 함수가 자신이 생성될 때의 환경을 "기억"하고, 나중에 이 환경을 참조할 수 있는 기능을 가진 특별한 종류의 함수입니다. 이는 다트에서 함수가 정의된 시점의 변수나 상태를 함수가 호출되는 어떤 시점에서도 사용할 수 있도록 해줍니다. 이러한 특성 덕분에, 클로저는 함수 외부에서

접근할 수 없는 변수들을 포함하고 있어도, 그 변수들을 안전하게 "캡슐화"하고 사용할 수 있습니다. 이는 데이터의 안전성을 보장하고, 프로그램의 구조를 깔끔하게 유지하는 데 도움을 줍니다.

```
01 // 숫자를 특정 값만큼 증가시키는 함수를 생성하는 함수
02 Function createIncrementer(int incrementBy) {
03   // 클로저: incrementBy 값을 기억하고 이를 사용하는 함수 반환
04   return (int number) => number + incrementBy;
05 }
06
07 void main() {
08   var incrementByTwo = createIncrementer(2); // 2 증가시키는 함수 생성
09   print(incrementByTwo(3)); // 출력: 5 (3 + 2)
10   print(incrementByTwo(4)); // 출력: 6 (4 + 2)
11 }
```

앞선 예제에서 **02**번째 줄 createIncrementer 함수는 클로저를 만들고 반환합니다. 이 클로저는 **08**번째 줄 createIncrementer 함수가 호출될 때 전달된 incrementBy 값(여기서는 2)을 기억합니다. 그 후, **09**번째 줄과 **10**번째 줄 incrementByTwo 함수(클로저)를 호출하면, 이 함수는 저장해둔 incrementBy 값을 사용하여 입력된 숫자에 더한 결과를 반환합니다.

클로저의 활용은 프로그래밍에서 매우 유용합니다. 함수가 호출될 때마다 변할 수 있는 외부의 값들에 의존하지 않고, 자신만의 독립적인 작업 환경을 유지할 수 있기 때문입니다. 다트에서 클로저는 이벤트 핸들러, 비동기 작업의 콜백, 그리고 데이터 캡슐화 등 다양한 곳에서 사용됩니다.

람다 표현식과 익명 함수

람다 표현식은 함수를 간결하게 정의하는 방법을 제공합니다. 다트에서는 화살표(=>) 문법을 활용하여 이를 구현할 수 있습니다. 이러한 람다 표현식을 사용함으로써, 코드의 가독성을 높이고 작성 과정을 단순화할 수 있습니다. 익명 함수는 그 이름에서 알 수 있듯이, 이름을 가지지 않는 함수입니다. 주로 일회성으로 사용되며, 이벤트 처리나 변수에 함수를 할당할 때 유용하게 사용됩니다.

```
// 람다 표현식을 사용한 예제
var multiply = (int a, int b) => a * b;
print(multiply(2, 3)); // 출력: 6
```

앞선 예제에서 multiply는 두 숫자를 곱하는 연산을 수행하는 람다 표현식을 사용한 함수입니다. 화살표 문법을 통해 간결하게 표현되어 있으며, 이는 (int a, int b)라는 입력 파라미터를 받아 a * b라는 연산의 결과를 반환합니다.

```
01 // 익명 함수를 사용한 예제
02 var names = ['Chris', 'Tina', 'Jess'];
03 names.forEach((name) {
04  print(name);
05 });
```

이 코드 조각에서 **03**번째 줄 names.forEach 구문에 사용된 함수는 익명 함수입니다. names 리스트의 각 요소에 대해 반복 실행되며, 리스트의 각 이름을 출력합니다. 여기서 익명 함수는 forEach 메서드에 직접 전달되어, 각 요소에 대한 특정 작업(여기서는 출력)을 수행합니다.

람다 표현식과 익명 함수는 다트 프로그래밍에서 함수를 보다 유연하게 사용할 수 있도록 돕습니다. 이를 통해 개발자는 복잡한 로직을 더 간결하고 명확하게 표현할 수 있으며, 코드의 재사용성과 유지 보수성을 개선할 수 있습니다. 이러한 기능들은 다트가 제공하는 함수형 프로그래밍의 강력한 도구 중 일부이며, 특히 이벤트 처리, 데이터 처리 등 다양한 상황에서 그 유용성이 빛을 발합니다.

옵셔널 파라미터와 기본값

다트에서 함수를 정의할 때 모든 파라미터를 필수로 지정하지 않아도 됩니다. 선택적으로 만들고 싶은 파라미터가 있다면, 다트는 이를 가능하게 하는 두 가지 방법을 제공합니다. 명명된 파라미터와 위치 기반 옵셔널 파라미터입니다.

명명된 파라미터는 중괄호 {}를 사용하여 정의됩니다. 함수를 호출할 때는 이 파라미터들의 이름을 명시적으로 작성해야 합니다. 이런 파라미터들은 호출 시에 생략이 가능하며, 기본값을 설정할 수도 있습니다. 이는 함수 호출에 더 많은 유연성을 부여하고, 코드의 가독성을 향상시킵니다.

위치 기반 옵셔널 파라미터는 대괄호 []로 정의됩니다. 이 파라미터들은 정의된 순서대로 전달되어야 하며, 함수 호출 시 생략할 수 있습니다. 위치 기반 옵셔널 파라미터 역시 기본값을 가질 수 있어, 함수에 필요한 기본 동작을 설정할 수 있습니다.

```
// 명명된 옵셔널 파라미터를 사용하는 예제
void greet(String name, {String prefix = 'Hi'}) {
  print('$prefix $name');
}

greet('Jess'); // 출력: Hi Jess
greet('Jess', prefix: 'Hello'); // 출력: Hello Jess

```

```
09 // 위치 기반 옵셔널 파라미터를 사용하는 예제
10 void greetNew(String name, [String prefix = 'Hello']) {
11   print('$prefix $name');
12 }
13
14 greetNew('Jess'); // 출력: Hello Jess
15 greetNew('Jess', 'Welcome'); // 출력: Welcome Jess
```

앞선 예제에서 **02**번째 줄 greet 함수는 명명된 옵셔널 파라미터 prefix를 사용합니다. 함수를 호출할 때는 prefix: 'Hello' 형태로 파라미터의 이름과 값을 함께 제공합니다. 반면, greetNew 함수에서 prefix는 위치 기반 옵셔널 파라미터로, 함수 호출 시 순서에 맞게 값을 전달하거나 생략할 수 있습니다.

다트에서는 함수를 정의할 때 명명된 파라미터와 위치 기반 옵셔널 파라미터를 함께 사용할 수 없습니다. 이는 코드의 명확성을 유지하고, 함수의 사용 방법을 일관되게 만들기 위함입니다. 옵셔널 파라미터와 기본값은 다트에서 함수의 유연성을 크게 향상시키며, 다양한 시나리오에서 함수를 효과적으로 사용할 수 있게 합니다.

3.2 객체지향 설계의 기본

다트는 객체지향 프로그래밍 언어로, 데이터와 그 데이터를 다루는 행위(메서드)를 하나의 단위로 묶는 클래스라는 개념을 사용합니다. 이를 통해, 개발자는 보다 구조화된 방식으로 코드를 작성하고 관리할 수 있습니다. 클래스와 인스턴스의 개념은 객체지향 설계의 근간을 이루며, 다트에서도 이러한 개념은 중요한 역할을 합니다.

클래스와 인스턴스 생성

클래스는 관련된 변수(속성)와 함수(메서드)를 그룹화하는 데 사용되며, 이를 통해 데이터 모델을 정의할 수 있습니다. 인스턴스는 클래스에 정의된 구조를 바탕으로 생성된 실제 객체입니다. 각 인스턴스는 클래스의 구조를 공유하지만, 인스턴스마다 속성값은 독립적으로 가질 수 있습니다.

```
class Car {
  String make;
  String bodyType;

```

```
05    // 클래스 생성자
06    Car(this.make, this.bodyType);
07
08    // 메서드를 통해 객체의 정보를 출력
09    void displayInfo() {
10      print('차량 제조사: $make');
11      print('차량 타입: $bodyType');
12    }
13  }
14
15  // Car 클래스의 인스턴스 생성
16  var myCar = Car('Hyundai', 'Sedan');
17  // 인스턴스의 메서드 호출
18  myCar.displayInfo();
```

이 예제에서, Car 클래스는 차량의 제조사(make)와 차량 타입(bodyType)을 속성으로 가집니다. Car 클래스의 생성자는 이 두 속성을 초기화하기 위해 사용됩니다. **16**번째 줄 myCar는 Car 클래스의 인스턴스로, Car 클래스에 정의된 속성과 메서드를 실제로 사용할 수 있습니다. **09**번째 줄 displayInfo 메서드는 해당 인스턴스의 차량 정보를 출력합니다.

클래스와 인스턴스의 개념은 다트 프로그래밍의 근본을 이룹니다. 클래스를 통해 데이터와 기능을 캡슐화하면, 코드의 재사용성과 유지 보수성이 향상됩니다. 또한, 인스턴스 생성을 통해 실제 작업을 수행하는 객체를 만들어, 애플리케이션의 다양한 기능을 구현할 수 있습니다.

생성자 다양성과 팩토리 패턴

다트의 객체지향적 특성 중 하나는 다양한 방식으로 객체를 초기화할 수 있는 유연한 생성자 구조를 제공한다는 점입니다. 다트에서는 기본 생성자 외에도 명명된 생성자(named constructor)와 팩토리 생성자(factory constructor) 등 다양한 종류의 생성자를 지원합니다. 이를 통해 개발자는 객체 생성 시 다양한 초기화 로직을 적용할 수 있으며, 특정 디자인 패턴을 구현하기에도 용이합니다.

팩토리 생성자는 일반 생성자와 달리, 항상 새로운 객체를 생성하지 않아도 됩니다. 대신, 이미 생성된 객체를 재사용하거나, 서브 클래스의 인스턴스를 반환하는 등 다양한 방식으로 객체를 제공할 수 있습니다. 특히, **싱글턴 패턴**(Singleton)[3] 구현 같은 경우에 팩토리 생성자가 유용하게 사용됩니다.

3 싱글턴 패턴은 특정 클래스의 인스턴스를 한개만 생성하는 디자인 패턴입니다. 싱글턴 패턴을 사용하면 객체의 유일성을 보장할 수 있으며, 전역으로 상태를 관리하는 데 적합합니다.

```
01 class Singleton {
02   static final Singleton _instance = Singleton._internal();
03 
04   // 팩토리 생성자를 통해 항상 같은 인스턴스 반환
05   factory Singleton() {
06     return _instance;
07   }
08 
09   // 내부 생성자
10   Singleton._internal();
11 }
12 
13 var s1 = Singleton();
14 var s2 = Singleton();
15 print(identical(s1, s2)); // 출력: true
```

앞선 예제에서 Singleton 클래스는 **10**번째 줄 내부적으로 _internal이라는 명명된 생성자를 가지며, 외부에서는 접근할 수 없습니다. 대신, **13**번과 **14**번째 줄 Singleton()을 통해 객체를 요청할 때마다 팩토리 생성자가 _instance라는 동일한 객체를 반환하도록 하여, 클래스 인스턴스가 전역에서 단 하나만 존재하게 합니다. **15**번째 줄 identical(s1, s2) 함수를 사용하여 s1과 s2가 동일한 인스턴스를 참조하는지 확인함으로써, 싱글턴 패턴이 정상적으로 작동함을 검증할 수 있습니다.

초기화 리스트와 상수 생성자

다트에서 초기화 리스트는 생성자 본문 실행 전에 인스턴스 변수를 설정하는 용도로 사용됩니다. 이 기능을 통해, 생성자 본문이 실행되기 전에 필드를 초기화할 수 있어, 더 효율적이고 명확한 초기화 방식을 제공합니다. 상수 생성자는 불변 객체를 생성하기 위해 사용되며, const 키워드를 사용하여 정의합니다. 상수 생성자를 사용함으로써, 컴파일 타임에 객체의 값이 고정되며, 이후에는 변경될 수 없는 객체를 생성할 수 있습니다. 이는 메모리 효율성을 높이고, 불변성을 보장하는 데 유용합니다.

```
class Point {
  final int x;
  final int y;
  // 초기화 리스트를 사용한 생성자
  Point(int x, int y)
    : x = x,
      y = y {}
}
```

```
class ImmutablePoint {
  final int x;
  final int y;

  // 상수 생성자
  const ImmutablePoint(this.x, this.y);
}

void main() {
  // 상수 인스턴스 생성
  const point = ImmutablePoint(2, 3);
  print(point.x); // 출력: 2
}
```

ImmutablePoint 클래스는 두 개의 final 필드 x와 y를 가지고 있으며, 상수 생성자를 통해 인스턴스를 생성합니다. 이렇게 생성된 point 인스턴스는 컴파일 타임에 그 값이 결정되며, 불변의 성격을 가집니다.

명명된 생성자

다트는 클래스에 다양한 생성 패턴을 제공할 수 있도록 명명된 생성자를 지원합니다. 명명된 생성자를 사용하면, 클래스 내에서 다른 초기화 방식을 제공하여 객체 생성 시 유연성을 높일 수 있습니다. 명명된 생성자는 클래스의 의도를 더 명확하게 드러내며, 객체 초기화 시 선택적으로 다양한 옵션을 제공할 수 있습니다.

```
class Car {
  String make;
  String bodyType;

  // 명명된 생성자
  Car.sports(this.make) : bodyType = 'Sports';

  void displayInfo() {
    print('차량 제조사: $make, 차량 타입: $bodyType');
  }
}

var sportsCar = Car.sports('Ferrari');
sportsCar.displayInfo(); // 출력: 차량 제조사: Ferrari, 차량 타입: Sports
```

Car 클래스에서 **06**번째 줄 Car.sports라는 명명된 생성자를 통해 스포츠 타입의 자동차를 초기화할 수 있습니다. 이와 같은 방식으로 명명된 생성자를 사용하면, 하나의 클래스로 다양한 초기화 옵션을 제공하며, 코드의 가독성과 유연성을 크게 향상시킬 수 있습니다.

3.3 상속, 다형성, 그리고 추상화

다트는 객체지향 프로그래밍의 핵심 원리인 상속, 다형성, 추상화를 지원합니다. 이러한 개념들은 코드의 재사용성을 높이고, 더 유연하고 확장할 수 있는 소프트웨어 디자인을 가능하게 합니다. 상속을 통해 기존 클래스의 기능을 확장하고, 다형성을 사용하여 다양한 객체를 같은 인터페이스로 다루며, 추상화를 통해 구체적인 구현을 숨기고 필요한 부분만을 노출시킬 수 있습니다. 이러한 원리들을 활용함으로써, 더 깔끔하고 유지 보수하기 쉬운 코드를 작성할 수 있습니다.

클래스 상속과 메서드 오버라이딩

클래스 상속은 한 클래스가 다른 클래스의 속성과 메서드를 이어받는 것을 말합니다. 이를 통해 공통의 기능을 가진 클래스를 베이스로 하여, 상속받는 클래스에서 특화된 기능을 추가하거나 기존 기능을 변경할 수 있습니다. 메서드 오버라이딩은 상속받은 클래스에서 부모 클래스의 메서드를 재정의하는 것으로, 상속받은 메서드의 동작을 하위 클래스에서 필요에 따라 수정할 수 있게 합니다.

```
class Vehicle {
  void move() {
    print('차량이 움직입니다.');
  }
}

class Car extends Vehicle {
  @override
  void move() {
    print('자동차가 달립니다.');
  }
}

final car = Car();
car.move(); // 출력: 자동차가 달립니다.
```

Vehicle 클래스는 모든 차량이 공통으로 가지는 move 메서드를 정의합니다. Car 클래스는 Vehicle 클래스를 상속받아 move 메서드를 오버라이딩하고, "자동차가 달립니다."라는 특화된 메시지를 출력합니다. 이 예제는 클래스 상속과 메서드 오버라이딩을 통해 코드 재사용성을 높이고, 클래스 간의 관계를 명확하게 표현하는 방법을 보여줍니다.

인터페이스와 추상 클래스

다트에서 인터페이스와 추상 클래스는 객체의 설계를 위한 클래스입니다. 이들은 클래스가 따라야 할 규약(인터페이스)을 정의하거나, 특정 메서드의 구현을 강제함으로써, 일관되고 예측 가능한 방식으로 객체 간의 상호작용을 설계할 수 있게 합니다.

인터페이스는 다트에서 별도의 키워드 없이 클래스를 통해 정의됩니다. 어떤 클래스가 다른 클래스의 인터페이스를 구현하기 위해서는 implements 키워드를 사용합니다. 인터페이스를 구현하는 클래스는 인터페이스에 정의된 모든 메서드를 구현해야 합니다. 이는 클래스가 특정한 형태의 메서드를 반드시 포함하도록 강제하며, 다양한 클래스가 동일한 인터페이스를 공유할 수 있게 합니다.

추상 클래스는 abstract 키워드를 사용하여 정의되며, 인스턴스화 될 수 없습니다. 추상 클래스는 하나 이상의 추상 메서드(구현부 없는 메서드)를 포함할 수 있으며, 이 메서드들은 추상 클래스를 상속받는 하위 클래스에서 반드시 구현되어야 합니다. 추상 클래스는 부분적으로만 구현된 클래스의 "틀"을 제공하며, 상속받는 클래스가 나머지 부분을 완성하도록 합니다.

```
01 abstract class Shape {
02   void draw(); // 추상 메서드
03 }
04
05 class Circle implements Shape {
06   @override
07   void draw() {
08     print('원을 그립니다.');
09   }
10 }
11
12 final circle = Circle();
13 circle.draw(); // 출력: 원을 그립니다.
```

앞선 예제에서 Shape는 추상 클래스로서, **02**번째 줄 draw라는 추상 메서드를 정의하고 있습니다. **05**번째 줄 Circle 클래스는 Shape의 인터페이스를 구현하며, draw 메서드를 오버라이딩하여 구체적인 기능을 제공합니다. Circle 클래스의 인스턴스를 생성하고 draw 메서드를 호출하면, "원을 그립니다."라는 메시지가 출력됩니다.

믹스인과 컴포지션

- **믹스인(Mixin)**: 다트에서 믹스인은 mixin 키워드를 사용하여 정의됩니다. 믹스인은 클래스의 일종이지만, 직접 인스턴스화 될 수 없으며 다른 클래스에 기능을 "믹싱"하기 위해 사용됩니다. **with** 키워드를 사용하여 한 클래스에 믹스인을 적용할 수 있으며, 이를 통해 해당 클래스는 믹스인에서 정의된 메서드와 속성을 가지게 됩니다. 믹스인은 다중 상속의 문제점을 피하면서도 다양한 클래스에서 메서드와 속성을 재사용할 수 있게 해주는 강력한 도구입니다.

```
mixin Musical {
  void playMusic() {
    print('음악을 연주합니다.');
  }
}

class Musician with Musical {}

final musician = Musician();
musician.playMusic(); // 출력: 음악을 연주합니다.
```

앞선 예제에서 Musical은 믹스인으로 정의되어 playMusic 메서드를 제공합니다. Musician 클래스는 Musical 믹스인을 사용(with Musical)하여 playMusic 메서드를 포함하게 됩니다. 이를 통해 Musician 인스턴스는 playMusic 메서드를 호출할 수 있으며, "음악을 연주합니다."라는 메시지를 출력합니다.

- **컴포지션(Composition)**: 컴포지션은 "객체의 조합"을 통해 복잡한 기능을 구성하는 방법입니다. 이 기법에서는 하나의 객체가 다른 객체를 "소유"하고, 그 객체의 기능을 활용하거나 확장합니다. 컴포지션은 클래스 간의 관계를 유연하게 만들고, 상속을 사용할 때 발생할 수 있는 불필요한 의존성을 줄여줍니다. 컴포지션을 사용함으로써, 개발자는 더 견고하고 유지 보수가 쉬운 코드 구조를 설계할 수 있습니다.

```
class Engine {
  void start() {
    print("엔진이 시작됩니다.");
  }
}

class Car {
  final engine;

  Car(this.engine);
```

```

  void start() {
    engine.start(); // Car 객체의 start 메서드가 호출되면,
        // 포함된 Engine 객체의 start 메서드를 호출
    print("자동차가 움직입니다.");
  }
}

void main() {
  var engine = Engine();
  var myCar = Car(engine);
  myCar.start();
  // 출력:
  // 엔진이 시작됩니다.
  // 자동차가 움직입니다.
}
```

이 예제에서 Engine 클래스는 자동차의 엔진을 나타내며, Car 클래스는 Engine 객체를 포함하는 구조를 가집니다. Car 클래스는 생성 시 Enginc 객체를 받아와 내부 속성으로 저장하며, 자동차를 시작할 때 엔진을 함께 시작합니다. 이 구조는 Car가 Engine을 "가지고 있다(has–a)"는 컴포지션 관계를 보여줍니다.

컴포지션을 통해, Car 클래스는 Engine 클래스의 기능을 직접 상속받지 않으면서도 Engine의 기능을 사용할 수 있게 됩니다. 이 방식은 두 클래스 사이의 불필요한 의존성을 줄이고, 각 클래스의 독립성을 유지하면서 필요한 기능을 조합할 수 있게 해줍니다.

2장

플러터 레이아웃과 주요 위젯

플러터의 공식 홈페이지에서는 "Everything's a widget!"이라는 강렬한 표현을 사용하여 위젯의 중심성을 강조합니다. 이 문구는 "플러터에서 모든 구성 요소가 위젯이다"라는 의미를 담고 있으며, 플러터의 기본 철학을 잘 드러냅니다. 플러터로 애플리케이션을 개발할 때, 어떤 위젯들로 화면을 채울지, 사용자의 입력을 어떻게 처리할지 등을 결정하는 과정이 필수적입니다. 이러한 점에서 플러터 개발은 '위젯으로 시작해 위젯으로 끝난다'고 할 수 있습니다. 이 특성은 개발자에게 일관된 패턴을 제공하며, 더 효율적이고 직관적인 개발 경험을 가능하게 합니다.

이번 장에서는 플러터의 다양한 위젯들을 자세히 살펴보고, 개발자가 특정 상황에 맞는 최적의 위젯을 선택할 수 있도록 필요한 지식과 경험을 제공하는 것을 목표로 합니다. 위젯의 선택은 사용자 경험과 애플리케이션의 성능에 직접적인 영향을 미치므로, 이를 잘 이해하고 활용하는 것이 중요합니다.

책에서 다루는 예제는 주로 매킨토시 환경에서 아이폰 에뮬레이터를 사용하여 구현됩니다. 따라서 특별한 경우를 제외하고 대부분의 예제 이미지는 아이폰 환경에서 제공됩니다. 이 점을 참고하시기 바랍니다.

기본 위젯의 이해 및 활용

플러터는 메테리얼 디자인을 기초로 디자인을 구성하기 쉽도록 안내하고 있습니다. MaterialApp이라는 위젯을 가장 상위의 위젯으로 만들어 두면 그 아래에 다양한 위젯들을 메테리얼 디자인에 맞게 쉽고 간편하게 만들어서 UI를 구성할 수 있습니다.

이 단원에서는 본격적인 플러터 애플리케이션 실습 방법과 기본이 되는 위젯들을 연습해보도록 하겠습니다.

1.1 실습 방법

본격적인 플러터 코드 실습에 앞서 실습 예제를 실행하는 방법은 2가지 정도가 있습니다. 설치 없이 웹에서 실습하는 방법과, 간단한 프로젝트를 만들어 실습하는 방법이 있습니다. 간단한 기본 위젯들을 연습하는 2장의 초반에는 웹 실습 환경으로 충분하기에 웹 실습 환경으로 충분하기에 어떠한 방법을 사용하여도 상관없습니다.

웹 실습 환경

플러터는 크로스 앱, 웹, 시스템 앱까지 실행할 수 있는 크로스 플랫폼입니다. 따라서 웹 상에서도 코드를 쉽게 수행할 수 있습니다. 플러터는 친절하게 별도의 설치 없이 https://dart.dev 사이트에서 간단한 위젯들을 실습할 수 있도록 제공합니다.

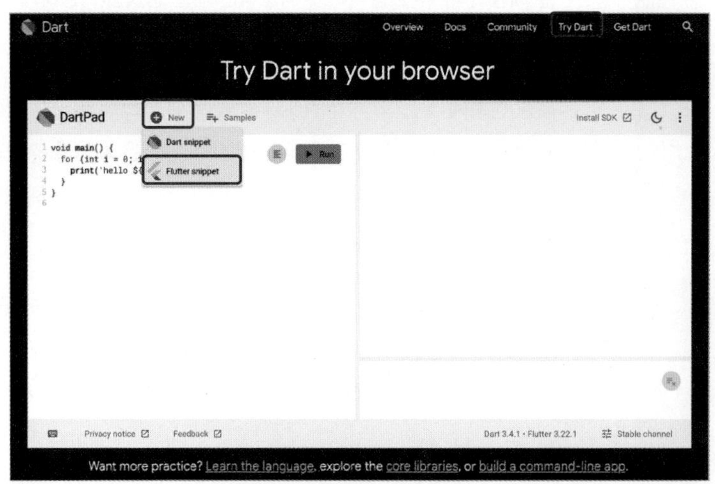

그림 2-1 Try Dart 페이지에서 새 플러터 프로젝트 생성

먼저 사이트에 들어가 상단 메뉴 바 중 Try Dart 메뉴를 눌러서 연습창이 있는 화면을 띄웁니다. 여기서 다트 실습이 아닌 플러터 실습을 해야 하기에 중간의 New 버튼을 눌러 "Flutter snippet" 이라고 적힌 메뉴를 누르면 플러터 실습 화면이 생성됩니다.

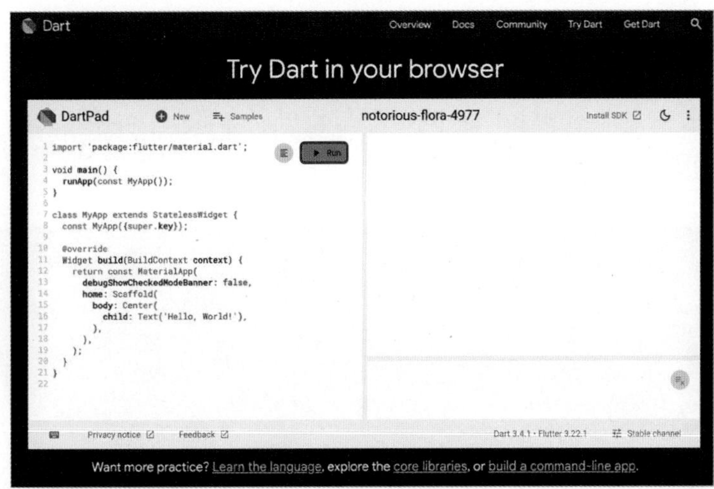

그림 2-2 Try Dart에서 플러터 프로젝트를 실행하는 Run 버튼 실행화면

왼쪽 코드 수정 화면에서 build 메서드의 home 필드 부분을 원하는 대로 수정한 뒤 코드 수정 화면 우측 상단에 있는 Run 버튼을 눌러주게 되면 오른쪽 미리보기 부분에 원하는 코드가 실행됩니다. 이것을 통해 별도의 설치 없이 간단하게 위젯을 실습해 볼 수 있습니다.

로컬 컴퓨터 실습 환경

플러터가 정상 설치되었다면 프로젝트를 만들어 예제파일을 실습할 수 있습니다. 매킨토시에서는 터미널 앱을, 윈도우에서는 power shell 앱을 실행시켜 프로젝트가 위치할 폴더로 이동한 뒤 "flutter create 〈프로젝트명〉" 명령어로 프로젝트를 만들 수 있습니다.

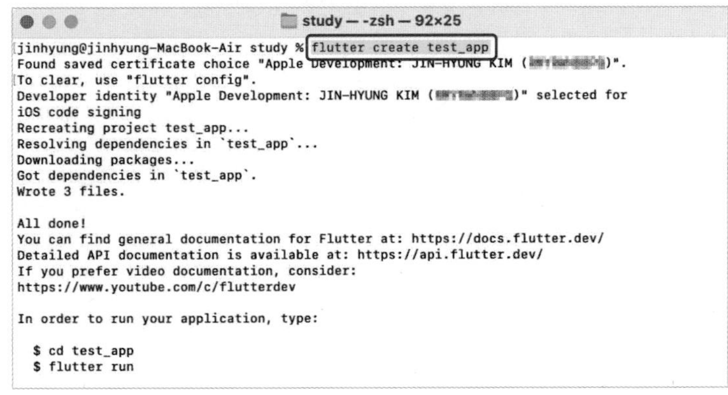

그림 2-3 test_app 이름의 플러터 프로젝트 생성 화면

만든 프로젝트를 비주얼 스튜디오 코드로 열어 예제 프로젝트를 실행할 준비를 하면 됩니다. 프로젝트 내의 여러 디렉터리 중 플러터 관련 디렉터리는 lib 디렉터리이며 lib/main.dart 파일이 플러터 앱의 시작지점이 됩니다.

플러터 프로젝트의 실행은 모바일 에뮬레이터, 웹 또는 현재 운영체제용 애플리케이션 중 원하는 것을 선택하여 실행할 수 있습니다. 프로젝트의 실행을 선택하는 방법은, 비주얼 스튜디오 코드 우측 하단의 메뉴 바 중 현재 실행되어 있거나 연결되어 있는 휴대폰의 이름이 쓰여 있는 메뉴를 눌러 선택을 할 수 있습니다.

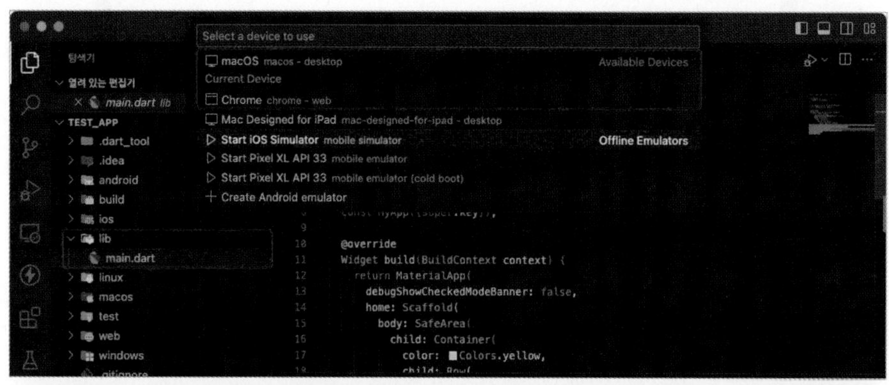

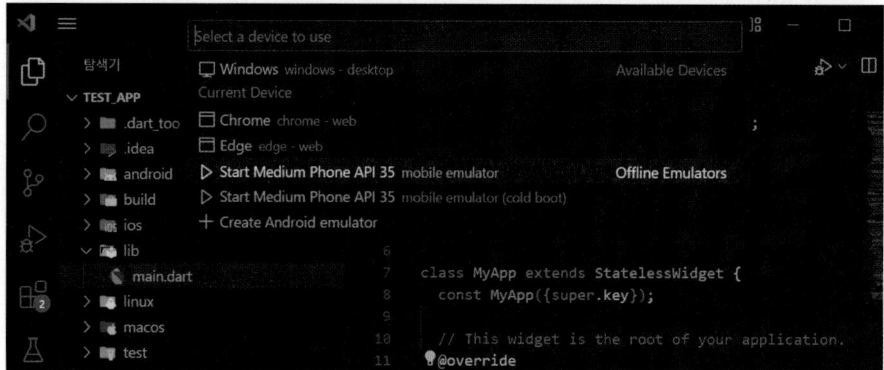

그림 2-4 비주얼 스튜디오 코드에서 에뮬레이터를 선택하는 화면(매킨토시 환경, 윈도우 환경)

예제 이미지에서의 화면은 연결된 휴대폰이나 에뮬레이터가 없기에 대상이 없어 “No Device” 라고 쓰여 있는 것을 볼 수 있는데, 해당 버튼을 눌러 나온 메뉴 중 에뮬레이터를 하나 골라서 실행 준비를 하면 됩니다. 그림 2-5에서는 iPhone SE 에뮬레이터가 설치되어 있어 iPhone SE를 선택해 아이폰에 실행할 준비를 한 모습입니다.

원하는 에뮬레이터를 선택한다면, 안드로이드나 아이폰처럼 에뮬레이터를 따로 실행해야 하는 경우에는 에뮬레이터가 실행이 되어 사용될 준비가 되며, 크롬이나 윈도우, 매킨토시용 앱처럼 따로 실행할 필요가 없는 경우엔 대상만 지정이 되고 에뮬레이터가 생성되지는 않습니다.

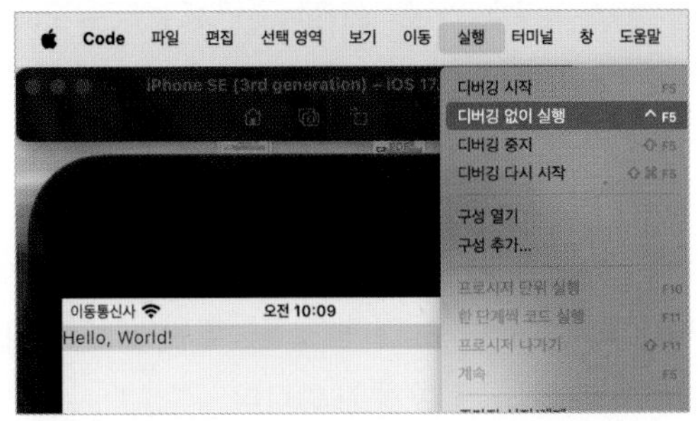

그림 2-5 비주얼 스튜디오 코드에서 플러터 앱 실행하는 화면

이후 실행을 위해서 메뉴 바 중 "실행"을 선택한 후 "디버깅 없이 실행"을 실행하면 해당 대상으로 플러터 앱이 실행됩니다.

이제 웹 실습 환경이나, 로컬 실습 환경 중 하나를 이용해 위젯을 실습할 수 있습니다. 이 책의 목표는 중고 거래 애플리케이션인 당근마켓을 따라한 홍당무마켓을 직접 만들어서 실습을 할 예정이지만, 이번 장에서는 편한 방법을 선택해 실습을 진행하시면 됩니다.

1.2 Text 위젯

Text 위젯은 스타일이 지정된 텍스트를 생성하는 데 사용됩니다. 애플리케이션의 상단에 위치하여 현재 페이지를 나타내거나, 사용자가 작성한 글을 색상과 크기로 꾸며 다른 사용자들이 쉽게 읽고 소통할 수 있게 합니다. 또한, 다양한 버튼 안에 배치되어 해당 버튼의 기능을 설명하는 역할도 합니다.

Text 위젯의 출력 다루기

Text 위젯을 사용하여 화면에 텍스트를 출력하는 것은 플러터 개발에서 가장 기본적인 작업 중 하나입니다. Text 위젯의 첫 번째 파라미터로 출력하고자 하는 문자열을 전달함으로써, 간단하게 화면에 텍스트를 표시할 수 있습니다.

다트 언어에서는 문자열을 나타내기 위해 큰 따옴표("")나 작은 따옴표('')를 사용할 수 있으며, 상황에 따라 더 편리한 것을 선택하여 사용할 수 있습니다. 예를 들어, 문자열 내부에 작은 따옴표를 포함시켜야 할 경우 큰 따옴표로 문자열을 감싸는 것이 좋고, 반대의 경우에는 작은 따옴표를 사용하는 것이 편리합니다.

때때로, 문자열 안에 따옴표를 포함시키지 않고 줄 바꿈을 표현하거나 여러 줄의 문자를 포함해야 할 수도 있습니다. 다트에서는 큰 따옴표나 작은 따옴표를 세 번 연속해서 사용(""" 또는 ''')함으로써 여러 줄의 문자열을 쉽게 다룰 수 있습니다. 이 방식을 사용하면 문자열 내에서 자유롭게 줄 바꿈을 포함시킬 수 있으며, 코드의 가독성도 크게 향상됩니다.

텍스트 내부에 동적인 값을 포함시키고자 할 때는 문자열 내에서 ${변수명} 형태의 표현식을 사용하여 변수의 값을 직접 삽입할 수 있습니다. 만약 단순한 변수를 문자열 안에 포함시키는 경우, 중괄호를 생략하고 $변수명 형태로 사용해도 동일하게 작동합니다. 이러한 방식은 코드 내에서 동적인 값을 쉽게 문자열과 결합하여 표현할 수 있게 해줍니다.

```
// 일반적인 Text Widget의 사용
Text("표시할 내용");
Text('표시할 내용');

// 여러 줄의 Text
Text('''여러 줄
인 경우''');

// 문자열 내의 변수를 포함할 경우
int count = 5;
List<int> myList = [1, 2, 3];

Text("표시할 내용 ${myList[1]}");
Text('표시할 내용 $count');
```

Text 위젯의 스타일 변경하기

Text 위젯을 활용하여 텍스트를 화면에 출력하는 것은 플러터 개발의 기본이지만, 단순히 텍스트를 표시하는 것 이상으로 스타일링을 통해 시각적인 요소를 강조할 수 있습니다. TextStyle 속성을 사용하여 Text 위젯의 폰트 크기, 색상, 두께 등을 세밀하게 조정할 수 있습니다.

```
// 단순한 색상 변경
Text("표시할 내용", style: TextStyle(color: Colors.red));

// 색상과 폰트 크기 조정
Text("표시할 내용", style: TextStyle(color: Colors.red, fontSize: 16.0));

// 텍스트의 두께 변경
Text("표시할 내용", style: TextStyle(fontWeight: FontWeight.bold));
```

1.3 행과 열(Row, Column)

Row(행)와 Column(열) 위젯은 가로 및 세로 방향에서 레이아웃을 구성하는 데 사용됩니다. 플러터는 Flexbox 레이아웃 모델을 기반으로 하므로, 화면을 행과 열을 활용해 설계하는 것이 중요합니다. 이를 통해 다양한 모바일 기기 및 웹, 데스크톱 애플리케이션의 다양한 해상도에서도 문제없이 표시됩니다.

```
Row(
  children: [
    Text('hello'),
    Text('world'),
  ],
);
```

```
Column(
  children: [
    Text('hello'),
    Text('world'),
  ],
);
```

기본 축(MainAxis) 정렬하기

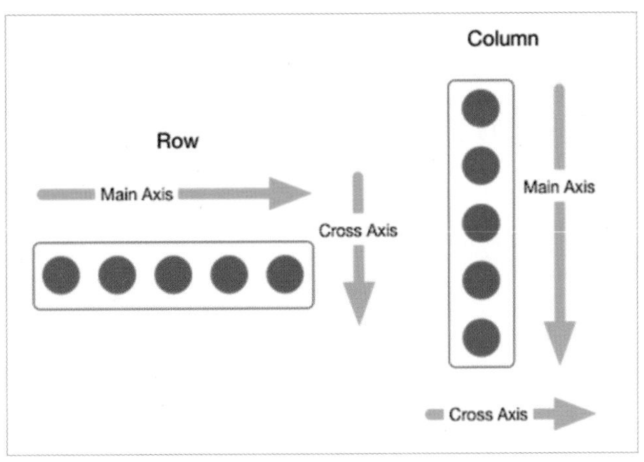

그림 2-6 Row와 Column의 기본 축(MainAxis)과 교차 축(CrossAxis)

Row와 Column 위젯은 기본 축(MainAxis)의 크기와 정렬 방법과 교차 축(CrossAxis)의 정렬 방법을 정의하는 방법을 가지고 있습니다. 기본 축의 크기는 기본적으로 MainAxisSize.max 최댓값을 기본값으로 가지고 있으며, 정렬 방법은 MainAxisAlignment.start 시작 지점부터 순차 정렬을 기본으로 가지고 있습니다.

따라서 간단한 예제의 Row 위젯을 만들고 안에 Text 위젯으로 'hello', 'world'를 표현한 위젯은 다음 그림 2-7과 같이 정렬이 될 것입니다. 이해를 돕기 위해 Row라는 위젯이 차지하고 있는 영역을 색으로 표현해 보면 그림 2-7의 우측 화면과 같이 보입니다.

```
import 'package:flutter/material.dart';

void main() {
  runApp(const MyApp());
}

class MyApp extends StatelessWidget {
  const MyApp({super.key});

  @override
  Widget build(BuildContext context) {
    return MaterialApp(
      home: Scaffold(
        body: SafeArea(
          child: Container(
            color: Colors.yellow,
            child: const Row(
              mainAxisSize: MainAxisSize.max,
              mainAxisAlignment: MainAxisAlignment.start,
              children: [
                Text('hello'),
                Text('world'),
              ],
            ),
          ),
        ),
      ),
    );
  }
}
```

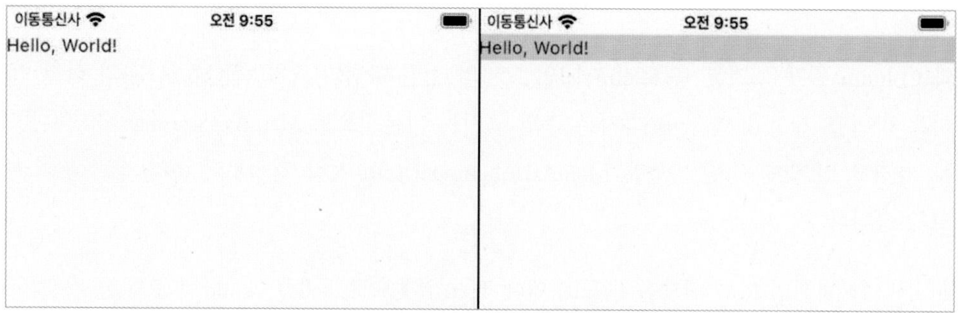

그림 2-7 배경색을 칠하기 전(좌)과 후(우)의 Row

여기서 기본 축의 크기를 변경하려면 MainAxisSize.max를 MainAxisSize.min으로 변경해야 합니다. 이 변경을 통해 다음 그림과 같은 모양이 나타납니다. 즉, Row와 Column 위젯은 기본적으로 기본 축(가로축인 경우 Row, 세로축인 경우 Column)의 모든 영역을 차지하는 것을 기본 설정으로 합니다. 그러나 특정 목적에 따라 이 크기를 조정할 필요가 있을 때 mainAxisSize 속성을 수정하여 조절할 수 있습니다. MainAxisSize.max 설정은 부모 위젯이 허용하는 만큼 최대한의 공간을 차지하도록 합니다. 반면에 MainAxisSize.min 설정은 자식 위젯들이 필요로 하는 최소한의 공간만을 차지하도록 제한합니다. 이에 따라 위젯의 크기가 더욱 조밀하게 조정되어, 화면상에서 더 작은 공간을 차지하게 됩니다.

그림 2-8 기본축 크기를 기본값으로 한 Row(좌)와 최소로 바꾼 Row(우)

AxisAlignment는 여유 공간 내 위젯들을 어떻게 배치할 지를 나타내는 옵션입니다. 조금 더 명확한 비교를 위해 'hello', 'world', '!!' 세가지 위젯을 각각의 배치 방법으로 나타내 보면 다음과 같습니다.

```
Row(
  // mainAxisAlignment: MainAxisAlignment.start
  // mainAxisAlignment: MainAxisAlignment.center
  // mainAxisAlignment: MainAxisAlignment.end
  // mainAxisAlignment: MainAxisAlignment.spaceAround
  // mainAxisAlignment: MainAxisAlignment.spaceBetween
  // mainAxisAlignment: MainAxisAlignment.spaceEvenly
  children: [
    Text('hello'),
    Text('world'),
    Text('!!'),
  ],
);
```

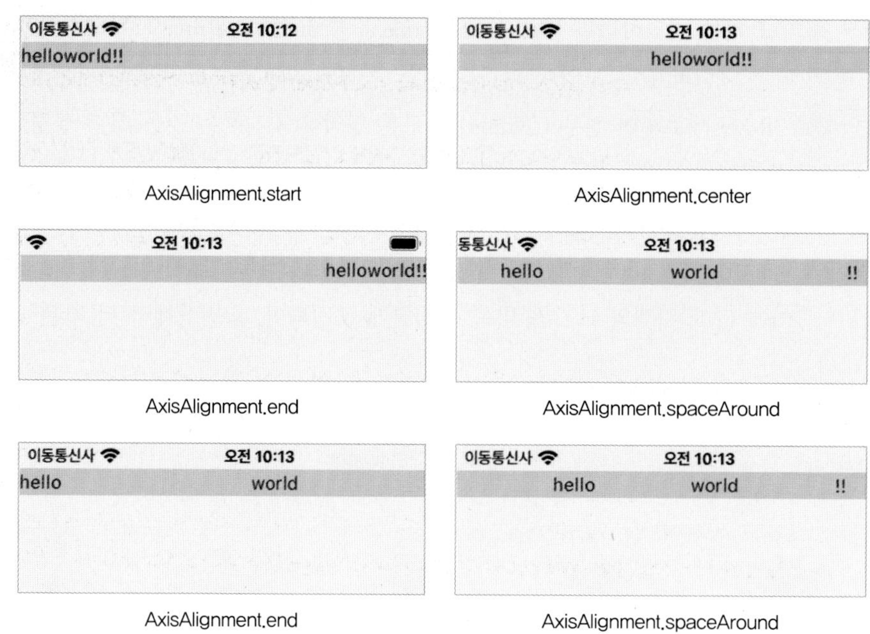

그림 2-9 기본 축 정렬의 다양한 형태

이 예제에서는 MainAxisAlignment.start를 사용하여 텍스트 요소들이 시작 지점에서부터 순차적으로 배치되도록 설정했습니다. 각각의 MainAxisAlignment 옵션은 다음과 같은 효과를 제공합니다.

- **MainAxisAlignment.start**: 요소들을 컨테이너의 시작점에 맞추어 정렬합니다.
- **MainAxisAlignment.end**: 요소들을 컨테이너의 끝점에 맞추어 정렬합니다.
- **MainAxisAlignment.center**: 요소들을 컨테이너의 중앙에 맞추어 정렬합니다.
- **MainAxisAlignment.spaceBetween**: 첫 요소와 마지막 요소를 각각 시작점과 끝점에 배치하고 나머지 공간을 요소들 사이에 균등하게 분배합니다.
- **MainAxisAlignment.spaceAround**: 모든 요소 주위에 균등한 공간을 배치하여 정렬합니다.
- **MainAxisAlignment.spaceEvenly**: 요소들 사이에 균등한 공간을 두어 정렬합니다.

교차 축(CrossAxis) 정렬하기

교차 축 정렬은 플러터에서 위젯을 배치하는 과정에서 중요한 역할을 합니다. 기본적으로, CrossAxisAlignment.center는 위젯들을 교차축의 중앙에 배치합니다. 이는 수평 또는 수직 배치에 따라 다를 수 있으며, 교차축의 중앙 정렬은 가장 흔히 사용되는 형태 중 하나입니다

```
Container(
  height: 100,
  color: Colors.yellow,
  child: Row(
```

```
    mainAxisAlignment: MainAxisAlignment.spaceAround,
    // crossAxisAlignment: CrossAxisAlignment.center
    // crossAxisAlignment: CrossAxisAlignment.start
    // crossAxisAlignment: CrossAxisAlignment.end
    // crossAxisAlignment: CrossAxisAlignment.stretch
    // crossAxisAlignment: CrossAxisAlignment.baseline
    // textBaseline: TextBaseline.alphabetic
    // textBaseline: TextBaseline.ideographic
    children: [
      Container(color: Colors.red, width: 50, height: 80),
      Container(color: Colors.green, width: 50, height: 30),
      Container(color: Colors.blue, width: 50, height: 50),
    ],
  ),
),
```

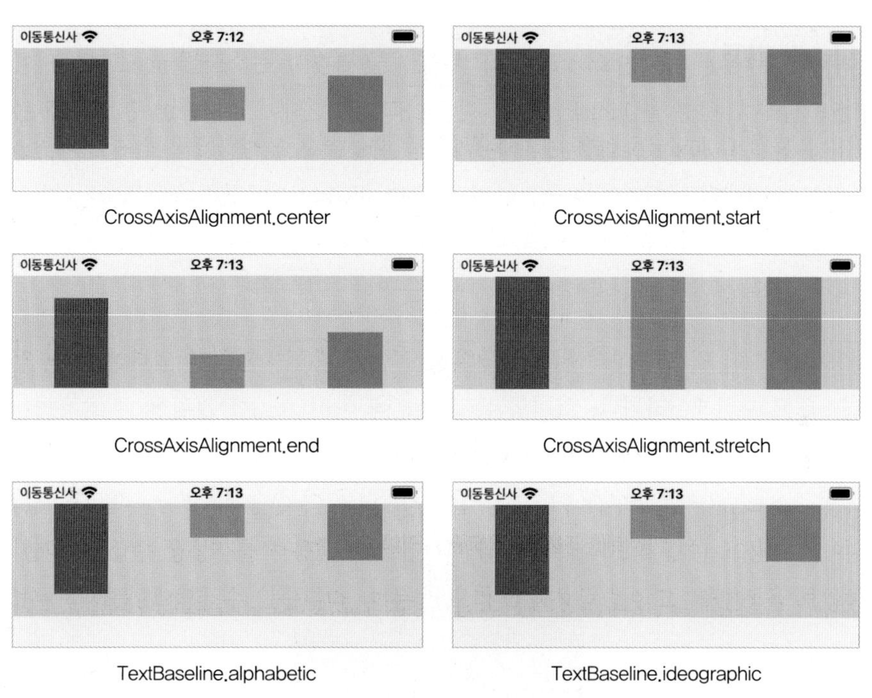

CrossAxisAlignment.center

CrossAxisAlignment.start

CrossAxisAlignment.end

CrossAxisAlignment.stretch

TextBaseline.alphabetic

TextBaseline.ideographic

그림 2-10 교차 축 정렬의 다양한 형태

교차 축에서 다양한 정렬 옵션을 적용하면 각 위젯의 위치가 어떻게 달라지는지 시각적으로 관찰할 수 있습니다.

- **CrossAxisAlignment.center**: 모든 위젯을 컨테이너의 중앙에 맞춥니다.
- **CrossAxisAlignment.start**: 모든 위젯을 컨테이너의 시작점(상단)에 맞춥니다.
- **CrossAxisAlignment.end**: 모든 위젯을 컨테이너의 끝점(하단)에 맞춥니다.

- **CrossAxisAlignment.stretch**: 모든 위젯을 교차 축 방향으로 늘려서 컨테이너의 최대 높이까지 채웁니다.
- **CrossAxisAlignment.baseline**: 모든 텍스트 위젯의 베이스라인을 기준으로 정렬합니다. 이 옵션을 사용할 때는 textBaseline 속성도 설정해야 하며, 이는 텍스트의 알파벳 기준(TextBaseline.alphabetic) 또는 이데오그래픽[1] 기준(TextBaseline.ideographic)을 정할 수 있습니다.

이러한 정렬 옵션들은 각각의 사용 목적에 따라 선택할 수 있으며, 애플리케이션의 디자인 요구 사항에 맞춰 유연하게 조정할 수 있습니다. 교차 축 정렬을 통해 개발자는 사용자 인터페이스의 미적 외관과 기능성을 향상시키며, 사용자 경험을 최적화하는 데 중요한 역할을 할 수 있습니다. 이는 플러터의 유연성과 맞춤성을 보여주는 좋은 예로, 다양한 사용 시나리오에서 효과적인 인터페이스를 설계할 수 있게 합니다.

1.4 Stack 위젯

Stack 위젯은 Row와 Column의 선형 배치와 달리, 위젯들을 Z축 방향으로 겹치게 배치합니다. 이를 통해 복잡한 오버레이 레이아웃을 구성할 수 있으며, Positioned, 및 IndexedStack 같은 위젯과 결합하여 위젯들을 정밀하게 제어할 수 있습니다. 웹 개발에서 'position: absolute'와 유사하게, 위젯들을 부모 위젯 내의 절대적인 위치에 배치할 수 있습니다.

Stack을 사용하는 주된 이유는 여러 위젯을 겹쳐서 표현할 필요가 있을 때입니다. 예를 들어, 이미지 위에 텍스트를 오버레이하거나, 화면의 특정 부분에 여러 요소를 정렬할 때 유용합니다. 이는 UI 디자인에서 다층적인 시각적 효과를 만들어내기 위해 자주 사용됩니다.

그림 2-11 Stack을 통해 만든 위젯의 모습

1 일반적으로 텍스트 정렬은 글자의 모양이나 크기, 위치를 기준으로 하지만, 'ideographic' 정렬은 문자의 기호적 특성을 고려하여 정렬합니다. 주로 한자와 같은 이데오그래픽 문자를 포함하는 텍스트를 처리할 때 중요합니다.

```
Center(
  child: Stack(
    children: <Widget>[
      Container(width: 300, height: 300, color: Colors.blue),
      Positioned(
        top: 0,
        left: 0,
        child: Container(width: 100, height: 100, color: Colors.green),
      ),
      Positioned(
        bottom: 0,
        left: 0,
        child: Container(width: 100, height: 100, color: Colors.red),
      ),
      Positioned(
        top: 0,
        right: 0,
        child: Container(width: 100, height: 100, color: Colors.yellow),
      ),
      Positioned(
        bottom: 0,
        right: 0,
        child: Container(width: 100, height: 100, color: Colors.orange),
      ),
    ],
  ),
);
```

Positioned 위젯

Positioned 위젯은 Stack 위젯의 내에서만 의미를 갖는 특별한 위젯입니다. 이를 사용하여 Stack의 자식 위젯들을 상대적인 위치에 배치할 수 있으며, 마치 책의 페이지에 그림을 정확한 위치에 옮겨 놓는 것처럼, 화면 내에서 위젯의 위치를 조정할 수 있습니다. Positioned 위젯은 top, bottom, right, left 등의 속성을 사용하여, 자식 위젯을 Stack의 특정 위치에 고정시킵니다. 이러한 속성들을 통해, 위젯을 화면의 어느 곳에나 정밀하게 배치할 수 있으며, 다른 위젯과의 겹치기(오버레이) 상황을 쉽게 만들 수 있습니다.

Positioned 위젯은 주로 복잡한 UI 디자인에서, 여러 요소를 서로 다른 계층으로 겹쳐서 표현할 때 사용됩니다. 예를 들어, 배경 이미지 위에 버튼이나 텍스트를 배치하거나, 아이콘을 이미지의 특정 부분 위에 올리는 경우 등에 유용하게 사용할 수 있습니다.

IndexedStack 위젯

IndexedStack 위젯은 Stack 위젯의 변형으로, 여러 자식 위젯 중 하나만을 화면에 표시하고 나머지는 숨기는 기능을 가집니다. 이는 Stack과 유사하게 자식 위젯들을 겹쳐 놓지만, 한 시점에 하나의 자식 위젯만 사용자에게 보여줍니다. IndexedStack은 특정 조건에 따라 다른 위젯을 보여주고 싶을 때 유용하게 사용할 수 있으며, 탭 뷰, 슬라이드 쇼, 또는 사용자의 입력에 따라 내용을 변경하는 인터페이스를 만들 때 특히 적합합니다.

IndexedStack의 가장 큰 특징은 index 속성을 통해 화면에 표시될 자식 위젯을 결정한다는 점입니다. 이 index 값에 따라 IndexedStack은 자식 위젯 리스트 중에서 선택하여 해당 위젯을 화면에 보여주고, 나머지는 숨깁니다. 이 방식으로, 여러 위젯을 준비해 두고 사용자의 상호작용에 따라 보여주는 위젯을 교체할 수 있습니다.

```
01 int _selectedIndex = 0; // 현재 선택된 위젯의 인덱스
02 
03 IndexedStack(
04   index: _selectedIndex, // 표시할 자식 위젯의 인덱스
05   children: <Widget>[
06     Container(
07       color: Colors.red,
08       child: Center(
09         child: Text('첫 번째 페이지', style: TextStyle(color: Colors.white, fontSize: 24)),
10       ),
11     ),
12     Container(
13       color: Colors.green,
14       child: Center(
15         child: Text('두 번째 페이지', style: TextStyle(color: Colors.white, fontSize: 24)),
16       ),
17     ),
18     Container(
19       color: Colors.blue,
20       child: Center(
21         child: Text('세 번째 페이지', style: TextStyle(color: Colors.white, fontSize: 24)),
22       ),
23     ),
24   ],
25 );
```

이 코드는 세 개의 Container 위젯을 IndexedStack의 자식으로 가지며, 각 Container는 다른 색상과 텍스트를 가집니다. **01**번째 줄 _selectedIndex 변수의 값에 따라 indexedStack은 해당 인덱스의

Container를 화면에 표시합니다. 예를 들어, _selectedIndex가 1이라면 두 번째 Container가 화면에 나타나게 됩니다.

IndexedStack은 특정한 조건에 한 가지 위젯만을 보여주어야 할 때 매우 유용하며, 이를 통해 리소스 사용을 최적화하고 사용자 경험을 개선할 수 있습니다.

1.5 Container 위젯

Container 위젯은 플러터에서 가장 많이 사용되는 위젯 중 하나로, 직사각형의 시각적 요소를 생성하고 다양한 스타일링 옵션을 제공합니다. 이는 플러터의 레이아웃 구성에서 중추적인 역할을 하며, 배경색, 테두리, 그림자, 마진(margin), 패딩(padding), 그리고 크기를 조절하는 등 다양한 방법으로 꾸밀 수 있습니다. BoxDecoration 클래스를 사용하여, Container의 모양과 표면을 세밀하게 조정할 수 있으며, 이를 통해 버튼, 카드, 입력 필드 등의 UI 요소를 디자인할 수 있습니다.

Container는 또한, 웹 개발에서 〈div〉 태그와 유사한 역할을 합니다. 즉, 다양한 요소를 담는 그릇 역할을 하며, 플러터에서는 이를 통해 레이아웃의 기본적인 구성 요소로 사용됩니다. Container 위젯은 단독으로 사용될 수도 있고, 다른 위젯들을 감싸는 컨테이너로도 사용될 수 있어, 플러터의 레이아웃 구성에서 매우 유연한 사용이 가능합니다.

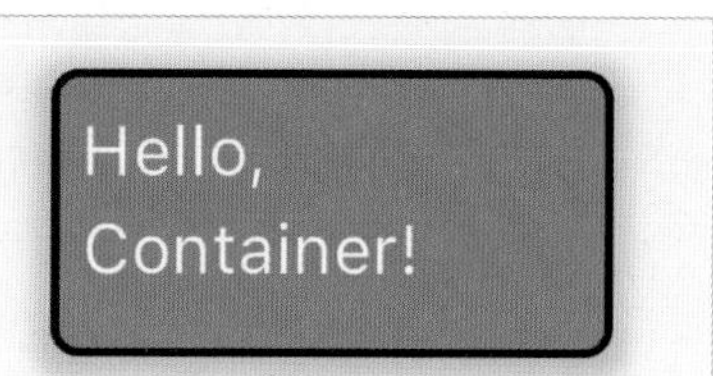

그림 2-12 Container 예제의 모습

```
Container(
  width: 200,
  height: 100,
  padding: EdgeInsets.all(8.0),
  margin: EdgeInsets.symmetric(horizontal: 20.0, vertical: 30.0),
  decoration: BoxDecoration(
    color: Colors.blue,
    border: Border.all(color: Colors.black, width: 3),
    borderRadius: BorderRadius.circular(10),
    boxShadow: [
      BoxShadow(
        color: Colors.grey.withOpacity(0.5),
```

```
13          spreadRadius: 5,
14          blurRadius: 7,
15          offset: Offset(0, 3),
16        ),
17      ],
18    ),
19    child: Text(
20      'Hello, Container!',
21      style: TextStyle(color: Colors.white, fontSize: 24),
22    ),
23  );
```

06번째 줄 decoration 속성으로 Container 위젯의 모양을 다양하게 변경합니다.

마진과 패딩

Container 위젯을 사용하여 크기, 색상, 모양, 정렬 등 다양한 방법으로 자식 요소를 스타일링 할 수 있습니다. 여기서 마진과 패딩은 요소의 레이아웃을 정의하는 데 중요한 역할을 합니다.

마진(Margin): 마진은 Container의 바깥쪽 여백을 의미합니다. 이는 Container와 그 주변 요소 사이의 공간을 생성합니다. 마진을 사용하여 다른 요소로부터 Container를 떨어뜨리려고 할 때 유용합니다. 플러터에서 마진 속성을 사용하여 모든 방향에 대해 동일한 여백을 주거나, EdgeInsets를 사용하여 각 방향(위, 아래, 왼쪽, 오른쪽)에 다른 여백을 설정할 수 있습니다.

패딩(Padding): 패딩은 Container의 안쪽 여백을 의미합니다. 이는 Container의 경계와 그 안에 있는 자식 요소 사이의 공간을 생성합니다. 패딩을 사용하여 자식 요소가 Container의 경계로부터 일정 거리를 유지하도록 할 수 있습니다. 플러터에서 패딩 속성을 사용하여 이를 적용할 수 있으며, EdgeInsets를 통해 특정 방향에 대한 여백을 정의할 수도 있습니다.

2 이미지, 아이콘 및 사용자 입력 위젯

플러터는 정말 다양한 위젯으로 구성되어 있습니다. 이전 장에서는 플러터의 네 가지 기본 위젯인 Text, Row, Column, Stack, 그리고 Container에 대해 배웠습니다. 이번 장에서는 또 다른 핵심 요소인 Image, Icon, 그리고 TextField 위젯을 다루어 보려고 합니다.

하지만 기본 위젯들과 이번 장에서 소개될 위젯들만으로 플러터의 모든 것을 설명할 수는 없습니다. 플러터에는 각기 다른 특성과 사용법을 가진 수많은 위젯이 존재하며, 플러터의 기본 라이브러리에 포함되지 않은 다른 개발자들이 만든 위젯까지 고려한다면, 이 수는 더욱 많아집니다. 또한 새로운 위젯이 계속해서 추가되고, 버전이 업데이트됨에 따라 기존 위젯의 사용법도 변할 수 있습니다.

그러므로 중요한 것은 이 책에서 다루는 구체적인 위젯 사용법을 암기하는 것은 중요하지 않습니다. 중요한 것은 새로운 위젯을 만났을 때 어떻게 접근하고 적용할 수 있는지에 대한 감각을 키우는 것입니다. 예를 들어, 위젯의 모양을 꾸밀 때는 대체로 decoration 속성을 통해 이루어지며, 위젯 안에 다른 위젯을 포함시키려면 child 속성을 사용하고, 여러 개의 위젯을 포함시키려면 children 속성을 활용한다는 등의 패턴을 이해하는 것이 중요합니다. 이러한 지식은 플러터를 사용하여 다양한 UI를 구성할 때 이해의 기반을 제공할 것입니다.

2.1 이미지를 나타내는 Image 위젯

플러터의 Image 위젯은 애플리케이션에서 이미지를 표시하기 위해 사용됩니다. 이 위젯은 다양한 소스에서 이미지를 가져와 표시할 수 있습니다. 예를 들어, 로컬 파일 시스템, 네트워크로부터의 이미지 다운로드, 애플리케이션 번들 내의 이미지 등을 표시할 수 있습니다.

이미지 위젯을 사용하려면 Image 위젯을 생성하고 해당 이미지의 소스를 지정해야 합니다. 가장 일반적인 소스로는 AssetImage와 NetworkImage가 있습니다. AssetImage는 애플리케이션 번들에 포함된 이미지를 로드하고 표시하는 데 사용되며, NetworkImage는 인터넷에서 이미지를 가져와 표시하는 데 사용됩니다

```
// 로컬 이미지 로드
Image(image: AssetImage('assets/images/example.png'));
// 네트워크 이미지 로드
Image(image: NetworkImage('https://example.com/image.jpg'));

// 로컬 이미지 다른 방식
Image.asset('assets/images/example.png');
// 네트워크 이미지 다른 방식
Image.network('https://example.com/image.jpg');
```

이미지 맞춤 설정

BoxFit은 플러터에서 사용되는 이미지 위젯의 속성 중 하나입니다. 이 속성은 이미지가 부모 위젯의 크기에 맞게 어떻게 조정되는지를 결정합니다.

플러터에서 BoxFit은 다양한 값으로 설정할 수 있습니다. 일반적으로 사용되는 값은 다음과 같습니다.

1. **BoxFit.fill**: 이미지를 부모 위젯의 영역에 꽉 채우도록 확장합니다. 이미지의 가로세로 비율이 부모 위젯의 비율과 다르면 이미지가 잘릴 수 있습니다.

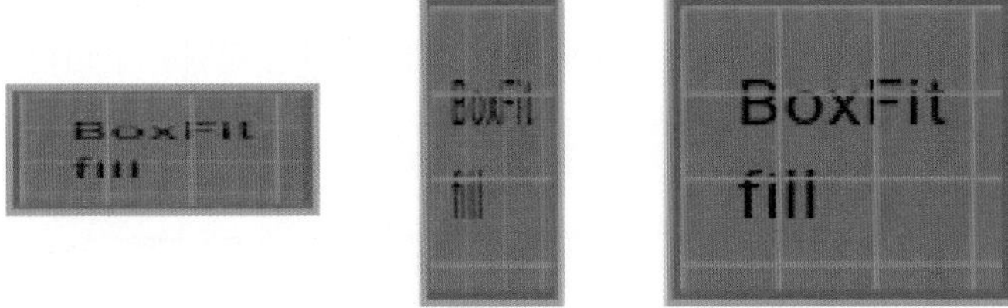

그림 2-13 BoxFit.fill의 모습

2. **BoxFit.contain**: 이미지가 부모 위젯의 영역에 맞게 확장되지만 가로세로 비율을 유지합니다. 이미지가 잘릴 수 있지만 완전히 보이는 부분이 있습니다.

그림 2-14 BoxFit.contain의 모습

❸ BoxFit.cover: 이미지가 부모 위젯의 영역을 완전히 덮도록 확장됩니다. 가로세로 비율을 유지하면서 이미지의 일부가 잘릴 수 있습니다.

그림 2-15 BoxFit.cover의 모습

❹ BoxFit.fitWidth: 이미지의 너비가 부모 위젯의 너비에 맞게 조절되고, 가로세로 비율은 유지됩니다. 이미지가 잘릴 수 있습니다.

그림 2-16 BoxFit.fitWidth의 모습

❺ BoxFit.fitHeight: 이미지의 높이가 부모 위젯의 높이에 맞게 조절되고, 가로세로 비율은 유지됩니다. 이미지가 잘릴 수 있습니다.

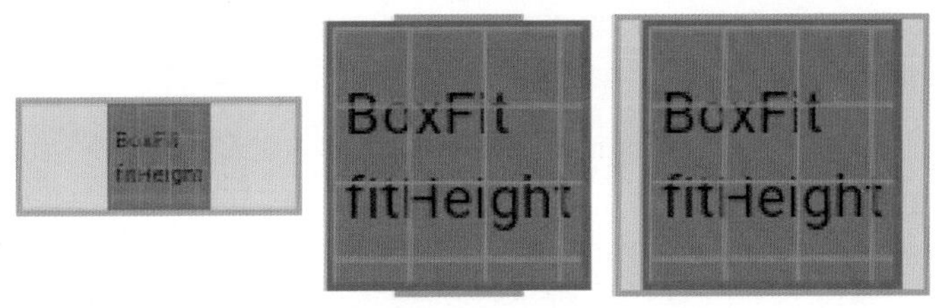

그림 2-17 BoxFit.fitHeight의 모습

❻ BoxFit.none: 이미지의 크기를 조정하지 않고 부모 위젯의 크기에 맞게 배치됩니다. 이미지가 부모 위젯보다 클 경우 잘릴 수 있습니다.

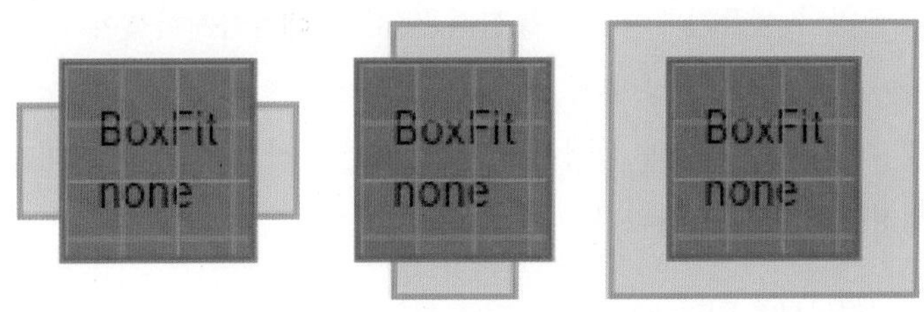

그림 2-18 BoxFit.none의 모습

Asset 이미지 설정

이미지를 표시하는 것은 플러터 애플리케이션에서 중요한 부분입니다. 이미지 위젯을 사용하여 이미지 크기를 조절하는 방법을 이미 알아보았지만, 로컬에서 이미지를 불러오려 할 때 종종 이미지가 나타나지 않는 문제가 발생할 수 있습니다. 이는 로컬 이미지와 네트워크 이미지를 처리하는 방식이 다르기 때문입니다. 이번에는 로컬 이미지를 사용하기 위해 **pubspec.yaml** 파일에 이미지를 에셋으로 등록하는 방법을 살펴보겠습니다.

pubspec.yaml 파일은 플러터 프로젝트의 설정을 담고 있는 중심적인 파일로, 프로젝트에 필요한 종속성 라이브러리, 폰트, 이미지와 같은 에셋을 명시하는 데 사용됩니다. 이미지를 에셋으로 추가하려면, 먼저 이미지 파일을 프로젝트의 폴더 구조 내에 적절한 위치에 저장합니다. 일반적으로 assets/images 폴더 아래에 이미지를 저장하는 것이 관리하기 좋습니다.

이미지 파일을 저장한 후, pubspec.yaml 파일 내에 해당 이미지 파일의 경로를 아래와 같이 추가합니다.

```
  # 생략
flutter:
  assets:
    - assets/images/logo.png
    - assets/images/background.jpg
  # 생략
```

이 구조를 사용하면, 플러터는 자동으로 해당 이미지 파일들을 애플리케이션 내에서 사용할 수 있도록 로드합니다. 이미지를 로드하기 위해 Image.asset 위젯을 사용할 수 있으며, 이를 통해 간단하게 이미지를 UI에 표시할 수 있습니다.

```
Image.asset('assets/images/logo.png')
```

Network 이미지 설정

네트워크 이미지를 플러터 애플리케이션에 통합하는 것은 애플리케이션이 다양한 온라인 소스에서 이미지를 받아와야 할 때 필수적입니다. 애플리케이션에서 인터넷을 통해 이미지를 로드하고 사용하기 위해서는 몇 가지 주의 사항과 설정이 필요합니다. 특히, 네트워크 이미지를 사용하기 전에 필요한 권한을 설정하는 것이 중요합니다.

- **안드로이드**: 애플리케이션이 인터넷에서 데이터를 받아올 수 있도록 하기 위해, 안드로이드 Manifest.xml 파일에 적절한 네트워크 권한을 설정해야 합니다.

android/app/src/main/AndroidManifest.xml

```
<manifest... 이하생략>
<uses-permission android:name="android.permission.INTERNET" />
<application... 이하생략>
```

- **아이폰 앱**: 별도의 권한을 설정할 필요가 없습니다.

권한 설정이 완료되면, 플러터에서는 Image.network 위젯을 사용하여 URL을 통해 이미지를 쉽게 로드하고 표시할 수 있습니다.

```
Image.network('https://example.com/image.jpg');
```

이 위젯은 지정된 URL에서 이미지를 비동기적으로 다운로드하고, 다운로드가 완료되면 자동으로 이미지를 화면에 표시합니다. 이 과정은 내부적으로 캐싱을 처리하여 같은 이미지에 대한 반복 요청을 최소화하고 성능을 최적화합니다.

2.2 아이콘 및 버튼 위젯

플러터에서 아이콘을 및 버튼을 사용하는 방법은 매우 간단합니다. 아이콘 위젯을 통해, Material에서 제공하는 아이콘 모음집을 쉽게 사용할 수 있으며, 몇 가지의 버튼 위젯을 같이 소개하겠습니다.

아이콘 위젯

아이콘 위젯을 사용하기 위해서는, 먼저 플러터의 내장 아이콘 라이브러리인 Icons 클래스에서 원하는 아이콘을 선택해야 합니다. Icons 클래스는 메테리얼 디자인 아이콘을 제공하며, 다양한 아이콘을 쉽게 사용할 수 있게 해줍니다.

```
Icon(
  Icons.star, // 별표 모양이
  color: Colors.yellow, // 노란색이고
  size: 30.0, // 크기가 30
);
```

- **color**: 아이콘의 색상을 지정합니다. Colors 클래스를 사용하여 색상을 정의할 수 있습니다.

- **size**: 아이콘의 크기를 지정합니다. 단위는 논리적 픽셀입니다.
- **semanticLabel**: 시각 장애가 있는 사용자를 위한 스크린 리더에 의해 읽힐 텍스트를 제공합니다. 이는 접근성을 향상시키는 데 유용합니다.

아이콘을 사용할 때는, 사용자와의 상호작용이 예상되는 곳에 배치하여, 사용자의 행동을 유도하거나 애플리케이션의 다양한 기능을 직관적으로 나타낼 수 있습니다. 예를 들어, 휴지통 아이콘은 삭제 기능을, 화살표 아이콘은 방향 전환 또는 메뉴 접근을 나타낼 수 있습니다.

버튼 위젯

플러터에서 버튼 위젯은 사용자가 앱과 상호작용을 할 수 있도록 해주는 중요한 요소입니다. 플러터는 여러 종류의 버튼 위젯을 제공하며, 이 중 대표적인 버튼 위젯으로는 ElevatedButton, TextButton, OutlinedButton이 있습니다. 각 버튼은 고유한 스타일과 기능을 제공하여 다양한 상황에서 활용할 수 있습니다.

```
Column(
  children: [
    // 일반적으로 사용되는 입체감이 있는 버튼입니다
    ElevatedButton(
      onPressed: () {
        // 버튼이 눌렸을 때 실행될 코드
      },
      child: Text('Elevated Button'),
    ),
    // 텍스트로만 구성된 버튼입니다.
    TextButton(
      onPressed: () {
        // 버튼이 눌렸을 때 실행될 코드
      },
      child: Text('Text Button'),
    ),
    // 테두리가 있는 버튼입니다.
    OutlinedButton(
      onPressed: () {
        // 버튼이 눌렸을 때 실행될 코드
      },
      child: Text('Outlined Button'),
    ),
  ],
);
```

- **onPressed**: 버튼이 눌렸을 때 실행될 함수를 정의합니다. null로 설정하면 버튼이 비활성화됩니다.
- **child**: 버튼 내부에 표시될 위젯을 지정합니다. 일반적으로 Text 위젯을 사용합니다.

이 외에도 플러터는 아이콘과 텍스트를 결합한 IconButton, FloatingActionButton 등 다양한 버튼을 제공합니다. 각각의 버튼은 다양한 스타일과 기능을 제공하여 앱의 디자인과 사용성을 향상시킬 수 있습니다. 버튼을 적절히 활용하여 사용자가 앱과 원활히 상호작용을 할 수 있도록 디자인하는 것이 중요합니다.

2.3 TextField 위젯

플러터에서 사용자로부터 텍스트 입력을 받기 위해서는 TextField 위젯 또는 TextFormField 위젯을 주로 사용합니다. 이들은 사용자가 애플리케이션 내에서 데이터를 입력할 수 있게 해주는 가장 기본적인 방법을 제공합니다.

TextField 위젯

TextField는 플러터의 가장 기본적인 텍스트 입력 위젯으로, 폼(form), 대화상자(dialog), 그리고 사용자 인터페이스의 다른 다양한 부분에서 널리 사용됩니다. 이 위젯은 사용자가 키보드를 통해 텍스트를 입력할 때, 그 데이터를 캡처하고 상호작용을 하는 방법을 제공합니다.

- **decoration**: InputDecoration 클래스를 사용하여 텍스트 필드의 외관을 꾸밀 수 있습니다. 레이블, 힌트 텍스트, 테두리 및 아이콘 등을 설정하여 사용자의 입력 경험을 향상시킬 수 있습니다.
- **onChanged**: 사용자가 텍스트 필드에 입력할 때마다 호출되는 콜백 함수입니다. 이를 통해 입력 데이터를 실시간으로 처리하고 반응할 수 있습니다.
- **onSubmitted**: 사용자가 입력을 완료하고 키보드의 완료 버튼을 누를 때 호출되는 콜백 함수입니다. 폼 제출 또는 데이터 검증 작업에 유용합니다.
- **controller**: TextEditingController를 사용하여 텍스트 필드의 현재 값을 프로그래밍 방식으로 제어할 수 있습니다. 이 컨트롤러를 통해 텍스트 필드의 내용을 초기화하거나, 변경 사항을 감지하고, 입력값에 대한 직접적인 조작을 수행할 수 있습니다.
- **keyboardType**: 텍스트 필드에 입력되는 데이터 유형에 따라 키보드 유형을 지정할 수 있습니다. 예를 들어, 숫자를 입력받기 위해 TextInputType.number를 설정할 수 있습니다.
- **textInputAction**: 키보드에 표시될 '완료', '다음' 등의 액션 버튼을 정의합니다. 이는 사용자가 입력을 마친 후의 흐름을 제어하는 데 도움을 줍니다.

```
TextField(
  decoration: InputDecoration(
    labelText: '이름',
    hintText: '여기에 이름을 입력하세요',
    border: OutlineInputBorder(),
    icon: Icon(Icons.person),
  ),
  onChanged: (text) {
    // 사용자 입력이 변경될 때마다 호출되는 함수
    print("현재 입력값: $text");
  },
  onSubmitted: (text) {
    // 사용자가 입력을 완료하고 제출할 때 호출되는 함수
    print("최종 입력값: $text");
  },
  controller: TextEditingController(),
  keyboardType: TextInputType.name,
  textInputAction: TextInputAction.done,
)
```

TextField 위젯은 플러터 애플리케이션에서 다양한 사용자 입력 폼을 구성할 때 필수적인 요소입니다. 이를 통해 개발자는 사용자의 입력을 효과적으로 수집하고, 애플리케이션의 반응성을 높일 수 있습니다. 다음 섹션에서는 그중 TextEditingController에 대해 더 자세히 설명하여 값에 접근하는 방법을 알아보겠습니다.

TextEditingController

TextEditingController는 TextField 위젯의 텍스트를 관리하는 데 사용되는 컨트롤러입니다. 이 컨트롤러를 활용하면 프로그래밍 방식으로 사용자의 입력을 읽거나 변경할 수 있습니다. 또한, 입력 필드의 현재 값에 접근하거나, 입력값이 변경될 때마다 특정 작업을 수행하도록 설정할 수 있습니다. 이러한 기능은 폼의 초깃값 설정, 입력값의 실시간 처리 및 검증 등에 유용하게 사용될 수 있습니다.

```
final controller = TextEditingController();

TextField(
  controller: controller,
  decoration: InputDecoration(
    labelText: '이름',
```

```
    hintText: '여기에 이름을 입력하세요',
    border: OutlineInputBorder(),
  ),
);

// 컨트롤러를 통해 현재 텍스트 필드의 텍스트를 얻을 수 있습니다.
String text = controller.text;
print(text);

// 컨트롤러를 사용하여 텍스트 필드의 텍스트를 프로그래밍 방식으로 변경할 수 있습니다.
controller.text = "초기화 할 문구";
```

TextEditingController는 매우 다양한 방식으로 활용될 수 있습니다. 예를 들어, 사용자가 입력한 데이터를 데이터베이스에 저장하거나, 입력 데이터를 바탕으로 검색을 실행하는 등의 기능을 구현할 때 매우 효과적입니다. 이 컨트롤러는 특히 복잡한 입력 양식을 다룰 때 유용합니다. 휴대폰 번호의 형식이나, 이메일의 형식 등의 입력 형식을 맞춰줄 때도 사용할 수 있습니다.

TextFormField 위젯

TextFormField는 TextField를 기반으로 하며, 폼(form)에서 사용될 때 특히 유효성 검사(validation)와 폼 제출(submission)을 관리할 수 있게 해줍니다. Form 위젯과 함께 사용되어, 폼의 다른 필드들과 함께 그룹화되어 유효성 검사를 수행할 수 있습니다. 이 위젯은 복잡한 데이터 입력과 검증 요구사항을 가진 애플리케이션에 이상적입니다.

```
TextFormField(
  decoration: InputDecoration(labelText: '이메일'),
  validator: (value) {
    if (value == null || value.isEmpty) {
      return '이메일을 입력해주세요';
    }
    return null; // 유효성 검사 통과
  },
);
```

폼(Form)과 함께 사용하는 TextFormField

TextFormField는 Form 위젯 안에서 사용될 때 그 진가를 발휘합니다. Form을 사용하면 폼을 구성하는 여러 입력 필드 간의 데이터를 쉽게 관리하고, 한 번에 유효성 검사를 수행할 수 있습니다. 또한, 폼 전체의 제출 동작을 제어할 수 있어, 사용자의 입력을 효과적으로 처리할 수 있습니다.

```
final _formKey = GlobalKey<FormState>();

Form(
  key: _formKey,
  child: Column(
    crossAxisAlignment: CrossAxisAlignment.start,
    children: <Widget>[
      TextFormField(
        decoration: InputDecoration(labelText: '이메일'),
        validator: (value) {
          if (value == null || value.isEmpty) {
            return '이메일 주소를 입력하세요';
          }
          if (!value.contains('@')) {
            return '유효한 이메일 주소를 입력하세요';
          }
          return null;
        },
      ),
      Padding(
        padding: const EdgeInsets.symmetric(vertical: 16.0),
        child: ElevatedButton(
          onPressed: () {
            // 폼이 유효한지 검사합니다.
            if (_formKey.currentState!.validate()) {
              // 폼이 유효한 경우, 실제 처리를 수행합니다.
              // 예: 서버에 폼 데이터 제출
              ScaffoldMessenger.of(context)
                  .showSnackBar(SnackBar(content: Text('처리 중')));
            }
          },
          child: Text('제출'),
        ),
      ),
    ],
  ),
);
```

이 예제에서는 이메일 필드에 대한 간단한 유효성 검사를 수행합니다. 유저가 '제출' 버튼을 누를 때, FormState의 validate() 메서드를 호출하여 모든 TextFormField에 설정된 유효성 검사 규칙을 실행합니다. 유효성 검사를 통과하지 못한 필드는 해당하는 오류 메시지를 표시합니다.

3 Stateless와 Stateful 위젯

플러터에서 위젯은 애플리케이션의 기본 구성 요소입니다. 특히, 위젯은 Stateless와 Stateful 두 가지 유형으로 나뉩니다. Stateless 위젯은 변하지 않는(정적인) 데이터를 화면에 표시할 때 사용되며, Stateful 위젯은 동적인 데이터를 다루고 사용자 인터랙션에 반응할 때 사용됩니다. 이 두 유형의 위젯을 이해하고 올바르게 사용하는 것은 플러터 애플리케이션 개발의 핵심입니다.

다음의 예제는 로그인 페이지의 예제입니다. 로그인 페이지 중 사용자의 입력을 받아서 언제든지 내부의 그래픽 중 일부가 바뀌어야 하는 TextField는 Stateful 위젯으로, 한번 생성되면 그 내부의 그래픽 중 일부가 바뀌지 않되, 바뀌더라도 전체가 바뀌어야 하는 버튼은 Stateless 위젯으로 생각하면 됩니다.

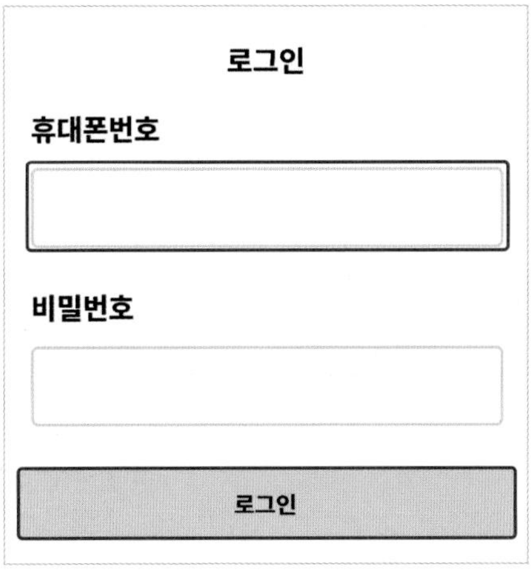

로그인

휴대폰번호

비밀번호

로그인

그림 2-19 로그인 페이지 위젯의 분류

3.1 Stateless 위젯

Stateless 위젯은 변경되지 않는 데이터를 표시할 때 주로 사용됩니다. 예를 들어, 애플리케이션에서 고정된 텍스트나 아이콘을 표시할 때 Stateless 위젯을 사용할 수 있습니다. Stateless 위젯은 생성 시점에 전달된 정보를 기반으로 화면을 그립니다. 이 정보는 위젯의 생명주기 동안 변경되지 않으므로, 위젯을 다시 그릴 필요가 없습니다. 이에 따라 Stateless 위젯은 성능 측면에서 효율적이며, 플러터 애플리케이션에서 널리 사용됩니다.

Stateless 위젯의 특징 및 변화 과정

- 변경 불가능한 데이터를 다루는 데 최적화되어 있습니다.
- 위젯의 생성자를 통해 초기 데이터를 전달받으며, 이 데이터는 위젯의 생명주기 동안 고정됩니다.
- 사용자와의 상호작용이나 내부 상태 변경이 필요 없는 경우에 적합합니다.
- 빌드 메서드 내에서 UI를 구성하는 데 사용됩니다.

```
import 'package:flutter/material.dart';

void main() => runApp(MyApp());

class MyApp extends StatelessWidget {
  @override
  Widget build(BuildContext context) {
    return MaterialApp(
      home: Scaffold(
        appBar: AppBar(
          title: Text('StatelessWidget 변화 과정'),
        ),
        body: Center(
          child: Container(
            width: 100,
            height: 100,
            color: Colors.blue,
          ),
        ),
      ),
    );
  }
}
```

이 코드는 너비와 높이가 각각 100픽셀이며, 배경색이 파란색인 컨테이너를 생성합니다. 이러한 컨테이너는 변하지 않는 속성을 가지므로, Stateless 위젯을 상속하여 MyContainer 클래스로 만들어 볼 수 있습니다. MyContainer 클래스는 동일한 UI를 생성하지만, Stateless 위젯의 형태를 취합니다.

```
import 'package:flutter/material.dart';

void main() => runApp(MyApp());

```

```
class MyApp extends StatelessWidget {
  @override
  Widget build(BuildContext context) {
    return MaterialApp(
      home: Scaffold(
        appBar: AppBar(
          title: Text('StatelessWidget 변화 과정'),
        ),
        body: Center(
          child: MyContainer(),
        ),
      ),
    );
  }
}

class MyContainer extends StatelessWidget {
  @override
  Widget build(BuildContext context) {
    // MyContainer 클래스 내에서 Container 위젯을 반환합니다.
    return Container(
      width: 100,
      height: 100,
      color: Colors.blue,
    );
  }
}
```

MyContainer 클래스는 Stateless 위젯을 상속받아 구현됩니다. 이 클래스의 build 메서드 내에서, 위에서 보여준 Container 위젯을 반환합니다. MyApp 클래스에서는 MyContainer 위젯을 사용하여 애플리케이션의 body에 배치하고 있습니다.

Stateless 위젯의 생명주기

1. **위젯 생성(Creation)**: 애플리케이션 코드에서 위젯이 처음으로 생성될 때입니다. 개발자가 위젯을 작성하고, 이를 UI 트리에 추가하면 해당 위젯의 인스턴스가 생성됩니다. 이때 위젯의 생성자를 통해 초기 구성을 설정할 수 있습니다.

2. **위젯 빌드(Build)**: 위젯이 생성된 후, 플러터 프레임워크는 위젯의 build 메서드를 호출하여 위젯을 화면에 그립니다. build 메서드는 BuildContext를 인자로 받으며, 이를 통해 위젯이 UI 트리의 어디에 위치하는지 알 수 있습니다. Stateless 위젯은 상태가 변하지 않기 때문에, 일

반적으로 build 메서드는 한 번 호출되고 나면, 동일한 위젯에 대해서는 다시 호출되지 않습니다(단, 부모 위젯이 변경되어 자식 위젯을 다시 그려야 할 때를 제외).

3. **위젯 재구성(Rebuilding)**: 상위 위젯이 변경되어 현재 Stateless 위젯이 포함된 UI 트리의 일부가 업데이트되어야 할 때, 플러터 프레임워크는 해당 Stateless 위젯의 build 메서드를 다시 호출하여 위젯을 재구성합니다. 이 과정은 상위 위젯의 데이터 변경에 따라 하위 위젯도 업데이트 되어야 할 때 발생합니다.

4. **위젯 제거(Widget Removal)**: 위젯이 더 이상 UI 트리의 일부가 아닐 때, 즉 화면에서 제거될 때입니다. 플러터 프레임워크는 위젯이 UI 트리에서 제거되면, 관련 리소스를 정리합니다. Stateless 위젯은 상태를 가지지 않으므로, 특별히 정리해야 할 상태가 없습니다.

3.2 Stateful 위젯

Stateful 위젯은 동적인 데이터를 다루고 사용자 인터랙션에 응답해야 할 때 사용됩니다. 예를 들어, TextField에서 사용자가 입력하는 텍스트를 관리하는 것과 같이 사용자의 입력이나 데이터의 변화에 따라 위젯의 상태가 변경될 수 있는 경우에 적합합니다. Stateful 위젯은 상태(state)라는 개념을 가지고 있으며, 이 상태는 위젯의 생명주기 동안 변경될 수 있습니다.

Stateful 위젯의 특징 및 변화 과정

- 동적인 데이터와 사용자 인터랙션을 다루는 데 적합합니다.
- 상태 관리를 통해 위젯의 UI가 변경될 때마다 새로운 상태를 반영하여 화면을 업데이트합니다.
- State 객체를 통해 상태를 관리하며, setState() 메서드를 호출하여 상태 변경을 알리고 UI를 재구성합니다.
- 애플리케이션의 동적인 부분을 구현하는 데 필수적인 요소입니다.

다음은 TextField를 사용한 Stateful 위젯의 예제입니다. 이 예제에서는 사용자가 입력한 텍스트를 화면에 동적으로 표시하는 간단한 텍스트 입력 애플리케이션을 구현합니다.

```
import 'package:flutter/material.dart';

void main() => runApp(MyApp());

class MyApp extends StatelessWidget {
```

```
  @override
  Widget build(BuildContext context) {
    return MaterialApp(
      home: Scaffold(
        appBar: AppBar(
          title: Text('Stateful 위젯 예제: TextField'),
        ),
        body: Center(
          child: TextInputWidget(),
        ),
      ),
    );
  }
}

class TextInputWidget extends StatefulWidget {
  @override
  _TextInputWidgetState createState() => _TextInputWidgetState();
}

class _TextInputWidgetState extends State<TextInputWidget> {
  String _text = '';

  void _handleTextChanged(String newText) {
    setState(() {
      _text = newText;
    });
  }

  @override
  Widget build(BuildContext context) {
    return Column(
      mainAxisAlignment: MainAxisAlignment.center,
      children: <Widget>[
        TextField(
          onChanged: _handleTextChanged,
          decoration: InputDecoration(
            border: OutlineInputBorder(),
            labelText: '여기에 텍스트를 입력하세요',
          ),
        ),
        SizedBox(height: 20),
        Text(
```

```
49            '입력한 텍스트: $_text',
50            style: Theme.of(context).textTheme.titleLarge,
51          ),
52        ],
53      );
54    }
55  }
```

이 코드에서 TextInputWidget 클래스는 Stateful 위젯을 상속받아 구현되었으며, 사용자가 TextField에 입력한 텍스트를 _text 상태 변수에 저장합니다. **41**번째 줄로 인하여 사용자가 텍스트를 입력할 때마다 _handleTextChanged 메서드가 호출되고, 이 메서드 내에서 setState()를 호출하여 _text 변수의 값을 업데이트하고, 위젯을 다시 그려 입력한 텍스트를 화면에 표시합니다.

Stateful 위젯의 생명 주기

Stateful 위젯의 생명 주기는 애플리케이션의 동적인 요소를 관리하는 데 핵심적인 역할을 합니다. Stateful 위젯은 상태를 가지고 있으며, 이 상태는 사용자의 상호작용이나 애플리케이션의 데이터 변화에 따라 시간이 지남에 따라 변할 수 있습니다. 이러한 변화를 효과적으로 관리하기 위해, 플러터는 Stateful 위젯의 생명 주기를 통해 위젯이 생성되고, 업데이트되며, 제거되는 과정을 정의합니다.

❶ **위젯 생성(Creation)**: Stateful 위젯이 생성될 때, 플러터 프레임워크는 createState() 메서드를 호출하여 State 객체를 생성합니다. 이 단계에서 위젯의 초기 상태가 설정됩니다.

❷ **초기화(Initialization)**: State 객체가 생성된 직후, initState() 메서드가 호출됩니다. 이 메서드는 위젯의 생명 주기 동안 단 한 번만 호출되며, 여기서 초기 상태 설정이나 리스너 등록 같은 작업을 수행할 수 있습니다.

❸ **빌드(Build)**: initState() 메서드 호출 이후, build() 메서드가 호출되어 위젯이 UI에 그려집니다. 위젯의 상태가 변경될 때마다 setState() 메서드를 통해 build() 메서드가 다시 호출되어 UI가 업데이트됩니다.

❹ **업데이트(Updating)**: 위젯의 구성이 변경되거나 (didUpdateWidget() 호출), 상태가 setState()를 통해 업데이트될 때, 위젯은 새로운 상태로 업데이트됩니다.

❺ **제거(Deactivation and Disposal)**: 위젯이 위젯 트리에서 제거될 때, deactivate() 메서드가 호출되며, 이어서 dispose() 메서드가 호출됩니다. dispose() 메서드는 위젯의 생명 주기에서 마지막으로 호출되는 메서드로, 여기서 리스너 해제나 타이머 취소와 같은 정리 작업을 수행합니다.

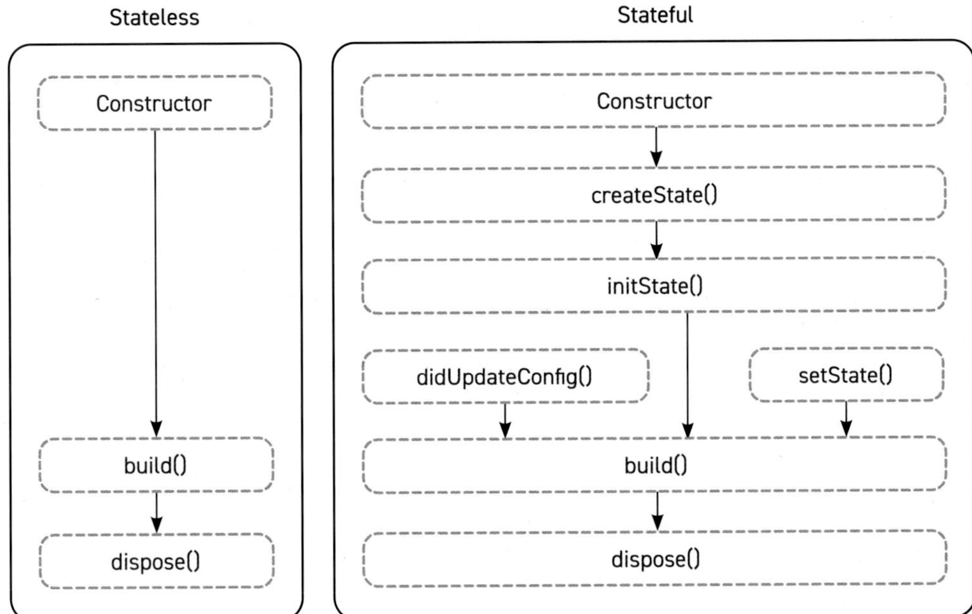

그림 2-20 Stateless 위젯과 Stateful 위젯의 생명주기

Memo

3장

플러터의 네비게이션과 화면 전환

3장에서는 단순한 UI 구현을 넘어서, 애플리케이션에서 기본적으로 필요한 화면 전환 및 이동에 대한 내용을 다루게 됩니다. 이제 버튼을 눌렀을 때 화면이 전환되는 과정을 만들어 보고 이 책에서 진행하는 중고 거래 애플리케이션의 화면을 간략하게 구현해 보겠습니다.

1 화면 전환과 데이터 전달

모바일 애플리케이션은 작은 스크린을 통해 사용자와 방대한 정보를 교류하는 도구입니다. 한정된 화면 공간 내에서 모든 정보와 기능을 제공하는 것은 현실적으로 불가능하기에, 사용자의 입력에 따라 다양한 화면으로 전환하는 기능은 필수적입니다.

1.1 프로젝트 레이아웃 구성

이번 장에서는 본격적으로 플러터 프로젝트를 만들어보고, 실습과 시행착오를 통해 조금씩 프로젝트를 완성해 나갈 예정입니다. 이를 통해 여러분은 플러터의 기본 레이아웃 구성 및 화면 전환 방법을 자연스럽게 익히게 될 것입니다.

프로젝트 생성

프로젝트를 생성하기 위해서는 우선 프로젝트를 생성할 디렉터리로 이동해야 합니다. 매킨토시에서는 Terminal 애플리케이션을, 윈도우에서는 PowerShell이나 CMD(명령 프롬프트)를 사용하여 프로젝트가 위치할 디렉터리로 이동한 후, 다음의 명령어를 입력하여 홍당무마켓 애플리케이션을 생성합니다.

```
flutter create carrot_flutter
```

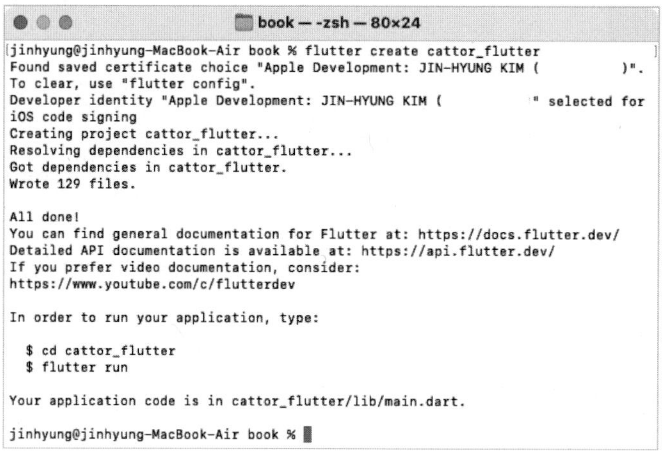

그림 3-1 프로젝트 생성 화면

이 명령어를 실행하면 플러터 프로젝트의 기본 구조가 생성됩니다. 생성된 프로젝트의 폴더 구성은 다음과 같으며, 각 폴더의 역할도 함께 살펴보겠습니다.

```
carrot_flutter
├ android/
├ build/
├ ios/
├ build/
├ lib/
|    main.dart
├ linux/
├ macos/
├ test/
├ web/
└ windows/
  pubspec.yaml
```

- **android/**: 안드로이드 애플리케이션의 네이티브 코드와 빌드 설정이 포함된 디렉터리입니다. 이곳에서 안드로이드 플랫폼을 위한 특화된 설정을 관리할 수 있습니다.
- **ios/**: 아이폰 앱 애플리케이션의 네이티브 코드와 빌드 설정을 포함합니다. 엑스코드와 연동되어 아이폰 앱 특화 기능을 구현할 때 사용됩니다.
- **lib/**: 플러터 애플리케이션의 다트 코드가 위치하는 주요 디렉터리입니다. 애플리케이션의 모든 플러터 로직과 인터페이스가 이곳에서 개발됩니다.
- **test/**: 애플리케이션의 테스트 코드를 포함합니다. 단위 테스트나 위젯 테스트를 이 디렉터리에서 관리하며, 애플리케이션의 안정성을 보장하기 위해 테스트를 실행할 수 있습니다.
- **web/**: 웹 애플리케이션을 위한 네이티브 코드와 리소스가 위치합니다. 플러터에서 웹 애플리케이션을 지원하기 때문에 이 폴더를 통해 웹 플랫폼을 위한 빌드를 관리할 수 있습니다.
- **linux/, macos/, windows/**: 각각 리눅스, 매킨토시, 윈도우 플랫폼을 위한 데스크탑 애플리케이션의 네이티브 코드와 빌드 설정이 포함된 디렉터리입니다.
- **pubspec.yaml**: 프로젝트의 메타데이터와 의존성을 관리하는 파일입니다. 플러터 SDK의 버전, 프로젝트에 사용되는 외부 패키지, 이미지나 폰트 같은 자산을 이 파일에서 선언합니다.

이 폴더 구조를 이해하는 것은 프로젝트를 효과적으로 관리하고, 다양한 플랫폼에 애플리케이션을 배포하는 데 필수적입니다. 다음 섹션에서는 프로젝트의 주요 파일을 설정하고, 기본적인 화면을 생성하는 방법을 설명하겠습니다.

초기화 및 기본화면 생성

플러터 프로젝트를 진행하면서 우리가 가장 많이 접하고 작업할 디렉터리는 lib입니다. 현재 lib 디렉터리 안에는 기본적으로 **main.dart** 파일만 존재합니다. 이 구조는 시작점이지만, 프로젝트의 규모가 커지면서 더 많은 파일과 폴더가 필요해질 것입니다. 이를 위해 우리는 더 체계적인 폴더 구조를 만들어 프로젝트를 명확하게 구성할 예정입니다.

```
└ lib/
  | main.dart
  └ src/
      | app.dart
      └ screens/
          intro.dart
```

프로젝트의 초기 구조를 설정하기 위해, 우선 src 폴더를 생성하고, 이 폴더 내에 app.dart와 screens 폴더를 추가합니다. screens 폴더 내에는 첫 번째 화면을 정의할 intro.dart 파일을 생성합니다. 이렇게 하면 우리의 프로젝트는 더욱 모듈화되고 관리하기 쉬운 형태로 발전할 수 있습니다.

lib/main.dart

```dart
import 'package:flutter/material.dart';

import 'src/app.dart';

void main() {
  runApp(const MyApp());
}
```

main.dart 파일은 애플리케이션의 진입점 역할을 합니다. 기존의 예제 코드를 제거하고, 다음과 같이 애플리케이션의 root를 설정하는 코드를 작성합니다. 이 코드는 MyApp 클래스를 불러와 실행하는 역할을 합니다.

lib/src/app.dart

```dart
import 'package:flutter/material.dart';

import 'screens/intro.dart';

class MyApp extends StatelessWidget {
  const MyApp({super.key});
```

```
07
08    @override
09    Widget build(BuildContext context) {
10      return const MaterialApp(
11        debugShowCheckedModeBanner: false,
12        title: 'Carrot Market',
13        home: Intro(),
14      );
15    }
16  }
```

이렇게 작성한 src/app.dart 파일에서는 애플리케이션의 기본 구조를 정의합니다. 이 파일은 **10**번째 줄에서 MaterialApp 위젯을 사용하여 애플리케이션의 루트를 설정하고, **13**번째 줄에서 초기 화면으로 Intro를 지정합니다. 또한, **11**번째 줄에서 디버그 배너를 비활성화하고 애플리케이션의 제목을 **12**번째 줄에서 설정합니다.

lib/src/screens/intro.dart

```
import 'package:flutter/material.dart';

class Intro extends StatelessWidget {
  const Intro({super.key});

  @override
  Widget build(BuildContext context) {
    return Scaffold(
      body: Center(
        child: Column(
          mainAxisSize: MainAxisSize.min,
          children: [
            const Text(
              '이 책은 플러터로 \nSNS 중고 거래 애플리케이션을 만듭니다.',
              textAlign: TextAlign.center,
            ),
          ],
        ),
      ),
    );
  }
}
```

마지막으로, intro.dart 파일에서는 초기 화면의 구조를 구성합니다. 이 화면은 사용자에게 애플리케이션의 목적을 간단히 소개하는 텍스트를 중앙에 표시합니다. 이는 사용자가 애플리케이션을 처음 사용할 때 초기 인터페이스로서의 역할을 수행합니다.

1.2 페이지 이동과 MaterialRoute

홈 화면 중앙에 애플리케이션 소개를 간략하게 기재하고, 사용자가 본격적으로 애플리케이션을 탐색할 수 있도록 본문 페이지로 이동하는 버튼을 추가해 보겠습니다. 버튼은 플러터가 제공하는 ElevatedButton을 사용하여 구현할 계획입니다.

페이지 이동

먼저, 앞서 작성한 intro.dart 파일에서 Text 위젯 아래 SizeBox로 높이 20의 공백과 ElevatedButton을 입력합니다.

lib/src/screens/intro.dart

```
import 'package:flutter/material.dart';

class Intro extends StatelessWidget {
  const Intro({super.key});

  @override
  Widget build(BuildContext context) {
    return Scaffold(
      body: Center(
        child: Column(
          mainAxisSize: MainAxisSize.min,
          children: [
            const Text(
              '이 책은 플러터로 \nSNS 중고 거래 애플리케이션을 만듭니다.',
              textAlign: TextAlign.center,
            ),
            const SizedBox(height: 20),
            ElevatedButton(
              onPressed: () {},
              child: const Text('사용하러 가기'),
            ),
          ],
```

```
          ),
        ),
      );
    }
  }
```

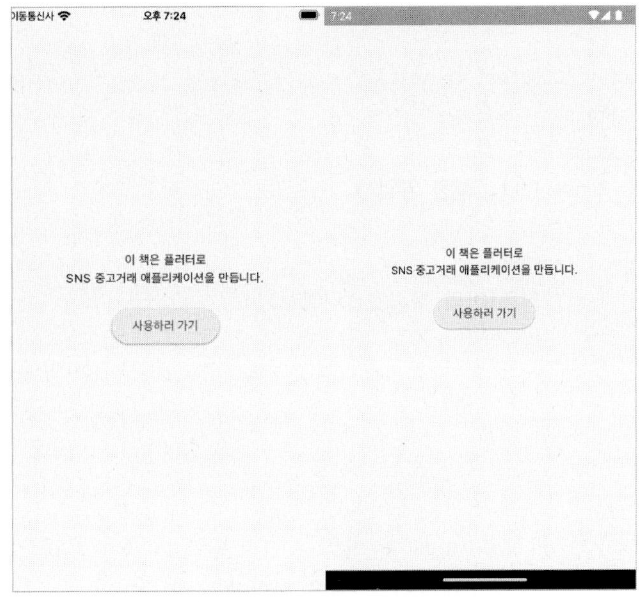

그림 3-2 Intro 화면 아이폰(좌), 안드로이드(우)

ElevatedButton을 눌렀을 때 동작인 onPressed의 동작을 일단 비워둔 상태로 이번에는 해당 버튼을 눌렀을 때 호출될 페이지를 만들어 보겠습니다. 애플리케이션의 소개 이후에 나오는 페이지로는 회원 가입에 대한 페이지가 나오면 적절하다고 생각하여 회원 가입 페이지를 만들어 주겠습니다.

회원 가입 페이지는 src/screens디렉터리 아래 auth라는 디렉터리에 만들어 주겠습니다. 이는 차후에 회원 가입 외에 로그인 등의 여러 화면을 그룹화해 줄 수 있는 디렉터리입니다.

```
└ lib/
  │ main.dart
  └ src/
      │ app.dart
      └ screens/
          │ intro.dart
          └ auth/
              register.dart
```

register.dart 파일은 일단 Stateless 위젯으로 만들어 간단하게 텍스트 위젯만을 배치하겠습니다.

lib/src/screens/auth/register.dart

```dart
import 'package:flutter/material.dart';

class Register extends StatelessWidget {
  const Register({super.key});

  @override
  Widget build(BuildContext context) {
    return Scaffold(
      appBar: AppBar(
        title: const Text('회원 가입'),
      ),
      body: const Center(
        child: Text('회원 가입 하시겠습니까?'),
      ),
    );
  }
}
```

register.dart 작성 완료 이후 다시 intro.dart로 돌아가 비어 있는 onPressed 함수를 다음과 같이 작성한 후, 버튼을 누르면 그림 3-3과 같은 화면 전환을 경험할 수 있습니다.

lib/src/screens/intro.dart

```dart
ElevatedButton(
  onPressed: () {
    // 현재 화면에서 다른 화면으로 이동
    Navigator.push(
      context,
      MaterialPageRoute(builder: (context) => const Register()),
    );
  },
  child: const Text('사용하러 가기'),
),
```

여기서 핵심은, 첫째, 화면 전환을 통해 두 번째 화면으로 이동할 수 있는 기능과, 둘째, 회원 가입 화면 상단에 위치한 AppBar의 왼쪽 leading 영역에 자동으로 생성된 뒤로 가기 버튼을 통해 이전 화면으로 돌아갈 수 있다는 점입니다. 이는 MaterialPageRoute를 사용함으로써 플러터의 메테리얼 디자인 라우트를 활용하게 되며, 이 과정에서 자동으로 AppBar 위젯에 뒤로 가기 버튼이 표시됩니다.

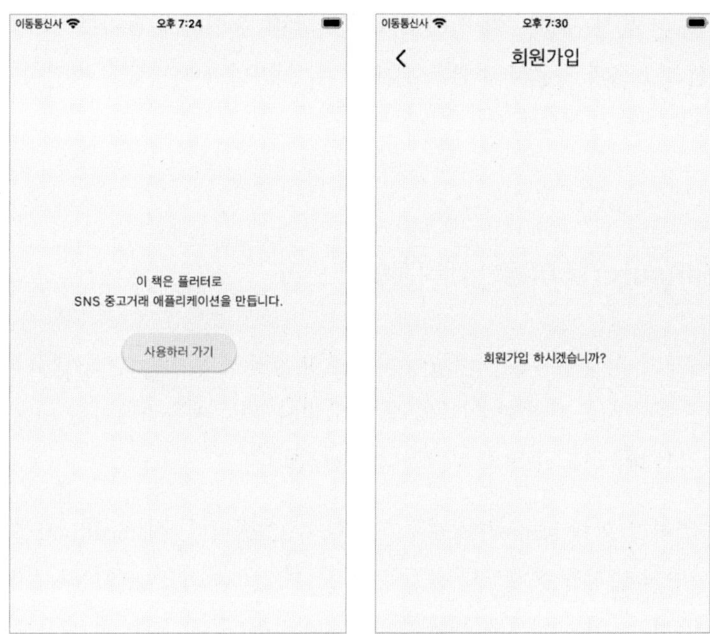

그림 3-3 (좌)intro 화면과 (우)회원 가입 화면

Navigator의 다양한 기능

앞서 본 예제에서는 Navigator.push를 활용하여 다음 화면으로의 이동을 구현했습니다. 하지만, Navigator에는 push 이외에도 여러 다양한 메서드가 제공됩니다, 각각의 사용 사례에 맞게 화면 전환을 관리할 수 있게 해줍니다.

- **Navigator.push**: 현재 라우트 스택에 새로운 라우트를 추가합니다. 이를 통해 사용자는 새로운 화면으로 이동할 수 있으며, AppBar에 자동으로 생성되는 뒤로 가기 버튼을 통해 이전 화면으로 돌아갈 수 있습니다.
- **Navigator.pop**: 현재 라우트 스택의 최상위 라우트를 제거합니다. 이는 대부분의 경우 뒤로 가기 기능을 구현할 때 사용됩니다. 사용자가 뒤로 가기 버튼을 누르거나, 애플리케이션 내에서 코드상으로 뒤로 가기를 구현할 때 활용됩니다.
- **Navigator.pushReplacement**: 현재 라우트를 새로운 라우트로 교체합니다. 이 메서드는 로그인 화면에서 로그인이 완료된 이후 메인 화면으로 전환하는 등, 이전 화면으로 돌아갈 필요가 없을 때 유용하게 사용됩니다.
- **Navigator.pushAndRemoveUntil**: 새로운 라우트를 스택에 추가하고, 조건에 맞는 라우트가 나올 때까지 이전 라우트들을 스택에서 제거합니다. 예를 들어, 여러 단계의 폼을 거친 후 최종 화면으로 이동하며, 중간 단계의 화면으로 돌아가지 않아야 할 때 사용할 수 있습니다.
- **Navigator.popUntil**: 조건에 맞는 라우트가 나올 때까지 현재 스택의 라우트들을 제거합니다. 예를 들어, 사용자가 몇 개의 화면을 거쳐 이동한 후, 특정 화면으로 직접 돌아가고 싶을 때 사용됩니다.

각 Navigator 메서드는 특정 사용 사례에 맞춰 화면 전환을 유연하게 관리할 수 있게 해줍니다. 따라서 애플리케이션의 흐름과 사용자 경험을 설계할 때, 이러한 메서드들을 적절히 조합하여 사용하는 것이 중요합니다.

1.3 NamedRouter를 이용한 네비게이션 관리

애플리케이션의 규모가 확장될수록 네비게이션 구조의 효율적 관리는 더욱 중요해집니다. 복잡해지는 경로 관리는, 특히 서로 비슷한 이름의 화면이 많아지고, 애플리케이션 내에서 화면 간의 전환 요구사항이 변경될 때, 코드 수정의 부담을 증가시킵니다.

이러한 문제를 해결하기 위해 NamedRoute를 고려할 수 있습니다. NamedRoute를 사용하면, 화면 이동 시 문자열 기반의 별칭을 통해 라우트를 지정할 수 있어, 코드 내에서 직접적인 화면 객체를 참조하지 않아도 됩니다. 이는 코드의 가독성을 향상시키며, 유지 보수 시 필요한 수정 사항을 줄여줍니다. NamedRoute를 적극 활용함으로써, 애플리케이션의 네비게이션 구조를 보다 체계적이고 효율적으로 관리할 수 있습니다.

라우트 테이블 설정

NamedRoute는 MaterialApp 컴포넌트 내의 routes 필드를 통해 미리 정의되어야 합니다. 이를 통해 애플리케이션 전반에 걸쳐 각 화면으로의 라우팅을 문자열 식별자를 사용하여 관리할 수 있습니다. src 디렉터리 내에 위치한 app.dart 파일에서 MaterialApp 컴포넌트를 찾아 routes 필드를 추가하면, 이 기능을 활용할 준비가 완료됩니다.

routes 필드는 키와 값의 쌍으로 구성되며, 각 키는 문자열 기반의 라우트 식별자, 값은 해당 라우트에 대응하는 화면을 구성하는 위젯을 지정합니다. 예를 들어, '/'를 Intro 화면과 연결하고, '/register'를 Register 화면과 연결하는 것이 기본적인 설정 방법입니다.

routes 필드를 설정하는 순간, MaterialApp의 home 필드는 더 이상 사용할 수 없게 됩니다. 이에 대한 대안으로, initialRoute 필드를 사용하여 애플리케이션 시작 시 최초로 보일 화면의 라우트를 지정할 수 있습니다. 여기서는 '/'를 사용하여 Intro 화면이 최초 화면으로 설정됩니다. 이런 방식을 통해, 애플리케이션의 라우팅 구조를 더욱 체계적으로 관리할 수 있게 됩니다.

lib/src/app.dart

```dart
import 'package:flutter/material.dart';

import 'screens/intro.dart';
import 'screens/auth/register.dart';

class MyApp extends StatelessWidget {
  const MyApp({super.key});

  @override
  Widget build(BuildContext context) {
    return MaterialApp(
      debugShowCheckedModeBanner: false,
      title: 'Carrot Market',
      routes: {
        '/': (context) => const Intro(),
        '/register': (context) => const Register(),
      },
      initialRoute: '/',
      // home: Intro(), 사용 불가
    );
  }
}
```

NamedRoute 사용

MaterialApp의 routes 맵에 화면들을 성공적으로 등록한 이후에는, Navigator.push 메서드를 사용하는 대신 Navigator.pushNamed 메서드를 활용하여 화면 전환을 수행할 수 있게 됩니다. 애플리케이션 내에서 화면 간의 이동을 쉽고 간단하게 관리할 수 있게 됩니다.

Navigator.pushNamed 메서드는 문자열 식별자를 이용하여 등록된 라우트로 화면 전환을 실행합니다. 이 방식을 통해, 개발자는 화면의 구체적인 인스턴스를 직접 생성하고 관리하는 대신, 애플리케이션 전반에 걸쳐 일관된 라우트 식별자를 사용하여 화면을 참조할 수 있습니다. 예를 들어, 사용자가 로그인 버튼을 누를 때 로그인 화면으로 이동하고자 할 때, Navigator.pushNamed(context, '/login')과 같이 호출하여 간단하게 화면 전환을 구현할 수 있습니다.

이와 같은 방식은 크고 복잡한 애플리케이션에서 특히 유용합니다. 화면의 라우트 식별자가 routes 맵에 명시적으로 정의되어 있기 때문에, 개발자는 어떤 화면이 어떤 식별자로 연결되어 있는지 쉽게 파악할 수 있고, 이는 코드의 가독성을 크게 향상시킵니다. 또한, 화면 전환 로직이 중앙집중화되어 있어, 라우트 식별자나 연결된 화면을 변경하고자 할 때 단일 위치에서 관리할 수 있어 애플리케이션의 유지 보수성도 개선됩니다.

lib/src/screens/intro.dart

```
ElevatedButton(
  onPressed: () {
    // 현재 화면에서 다른 화면으로 이동
    /* 기존의 코드
    Navigator.push(
      context,
      MaterialPageRoute(builder: (context) => const Register()),
    ); */
    // 바뀐 코드
    Navigator.pushNamed(context, '/register');
  },
  child: const Text('사용하러 가기'),
),
```

1.4 화면 간 데이터 전달

이전 섹션에서는 Navigator를 활용하여 기본적인 화면 전환 방법을 살펴보았습니다. 단순히 한 화면에서 다른 화면으로 이동하는 과정은 애플리케이션의 기본적인 네비게이션을 이해하는 데 중요한 첫걸음이지만, 실제 애플리케이션 개발에서는 이보다 더 복잡한 시나리오를 자주 마주하게 됩니다. 특히, 한 화면에서 다른 화면으로 데이터를 전달하는 경우가 많습니다.

이번 장에서는 플러터에서 화면 전환 시 데이터를 어떻게 전달하고, 전달받은 데이터를 다음 화면에서 어떻게 활용하는지에 대한 방법을 자세히 살펴보겠습니다. 화면 간의 데이터 전달은 다양한 방법으로 구현할 수 있으며, 그중에서도 가장 일반적이고 효율적인 방법의 하나는 생성자를 통한 데이터 전달입니다.

예를 들어, 사용자가 상품 목록에서 특정 상품을 선택했을 때, 해당 상품의 상세 정보를 보여주는 화면으로 전환하면서 선택된 상품의 데이터를 다음 화면에 전달해야 할 상황을 생각해 볼 수 있습니다. 이때, 상품 목록 화면에서 상품 상세 화면으로 넘어갈 때, Navigator.push 메서드를 사용하는 대신, 선택된 상품의 데이터를 인자로 전달할 수 있습니다. 상품 상세 화면에서는 이 데이터를 받아 사용자에게 상품의 상세 정보를 표시합니다.

생성자를 통한 데이터 전달

중고 물품 SNS의 물건 상세 보기 화면을 예제로 만들면서 연습을 해 보겠습니다. 먼저, 프로젝트의 src/screens 내에, 중고 물품의 상세 정보를 보여주기 위한 화면을 담당할 feed 디렉터리를 screens 안에 추가합니다. feed 디렉터리 내에는 사용자가 선택한 특정 피드의 상세 내용을 보여줄 show.dart 파일을 생성합니다.

```
carrot_flutter
└ lib/
  └ src/
     | app.dart
     └ screens/
         | intro.dart
         ├ auth/
         |  └ register.dart
         ├ feed/
         |   └ show.dart
         └ shared/
             └ data.dart
```

show.dart 파일 안에는 FeedShow라는 클래스를 정의하게 됩니다. 이 클래스는 플러터의 Stateless 위젯을 상속받아, 상태가 변하지 않는 화면을 구성하는 데 사용됩니다. Stateless 위젯을 사용하는 이유는 물품의 상세 정보 화면에서는 사용자의 입력에 따라 상태가 바뀌는 동적인 요소보다는, 주어진 데이터를 기반으로 정보를 표시하는 정적인 요소가 더 많기 때문입니다.

그리고 간단하게 Scaffold 안에 AppBar를 그리고 body 영역에는 물품 정보에 대한 간단한 정보를 보여줄 수 있도록 만들어 보겠습니다.

lib/src/screens/feed/show.dart

```
import 'package:flutter/material.dart';

class FeedShow extends StatelessWidget {
  const FeedShow({super.key});

  @override
  Widget build(BuildContext context) {
```

```
    return Scaffold(
      appBar: AppBar(
        title: Text('텀블러 팔기'),
      ),
      body: Center(
        child: Column(
          mainAxisSize: MainAxisSize.min,
          children: [
            Text('텀블러 팝니다'),
            Text('가격 : 500 원'),
          ],
        ),
      ),
    );
  }
}
```

FeedShow 화면을 구현함에 있어, 상품명을 AppBar에 표시하고, 화면 중앙에는 판매 문구와 가격 정보가 텍스트 형태로 보이도록 설계했습니다. 이러한 정보들은 화면 호출 시 넘겨받은 데이터에 따라 동적으로 변화하여 표시됩니다. 이를 구현하기 위해서는 화면에 표시될 데이터를 외부에서 전달받아 화면에 반영할 수 있도록 FeedShow 클래스를 설계해야 합니다.

애플리케이션에서 별도의 네트워크 통신이나 데이터베이스 연동 없이 간단한 예제를 위해, 여러 개의 물품 정보를 저장하고 있는 배열을 준비합니다. 이를 위해 src 디렉터리 내에 공통으로 사용될 변수나 상수를 정의할 shared 디렉터리를 생성하고, 그 안에 data.dart 파일을 만들어 임시 데이터를 저장하는 배열을 구성하겠습니다.

lib/shared/data.dart

```
const List<Map<String, dynamic>> feedList = [
  {
    'id': 1,
    'title': '텀블러',
    'content': '텀블러 팝니다',
    'price': 500,
  },
  {
    'id': 2,
    'title': '머그잔',
    'content': '머그잔 텀블러랑 교환도 합니다.',
```

```
    'price': 300,
  },
];
```

그러고는 FeedShow를 이제 해당 데이터 중 하나가 넘어올 때 해당 데이터를 출력해 줄 수 있도록 아래와 같이 바꾸어 주겠습니다. item이라는 Map 데이터를, 생성자에서 가져와 초기화해 준 뒤 item에 있는 데이터를 이용해 표현해 줄 수 있도록 바꾸어 보겠습니다.

FeedShow 화면을 데이터에 따라 동적으로 내용을 변경할 수 있도록 개선하기 위해, 해당 화면이 물품 정보를 표시할 때 사용할 데이터를 생성자를 통해 전달받도록 구조를 변경하겠습니다. 이를 위해 FeedShow 클래스 내에 Map 타입의 item 변수를 선언하고, 이 item 변수는 생성자를 통해 초기화되어 화면에 표시될 물품의 정보를 담게 됩니다. 이렇게 하면, 화면 호출 시 다양한 물품 정보를 유연하게 FeedShow 화면에 전달하고 표시할 수 있습니다.

lib/src/screens/feed/show.dart

```
import 'package:flutter/material.dart';

class FeedShow extends StatelessWidget {
  final Map item;
  const FeedShow(this.item, {super.key});

  @override
  Widget build(BuildContext context) {
    return Scaffold(
      appBar: AppBar(
        title: Text('${item['title']} 팔기'),
      ),
      body: Center(
        child: Column(
          mainAxisSize: MainAxisSize.min,
          children: [
            Text(item['content']),
            Text('가격 : ${item['price']} 원'),
          ],
        ),
      ),
    );
  }
}
```

이 코드에서는 **05**번째 줄의 FeedShow 클래스의 생성자를 통해 item 매개변수로 물품 정보가 담긴 Map 객체를 전달받습니다. 그리고 build 메서드 내 **11**, **17**, **18**번째 줄에서 이 item 데이터를 사용하여 화면에 상품명, 판매 문구, 가격 정보를 동적으로 표시하게 됩니다. AppBar의 title에는 상품명을 표시하고 바디의 중앙에는 판매 문구와 가격 정보를 Column 위젯을 사용하여 세로로 나열하여 표시합니다.

이러한 변경을 통해, FeedShow 화면은 호출 시점에 전달된 물품 정보에 기반하여 내용을 변경할 수 있게 됩니다. 이제 사용자는 다양한 물품을 선택할 때마다 해당 물품에 대한 상세 정보를 쉽게 확인할 수 있게 됩니다.

최종적으로 intro.dart 파일에서 data.dart를 임포트하여 미리 준비된 물품 데이터를 활용할 준비를 마쳤습니다. 이제 사용자가 화면에서 특정 행동을 취했을 때, 예를 들어 "물건 사러 가기" 버튼을 눌렀을 때, FeedShow 화면으로 넘어가면서 선택된 물건의 상세 정보를 보여줄 수 있도록 Navigator.push를 사용하여 화면 전환을 구현하겠습니다. 이 과정에서 FeedShow 화면의 생성자로 물건 정보를 전달하는 방식을 적용합니다.

다음의 코드는 ElevatedButton 위젯을 사용하여 버튼을 생성하고, 버튼을 누르면 Navigator.push 메서드를 통해 FeedShow 화면으로 이동하면서 data.dart에서 정의한 물품 데이터 중 하나를 생성자를 통해 넘겨주는 방법을 보여줍니다.

lib/src/screens/intro.dart

```
ElevatedButton(
  onPressed: () {
    Navigator.push(
      context,
      MaterialPageRoute(
        builder: (context) => FeedShow(feedList[1]),
      ),
    );
  },
  child: const Text('물건 사러 가기'),
),
```

이 코드를 통해, 사용자는 "물건 사러 가기" 버튼을 눌러 FeedShow 화면으로 이동할 수 있으며, 해당 화면에서는 생성자를 통해 전달받은 물품 정보를 바탕으로 상품명, 설명, 가격 등의 상세 정보를 확인할 수 있습니다. 이러한 방식으로 하나의 화면을 다양한 데이터를 바꿔 넘겨주면서 재사용성을 높게 활용할 수 있습니다.

NamedRoute를 활용한 데이터 전달

NamedRoute를 사용하여 생성자를 통해 데이터를 전달하는 과정은 조금 더 복잡한 단계를 요구합니다. 단순히 MaterialApp의 routes 맵에 경로를 추가하는 것으로 충분했던 이전과는 달리, 동적으로 데이터를 전달하려면 onGenerateRoute 콜백을 활용해야 합니다. routes 맵은 애플리케이션에 사전에 등록된 라우트들을 관리하는 반면, onGenerateRoute는 동적으로 생성되는 라우트를 처리하는 필드입니다.

예를 들어, /feed/:id와 같은 형식으로 데이터를 전달할 경우, onGenerateRoute에서는 해당 id를 기반으로 필요한 데이터를 찾아 해당 화면으로 파라미터를 전달합니다. 이 방법을 통해, 사용자가 특정 피드를 선택했을 때 해당 피드의 상세 정보를 보여주는 화면으로 정확히 이동하고, 필요한 데이터를 화면에 전달할 수 있습니다.

그러나 onGenerateRoute를 사용하는 과정에서는 몇 가지 유의해야 할 점이 있습니다. 특히, 유효하지 않은 id나 예상치 못한 경로로 인해 데이터를 찾을 수 없는 경우와 같이, 예상치 못한 상황에 대비해야 합니다. 이러한 상황을 관리하기 위해, 애플리케이션에서 처리할 수 없는 라우트에 대해서는 UnknownScreen과 같은 화면을 만들어 사용자에게 적절한 피드백을 제공하는 것이 좋습니다. 이는 사용자가 잘못된 경로로 접근했을 때 오류가 나는 것을 방지하여 조금 더 안전하게 사용할 수 있습니다.

UnknownScreen 화면은 애플리케이션에서 정의되지 않은 라우트에 대한 요청이 있을 때 표시되는 화면으로, 사용자에게 현재 위치가 알려지지 않은 상태임을 알리고, 뒤로 가거나 다른 조치를 취할 수 있는 화면을 표시합니다.

다음은 UnknownScreen 화면을 구현하는 간단한 플러터 코드 예시입니다. 이 화면에는 "홈으로 돌아가기" 버튼이 포함되어 있으며, 사용자가 이 버튼을 누를 때 Navigator.pop(context)를 호출하여 이전 화면으로 돌아가는 동작을 구현합니다.

lib/src/screens/unknown.dart

```dart
import 'package:flutter/material.dart';

class UnknownScreen extends StatelessWidget {
  const UnknownScreen({super.key});

  @override
  Widget build(BuildContext context) {
    return Scaffold(
      body: Center(
```

```
        child: Column(
          mainAxisSize: MainAxisSize.min,
          children: [
            const Text('일치하는 페이지가 없습니다.'),
            const SizedBox(height: 20),
            ElevatedButton(
              onPressed: () {
                Navigator.pop(context);
              },
              child: const Text('이전 페이지로 가기'),
            ),
          ],
        ),
      ),
    );
  }
}
```

NamedRoute를 사용해 데이터를 넘기기 위해서는 MaterialApp 안에 onGenerateRoute라는 필드를 사용해야 합니다. routes에는 map 형태로 이미 고정된 라우트의 형태가 제공되지만 onGenerateRoute는 동적으로 생성된 라우트를 그때그때 어떻게 처리해야 할지를 처리하는 부분입니다.

다음의 예제는 onGenerateRoute의 구현으로 route라는 파라미터를 받아옵니다. route가 /feed/로 시작한다면 그 뒤에 오는 숫자를 id라는 필드에 넣어줍니다. 그 후 이전에 만든 data.dart 안에 있는 배열에서 id를 기반으로 데이터를 찾아 item에 저장해 주고, 해당 item을 FeedShow 화면을 띄우면서 넘겨줍니다.

/feed/ 밖에 구현하지 않은 지금, 이외에 다른 주소가 온다면 올바르지 않은 경우나 라우트 주소가 오타가 날 경우 UnknownScreen를 띄워주는 코드를 집어넣었습니다.

lib/src/screens/feed/index.dart

```
import 'package:flutter/material.dart';

import 'screens/feed/show.dart';
import 'screens/intro.dart';
import 'screens/auth/register.dart';
import 'screens/unknown.dart';
import 'shared/data.dart';
```

```
class MyApp extends StatelessWidget {
  const MyApp({super.key});

  @override
  Widget build(BuildContext context) {
    return MaterialApp(
      debugShowCheckedModeBanner: false,
      title: 'Carrot Market',
      routes: {
        '/': (context) => const Intro(),
        '/register': (context) => const Register(),
      },
      initialRoute: '/',
      onGenerateRoute: (route) {
        // '/feed/:id' 형식의 경로를 위한 라우트 설정
        if (route.name!.startsWith('/feed/')) {
          // 경로에서 id를 추출하여 변수에 저장
          final id = int.parse(route.name!.split('/').last);
          // 추출한 id에 해당하는 항목을 찾습니다.
          final item = feedList.firstWhere((e) => e['id'] == id);

          return MaterialPageRoute(
            builder: (context) => FeedShow(item),
          );
        }
        // 다른 경로에 대한 처리
        return MaterialPageRoute(
          builder: (context) => const UnknownScreen(),
        );
      },
    );
  }
}
```

이 예제에서는 사용자의 요청(route)을 분석하여 /feed/로 시작하는 URL의 경우, 그 뒤에 오는 숫자(id)를 추출하고, 이를 통해 data.dart에 저장된 배열에서 해당하는 데이터를 찾아 item 변수에 저장하는 과정을 보여줍니다. 예를 들어, 사용자가 /feed/1을 호출했을 때, 1이라는 id를 사용하여 id가 1인 데이터를 찾아 item에 저장하는 것입니다.

이 과정을 통해 FeedShow 화면으로 필요한 데이터를 전달하며, 사용자에게 해당 물품의 상세 정보를 제공합니다. 만약 요청된 라우트가 /feed/ 이외의 경로이거나, 정의되지 않은 라우트, 오타가 있

는 경우 UnknownScreen을 표시함으로써, 오류가 나지 않도록 추가해 주었습니다.

```
ElevatedButton(
  onPressed: () {
    Navigator.pushNamed(context, '/feed/1');

    // Navigator.push(
    //   context,
    //   MaterialPageRoute(
    //     builder: (context) => FeedShow(feedList[1]),
    //   ),
    // );
  },
  child: const Text('텀블러 사러 가기'),
),
```

마찬가지로 ElevatedButton 위젯을 사용하여 버튼을 생성하고, 버튼을 누르면 Navigator.push 메서드를 통해 FeedShow 화면으로 이동하면서 data.dart에서 정의한 물품 데이터 중 하나를 이름이 있는 라우트를 통해 넘겨주는 방법입니다.

Named Route를 사용하면, MaterialPageRoute를 직접 구현하는 것보다 코드를 간소화할 수 있으며, 애플리케이션 내의 라우트 관리를 더욱 체계적으로 할 수 있습니다. 애플리케이션이 점점 커지고 라우트가 많아질수록, 이러한 규칙을 활용하는 것이 효율적입니다. Named Route를 통해, 개발자는 라우트를 사전에 정의하고, 필요시 해당 라우트 이름을 호출하기만 하면 되므로, 화면 전환 로직이 훨씬 명확해지고 유지 보수가 용이해집니다.

따라서, 개발 과정에서 MaterialPageRoute와 Named Route 둘 다를 숙지하고 필요에 따라 가장 적합한 방법을 선택하는 것이 중요합니다. 상황에 따라 직접적인 페이지 라우팅이 필요할 수도 있고, 다른 경우에는 Named Route가 더 적합할 수 있습니다. 각 방법의 장단점을 이해하고, 애플리케이션의 구조와 요구 사항에 맞춰 가장 효과적인 네비게이션 전략을 선택할 수 있어야 합니다.

2 네비게이션 바

애플리케이션의 사용성을 극대화하기 위해 네비게이션 바는 중요한 역할을 합니다. 다양한 화면 간의 이동을 간편하게 만들어 주며, 사용자 경험을 향상시키는 필수 요소입니다. 이번 챕터에서는 플러터에서 제공하는 네비게이션 바의 사용법을 설명하겠습니다.

2.1 AppBar

AppBar는 플러터에서 애플리케이션의 최상단에 위치하며, 애플리케이션의 제목, 액션 버튼, 뒤로가기 버튼 등 애플리케이션의 핵심적인 상태와 관련된 정보를 표시하는 데 주로 사용됩니다. AppBar의 다양한 구성 요소는 애플리케이션의 전반적인 사용성을 높이는 데 중요한 역할을 합니다.

AppBar의 기본 구성

AppBar를 사용하는 기본적인 방법은 Scaffold 위젯의 appBar 속성을 통해 이루어집니다. AppBar 위젯에는 여러 구성 요소가 있으며, 각각의 역할은 다음과 같습니다.

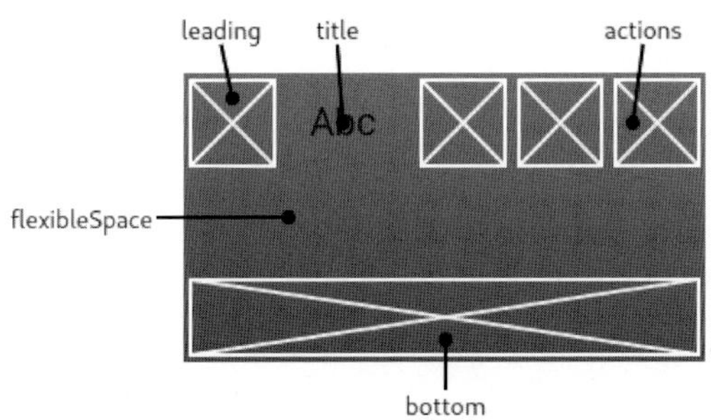

그림 3-4 AppBar 구조

- **Leading**: 애플리케이션의 상단 왼쪽 부분에 위치하며, 뒤로 가기 버튼이나 메뉴 버튼 등 사용자가 애플리케이션 내에서 이전 화면으로 돌아가거나 메뉴에 접근할 수 있게 하는 버튼이 위치합니다. 뒤로 가기 버튼은 플러터가 자동으로 생성해 주기도 하지만, 사용자가 커스텀 디자인을 적용할 수도 있습니다.
- **Title**: AppBar의 중앙에 위치하여, 애플리케이션의 이름이나 현재 페이지의 제목을 보여줍니다. 이는 사용자가 현재 어떤 화면에 있는지를 명확하게 인식할 수 있게 해줍니다.

- **Actions**: AppBar의 오른쪽 부분에 위치하며, 검색이나 알림과 같이 사용자가 빠르게 수행할 수 있는 동작을 위한 아이콘 버튼들을 배치할 수 있습니다. 이는 사용자에게 애플리케이션의 주요 기능에 쉽게 접근할 수 있는 경로를 제공합니다.
- **FlexibleSpace**: AppBar의 배경에 이미지나 그라데이션과 같은 시각적 요소를 추가할 수 있는 공간입니다. 스크롤과 같은 사용자 동작에 반응하여 동적으로 모습을 변경할 수도 있습니다.
- **Bottom**: AppBar의 하단에 위치하며, 주로 탭 바나 탭 뷰를 배치하는 데 사용됩니다. 이 영역을 통해 사용자는 애플리케이션 내 다양한 화면 간에 쉽게 전환할 수 있습니다.

AppBar는 애플리케이션의 다양한 기능과 페이지를 탐색하는 주요 수단이기 때문에, 사용자에게 직관적이고 편리한 인터페이스를 제공하는 것이 중요합니다. 따라서 AppBar의 각 요소는 애플리케이션의 목적과 사용자의 요구를 고려하여 신중하게 선택하고 구성해야 합니다.

AppBar 사용하기

이 책에서 만들어 볼 홍당무마켓 애플리케이션의 경우에는 title 영역에 현재 사용자가 속해 있는 동네를 텍스트로 나타내어 주고, actions 영역에 검색을 위한 아이콘 버튼과 알림 목록 확인을 위한 아이콘 버튼을 순서대로 배치하여 아래와 같이 나타냅니다.

실습을 위해 home.dart 파일을 생성하여 다음의 코드를 입력해 AppBar를 가지고 있는 홈 화면을 만들어 표시하고, lib/src/app.dart 파일을 수정하여 이제 홈 화면이 가장 먼저 나오도록 바꾸어 보도록 하겠습니다.

lib/src/app.dart

```
import 'package:flutter/material.dart';

import 'screens/auth/intro.dart';
import 'screens/auth/register.dart';
import 'screens/home.dart';

class MyApp extends StatelessWidget {
  const MyApp({super.key});

  @override
  Widget build(BuildContext context) {
    return MaterialApp(
      debugShowCheckedModeBanner: false,
      title: 'Flutter Practice',
      routes: {
```

```
        '/': (context) => const Home(),
        '/intro': (context) => const Intro(),
        '/register': (context) => const Register(),
      },
      initialRoute: '/',
    );
  }
}
```

lib/src/screens/home.dart

```
01 import 'package:flutter/material.dart';
02
03 class Home extends StatelessWidget {
04   const Home({super.key});
05
06   @override
07   Widget build(BuildContext context) {
08     return Scaffold(
09       appBar: AppBar(
10         centerTitle: false,
11         title: Text('내 동네'),
12         actions: [
13           IconButton(
14             onPressed: () {},
15             icon: Icon(Icons.search),
16           ),
17           IconButton(
18             onPressed: () {},
19             icon: Icon(Icons.notifications_none_rounded),
20           ),
21         ],
22       ),
23     );
24   }
25 }
```

11번째 줄 title 필드에 Text 위젯을 사용하여 "내 동네"라는 텍스트를 삽입했습니다. 이 텍스트는 추후 사용자가 설정한 동네 이름으로 업데이트될 수 있도록 설계되었습니다. 그러나, 제목 필드 내의 Text 위젯은 안드로이드 환경에서는 아무 문제 없이 원하는 대로 잘 표시되지만, 아이폰 앱에서는 의도치 않게 Text 위젯이 중앙에 정렬되어 나타나게 됩니다. 이는 안드로이드와 아이폰 앱 각각

이 디자인에 있어 서로 다른 표준을 채택하고 있기 때문입니다. 안드로이드는 제목을 단순히 표시하는 것을 기본으로 하고 있으나, 아이폰 앱에서는 제목을 중앙 정렬하는 것을 기본 디자인 표준으로 삼고 있습니다.

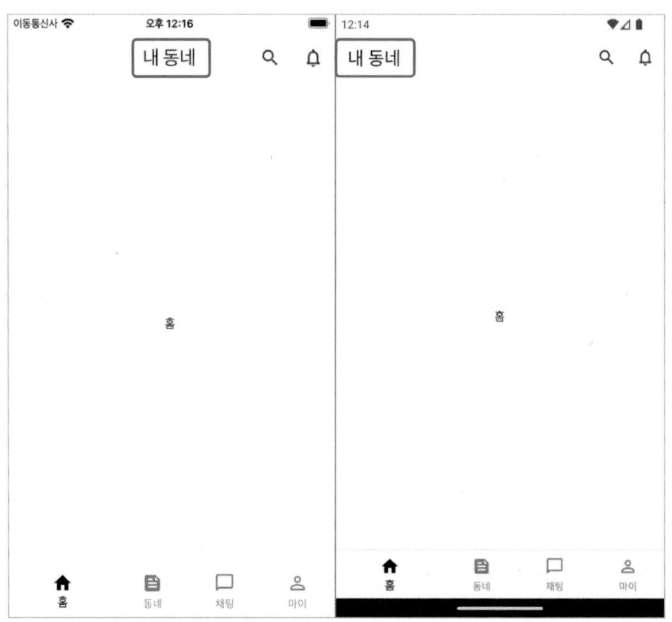

그림 3-5 아이폰에서의 제목(좌)과 안드로이드에서의 제목(우) 위치

이로 인해 발생하는 스타일 차이를 해결하고, 우리가 원하는 디자인을 구현하기 위해서는 centerTitle 속성을 사용하면 됩니다. **10**번째 줄 centerTitle 속성에 false 값을 설정하게 되면 아이폰 앱에서도 Text 위젯이 중앙에 정렬되지 않고, 안드로이드 환경에서와 동일하게 좌측 또는 원하는 방식으로 정렬되도록 조정할 수 있습니다.

IconButton 위젯

actions 필드에 IconButton 위젯을 사용하여 아이콘 버튼을 추가했습니다. IconButton 위젯은 icon 필드를 통해 지정된 아이콘을 화면에 표시하며, 여러 아이콘 버튼이 나란히 있을 경우 사용자가 인접한 아이콘을 실수로 누르는 것을 방지하기 위해 적절한 패딩 값을 적용하여 디자인합니다.

onPressed 필드는 아이콘 버튼을 탭 했을 때 실행될 함수를 할당하는 곳입니다. 이 함수는 버튼이 눌렸을 때 원하는 작업을 수행하도록 구현됩니다.

현재 우리의 예제에서는 레이아웃 구성에 집중하기 위해 onPressed에는 아직 구체적인 함수를 할당하지 않고, 임시적으로 빈 함수를 배치하여 UI의 레이아웃을 먼저 완성하는 데 집중하도록 하겠습니다. 이후 개발 과정에서 필요에 따라 나머지 부분을 채워 넣어 아이콘 버튼의 기능을 완성할 예정입니다.

2.2 SliverAppBar

SliverAppBar는 플러터의 유연한 AppBar로서, 스크롤 시 다양한 동작을 제공하는 위젯입니다. 이 위젯은 특히 스크롤에 따라 동적으로 변화하는 애플리케이션 바를 구현할 때 매우 유용합니다. 예를 들어, 사용자가 페이지를 아래로 스크롤할 때 애플리케이션 바가 축소되거나 사라지는 효과를 쉽게 구현할 수 있습니다.

SliverAppBar의 주요 특징

- **expandedHeight**: SliverAppBar가 확장될 최대 높이를 지정합니다. 사용자가 스크롤을 내릴 때 이 높이에서 축소되기 시작합니다.
- **pinned**: true로 설정하면, 스크롤이 아래로 이동해도 타이틀 바가 상단에 고정됩니다. false인 경우 스크롤에 따라 AppBar가 사라집니다.
- **flexibleSpace**: 이 공간은 SliverAppBar의 확장 가능 영역을 정의하며, FlexibleSpaceBar와 같은 위젯을 사용하여 배경 이미지, 타이틀 등을 동적으로 표시할 수 있습니다.
- **background**: 스크롤에 따라 변화하는 동적인 배경을 설정할 수 있습니다. 일반적으로 이미지 뷰를 배치하여 스크롤 시 멋진 시각적 효과를 제공합니다.

SliverAppBar 사용 예제

```
SliverAppBar(
  expandedHeight: 220.0,
  pinned: true,
  flexibleSpace: FlexibleSpaceBar(
    title: Text("피드 상세 보기"),
    background: Image.network(
      'https://example.com/image.jpg',
      fit: BoxFit.cover,
    ),
  ),
)
```

앞선 예제에서 SliverAppBar는 expandedHeight를 220.0으로 설정하여 상세 화면의 맨 위에 큰 이미지와 함께 제목을 표시합니다. 사용자가 스크롤을 내릴 때, 타이틀은 상단에 고정되고 이미지는 점점 축소됩니다. background 속성에는 네트워크 이미지가 사용되었습니다.

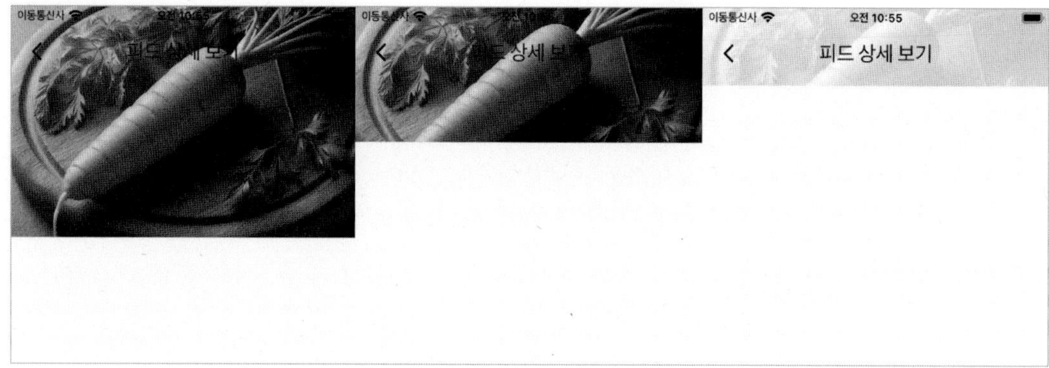

그림 3-6 SliverAppBar의 동작 화면

3 탭 기반 네비게이션 구현

애플리케이션에서 직관적이고 효율적인 네비게이션 시스템을 구축하는 것은 사용자 경험의 질을 높이는 데 중요한 역할을 합니다. 이번에는 플러터를 사용하여 탭 기반의 네비게이션 시스템을 어떻게 설계하고 구현할 수 있는지에 대해 자세히 살펴보겠습니다.

3.1 상단 탭 네비게이션

상단 탭 네비게이션을 사용하면 사용자가 애플리케이션 내 다양한 화면으로 손쉽게 이동할 수 있습니다. 이 섹션에서는 TabBar와 TabBarView 위젯을 활용해 상단에 탭 네비게이션을 어떻게 구현하는지 알아보겠습니다.

여기서 다루는 TabBar는 사용자가 탭 할 수 있는 여러 탭을 표시하는 위젯으로, 각 탭은 애플리케이션의 다른 뷰나 화면으로 연결됩니다. TabBarView는 TabBar에서 선택된 탭에 해당하는 콘텐츠를 보여주는 컨테이너 역할을 합니다. 이 두 위젯을 함께 사용함으로써, 사용자는 탭을 통해 애플리케이션의 다른 부분을 쉽게 탐색할 수 있게 됩니다.

탭 네비게이션 구현

TabBar를 만들기 위해 필요한 4단계의 과정입니다.

1. **탭 데이터 준비**: 먼저, 탭 네비게이션에 표시될 각 탭의 정보를 준비합니다. 이 정보는 탭의 라벨, 아이콘 등 탭을 구성하는 데 필요한 데이터를 포함할 수 있습니다.
2. **TabController 설정**: TabController는 탭 간의 전환과 상태를 관리하는 중요한 요소입니다. TabController를 사용하려면, TabBar와 TabBarView 위젯에 동일한 TabController 인스턴스를 연결해야 합니다. 보통은 플러터에서 기본 제공하는 DefaultTabController를 사용합니다.
3. **TabBar 및 Tab 구성**: TabBar 위젯 내에 각각의 Tab 위젯을 배치하여 실제 탭을 구성합니다. 여기서는 준비한 데이터를 바탕으로 각 탭의 레이아웃과 스타일을 정의할 수 있습니다.
4. **TabBarView 구성**: 마지막으로, TabBarView를 사용하여 각 탭에 해당하는 뷰를 구성합니다. TabBarView의 자식 위젯들은 TabBar에서 선택된 탭과 동기화되어, 해당 탭이 선택될 때 보일 콘텐츠를 정의합니다.

연습용으로 중고 거래 앱상에 있는 탭을 참고하여 만들어보겠습니다. 홈, 동네 생활, 채팅, 마이페이지의 순서대로 4개의 탭을 만들 예정입니다. 4개의 탭을 각각 Tab이라는 위젯을 통해 표현하였습니다. 각각 메뉴에 해당하는 아이콘을 넣어 myTabs라는 배열을 하나 만들어 주었고, 그다음은 실제 그 화면을 눌렀을 때 표시가 될 화면들을 넣어 myTabItems라는 배열을 만들었습니다. 지금은 간단하게 Center 안에 Text로 표시해 주었지만, 차후에 화면을 구성하게 된다면 Center 위젯 대신 화면 위젯을 넣어 주시면 됩니다.

lib/src/screens/home.dart

```
final List<Tab> myTabs = <Tab>[
  Tab(icon: Icon(Icons.home), text: '홈'),
  Tab(icon: Icon(Icons.feed), text: '동네'),
  Tab(icon: Icon(Icons.chat_bubble_outline_rounded), text: '채팅'),
  Tab(icon: Icon(Icons.person_outline), text: '마이'),
];

final List<Widget> myTabItems = [
  Center(child: Text('홈')),
  Center(child: Text('동네')),
  Center(child: Text('채팅')),
  Center(child: Text('마이')),
];
```

탭 인터페이스를 사용할 때, 사용자가 현재 어느 탭에 있는지 명확히 인식할 수 있도록 탭이 선택됨에 따라 시각적으로 강조되는 것이 중요합니다. 또한, 상단 탭에서는 사용자가 화면을 좌우로 스와이프하여 탭 간 전환을 할 수 있는 스와이프 모션을 제공하는 것이 일반적입니다.

이러한 기능을 직접 구현하는 것은 다소 복잡할 수 있지만, 플러터에서는 DefaultTabController를 사용하여 이를 간단하게 구현할 수 있습니다. DefaultTabController는 탭을 쉽게 관리하고, 탭 간의 전환 시 스와이프 모션을 자연스럽게 처리할 수 있도록 도와줍니다. 이를 활용하여, Home 위젯의 Scaffold를 DefaultTabController로 감싸면, 탭 관련 모든 기능을 DefaultTabController가 알아서 처리해 줍니다.

lib/src/screens/home.dart

```
import 'package:flutter/material.dart';

final List<Tab> myTabs = <Tab>[
  Tab(icon: Icon(Icons.home), text: '홈'),
  Tab(icon: Icon(Icons.feed), text: '동네'),
  Tab(icon: Icon(Icons.chat_bubble_outline_rounded), text: '채팅'),
  Tab(icon: Icon(Icons.person_outline), text: '마이'),
];

final List<Widget> myTabItems = [
  Center(child: Text('홈')),
  Center(child: Text('동네')),
  Center(child: Text('채팅')),
  Center(child: Text('마이')),
];

class Home extends StatelessWidget {
  const Home({super.key});

  @override
  Widget build(BuildContext context) {
    return DefaultTabController(
      length: myTabs.length,
      child: Scaffold(
        appBar: AppBar(
          centerTitle: false,
          title: Text('내 동네'),
          bottom: TabBar(tabs: myTabs),
          actions: [
```

```
29              IconButton(
30                onPressed: () {},
31                icon: Icon(Icons.search),
32              ),
33              IconButton(
34                onPressed: () {},
35                icon: Icon(Icons.notifications_none_rounded),
36              ),
37            ],
38          ),
39          body: TabBarView(children: myTabItems),
40        ),
41      );
42    }
43  }
```

이 코드에서 **23**번째 줄 DefaultTabController의 length 파라미터에는 탭의 총개수를 지정해야 합니다. 여기서는 myTabs 배열의 길이를 사용하여 탭의 개수를 동적으로 지정했습니다.

상단 탭을 구현할 땐 AppBar의 bottom 필드를 활용해야 합니다. bottom 필드 안에 TabBar 위젯을 배치하고, 이 TabBar의 tabs 속성에 앞서 만들어 둔 myTabs 배열을 할당함으로써, 상단 탭을 구성할 수 있습니다. TabBar 위젯에서는 탭 버튼들을 정의하였습니다. TabBarView 위젯은 선택된 탭에 해당하는 콘텐츠를 표시하는 역할을 하며, 사용자가 탭을 전환할 때마다 관련된 화면이 자연스럽게 나타납니다. TabBarView 위젯에서는 각 탭을 선택했을 때 보일 내용을 정의합니다. 이 구조를 통해, 사용자는 상단 탭을 통해 다양한 화면으로 쉽게 이동할 수 있으며, 스와이프 모션으로 탭 간 전환을 자연스럽게 할 수 있습니다.

그림 3-7 상단 탭 네비게이션의 모습

3.2 하단 탭 네비게이션

하단 탭 네비게이션은 사용자가 애플리케이션 내의 주요 기능들로 쉽고 빠르게 이동할 수 있게 도와주는 중요한 구성 요소입니다. 이는 BottomNavigationBar 위젯을 사용하여 구현되며, 사용자가 각 탭을 탭 할 때마다 다른 화면으로 전환되는 방식으로 작동합니다.

하단 탭은 화면 하단에 위치해 있어, 사용자가 스마트폰을 한 손으로 들고 사용할 때도 쉽게 탭 할 수 있습니다. 즉 사용자가 애플리케이션을 사용하는 동안 주요 기능 사이를 빠르게 전환할 수 있게 합니다. 즉 탭을 자유롭게 전환할 필요가 많은 경우에 적합합니다.

하단 탭 네비게이션을 구현할 때는 BottomNavigationBar 위젯 내에 여러 BottomNavigationBarItem을 배치하여 각 탭을 구성합니다. 사용자가 탭을 선택하면, BottomNavigationBar는 해당 탭에 연결된 화면으로 전환됩니다. 또한, 각 탭의 선택 여부에 따라 아이콘과 텍스트의 색상을 변화시켜, 사용자가 현재 어떤 탭을 사용하고 있는지 시각적으로 쉽게 인지할 수 있도록 합니다.

하단 탭 구현하기

지금까지 홈 화면 구현에는 Stateless 위젯을 사용했습니다. 하지만 하단 탭 바를 추가하기 위해서는 Stateful 위젯으로 전환을 필요로 합니다. 이는 하단 탭 바의 상태 변화를 관리하기 위해 필수적인 과정입니다. 이제 홈 화면을 상단 탭 네비게이션을 만들기 이전으로 되돌린 이후, Stateful 위젯으로 변경하여 하단 탭 바를 구현해 보겠습니다.

lib/src/screens/home.dart

```
import 'package:flutter/material.dart';

class Home extends StatefulWidget {
  const Home({super.key});

  @override
  State<Home> createState() => _HomeState();
}

class _HomeState extends State<Home> {
  @override
  Widget build(BuildContext context) {
    return Scaffold(
      appBar: AppBar(
```

```
        centerTitle: false,
        title: Text('내 동네'),
        actions: [
          IconButton(
            onPressed: () {},
            icon: Icon(Icons.search),
          ),
          IconButton(
            onPressed: () {},
            icon: Icon(Icons.notifications_none_rounded),
          ),
        ],
      ),
    );
  }
}
```

상단 탭을 구현할 때는 List〈Tab〉의 형식을 사용했지만, 하단 탭 구현에는 List〈BottomNavigation-BarItem〉 형식으로 전환해야 합니다. 이 차이는 두 탭 시스템이 사용하는 위젯과 그들의 특성 때문입니다.

상단 탭은 주로 TabBar 위젯과 함께 사용되며, 이는 Tab 위젯의 리스트가 필요로 합니다. 각 Tab은 화면 상단에 위치하며, 사용자가 탭을 선택할 때마다 해당 화면의 내용을 표시하는 TabBarView와 연동됩니다.

반면, 하단 탭은 BottomNavigationBar 위젯을 사용하여 구현됩니다. 이 위젯은 BottomNavigation-BarItem의 리스트를 필요로 합니다. 각 BottomNavigationBarItem은 하단 탭에 표시되는 아이콘과 텍스트를 정의합니다. 이는 BottomNavigationBar가 사용자에게 주요 네비게이션 옵션을 제공하는 하단 탭 바를 만드는 데 사용됩니다.

lib/src/screens/home.dart

```
final List<BottomNavigationBarItem> myTabs = <BottomNavigationBarItem>[
  BottomNavigationBarItem(icon: Icon(Icons.home), label: '홈'),
  BottomNavigationBarItem(icon: Icon(Icons.feed), label: '동네'),
  BottomNavigationBarItem(icon: Icon(Icons.chat_bubble_outline_rounded), label: '채팅'),
  BottomNavigationBarItem(icon: Icon(Icons.person_outline), label: '마이'),
];

```

```
final List<Widget> myTabItems = [
  Center(child: Text('홈')),
  Center(child: Text('동네')),
  Center(child: Text('채팅')),
  Center(child: Text('마이')),
];
```

Stateful 위젯으로 변경된 홈 화면은 이제 State 클래스를 사용하여 UI의 동적 변화를 가능하게 합니다. 이를 위해, 현재 선택된 탭의 인덱스를 추적하는 _selectedIndex 변수를 선언하고, 초기 상태에서는 첫 번째 탭(0번 인덱스)이 선택된 것으로 설정합니다. 이는 애플리케이션을 처음 실행했을 때 사용자에게 보일 기본 화면을 결정합니다.

또한, 사용자가 각 탭 버튼을 눌렀을 때 해당 탭으로 화면을 전환하고, 선택된 탭의 상태를 업데이트하기 위해 _onItemTapped 함수를 구현합니다. 이 함수는 탭 버튼 중 하나가 눌렸을 때 해당 탭의 인덱스를 인자로 받고, 이 값을 _selectedIndex에 할당한 후 setState를 호출하여 UI를 갱신합니다. setState 호출은 Stateful 위젯에서 상태 변화가 발생했을 때 UI를 재구성하도록 플러터에 알리는 역할을 합니다.

lib/src/screens/home.dart

```
class _HomeState extends State<Home> {
  int _selectedIndex = 0;

  void _onItemTapped(int index) {
    setState(() {
      _selectedIndex = index;
    });
  }
```

BottomNavigationBar는 Scaffold 위젯의 bottomNavigationBar 필드를 통해 구현할 수 있으며, 이를 통해 애플리케이션의 하단에 탭 바를 추가하여 사용자가 애플리케이션의 주요 화면을 쉽게 탐색할 수 있도록 합니다. BottomNavigationBar 위젯에서 items 속성에는 앞서 정의한 myTabs를, currentIndex 속성에는 현재 선택된 탭의 인덱스를 나타내는 _selectedIndex를, onTap 속성에는 탭이 눌렸을 때 호출될 _onItemTapped 함수를 지정하여 탭의 상태를 관리하고 사용자의 탭 선택에 따라 화면을 전환할 수 있도록 합니다.

또한, Scaffold의 body 영역에는 IndexedStack 위젯을 사용하여 여러 개의 화면을 겹쳐 두고, index 속성에 _selectedIndex를 할당함으로써 현재 선택된 탭에 해당하는 화면만을 표시하도록 구성합니다. IndexedStack은 자식 위젯들을 인덱스를 기준으로 관리하여, 활성화된 인덱스의 위젯만을 화면에 보여주고 나머지는 보이지 않게 하는 방식으로 작동합니다. 이를 통해 탭 간 전환 시 화면을 재구성하지 않고도 다른 화면으로의 빠른 전환을 가능하게 합니다.

lib/src/screens/home.dart

```
import 'package:flutter/material.dart';

 final List<BottomNavigationBarItem> myTabs = <BottomNavigationBarItem>[
   BottomNavigationBarItem(icon: Icon(Icons.home), label: '홈'),
   BottomNavigationBarItem(icon: Icon(Icons.feed), label: '동네'),
   BottomNavigationBarItem(icon: Icon(Icons.chat_bubble_outline_rounded), label: '채팅'),
   BottomNavigationBarItem(icon: Icon(Icons.person_outline), label: '마이'),
 ];

 final List<Widget> myTabItems = [
   Center(child: Text('홈')),
   Center(child: Text('동네')),
   Center(child: Text('채팅')),
   Center(child: Text('마이')),
 ];

 class Home extends StatefulWidget {
   const Home({super.key});
   @override
   State<Home> createState() => _HomeState();
 }

 class _HomeState extends State<Home> {
   int _selectedIndex = 0;

   void _onItemTapped(int index) {
     setState(() {
       _selectedIndex = index;
     });
   }

   @override
   Widget build(BuildContext context) {
     return Scaffold(
       appBar: AppBar(
         centerTitle: false,
         title: Text('내 동네'),
```

```
        actions: [
          IconButton(
            onPressed: () {},
            icon: Icon(Icons.search),
          ),
          IconButton(
            onPressed: () {},
            icon: Icon(Icons.notifications_none_rounded),
          ),
        ],
      ),
      bottomNavigationBar: BottomNavigationBar(
        selectedItemColor: Colors.black,
        unselectedItemColor: Colors.grey,
        showUnselectedLabels: true,
        items: myTabs,
        currentIndex: _selectedIndex,
        onTap: _onItemTapped,
      ),
      body: IndexedStack(
        index: _selectedIndex,
        children: myTabItems,
      ),
    );
  }
}
```

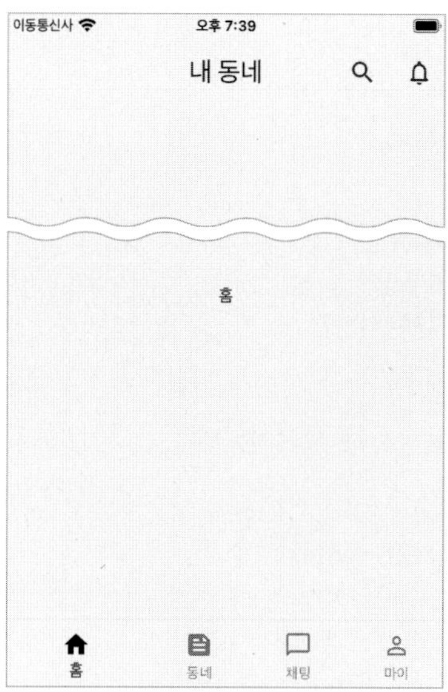

그림 3-8 하단 탭 네비게이션의 모습

이 코드를 통해, 사용자는 애플리케이션의 하단에 위치한 탭 바를 통해 다양한 화면으로 쉽게 이동할 수 있습니다.

4 상호작용형 UI 요소

애플리케이션의 페이지 이동과 탭 기반 네비게이션에 대한 이해를 바탕으로, 이제 여러분은 다양한 화면 전환을 자유롭게 구현할 수 있는 단계에 이르렀습니다. 그러나 모든 상황에서 페이지를 완전히 이동시키는 것만이 답은 아닙니다. 때로는 사용자에게 추가 정보를 제공하거나, 사용자의 확인을 요구하거나, 선택지 중 하나를 선택하게 해야 할 때가 있습니다. 이런 상황에서는 페이지 전환 없이도 사용자와의 상호작용을 유도할 방법이 필요합니다. 바로 모달과 대화상자(Dialog)가 그 해결책이 될 수 있습니다.

4.1 모달(Modal)

모달은 애플리케이션 내에서 사용자의 행동을 유도하거나 중요한 정보를 전달할 때 사용되는 효과적인 도구입니다. 사용자가 특정 작업에 집중하도록 요청하거나, 결정을 내리기 전에 추가적인 정보를 제공해야 할 때 모달이 활용됩니다. 플러터에서는 showModalBottomSheet, showDialog 함수를 비롯한 여러 방법으로 모달을 구현할 수 있습니다.

연습용 모달 생성

showModalBottomSheet는 화면 하단에서 올라오는 시트 형태의 모달을 생성하는 함수로, 사용자에게 선택 사항을 제시하거나 간단한 정보를 표시하는 데 이상적입니다. 예를 들어, 사용자가 애플리케이션 내의 사진을 클릭했을 때, 사진을 편집하거나 삭제할 수 있는 옵션을 showModalBottomSheet를 사용하여 모달 형태로 제시할 수 있습니다.

중고 거래 애플리케이션의 경우, 사용자가 중고 물품 아이템의 '더 보기' 버튼을 눌렀을 때 나타나는 '글 숨기기', '신고하기' 등의 옵션을 제공하는 모달은 showModalBottomSheet를 사용하여 구현될 수 있습니다. 이는 사용자가 추가적인 작업을 수행하기 전에 필요한 정보에 쉽게 접근할 수 있게 하며, 애플리케이션 내에서의 상호작용을 자연스러운 흐름으로 이끌어갑니다.

홈 화면에서 AppBar의 제일 오른쪽에 있는 알림 버튼을 눌렀을 때의 동작 정의 부분에 모달을 표시할 수 있도록 해보겠습니다. 간단한 예제로 container를 하나 띄우고 배경색을 회색으로, 그리고 높이를 200 정도로 맞춘 화면을 띄우도록 하였습니다. 코드를 넣고 실행한 다음 알림 아이콘 버튼을 누르면 아래 회색으로 뜨는 것을 볼 수 있습니다.

lib/src/screens/home.dart

```
AppBar(
  centerTitle: true,
  title: Text('내 동네'),
  actions: [
    IconButton(
      onPressed: () {},
      icon: Icon(Icons.search),
    ),
    IconButton(
      onPressed: () {
        showModalBottomSheet(
          context: context,
          builder: (context) {
            return Container(
              color: Colors.grey,
              height: 200,
            );
          },
        );
      },
      icon: Icon(Icons.notifications_none_rounded),
    ),
  ],
)
```

그림 3-9 ModalBottomSheet

이제, 이 간단한 예제를 확장하여 홍당무마켓 애플리케이션에 어울리는 실제 메뉴 옵션을 포함한 모달을 구현해 보겠습니다. 예를 들어, 사용자가 더 보기 버튼을 눌렀을 때 나타나는 모달에는 '글 숨기기', '신고하기' 등의 옵션이 포함될 수 있습니다.

더 보기 하단 모달 화면 구현

더 보기 하단 모달을 구현할 때, 모달을 두 개의 주요 영역으로 나누는 것이 좋습니다. 첫 번째 영역은 '숨기기', '노출 기준', '신고하기'와 같은 버튼을 포함하는 기능적 영역이고, 두 번째 영역은 사용자가 실수로 '더 보기'를 눌렀을 때 모달을 닫을 수 있는 '닫기' 버튼을 포함하는 영역입니다.

각 영역은 흰색 배경에 약간의 곡률을 가진 Container 위젯으로 구성하여 시각적으로 구분하고, 사용자에게 친숙한 인터페이스를 제공할 수 있습니다. 또한, 각 버튼에는 아이콘과 텍스트를 포함하여 구성하는 것이 일반적입니다. 이때, 아이콘은 상황에 따라 생략될 수도 있습니다.

ListTile 위젯을 사용하면 이러한 구성을 손쉽게 구현할 수 있습니다. ListTile은 좌측 아이콘, 중앙 텍스트, 우측 아이콘(옵션)을 포함할 수 있는 형태의 위젯을 기본적으로 제공하며, 이를 활용하여 더 보기 하단 모달의 각 버튼을 효율적으로 구성할 수 있습니다. 이전 예제의 **14**번째 줄부터 Container 영역을 다음 코드의 Container로 수정하겠습니다.

lib/src/screens/home.dart

```
Container(
  padding: EdgeInsets.all(10),
  child: Column(
    mainAxisSize: MainAxisSize.min,
    children: [
      Container(
        margin: EdgeInsets.all(8.0),
        decoration: BoxDecoration(
          color: Colors.white,
          borderRadius: BorderRadius.circular(10),
        ),
        child: Column(
          mainAxisSize: MainAxisSize.min,
          children: [
            ListTile(
                leading: Icon(Icons.visibility_off_outlined),
                title: Text('이 글 숨기기')),
            ListTile(
                leading: Icon(Icons.help_outline),
                title: Text('게시글 노출 기준')),
            ListTile(
              leading: Icon(Icons.warning_amber_outlined, color: Colors.red),
              title: Text('신고하기'),
              textColor: Colors.red,
            ),
          ],
        ),
      ),
      Container(
        margin: EdgeInsets.all(8.0),
        decoration: BoxDecoration(
          color: Colors.white,
          borderRadius: BorderRadius.circular(10),
        ),
        child: ListTile(
            title: Text('닫기', textAlign: TextAlign.center),
            onTap: () {
              Navigator.pop(context);
            }),
      ),
    ],
```

```
  ),
);
```

ListTile 위젯 내에서 사용자가 버튼을 누를 때 발생하는 이벤트를 처리하는 가장 표준적인 방법은 onTap 콜백을 사용하는 것입니다. 이 콜백을 통해 사용자의 탭(누름) 동작에 대응하는 로직을 구현할 수 있습니다. 특히, 하단 모달에서 '닫기' 버튼의 경우, 사용자가 이 버튼을 탭 했을 때 모달을 닫고 이전 화면으로 돌아가야 하는 동작을 구현해야 합니다.

플러터에서 모달이나 다른 화면을 닫고 이전 화면으로 돌아가는 방법은 Navigator.pop(context) 메서드를 호출함으로써 수행할 수 있습니다. 이 메서드는 현재의 라우트를 네비게이터 스택에서 제거하고, 이전 라우트(화면)로 사용자를 되돌려 보냅니다.

하단 모달 Widget 분리

간단하게 하단 모달을 만들어 적용했습니다. 이 모달은 이후 생성할 피드(매물) 목록 화면에서 '더보기' 버튼을 누를 경우 호출되도록 코드를 옮겨 넣어주면 됩니다.

그러나 이대로 두기에는 아이콘 버튼의 클릭 이벤트인 onPressed와 모달을 띄우는 showModalBottomSheet 함수, 그리고 만들어준 하단 모달의 위젯이 서로 섞여 가독성을 떨어트리고 재사용성을 감소시키는 문제가 있습니다. 따라서, 유지 보수의 용이성과 코드의 가독성을 위해 관련 기능을 분리하는 것이 바람직합니다.

다음의 순서대로 하단 모달 위젯을 따로 분리해 주겠습니다.

1. **하단 모달 로직 분리**: 홈에서 알림 아이콘 버튼을 눌렀을 때 표시되는 하단 모달의 로직을 more_bottom.dart 파일로 분리합니다.
2. **분리된 파일에서 하단 모달 구현**: 새로 생성한 more_bottom.dart 파일 내에서 하단 모달을 구현합니다.
3. **Home에서 분리된 모달 호출**: Home의 알림 아이콘 버튼 onPressed 콜백 내에서 showModalBottomSheet 함수를 호출할 때, more_bottom.dart에서 정의한 모달을 불러와 표시합니다. 이는 차후 피드 목록을 만든 후 쉽게 코드를 이용하도록 합니다.

이러한 분리는 애플리케이션의 각 부분이 하나의 명확한 책임을 지도록 하여, 소프트웨어 설계 원칙 중 하나인 단일 책임 원칙(Single Responsibility Principle)을 따르는 것입니다. 이 원칙을 적용함으로써, 애플리케이션의 유지 보수성을 향상시키고, 다른 개발자가 코드를 이해하고 수정하는 데 드는 시간을 줄일 수 있습니다.

lib/src/widgets/modal/more_bottom.dart

```
import 'package:flutter/material.dart';

class MoreBottomModal extends StatelessWidget {
  final VoidCallback cancelTap;
  const MoreBottomModal({required this.cancelTap, super.key});

  @override
  Widget build(BuildContext context) {
    return Container(
      padding: const EdgeInsets.all(10),
      child: Column(
        mainAxisSize: MainAxisSize.min,
        children: [
          Container(
            margin: const EdgeInsets.all(8.0),
            decoration: BoxDecoration(
              color: Colors.white,
              borderRadius: BorderRadius.circular(10),
            ),
            child: const Column(
              mainAxisSize: MainAxisSize.min,
              children: [
                ListTile(
                    leading: Icon(Icons.visibility_off_outlined),
                    title: Text('이 글 숨기기')),
                ListTile(
                    leading: Icon(Icons.help_outline),
                    title: Text('게시글 노출 기준')),
                ListTile(
                  leading: Icon(
                    Icons.warning_amber_outlined,
                    color: Colors.red,
                  ),
                  title: Text('신고하기'),
                  textColor: Colors.red,
                ),
              ],
            ),
          ),
          Container(
            margin: const EdgeInsets.all(8.0),
```

```
            decoration: BoxDecoration(
              color: Colors.white,
              borderRadius: BorderRadius.circular(10),
            ),
            child: ListTile(
                title: const Text('닫기', textAlign: TextAlign.center),
                onTap: cancelTap),
          ),
        ],
      ),
    );
  }
}
```

홈 화면에서 알림 버튼의 onPressed에서 showModalBottomSheet를 호출할 때, MoreBottomModal 위젯을 builder로 사용합니다. cancelTap 파라미터로 취소 버튼을 눌렀을 때의 동작을 정의합니다.

lib/src/screens/home.dart

```
AppBar(
  centerTitle: true,
  title: Text('내 동네'),
  actions: [
    IconButton(
      onPressed: () {},
      icon: Icon(Icons.search),
    ),
    IconButton(
      onPressed: () {
        showModalBottomSheet(
          context: context,
          builder: (context) {
            return MoreBottomModal(cancelTap: () {
              Navigator.pop(context);
            });
          },
        );
      },
      icon: Icon(Icons.notifications_none_rounded),
    ),
  ],
)
```

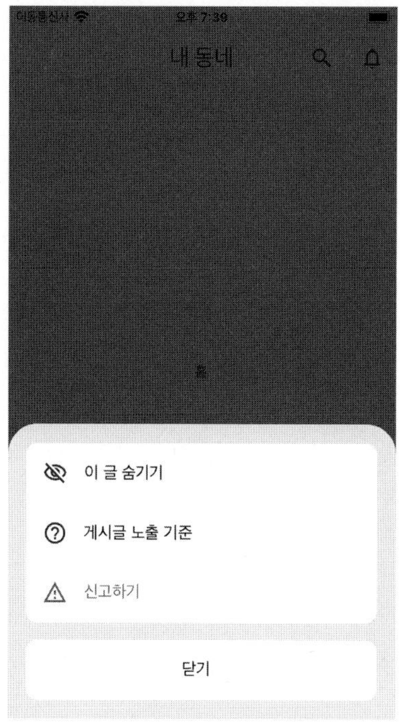

그림 3-10 구현된 BottomModalSheet

4.2 대화상자(Dialog)

플러터에서 대화상자를 사용하여 사용자의 결정을 요구하는 팝업창을 구현하는 것은 애플리케이션에서 중요한 결정을 내리기 전에 추가적인 사용자 확인을 받기 위한 효과적인 방법입니다. 특히 삭제, 신고 등의 중대한 동작을 수행하기 전에 이를 활용하면, 사용자 실수를 방지하고 의도하지 않은 결과로부터 사용자를 보호할 수 있습니다.

AlertDialog

하단 모달 내의 '글 숨기기' 버튼을 예로 들면, 사용자가 이 버튼을 눌렀을 때 정말로 글을 숨기고자 하는지를 다시 한번 묻는 대화상자를 표시하여 사용자로 하여금 자신의 동작을 재확인하게 만들 수 있습니다. 이를 구현하기 위하여 MoreBottomModal 위젯을 조금 수정해 보겠습니다. 이때, 기존 소스 코드에 const가 붙어있는 경우에는 수정이 되지 않을 수 있으니 정상적으로 코드를 작성하였으나 오류가 난 경우에는 이를 확인해 보시기 바랍니다.

lib/src/widgets/modal/more_bottom.dart

```
import 'package:flutter/material.dart';
class MoreBottomModal extends StatelessWidget {
  final VoidCallback cancelTap;
  final VoidCallback hideTap;    // 코드 추가
  const MoreBottomModal({
    required this.cancelTap,
    required this.hideTap,    // 추가
    super.key,
  });
  @override
  Widget build(BuildContext context) {
                                        〈중략〉

                ListTile(
                  leading: const Icon(Icons.visibility_off_outlined),
                  title: const Text('이 글 숨기기'),
                  onTap: () {
                    showDialog(
                      context: context,
                      builder: (context) {
                        return AlertDialog(
                          title: const Text('글 숨기기'),
                           content: const Text('이 글을 숨기시겠습니까? 숨긴 글을 다시 볼
수 없습니다.'),
                          actions: [
                            TextButton(
                                onPressed: () {
                                  Navigator.pop(context);
                                },
                                child: const Text('취소')),
                            TextButton(
                                onPressed: () {
                                  hideTap();    // 추가
                                  Navigator.pop(context);
                                  Navigator.pop(context);
                                },
                                child: const Text('숨기기')),
                          ],
                        );
                      },
                    );
                  },
```

이제 MoreBottomModal을 호출할 때는 hideTap이 필수 파라미터로 반드시 호출되어야 합니다.

글 숨기기 버튼을 누를 경우 AlertDialog가 사용자의 동작이 의도한 동작인지 물어보는 대화상자가 하나 발생하고, 취소를 누를 경우 **42**번째 줄의 코드가 실행되어 단순하게 대화상자가 사라집니다.

반대로 숨기기를 누를 경우에는 hideTap파라미터로 넘겨진 함수가 호출되며 **48**번째 줄과 **49**번째 줄에서 Navigator.pop(context)를 두 번 호출한 이유는 AlertDialog와 BottomModal 두 가지의 창을 없애야 하기 때문입니다.

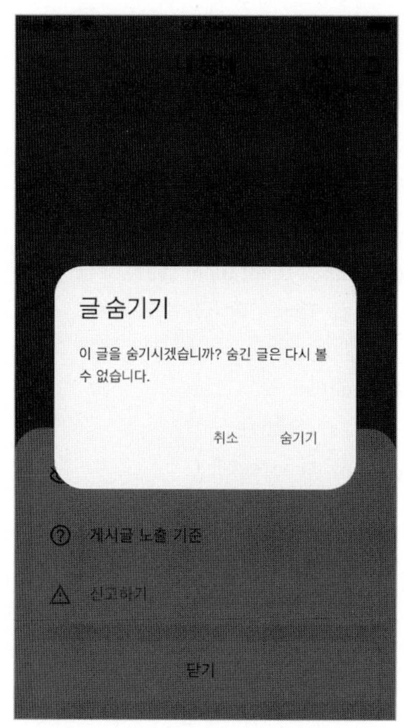

그림 3-11 AlertDialog 화면

확인 모달 Widget 분리

글 숨기기나, 삭제 등에서 사용할 AlertDialog또한 자주 사용하는 위젯 이기에 조금 더 간단하게 호출할 수 있도록 분리를 할 수 있습니다.

하단 모달 Widget 분리와 같은 순서로 아래의 위젯을 작성하여 앞으로 쉽게 사용하도록 합니다.

lib/src/widgets/modal/confirm_modal.dart

```dart
import 'package:flutter/material.dart';

class ConfirmModal extends StatelessWidget {
  final String title;
  final String message;
  final String confirmText;
  final VoidCallback cancel;
  final VoidCallback confirmAction;
  const ConfirmModal({
    required this.title,
    required this.message,
    required this.confirmText,
    required this.confirmAction,
    required this.cancel,
    super.key,
  });

  @override
  Widget build(BuildContext context) {
    return AlertDialog(
      title: Text(title),
      content: Text(message),
      actions: <Widget>[
        TextButton(
          onPressed: cancel,
          child: const Text('취소'),
        ),
        TextButton(
          onPressed: confirmAction,
          child: Text(confirmText),
        ),
      ],
    );
  }
}
```

5 Row와 Column을 활용한 레이아웃 구성

행과 열, 즉 Row와 Column을 생각할 때, 우리는 자연스럽게 엑셀(Excel)과 같은 스프레드시트 프로그램에서 볼 수 있는 그리드 형태의 레이아웃을 떠올리게 됩니다. 이런 형태는 많은 양의 데이터를 체계적이고 효율적으로 한눈에 파악하기 좋게 배열하는 데 주로 활용됩니다.

그러나 이러한 구조는 단순히 데이터를 정리하는 데만 유용한 것이 아니라, 모바일 애플리케이션, 웹 애플리케이션, 그리고 데스크탑 애플리케이션의 디자인을 구성하는 기본적인 뼈대 역할을 합니다. 실제로 우리가 매일 사용하는 다양한 디지털 인터페이스는 대부분이 이러한 행과 열의 개념을 바탕으로 설계되어 있음을 발견할 수 있습니다.

5.1 홈 화면 레이아웃 구성

플러터를 사용하여 홍당무마켓 프로젝트의 UI를 설계할 때, Row와 Column 위젯을 활용하여 효과적으로 레이아웃을 구성할 수 있습니다. 이 두 위젯을 기반으로 한 레이아웃 설계는 애플리케이션의 구조를 명확하게 하며, 다양한 화면 크기에 대응하는 반응형 디자인을 실현할 수 있도록 도와줍니다. 이제 프로젝트의 메인 화면을 구성하는 주요 요소들을 어떻게 Row와 Column으로 표현할 수 있는지 구체적으로 살펴보겠습니다.

그림 3-12 홍당무마켓 홈 UI 레이아웃

❶ AppBar

현재 이용자가 위치하고 있는 지역을 표시해 주며, 기타 중고 물품을 검색할 수 있는 검색 아이콘과 기타 알림들의 목록을 보여줄 수 있는 알림 아이콘이 있습니다.

❷ CategoryBar

중고 거래와 관련된 다양한 카테고리를 선택할 수 있는 버튼들이 배치됩니다. Row 위젯을 사용하여 카테고리 버튼들을 가로로 나열하면, 화면 너비에 따라 자동으로 스크롤이 가능한 리스트를 만들 수 있습니다. 이를 통해 사용자는 원하는 카테고리를 편리하게 탐색할 수 있습니다.

❸ ListContent

사용자가 판매하거나 관심 있는 물품의 리스트를 보여줍니다. Column 위젯 내에 각각의 물품을 Row의 형태로 표시하여, 물품의 이미지와 설명을 나란히 배치할 수 있습니다. 물품 목록은 동적으로 변할 수 있으므로, ListView 또는 CustomScrollView와 같은 스크롤 가능 위젯을 활용하여 구현합니다. 또한 이 세 번째 위젯은 다른 위젯들과 달리 위젯의 크기가 정해지지 않은 채로, AppBar, CategoryBar 그리고 아래서 다를 TabBar 위젯들이 차지하고 남은 나머지의 모든 영역을 차지해야 하는 특징이 있습니다.

❹ TabBar

애플리케이션의 주요 기능을 전환하는 데 사용되는 탭 바입니다. 각 탭을 수평으로 배열하고, 현재 활성화된 탭을 강조하여 사용자가 현재 위치를 쉽게 인식할 수 있도록 합니다.

TabBar는 위젯을 학습하면서 home.dart에 만들어둔 상태입니다. 따라서 CategoryBar, Listcontent 등을 완성하면서 레이아웃 구성하는 방법을 익혀보도록 하겠습니다.

5.2 FeedIndex 화면 생성

홈 화면은 제일 하단의 탭 중에서 첫 번째 탭인 '홈'을 눌렀을 때 나오는 부분을 만들어 주어야 합니다. 중고 거래 앱에서는 각 하단 탭을 눌렀을 때 AppBar의 메뉴가 각각 바뀔 가능성이 있는 구성이고, '홈'을 눌러서 나오는 화면은 매물들의 목록이 주로 나오는 화면입니다.

따라서 매물 목록이 나오는 화면을 만들어둔 뒤, Home()의 첫 번째 탭에 해당 화면이 나올 수 있도록 제공하는 방법으로 완성해 보겠습니다.

feed/index.dart 파일을 만들어 FeedIndex라는 Stateful 위젯을 만들어 Home()에서 구현한 AppBar를 이동시켜 보겠습니다.

3

lib/src/screens/feed/index.dart

```
import 'package:flutter/material.dart';

class FeedIndex extends StatefulWidget {
  const FeedIndex({super.key});

  @override
  State<FeedIndex> createState() => _FeedIndexState();
}

class _FeedIndexState extends State<FeedIndex> {
  @override
  Widget build(BuildContext context) {
    return Scaffold(
      appBar: AppBar(
        centerTitle: false,
        title: const Text('내 동네'),
        actions: [
          IconButton(
            onPressed: () {},
            icon: const Icon(Icons.search),
          ),
          IconButton(
            onPressed: () {},
            icon: const Icon(Icons.notifications_none_rounded),
          ),
        ],
      ),
    );
  }
}
```

이제 Home()에서는 myTabItems의 첫 번째 화면을 FeedIndex()로, 그리고 이제는 불필요한 Scaffold 내의 AppBar를 제거합니다.

lib/src/screens/feed/index.dart

```
import 'package:flutter/material.dart';

import 'feed/index.dart';

final List<BottomNavigationBarItem> myTabs = <BottomNavigationBarItem>[
```

```

... 생략

];

final List<Widget> myTabItems = [
  const FeedIndex(),      // FeedIndex를 첫번째 탭으로
  const Center(child: Text('동네')),
  const Center(child: Text('채팅')),
  const Center(child: Text('마이')),
];

class Home extends StatefulWidget {
  const Home({super.key});

  @override
  State<Home> createState() => _HomeState();
}

class _HomeState extends State<Home> {
  int _selectedIndex = 0;

  void _onItemTapped(int index) {
    setState(() {
      _selectedIndex = index;
    });
  }

  @override
  Widget build(BuildContext context) {
    return Scaffold(      // AppBar 제거
      bottomNavigationBar: BottomNavigationBar(
        items: myTabs,
        currentIndex: _selectedIndex,
        onTap: _onItemTapped,
      ),
      body: IndexedStack(
        index: _selectedIndex,
        children: myTabItems,
      ),
    );
  }
}
```

5.3 CategoryBar

중고 거래 앱의 두 번째 위젯인 CategoryBar는 사용자가 아르바이트, 부동산, 중고차 등 다양한 매물의 분류를 선택할 수 있는 영역으로, 이 선택에 따라 세 번째 위젯의 내용이 결정되는 역할을 합니다. 이 부분은 일종의 "중분류" 기능을 수행하며, 사용자가 다양한 카테고리를 편리하게 탐색할 수 있도록 설계되었습니다.

이 위젯은 일정한 높이를 유지하면서도, 새로운 분류가 추가될 경우에는 오른쪽에 연속적으로 추가될 수 있도록 설계되어 있으며, 이는 Row 위젯을 사용하여 구현할 수 있습니다. 이러한 디자인은 아래로의 영역 확장 없이 가로 방향으로만 확장되므로, 화면의 다른 요소들과의 공간 충돌을 방지합니다.

그러나, 화면 해상도가 낮은 휴대폰에서는 전체 카테고리를 한눈에 보기 어렵거나, 카테고리의 수가 많아질 경우, 버튼이 화면 넘어서 생성되게 되고 이를 사용자가 선택하지 못하는 일이 발생할 수 있습니다. 이 문제를 해결하기 위해, 우리는 ListView 위젯을 사용하여 카테고리 리스트를 감싸주어 사용자가 수평 방향으로 스크롤하여 모든 카테고리를 탐색할 수 있도록 할 것입니다.

위젯 내에 위치하는 카테고리 버튼들을 디자인하고 구현하는 과정은 플러터의 표준 위젯 라이브러리에서 제공하는 형태와는 다소 거리가 있습니다. 플러터에서 기본 제공하는 표준 위젯은 광범위한 사용 사례를 커버하기 위해 설계되었지만, 때로는 특정 애플리케이션의 디자인 요구사항이나 사용자 경험 목표를 충족시키기 위해 보다 맞춤화된 접근 방식이 필요함을 의미합니다. 이번 장에서 사용자 정의 위젯을 개발하여 애플리케이션의 독특한 인터페이스 요구사항을 해결하는 연습을 해볼 것입니다.

사용자 정의 위젯의 구현

카테고리 버튼의 사용자 정의 구현을 만드는 과정은 여러 단계로 나누어질 수 있으며, 기본적으로 아래와 같은 접근 방식을 고려해 생각하면 됩니다.

1. **디자인 요구사항 정의** : 카테고리 버튼의 외관, 느낌, 그리고 사용자와의 상호작용 방식을 정의합니다. 이 단계에서는 버튼의 크기, 색상, 폰트, 그림자 효과, 애니메이션 등의 시각적 요소와 함께, 버튼을 눌렀을 때의 행동(예: 색상 변경, 크기 확대 등)을 정의합니다.
2. **위젯 구조의 설계** : 사용자 저의 위젯의 기본 구조를 설계합니다. 이는 플러터의 위젯 클래스를 상속받아 구현되며, 필요에 따라 Stateful 위젯 또는 Stateless 위젯을 선택하여 동적 또는 정적 상태를 관리할 수 있습니다. 이에 대한 내용은 다음 장에서 다루기로 하며 지금은 Stateless 위젯을

상속해 구현하도록 하겠습니다.

❸ **레이아웃 스타일링** : 위젯의 레이아웃을 구성하고, 스타일을 적용합니다. 이 과정에서 Container, Padding, alignment, BoxDecoration 등의 플러터 위젯을 사용하여 디자인 요구사항에 맞는 외관을 구현합니다.

❹ **상호작용 구현** : 사용자와의 상호작용을 구현합니다. GestureDetector 또는 InkWell 같은 위젯을 사용하여 탭, 더블 탭, 롱 프레스 등의 제스처를 처리하고, 이에 대한 응답으로 애니메이션 또는 상태 변화를 적용할 수 있습니다.

❺ **테스트 및 최적화** : 사용자 정의 위젯의 기능과 성능을 테스트하고, 필요한 경우 최적화합니다. 이 단계는 애플리케이션 전반의 사용자 경험을 향상시키는 데 집중하여 위젯의 품질을 올려 애플리케이션의 만족도를 높일 수 있는 중요한 부분입니다.

카테고리 버튼의 구현

우리는 디자이너로부터 구체적인 디자인 요구사항을 전달받는 대신, 이미 제공된 디자인 예시를 바탕으로 디자인 요소들을 분석하고 추론하여 구현해야 하는 상황입니다. 이 과정에서 디자인을 세심하게 관찰하고, 직접 조작해 봄으로써 다음과 같은 중요한 정보들을 도출할 수 있습니다.

- **디자인 요구사항 분석**: 버튼의 폰트와 크기는 특별히 독특하거나 다른 위젯들과 큰 차이를 보이지 않습니다. 그림자 효과 같은 추가적인 시각적 요소는 적용되어 있지 않으며, 주목할 점은 아이콘과 텍스트가 결합된 형태로 구성되어 있다는 것입니다. 특히 첫 번째 메뉴 버튼을 살펴보면, 텍스트 영역이 생략될 가능성도 있음을 암시합니다.
- **레이아웃 스타일링 파악**: 버튼 주변에 적용된 padding은 모든 방향으로 일관되게 설정되어 있음을 확인할 수 있습니다. 또한, 버튼의 외곽선은 디자인되지 않았으며, 내부는 연한 회색으로 채워진 심플한 스타일을 가지고 있습니다.
- **상호작용 요소 이해**: 버튼에 대한 상호작용은 탭 동작에 의해 활성화되며, 더블 탭이나 롱 프레스 같은 추가적인 제스처에 대한 구분은 없는 것으로 보입니다. 이에 따라, 상호작용은 단순한 탭 동작에 초점을 맞추어 구현하기로 결정했습니다.

도출한 정보를 바탕으로 다음의 순서대로 구현할 것입니다.

① InkWell을 두어 앞으로 사용자가 구현할 위젯을 버튼으로 만들어 줍니다. 그중 onTap 필드만 구현하여 버튼을 탭 하였을 때의 동작만 감지할 것이고 child 필드에 네모의 형태를 잡아줄 Container를 둡니다.

② 모양을 잡아줄 Container는 우선 모두 10 크기의 padding을 두어 사용자가 쉽게 버튼을 누를 수 있도록 합니다. 또한 BoxDecoration으로 배경색을 농도 100 정도의 흐릿한 회색으로 채워준 뒤, 모

서리의 곡률을 10으로 두어 둥근 모양의 버튼을 만들어 줍니다. 그리고 그 안의 구성될 아이콘이나 Text 위젯은 child 필드에서 다룹니다.

③ Container의 child 필드 안에 바로 아이콘이나 텍스트를 두고 싶지만 때론 아이콘만 오고 텍스트가 생략될 수가 있으며, 이들은 가로로 배치됩니다. 따라서 Row 위젯을 하나 두고 그 안에 Icon이나 Text 위젯을 위치시켜 자연스레 가로로 확장될 수 있도록 제공합니다.

④ Icon과 Text 위젯의 크기는 각각 16, 14 정도로 맞추어 주고 색상이 조금 진한 회색이기에 농도 600 정도의 회색으로 설정합니다. 아이콘의 여백이 텍스트와 살짝 오차가 있기에 상하 여백을 2를 주고, 아이콘과 텍스트는 각각 버튼에 맞게 변경될 수 있음을 고려해 둡니다. 또한 두 위젯 사이의 8 정도의 거리를 두어 너무 붙지 않도록 하였습니다.

```
InkWell(
  onTap: () {},
  child: Container(
    padding: const EdgeInsets.all(10),
    decoration: BoxDecoration(
      color: Colors.grey[100],
      borderRadius: BorderRadius.circular(10),
    ),
    child: Row(
      children: [
        Padding(
          padding: const EdgeInsets.symmetric(vertical: 2),
          child: Icon(
            Icons.person_search,
            size: 16,
            color: Colors.grey[600],
          ),
        ),
        const SizedBox(width: 8),
        Text(
          '알바',
          style: TextStyle(fontSize: 14, color: Colors.grey[600]),
        ),
      ],
    ),
  ),
),
```

사용자 정의 위젯 분리

1개의 카테고리 버튼을 만드는데 27줄 정도의 길이가 소요됩니다. 카테고리 버튼은 전체 메뉴, 알바, 부동산, 중고차 등등 여러 개의 버튼이 배치되어야 하는데 이를 직접 FeedIndex에 사용하는 것은 코드의 가독성을 떨어트리고 재사용성을 낮추는 주원인입니다.

따라서 CategoryButton이라는 위젯을 만들어서 코드를 더 쉽게 읽고 재사용할 수 있게 해보려고 합니다. category_button.dart 파일을 생성하여 카테고리 버튼을 재사용할 수 있는 위젯으로 만든 뒤, 간단하게 사용할 수 있도록 해보겠습니다.

lib/src/widgets/buttons/category_button.dart

```
class CategoryButton extends StatelessWidget {
  final VoidCallback? onTap;
  final IconData icon;
  final String? title;

  const CategoryButton({
    required this.icon,
    this.onTap,
    this.title,
    super.key,
  });

  @override
  Widget build(BuildContext context) {
    return InkWell(
      onTap: onTap,
      child: Container(
        padding: const EdgeInsets.all(10),
        decoration: BoxDecoration(
          color: Colors.grey[100],
          borderRadius: BorderRadius.circular(10),
        ),
        child: Row(
          children: [
            Padding(
              padding: const EdgeInsets.symmetric(vertical: 2),
              child: Icon(icon, size: 16, color: Colors.grey[600]),
            ), // 아이콘 표시
            if (title != null) const SizedBox(width: 8),
            if (title != null)
```

```
31              Text(
32                title!,
33                style: TextStyle(fontSize: 14, color: Colors.grey[600]),
34              ),
35          ],
36        ),
37      ),
38    );
39  }
40 }
```

03번째 줄의 **icon**은 필수 파라미터로, 카테고리 버튼의 필수 파라미터입니다. **04**번째 줄의 문자열은 옵셔널 파라미터로, 문자열이 있다면 문자열을 표시하며, 없다면 오로지 아이콘만을 나타내는 버튼이 됩니다. **29**번째 줄과 **30**번째 줄에서는 title의 값이 있는지를 판단하여 아이콘과 문자열 사이의 여백과 문자열 표시를 나타내도록 합니다. **02**번째 줄의 함수는 카테고리 버튼을 눌렀을 때의 동작을 정의합니다.

이제 이 카테고리 버튼을 FeedIndex 화면에서 호출한다면 몇 줄 되지 않는 간단한 코드로 UI를 구성할 수 있습니다. 이렇게 플러터에서는 기본으로 제공되지 않는 형태의 디자인들 또한 사용자가 쉽게 만들고 사용할 수 있는 기능을 제공합니다.

lib/src/screens/feed/index.dart

```
import 'package:flutter/material.dart';

import '../../widgets/buttons/category_button.dart';

class FeedIndex extends StatefulWidget {
  const FeedIndex({super.key});

  @override
  State<FeedIndex> createState() => _FeedIndexState();
}

class _FeedIndexState extends State<FeedIndex> {
  @override
  Widget build(BuildContext context) {
    return Scaffold(
      appBar: AppBar(
        centerTitle: false,
```

```
        title: const Text('내 동네'),
        actions: [
          IconButton(
            onPressed: () {},
            icon: const Icon(Icons.search),
          ),
          IconButton(
            onPressed: () {},
            icon: const Icon(Icons.notifications_none_rounded),
          ),
        ],
      ),
      body: Column(
        children: [
          SizedBox(
            height: 40,
            child: ListView(
              scrollDirection: Axis.horizontal,
              children: const [
                CategoryButton(icon: Icons.menu),
                SizedBox(width: 12),
                CategoryButton(icon: Icons.search, title: '알바'),
                SizedBox(width: 12),
                CategoryButton(icon: Icons.home, title: '부동산'),
                SizedBox(width: 12),
                CategoryButton(icon: Icons.car_crash, title: '중고차'),
              ],
            ),
          ),
        ],
      ),
    );
  }
}
```

5.4 ListContent

ListContent는 홍당무마켓의 핵심 부분으로, 다른 사용자들이 올린 물품 정보를 보여주는 영역입니다. 이곳에서는 판매하려는 물품의 이미지, 제목, 판매 지역, 등록 일시, 가격 등의 정보가 표시됩니다. 또한, 오른쪽의 작은 메뉴 버튼을 통해 특정 게시물을 숨기거나, 부적절한 내용의 게시물을 신고하거나, 게시 기준을 확인할 수 있습니다. 때에 따라, 관심 있는 사용자 수나 현재 진행 중인 대화방의 수와 같은 추가 정보가 우측 하단에 표시될 수도 있습니다.

레이아웃 구성

카테고리 버튼과 마찬가지로 이미 제공된 디자인을 바탕으로 추론하여 구현해 보겠습니다.

물품 정보 위젯도 탭 동작만 존재합니다. 따라서 InkWell 위젯을 두어 해당 위젯을 버튼으로 만들어 줄 것이고, onTap 필드만 구현해 두겠습니다. 이미지 영역, 정보 영역 그리고 기타 영역으로 가로로 배치되어 있음을 추측해 볼 수 있습니다. 따라서 Row를 제일 위에 두어 순서대로 이미지, 정보, 기타 영역의 위젯들을 채울 것입니다.

이미지 영역의 이미지는 필수 요소입니다. 가로, 세로 사이즈가 고정되어 있으며 이미지는 가로로 길거나 세로로 길더라도 일부 영역을 잘라내 가운데 영역으로 정사각형처럼 보여집니다. 또한 외곽선의 곡선을 살짝 주어 있는 것을 볼 수 있습니다.

정보 영역은 제목, 위치와 시간, 가격 정보가 세로로 배치되어 있음을 볼 수 있습니다. 따라서 Column으로 구성하여 순서대로 둘 것입니다. 정보 영역의 위치와 시간은 가로 배열이니 Row로 두어야 합니다.

기타 영역은 마찬가지로 세로로 배치되어 IconButton 블록 하나, 관심 목록과 채팅 목록을 포함한 블록 하나 두 개가 서로 최상단과 최하단에 배치되어 있음을 볼 수 있습니다. 관심 물건이나 채팅의 표시는 가로로 배치되어 Row를 사용할 것이지만 때에 따라 나타나지 않을 수 있습니다.

feed_list_item.dart 파일을 만들어 위에서 나열한 정보대로 위젯을 구성해 보겠습니다.

lib/src/widgets/listitems/feed_list_item.dart

```
import 'package:flutter/material.dart';

class FeedListItem extends StatelessWidget {
  const FeedListItem({super.key});

 @override
```

```
  Widget build(BuildContext context) {
    return InkWell(
      onTap: () {},
      child: Row(
        crossAxisAlignment: CrossAxisAlignment.start,
        children: [
          // 이미지 영역
          // 정보 영역
          // 기타 영역
        ],
      ),
    );
  }
}
```

이미지 영역

이미지 영역은 서버에 저장된 URL을 바탕으로 하나의 이미지를 보여줍니다. 이미지는 가로와 세로 길이가 동일한 정사각형 형태로 표시되며, 모서리는 둥글게 처리되어 있습니다. 일반 사용자가 업로드하는 사진은 대부분 16:9 혹은 9:16 비율을 가지는 경우가 많습니다. 이러한 이미지들을 적절히 표시하기 위해, BoxFit.cover를 사용하여 이미지의 일부가 잘리더라도 원본 비율을 유지하면서 공간을 꽉 채우도록 합니다.

이미지의 크기는 대략 110으로 설정하였으나, UI가 변경되어 이미지 크기를 조절해야 할 경우를 대비하여 상수를 선언해 참조하도록 하였습니다. 이는 유지 보수 시 크기 조정을 용이하게 합니다.

모서리의 곡률 처리를 위해, ClipRRect 위젯을 사용합니다. ClipRRect는 자식 위젯의 모서리를 둥글게 깎아내는 위젯으로, borderRadius 속성을 통해 모서리의 둥근 정도를 쉽게 조절할 수 있습니다. 예를 들어, BorderRadius.circular(값)을 사용하여 모든 모서리를 일관되게 둥글게 처리할 수 있습니다. 이 방법은 Container에 decoration 속성으로 BoxDecoration을 사용하여 모서리를 둥글게 하는 것과는 다르게, 이미지 같은 경우 decoration 속성이 없기 때문에 ClipRRect를 사용하여 이미지 주변을 둥글게 깎아내어 표현합니다.

lib/src/widgets/listitems/feed_list_item.dart

```
import 'package:flutter/material.dart';

// 이미지 크기
const double _imageSize = 110;
```

```
// 피드 (중고 물품) 리스트 아이템 위젯
class FeedListItem extends StatelessWidget {
  const FeedListItem({super.key});

  @override
  Widget build(BuildContext context) {
    return InkWell(
      onTap: () {},
      child: Padding(
        padding: const EdgeInsets.all(12.0),
        child: Row(
            crossAxisAlignment: CrossAxisAlignment.start,
            children: [
              // 이미지 영역
              ClipRRect(
                borderRadius: BorderRadius.circular(10.0),
                child: Image.network(
                  "https://example.com/image.jpg",
                  width: _imageSize,
                  height: _imageSize,
                  fit: BoxFit.cover,
                ),
              ),
              // 정보 영역
              // 기타 영역
            ],
          ),
        ),
      ),
    );
  }
}

```

정보 영역

정보 영역은 이미지 및 기타 영역이 차지하는 너비를 제외한 나머지 공간 전체를 차지합니다. 이 영역을 구성하기 위해, Expanded 위젯 내부에 Column 위젯을 배치합니다.

먼저, 상단에는 판매하려는 물건의 제목을 위치시킵니다. 제목의 글자 크기는 약 16으로 설정하며, 제목 길이가 길어 한 줄을 초과할 경우를 대비하여 TextOverflow.ellipsis를 사용해 글자가 넘칠 때는 말 줄임표로 처리합니다. 동네 이름과 'N분 전'이라는 문구는 가로로 나란히 배열되도록 두 개의

Text 위젯을 Row 위젯으로 감싸 순차적으로 표시합니다. 이때, 텍스트 색상은 회색으로 설정하여 시각적으로 구분될 수 있도록 합니다.

마지막으로, 물건의 가격은 제목과 동일한 크기인 16으로 설정하되, 글자 두께를 약간 더 두껍게 하여 강조합니다.

lib/src/widgets/listitems/feed_list_item.dart

```
// 정보 영역
Expanded(
  child: Padding(
    padding: EdgeInsets.symmetric(horizontal: 10),
    child: Column(
      crossAxisAlignment: CrossAxisAlignment.start,
      children: [
        Text(
          '판매할 물건의 제목',
         overflow: TextOverflow.ellipsis,
         style: TextStyle(fontSize: 16),
       ),
        Row(
          children: [
            Text(
              '동네이름',
              style: TextStyle(color: Colors.grey),
            ),
            Text(
              ' ┌ N 분전',
              style: TextStyle(color: Colors.grey),
            ),
          ],
        ),
        Text(
          '물품 가격',
          style: TextStyle(
              fontSize: 16, fontWeight: FontWeight.bold),
        ),
      ],
    ),
  ),
),
// 기타 영역
```

기타 영역

기타 영역은 해당 항목에 대한 숨기기 및 신고 기능을 포함하는 버튼 하나와 아래쪽에 관심 횟수와 채팅 수를 표시하는 부분으로 구성됩니다. 간결하게 IconButton을 사용하여 적절한 색상과 크기의 더 보기 버튼을 구현하겠습니다.

lib/src/widgets/listitems/feed_list_item.dart

```dart
// 기타 영역
IconButton(
  onPressed: () {},
  icon: const Icon(
    Icons.more_vert,
    color: Colors.grey,
    size: 16,
  ),
)
```

관심 횟수와 채팅 수를 나타내는 위젯은 Row 안에 아이콘과 텍스트가 적절한 간격을 두고 두 쌍으로 배치됩니다. 이 위젯은 하나의 FeedListItem 전체에서 특별히 우측 하단에 위치해야 합니다.

이를 위해, Padding과 InkWell을 제외하고, 이 위젯을 최상단에 위치시키는 Row를 Stack으로 감싸서 위젯에 절대 위치를 지정할 수 있게 합니다. 그리고 나머지 위젯들이 구성된 후, Stack의 마지막 부분에서 Positioned 위젯을 사용하여 right: 12, bottom: 0 속성을 적용해 우측 하단에 약간의 여백을 두고 배치하겠습니다.

lib/src/widgets/listitems/feed_list_item.dart

```dart
import 'package:flutter/material.dart';

// 이미지 크기
const double _imageSize = 110;

// 피드 (중고 물품) 리스트 아이템 위젯
class FeedListItem extends StatelessWidget {
  const FeedListItem({super.key});

  @override
  Widget build(BuildContext context) {
    return InkWell(
      onTap: () {},
```

```
child: Padding(
  padding: const EdgeInsets.all(12.0),
  child: Stack( // 채팅, 관심물건 창을 배치하기위한 Stack
    children: [
      Row(
        crossAxisAlignment: CrossAxisAlignment.start,
        children: [
          // 이미지 영역
          // 정보 영역
          // 기타 영역
        ],
      ),
      // 채팅, 관심물건 창 배치
      Positioned(
        right: 10,
        bottom: 0,
        child: Row(
          children: [
            Icon(
              Icons.chat_bubble_outline,
              color: Colors.grey,
              size: 16,
            ),
            SizedBox(width: 2),
            Text(
              '1',
              style: TextStyle(color: Colors.grey),
            ),
            SizedBox(width: 4),
            Icon(
              Icons.favorite_border,
              color: Colors.grey,
              size: 16,
            ),
            SizedBox(width: 2),
            Text(
              '1',
              style: TextStyle(color: Colors.grey),
            ),
          ],
        ),
      )    // Positioned 끝
```

```
56 56         ],
57 57       ),
58 58     ),
59 59   );
60 60 }
61 61 }
```

27번째 줄에 채팅, 관심 물건 창을 배치한 모습입니다.

FeedIndex 화면에서의 구성

이렇게 완성된 FeedListItem 위젯을 활용하면, 매물 목록을 손쉽게 구성할 수 있습니다. FeedIndex 화면에서 카테고리 버튼 아래에 Expanded 위젯과 함께 ListView 위젯을 배치하고, 여기에 우리가 만든 FeedListItem 위젯을 여러 개 삽입해 잘 표시되는지 확인해 보겠습니다. 물품 데이터에 따라 이미지나 제목이 변경되는 부분은 추후 구현할 예정입니다.

lib/src/screens/feed/index.dart

```
import 'package:flutter/material.dart';

import '../../widgets/buttons/category_button.dart';
import '../../widgets/listitems/feed_list_item.dart';

class FeedIndex extends StatefulWidget {
  const FeedIndex({super.key});

  @override
  State<FeedIndex> createState() => _FeedIndexState();
}

class _FeedIndexState extends State<FeedIndex> {
  @override
  Widget build(BuildContext context) {
    return Scaffold(
      appBar: AppBar(
        centerTitle: false,
        title: const Text('내 동네'),
        actions: [
          IconButton(
            onPressed: () {},
            icon: const Icon(Icons.search),
```

```
24           ),
25           IconButton(
26             onPressed: () {},
27             icon: const Icon(Icons.notifications_none_rounded),
28           ),
29         ],
30       ),
31       body: Column(
32         children: [
33           SizedBox(
34             height: 40,
35             child: ListView(
36               scrollDirection: Axis.horizontal,
37               children: const [
38                 CategoryButton(icon: Icons.menu),
39                 SizedBox(width: 12),
40                 CategoryButton(icon: Icons.search, title: '알바'),
41                 SizedBox(width: 12),
42                 CategoryButton(icon: Icons.home, title: '부동산'),
43                 SizedBox(width: 12),
44                 CategoryButton(icon: Icons.car_crash, title: '중고차'),
45               ],
46             ),
47           ),
48           Expanded(
49               child: ListView(
50             children: [
51               FeedListItem(),
52               FeedListItem(),
53               FeedListItem(),
54               FeedListItem(),
55               FeedListItem(),
56            ],
57           ))
58         ],
59       ),
60     );
61   }
62 }
```

51번째부터 **55**번째 줄까지 FeedListItem을 추가하여 피드가 여러 개 있을 경우의 화면을 보여줍니다.

그림 3-13 FeedIndex를 완성한 홈 화면

4장

상태 관리 기법

현대의 애플리케이션은 다양한 상호작용과 복잡한 데이터 흐름을 가지고 있습니다. 사용자의 입력, 서버로부터의 응답, 내부 이벤트 처리 등 애플리케이션 내에서 발생하는 다양한 변화를 효과적으로 관리하는 것은 애플리케이션의 성능과 사용자 경험을 크게 좌우합니다. 이 장에서는 이러한 변화들을 효과적으로 관리하기 위한 상태 관리 기법에 대해 단계적으로 다루어 볼 것입니다.

상태 관리의 필요성

애플리케이션에서 데이터는 시시각각 변화합니다. 특히 여러 화면에 걸쳐 동일한 데이터를 활용해야 하는 경우가 잦은데, 이때 전체 애플리케이션을 통틀어 데이터의 일관성을 유지하는 것은 매우 중요한 일입니다. 예를 들어, const List<Map<String, dynamic>> feedList와 같이 정의된 중고 물품 리스트는 애플리케이션의 다양한 곳에서 활용될 수 있습니다.

이번 장에서는 상태 관리 기법을 도입하지 않고, 각각의 Stateful 위젯에서 리스트 형태의 데이터를 관리하는 방식으로 애플리케이션을 구성했을 때, 상태 관리가 왜 필수인지에 대해 살펴보겠습니다.

1.1 Stateful 위젯에서의 상태 관리

상태 관리를 위해 data.dart 파일에 정의되어 있던 List<Map<String, dynamic>> feedList 리스트 데이터를, FeedIndex 클래스의 State 클래스 내부에 위치시켜 진행하겠습니다.

lib/src/screens/feed/index.dart

```
class FeedIndex extends StatefulWidget {
  const FeedIndex({super.key});

  @override
  State<FeedIndex> createState() => _FeedIndexState();
}

class _FeedIndexState extends State<FeedIndex> {
  List<Map<String, dynamic>> feedList = [
    {
      'id': 1,
      'title': '텀블러',
      'content': '텀블러 팝니다',
      'price': 500,
    },
    {
      'id': 2,
```

```
      'title': '머그잔',
      'content': '머그잔 텀블러 랑 교환도 합니다.',
      'price': 300,
    },
            // 등등... 표시할 데이터들
  ];

  @override
  Widget build(BuildContext context) {
            // 기존 코드들...
```

ListView를 Builder로 변경

ListView를 활용해 데이터 목록을 표시하는 것은 플러터 애플리케이션 개발에서 흔히 사용되는 방식입니다. 특히, 데이터의 목록이 동적으로 변화할 때, ListView.builder를 사용하는 것이 효과적입니다. 이 방법을 통해 feedList 데이터에 맞춰서 FeedListItem 위젯을 동적으로 생성하고, 보다 효율적으로 리스트를 관리할 수 있습니다.

ListView의 직접 데이터를 넣는 방법 말고 ListView.builder를 사용하면, 화면에 보이는 항목만을 그리기 때문에 대규모 리스트를 더 효율적으로 처리할 수 있습니다. 이는 애플리케이션의 성능을 크게 향상시킬 수 있는 장점을 제공합니다. 이제 feedList를 기반으로 ListView.builder를 사용해 FeedListItem 위젯을 표시하는 방법을 구현해 보겠습니다.

lib/src/screens/feed/index.dart

```
body: Column(
  children: [
    // 카테고리 바

    // 중고 거래 목록
    Expanded(
      child: ListView.builder(
        itemCount: feedList.length, // 리스트의 전체 길이를 정의
        itemBuilder: (context, index) { // 각 아이템을 구성하는 방법을 정의
          final item = feedList[index];
          return FeedListItem(item);
        },
      ),
    ),
  ],
),
```

이 코드 부분은 ListView.builder를 활용하여 feedList의 각 항목을 통해 FeedListItem 위젯을 동적으로 생성합니다. 각 항목에 필요한 데이터는 feedList에서 인덱스에 해당하는 데이터를 통해 가져오며, 이를 FeedListItem 위젯에 전달하여 사용자 인터페이스를 구성합니다. 이로써 애플리케이션의 메모리 사용량을 최적화하고, 대규모 리스트를 더 빠르고 효율적으로 처리할 수 있습니다. 또한, 데이터가 변경될 때마다 ListView를 갱신하여 사용자에게 최신 정보를 제공할 수 있는 이점도 있습니다.

FeedListItem 위젯을 수정하여, item 파라미터를 받을 수 있도록 해보겠습니다. 우선, FeedListItem 위젯에 필요한 데이터를 전달할 수 있도록 생성자 매개변수를 정의합니다. 예제로는 데이터의 묶음이 들어있는 Map을 넘겨주되 그 안의 제목과 가격 정보만 사용할 예정입니다.

lib/src/widgets/listitems/feed_list_item.dart

```
class FeedListItem extends StatelessWidget {
  final Map item; // 추가
  const FeedListItem(this.item, {super.key}); // 생성자 추가

  @override
  Widget build(BuildContext context) {
    return InkWell(
      onTap: () {},
      child: Padding(
        padding: const EdgeInsets.all(12.0),
        child: Stack(
          children: [
            Row(
              crossAxisAlignment: CrossAxisAlignment.start,
              children: [
                // 이미지 영역

                // 정보 영역
                Expanded(
                  child: Padding(
                    padding: EdgeInsets.symmetric(horizontal: 10),
                    child: Column(
                      crossAxisAlignment: CrossAxisAlignment.start,
                      children: [
                        Text(
                          item['title'],  // 제목 영역
                          style: TextStyle(fontSize: 16),
                          overflow: TextOverflow.ellipsis,
```

```
                        ),
                        Row(
                          children: [
                            Text(
                              '동네이름',
                              style: TextStyle(color: Colors.grey),
                            ),
                            Text(
                              ' ┌ N 분전',
                              style: TextStyle(color: Colors.grey),
                            ),
                          ],
                        ),
                        Text(
                          item['price'].toString(), // 가격 영역
                          style: TextStyle(
                              fontSize: 16, fontWeight: FontWeight.bold),
                        ),
                      ],
                    ),
                  ),
                ),
                // 기타 영역

              ],
            ),
            // 정보 영역

          ],
        ),
      ),
    );
  }
}
```

무작위의 물품을 목록에 추가해 주는 테스트용 버튼

이제 FeedIndex 화면에서 FloationActionButton을 추가하여, 해당 버튼을 터치할 때마다 무작위의 데이터로 중고 물품 목록을 생성하는 기능을 구현해 보겠습니다.

addItem() 함수를 생성해, 무작위의 물품을 등록한 이후 SetState 함수를 활용해 feedList에 항목을 추가하겠습니다. 이후 FloatingActionButton에서 이 함수를 참조하도록 만들어줍니다.

lib/src/screens/feed/index.dart

```
import 'dart:math';

import 'package:flutter/material.dart';

import '../../widgets/buttons/category_button.dart';
import '../../widgets/listitems/feed_list_item.dart';

class FeedIndex extends StatefulWidget {
  const FeedIndex({super.key});

  @override
  State<FeedIndex> createState() => _FeedIndexState();
}

class _FeedIndexState extends State<FeedIndex> {
  List<Map<String, dynamic>> feedList = [/* 데이터 생략 */ ];

  addItem() {
    // 임의의 데이터를 생성하고 리스트에 추가하는 로직
    final random = Random();
    final newItem = {
      'id': random.nextInt(100),
      'title': '제목 ${random.nextInt(100)}', // 0에서 99 사이의 번호
      'description': '설명 ${random.nextInt(100)}',
      'price': 500 + random.nextInt(49500), // 500원에서 50000원 사이
    };

    setState(() {
      feedList.add(newItem);
    });
  }

  @override
  Widget build(BuildContext context) {
    return Scaffold(
      floatingActionButton: FloatingActionButton(
        onPressed: addItem,
        child: const Icon(
          Icons.add,
        ),
      ),
      appBar: AppBar( // 이하 생략
```

이 코드는 FloatingActionButton을 활용하여, 사용자가 버튼을 클릭할 때마다 'id', 'title', 'description', 'price' 필드를 가진 새로운 항목을 feedList에 추가합니다. 여기서 Random 클래스를 사용하여 아이디와 제목 번호와 가격을 임의로 생성하고 있습니다. 생성한 이후 setState 메서드를 호출하여 UI를 새로운 상태로 업데이트를 해줍니다.

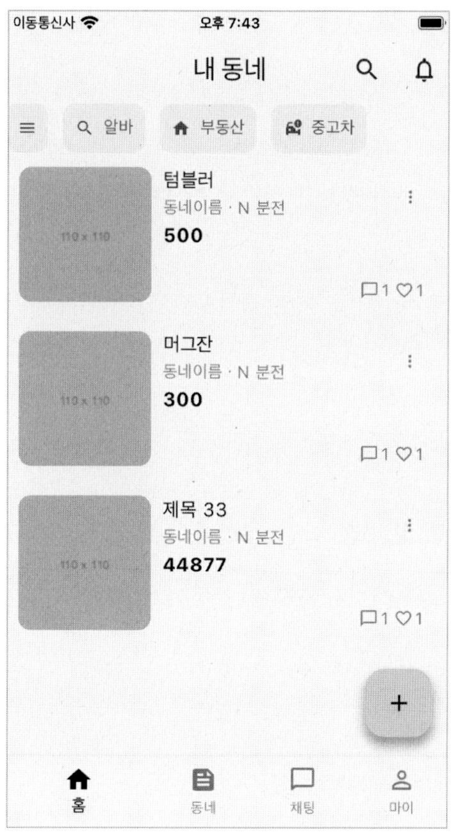

그림 4-1 FloatingActionButton으로 피드를 추가한 모습

1.2 물품 목록을 수정하는 FeedEdit 화면

FeedIndex 화면에서 각각의 FeedListItem을 클릭할 때, 일반적으로 해당 물품의 상세 정보를 보여주는 FeedShow 페이지로 넘어가야 합니다. 하지만 이번 장에서는 상태 도구를 사용하지 않았을 때의 문제점을 실습하기 위하여 선택한 물품을 직접 수정할 수 있는 FeedEdit 페이지로 이동하도록 구현해 보겠습니다.

FeedListItem의 onTap 동작

우선, 사용자가 FeedListItem을 선택했을 때 FeedEdit 화면으로 이동하도록 설정해야 합니다. 이를 위해 FeedListItem 위젯에 GestureDetector를 추가하거나, InkWell 위젯을 사용하여 탭 이벤트를 처리할 수 있습니다. 여기서는 이미 구현된 InkWell 안에 onTap 구현을 완성하겠습니다.

lib/src/widgets/listitems/feed_list_item.dart

```
// FeedListItem 위젯 수정 예시
InkWell(
  onTap: () {
    Navigator.push(
      context,
      MaterialPageRoute(builder: (context) => FeedEdit(item: item)),
    );
  },
  child: Padding(
    // FeedListItem의 기존 구성 요소
  ),
)
```

피드 상세 화면에서의 item 출력 및 수정

다음으로, FeedEdit 화면을 구현합니다. FeedEdit 화면은 사용자가 제목과 가격을 수정할 수 있도록 TextField 위젯을 사용하여 구성합니다.

lib/src/screens/feed/edit.dart

```
import 'package:flutter/material.dart';

class FeedEdit extends StatefulWidget {
  final Map item;

  const FeedEdit({super.key, required this.item});

  @override
  State<FeedEdit> createState() => _FeedEditState();
}

class _FeedEditState extends State<FeedEdit> {
  TextEditingController? titleController;
  TextEditingController? priceController;

  void _submit() {
    setState(() {
```

```
      widget.item['title'] = titleController!.text;
      widget.item['price'] = int.tryParse(priceController!.text) ?? widget.item['price'];
    });

    Navigator.pop(context);
  }

  @override
  void initState() {
    super.initState();
    titleController = TextEditingController(text: widget.item['title']);
    priceController = TextEditingController(text: widget.item['price'].toString());
  }

  @override
  void dispose() {
    titleController?.dispose();
    priceController?.dispose();
    super.dispose();
  }

  @override
  Widget build(BuildContext context) {
    return Scaffold(
      appBar: AppBar(
        title: Text('물품 수정'),
      ),
      body: Padding(
        padding: const EdgeInsets.all(16.0),
        child: Column(
          children: <Widget>[
            TextField(
              controller: titleController,
              decoration: const InputDecoration(
                border: OutlineInputBorder(
                  borderSide: BorderSide(color: Colors.grey),
                ),
              ),
            ),
            const SizedBox(height: 20),
            TextField(
              controller: priceController,
              decoration: const InputDecoration(
```

```
                  border: OutlineInputBorder(
                    borderSide: BorderSide(color: Colors.grey),
                  ),
                ),
                keyboardType: TextInputType.number,
              ),
              const SizedBox(height: 20),
              ElevatedButton(
                onPressed: _submit,
                child: const Text('수정하기'),
              ),
            ],
          ),
        ),
      );
    }
}
```

제목과 가격 정보를 초기화 단계(initState)에서 TextEditingController를 통해 TextField에 할당함으로써 사용자가 이를 수정할 수 있도록 하였습니다. '수정하기' 버튼을 누르면 _submit 함수가 호출되며, 이 함수 내에서 Map 형태의 item 객체에 저장된 title과 price 값을 업데이트하게 됩니다. 이 과정을 통해 item의 title과 price 값이 변경되는 것을 확인할 수 있습니다.

그러나 실제로 수정 작업을 수행한 후, FeedIndex 화면으로 돌아가 보면, 수정 사항이 반영되지 않은 채 원래의 상태를 유지하고 있는 것을 확인할 수 있습니다. 이는 FeedIndex 화면에서 사용한 데이터를 FeedEdit 화면으로 파라미터를 통해 전달하여 수정하더라도, FeedEdit 내부에서의 데이터 변경이 FeedIndex에 반영되지 않기 때문입니다. 따라서, 이는 개별 화면 내에서 데이터를 독립적으로 관리하는 방식의 한계를 드러내며, 공통 상태 관리의 필요성을 명확하게 보여줍니다.

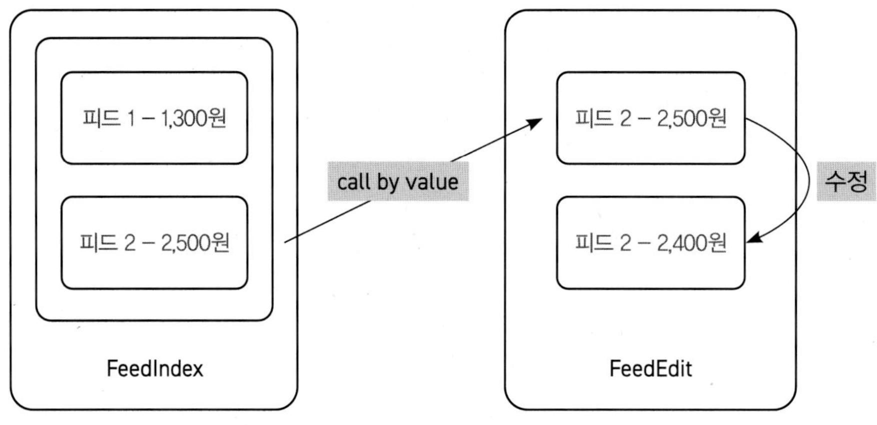

그림 4-2 상태 관리를 사용하지 않을 때의 문제

1.3 상태 관리의 필요성

상태 관리의 필요성 및 기본 개념

애플리케이션에서 데이터가 변화하는 상황, 특히 여러 화면에 걸쳐 같은 데이터를 사용해야 할 때, 전체 애플리케이션에 걸쳐 데이터의 일관성을 유지하는 것이 매우 중요합니다. 예를 들어, const List〈Map〈String, dynamic〉〉 feedList와 같이 정의된 중고 물품 리스트는 애플리케이션의 여러 부분에서 필요로 합니다. 초기에는 이 리스트를 중고 물품을 보여주는 FeedIndex 화면에서만 사용할 것으로 예상했지만, 실제로는 MaterialApp의 onGenerateRoute에서도 사용되며, 물품의 상세 정보를 보는 FeedShow 화면이나 채팅창에서도 같은 데이터를 활용해야 할 수 있습니다.

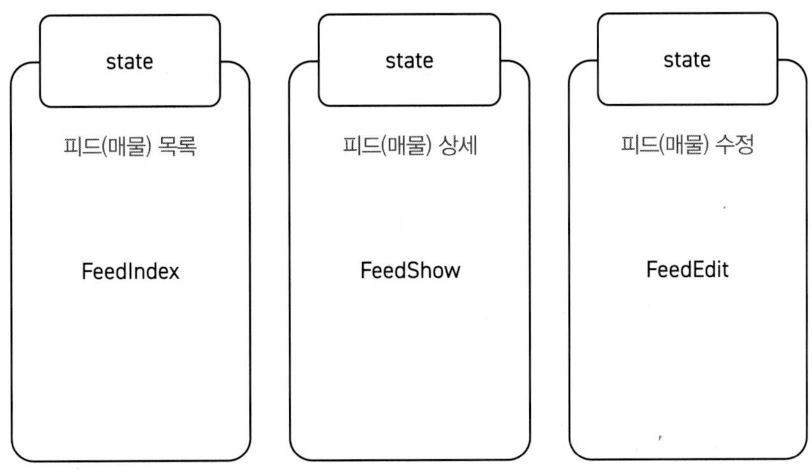

그림 4-3 각각의 화면에서 각각의 상태를 가지고 있는 모습

상황에 따라 데이터가 수정, 삭제, 추가되면 애플리케이션 전체에 이러한 변경 사항이 적용되어야 합니다. 예를 들어, 매물의 가격을 수정했는데 이 변경 사항이 리스트 화면에서는 반영되지 않는다면, 사용자는 혼란을 느낄 것입니다. 이처럼 데이터의 변경 사항이 애플리케이션의 여러 화면에 걸쳐 일관성 있게 반영되도록 하려면, 애플리케이션 전체에서 공통으로 사용되는 상태 관리 시스템이 필요합니다.

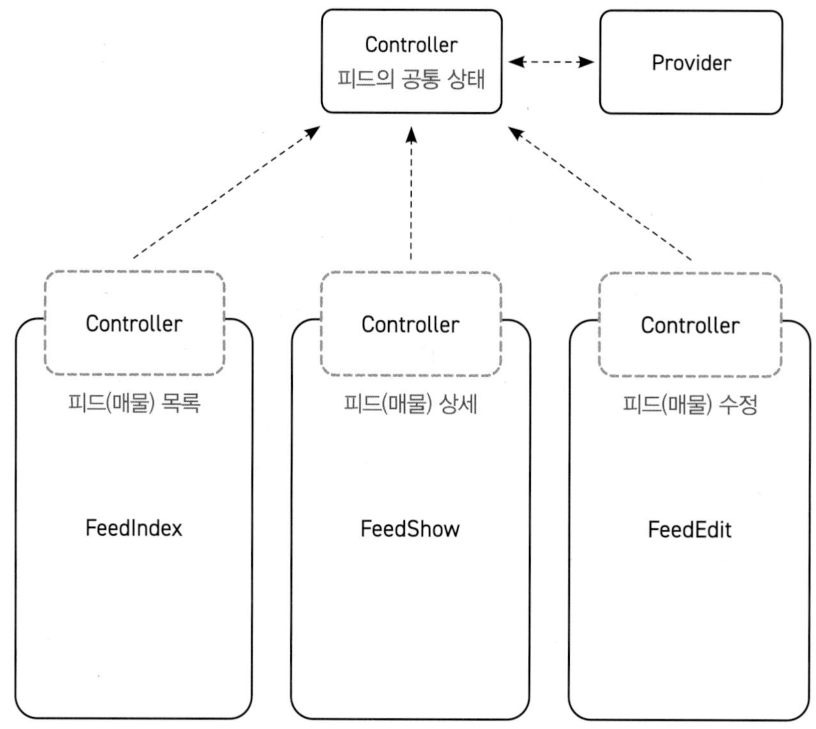

그림 4-4 공통 상태 관리인 Controller를 각 화면에서 참조하는 모습

3장에서는 데이터를 가져오고, 수정, 삭제, 추가 등을 진행하지 않았기 때문에 data.dart 파일에 데이터를 정적으로 정의했습니다. 그러나 실제 애플리케이션에서는 외부 통신을 통해 데이터를 동적으로 처리하게 될 텐데, 이때 애플리케이션 전체에서 데이터의 일관성을 유지하기 위한 상태 관리가 필요하다는 것을 이해할 수 있습니다. 상태 관리는 데이터가 변할 때마다 애플리케이션의 다양한 부분에서 이를 반영할 수 있게 해주며, 이로 인해 데이터의 일관성을 유지하고, 오류 가능성을 줄일 수 있습니다.

상태 관리 도구들

상태 관리는 플러터 애플리케이션 개발에서 중요한 부분을 차지하며, 특히 복잡한 애플리케이션에서는 Stateful 위젯만으로 모든 상태를 관리하기 어렵습니다. 공통으로 상태를 관리할 수 있는 클래스를 만드는 것은 가능하지만, 데이터 변경 시 UI를 자동으로 업데이트하는 로직을 직접 구현하는 것은 복잡한 작업입니다. 따라서, 효과적인 상태 관리를 위해 여러 상태 관리 도구들이 사용됩니다.

플러터에서 인기 있는 상태 관리 도구들은 다음과 같습니다.

- **GetX (Get)**: 고성능 상태 관리, 지능형 의존성 주입, 라우트 관리를 실용적으로 결합합니다. GetX는 매우 빠르고 간편하게 사용할 수 있어, 개발 속도를 크게 향상시킬 수 있습니다.
- **Provider**: 플러터 초보자들도 쉽게 배울 수 있는 간결하고 깔끔한 상태 관리 패키지입니다. Provider는 위젯 트리에서 데이터를 효율적으로 전달하고, 변화를 감지하여 UI를 업데이트합니다.
- **Flutter BloC**: 비즈니스 로직 컴포넌트(Business Logic Component) 디자인 패턴을 구현하기 위한 패키지로, 이벤트를 기반으로 상태를 관리합니다. BloC는 상태 관리를 더 체계적으로 할 수 있게 해줍니다.
- **Riverpod**: Provider의 발전된 형태로, 더 강력한 타입 안정성과 테스트 용이성을 제공합니다. Riverpod는 컴파일 시간에 오류를 잡아내어 안정성을 높여줍니다.
- **Get It**: 서비스 로케이터 패턴을 사용하여 의존성 주입을 제공하는 패키지로, 상태 관리뿐만 아니라 애플리케이션 전반의 서비스 관리에 유용합니다.
- **Mobx**: 반응형 프로그래밍을 기반으로 한 상태 관리 라이브러리로, 선언적으로 상태를 관리할 수 있게 해줍니다. Mobx는 상태와 UI 사이의 반응성을 높여줍니다.

이러한 상태 관리 도구들 각각은 고유한 기능과 장점을 가지고 있으며, 프로젝트의 특정 요구 사항과 개발팀의 선호도에 따라 가장 적합한 도구를 선택할 수 있습니다. 이 책에서는 특히 GetX를 사용한 상태 관리 방법을 자세히 다루며, 이를 통해 효율적인 상태 관리 방법을 배울 수 있습니다.

2 외부 라이브러리 설정

플러터는 상태 관리 라이브러리를 비롯하여 동영상 플레이어, GPS 정보 처리, 휴대폰 연락처 접근 등 다양한 기능을 제공하는 많은 패키지들을 보유하고 있으며, 이들 패키지는 https://pub.dev에서 지속적으로 업데이트되고 있습니다.

2.1 외부 라이브러리를 관리하는 pubspec.yaml

플러터 프로젝트에서 외부 라이브러리를 관리하고 추가하는 주요 파일은 pubspec.yaml입니다. 이 파일은 프로젝트의 메타데이터와 함께 사용되는 라이브러리의 종속성을 정의합니다. dependencies

와 dev_dependencies 부분은 각각 프로젝트 실행 시 필요한 라이브러리와 개발 중에만 필요한 라이브러리를 지정하는 데 사용됩니다.

- **dependencies**: 애플리케이션의 실행에 필수적인 외부 라이브러리나 패키지를 명시합니다. 예를 들어, UI 디자인을 위한 cupertino_icons나 상태 관리를 위한 GetX와 같은 라이브러리가 여기에 포함됩니다.
- **dev_dependencies**: 개발 과정에서만 필요하며, 실제 애플리케이션 배포 시에는 포함되지 않는 라이브러리를 명시합니다. 대표적으로 테스트 라이브러리나 코드 형식을 맞추는 데 사용되는 flutter_lints 등이 이에 해당합니다.

라이브러리 추가 방법은 두 가지가 있습니다.

직접 pubspec.yaml 파일에 추가

프로젝트의 pubspec.yaml 파일을 열고, dependencies 또는 dev_dependencies 부분에 추가하고자 하는 라이브러리와 그 버전을 명시하는 방법입니다.

```
dependencies:
  flutter:
    sdk: flutter
  cupertino_icons: ^1.0.2
  my_library_name: 1.0.0
```

여기서 사용된 my_library_name: 1.0.0은 특정 버전을 지정하여 추가하고자 할 때 사용됩니다. cupertino_icons: ^1.0.2에서 사용된 ^는 caret 표기법으로, 1.0.2 이상이면서 2.0.0 미만인 최신 버전을 자동으로 선택하여 설치한다는 의미를 가집니다.

커맨드 라인을 통해 추가

터미널 또는 명령 프롬프트를 사용하여 플러터 프로젝트의 루트 디렉터리로 이동한 후, flutter pub add my_library_name 명령어를 실행하여 라이브러리를 추가할 수 있습니다. 이 명령은 자동으로 pubspec.yaml 파일을 업데이트하며, 지정된 라이브러리를 프로젝트에 추가합니다.

```
flutter pub add my_library_name
```

이러한 방법을 통해 필요한 외부 라이브러리를 프로젝트에 쉽게 추가하고 관리할 수 있습니다. 각 프로젝트의 요구 사항과 개발 편의에 따라 적절한 방법을 선택하여 사용하면 됩니다.

2.2 GetX(Get) 라이브러리 설치

플러터에서 GetX(Get) 라이브러리를 설치하는 과정은 간단하며, https://pub.dev 사이트를 통해 확인할 수 있습니다. 설치 방법을 아래 단계별로 살펴보겠습니다.

1. **pub.dev에서 GetX 검색**: 웹 브라우저를 통해 https://pub.dev에 접속한 후, 검색 창에 "Get" 또는 "GetX"를 입력하여 라이브러리를 검색합니다.

그림 4-5 https://pub.dev 사이트에서 get 라이브러리를 검색

2. **라이브러리 선택**: 검색 결과에서 "get" 라이브러리를 찾아 선택합니다. 이 페이지에는 라이브러리에 대한 Readme, Changelog, Example, Installing 등의 다양한 정보가 제공됩니다.

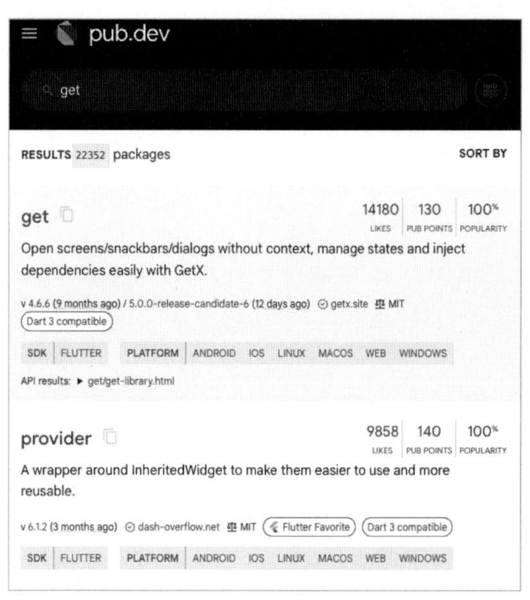

그림 4-6 검색된 라이브러리 목록 화면

❸ **설치 방법 확인**: 페이지 상단의 탭 중 "Installing"을 선택하여 설치 방법을 확인합니다. 일반적으로 GetX 라이브러리를 설치하는 명령어는 flutter pub add get입니다.

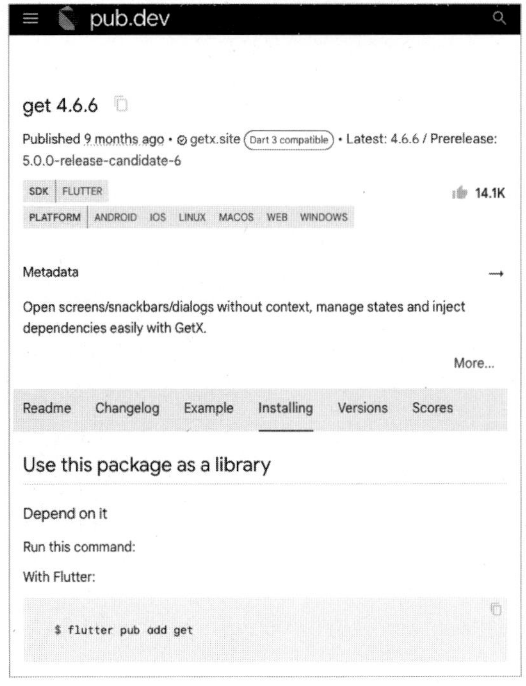

그림 4-7 GetX 라이브러리의 installing 탭

❹ **터미널에서 설치 명령어 실행**: 플러터 프로젝트의 루트 디렉터리에서 터미널 또는 명령 프롬프트를 열고 flutter pub add get 명령어를 실행합니다. 이 명령은 pubspec.yaml 파일을 자동으로 업데이트하며, GetX 라이브러리를 프로젝트에 추가합니다.

```
flutter pub add get
```

명령어 실행 후, 플러터 프로젝트를 빌드하여 변경 사항을 적용합니다. 이 과정에서 GetX 라이브러리와 관련된 종속성이 자동으로 설치됩니다.

GetX 라이브러리를 성공적으로 설치한 후에는, 상태 관리, 라우팅, 의존성 주입 등 GetX가 제공하는 다양한 기능을 활용하여 효율적이고 생산적인 플러터 애플리케이션 개발을 진행할 수 있습니다. **GetX**의 공식 문서와 **pub.dev**에 제공되는 예제들을 참조하여, 라이브러리의 사용법을 더 깊이 이해할 수 있습니다.

2.3 Readme로 해당 라이브러리 개요 확인

pub.dev에서 제공하는 다양한 플러터 라이브러리들은 사용자들이 라이브러리를 쉽게 이해하고 활용할 수 있도록 Readme 파일을 포함하고 있습니다. 이러한 Readme 파일은 해당 라이브러리의 개요, 지원하는 플러터 버전, 그리고 기본적인 사용 방법 등을 요약하여 제공합니다.

GetX 라이브러리의 경우에도 마찬가지입니다. GetX의 Readme 파일은 GetX가 제공하는 여러 기능들과 이를 어떻게 활용할 수 있는지에 대한 설명이 간략하게 나와 있어, 개발자들이 빠르게 GetX의 기능을 파악하고 자신의 프로젝트에 적용할 수 있도록 도와줍니다.

GetX를 사용하기 위한 첫 번째 단계는 Readme 파일의 'installing' 부분을 참조하는 것입니다. (https://pub.dev/packages/get#installing) GetX를 사용하려면 기존에 **MaterialApp**을 사용하는 위치를 **GetMaterialApp**으로 변경해야 합니다. 예를 들어, app.dart 파일 내에서 MyApp 클래스를 찾아 MaterialApp의 사용 부분을 GetMaterialApp으로 교체함으로써 GetX의 초기 설정을 완료할 수 있습니다.

상태 관리

플러터 애플리케이션 개발에서 기본적인 예제로 자주 등장하는 것 중 하나는, 사용자가 버튼을 누를 때마다 숫자가 증가하는 카운트 업 애플리케이션입니다. 이를 통해, 상태 관리의 개념을 살펴보겠습니다.

```
import 'package:flutter/material.dart';

class MyCounter1 extends StatefulWidget {
  const MyCounter1({super.key});

  @override
  State<MyCounter1> createState() => _MyCounterState();
}

class _MyCounterState extends State<MyCounter1> {
  int counter = 0;

  @override
  Widget build(BuildContext context) {
    return Scaffold(
      floatingActionButton: FloatingActionButton(
```

```
        onPressed: () {
          setState(() {
            counter++;
          });
        },
      ),
      body: Center(
        child: Text("카운터 : $counter"),
      ),
    );
  }
}
```

MyCounter1 위젯은 Stateful 위젯을 상속받아 구현되었습니다. 그리고 _MyCounterState 클래스 내부에 int counter라는 변수를 선언하고, 0으로 초기화해 주었습니다. 사용자가 Scaffold 내의 FloatingActionButton을 누를 때마다, 이 counter 변수의 값이 변경됩니다. 이때 setState 함수 내부에서 counter 변수의 값을 수정함으로써, 동일한 클래스의 build 메서드 내에 있는 counter를 참조하는 UI 부분이 변수의 변경에 따라 갱신되어 변경된 값을 반영하게 됩니다.

이는 간단한 구현 예제이지만, setState 함수를 사용하여 UI를 업데이트하는 방식의 가장 큰 단점은, int counter와 같은 상태 변수의 선언이 반드시 _MyCounterState 내에 존재해야 하며, 오직 같은 클래스 내의 setState 함수 내에서만 변경될 때 UI가 갱신된다는 점입니다.

```
import 'package:flutter/material.dart';
import 'package:get/get.dart';

class MyCounter2 extends StatefulWidget {
  const MyCounter2({super.key});

  @override
  State<MyCounter2> createState() => _MyCounterState();
}

class _MyCounterState extends State<MyCounter2> {
  RxInt counter = 0.obs;

  @override
  Widget build(BuildContext context) {
    return Scaffold(
      floatingActionButton: FloatingActionButton(
```

```
        onPressed: () {
          counter.value++;
        },
      ),
      body: Center(
        child: Obx(() => Text("카운터 : $counter")),
      ),
    );
  }
}
```

반면 앞의 코드는 GetX의 상태 관리 기능을 활용한 예제입니다. 이 경우, int counter 대신 RxInt 타입을 사용하여 상태를 관리합니다. RxInt는 GetX에서 제공하는 반응형 상태 관리 객체로, .obs를 통해 초기화됩니다. 이는 해당 변수의 변화를 감지하고, 자동으로 관련된 위젯을 업데이트하도록 합니다.

FloatingActionButton을 눌렀을 때의 동작을 살펴보면, 기존 예제에서는 setState를 호출하여 UI를 갱신하였지만, GetX를 사용한 이 예제에서는 counter.value++를 통해 직접적으로 값의 변화를 줍니다. 이때 별도의 setState 호출 없이도 RxInt의 변화가 자동으로 UI에 반영됩니다.

출력 부분에서의 차이점은 눈에 띄게 됩니다. 원래는 단순히 Text 위젯만 사용했지만, 이제는 변화가 필요한 위젯을 Obx 함수로 감싸서 사용합니다. Obx는 GetX에서 제공하는 반응형 프로그래밍을 위한 위젯으로, 내부의 Rx 타입 변수가 변경될 때마다 자동으로 해당 위젯을 다시 빌드하도록 만듭니다. 이를 통해 개발자는 상태 관리를 보다 선언적으로 처리할 수 있게 되며, UI의 동적인 변화를 간결하고 효율적으로 관리할 수 있습니다.

또한, RxInt로 선언한 counter 변수는 반드시 _MyCounterState 내부에만 존재해야 하는 변수가 아닙니다. GetxController를 상속받는 별도의 클래스에 선언하여 사용할 수 있으며, 이는 상태 관리의 유연성을 대폭 향상시킵니다. 즉, 필요에 따라 여러 위젯에서 사용될 공통 상태들을 하나의 컨트롤러 클래스에서 관리할 수 있습니다. 이는 애플리케이션의 상태 관리를 모듈화하고, 재사용성을 높이며, 코드의 구조를 보다 명확하게 하는 데 큰 이점을 제공합니다.

예를 들어, 여러 페이지나 컴포넌트에서 공유되는 사용자의 로그인 상태, 테마 설정, 언어 선택 등의 상태를 GetxController를 활용하여 중앙에서 관리할 수 있습니다. 이러한 방식은 애플리케이션의 다양한 부분에서 일관된 상태를 유지하고, 상태 변경에 따른 UI 업데이트를 효과적으로 관리할 수 있게 해줍니다.

```
import 'package:get/get.dart';

class CounterController extends GetxController {
  var counter = 0.obs;

  void increment() {
    counter++;
  }
}
```

앞선 코드는 GetxController를 상속받아 구현된 CounterController 클래스 예시입니다. 여기서 counter 변수는 .obs를 사용해 반응형 변수로 선언되었습니다. increment 메서드는 counter의 값을 증가시키며, 이 메서드는 UI에서 직접 호출될 수 있습니다. GetxController를 사용함으로써, 상태 로직을 UI 로직으로부터 분리할 수 있습니다.

라우트 관리

플러터에서 기본적으로 제공하는 Navigator와 NavigationRoute를 사용하여 페이지 간의 이동을 구현하는 코드는 복잡하고 길기도 합니다. 이러한 방식은 특히 복잡한 애플리케이션에서는 코드의 가독성을 떨어뜨리고, 유지 보수를 어렵게 만들 수 있습니다. 반면, GetX 라이브러리를 사용하면 Navigation, Snackbar, Dialogs, BottomSheets 등을 간단하고 직관적인 방법으로 호출할 수 있으며, 특히 라우트 관리에 있어서 큰 이점을 제공합니다.

기본적인 플러터 애플리케이션에서 페이지 이동을 위해 사용하는 코드 예시입니다.

```
Navigator.of(context).push(
  MaterialPageRoute(
    builder: (context) => NewPage(),
  ),
);
```

앞선 코드는 현재 페이지에서 NewPage라는 새로운 페이지로 이동하기 위해 사용됩니다. MaterialPageRoute를 사용하여 라우트를 생성하고, Navigator.push 메서드를 통해 페이지 이동을 수행합니다. 이 방식은 플러터에서 페이지 간의 기본적인 이동을 구현할 때 사용되지만, 코드가 길어지고 복잡해질 수 있습니다.

GetX를 사용하면 라우트 관리가 훨씬 간소화됩니다. 다음은 GetX를 사용하여 페이지 이동을 구현하는 코드 예시입니다.

```
Get.to(() => NewPage());
```

GetX의 Get.to() 메서드를 사용하면, 앞의 예시처럼 한 줄로 새로운 페이지로의 이동을 구현할 수 있습니다. 이는 기본 방식에 비해 훨씬 간결하며, 코드의 가독성을 크게 향상시킵니다. 또한, GetX는 이름을 기반으로 한 라우트 관리, 매개변수 전달, 동적 URL 등 고급 라우팅 기능도 지원하여, 애플리케이션의 네비게이션 구조를 보다 유연하고 효율적으로 관리할 수 있게 해줍니다.

이처럼 GetX를 활용하면, 플러터 애플리케이션 개발 과정에서 라우트 관리를 보다 쉽고 효과적으로 할 수 있으며, 애플리케이션의 전반적인 구조를 개선하고 코드의 유지 보수를 용이하게 할 수 있습니다.

다음의 예제들은 플러터 Navigator를 GetX로 줄였을 때의 예시입니다.

- Navigator.of(context).pop() ⇒ Get.back()
- Navigator.of(context).pushReplacement ⇒ Get.off()
- Navigator.of(context).pushReplacementNamed ⇒ Get.offNamed()
- Navigator.of(context).pushAndRemoveUntil ⇒ Get.offAll()
- Navigator.of(context).pushNamedAndRemoveUntil ⇒ Get.offAllNamed()

의존성 관리

의존성 관리는 모든 소프트웨어 프로젝트에서 중요한 부분입니다. 특히, 대규모 프로젝트나 여러 개발자가 함께 작업하는 환경에서는 코드의 유지 보수성, 확장성, 테스트 용이성을 위해 효과적인 의존성 관리가 필수적입니다. 플러터 애플리케이션 개발에서도, 컴포넌트 간의 의존성을 적절히 관리하는 것은 애플리케이션의 아키텍처를 강화하고, 코드의 재사용성을 높이며, 테스트를 용이하게 하는 데 중요한 역할을 합니다.

GetX는 플러터에서 의존성 관리를 단순화하고 효율화하는 강력한 도구를 제공합니다. GetX의 의존성 관리 기능은 다음과 같은 특징을 가집니다:

1. **간결성과 유연성**: GetX를 사용하면, 의존성을 관리하는 코드가 간결 해지며, 다양한 방식으로 의존성을 주입하고 관리할 수 있는 유연성을 제공합니다.
2. **자동 메모리 관리**: GetX는 사용하지 않는 컨트롤러와 바인딩을 자동으로 메모리에서 제거하는 스마트 관리 기능을 제공하여, 메모리 누수를 방지하고 애플리케이션의 성능을 최적화합니다.
3. **간편한 테스트**: 의존성을 명확히 관리함으로써, 테스트 코드 작성이 용이해지고, 의존성 주입을 통해 모의 객체(Mock Objects)를 쉽게 사용할 수 있어 테스트 과정을 간소화할 수 있습니다.

GetX에서 의존성을 관리하는 방법은 주로 Get.put(), Get.lazyPut(), Get.find(), 그리고 Bindings 클래스를 사용하는 방식으로 구분됩니다. 각각의 방식은 다음과 같은 용도로 사용됩니다.

- **Get.put()**: 의존성을 즉시 초기화하고, 애플리케이션 전체에서 접근할 수 있게 합니다. 이 방법은 주로 애플리케이션이 시작할 때 필요한 핵심 의존성을 등록할 때 사용됩니다.
- **Get.lazyPut()**: 의존성을 처음 사용할 때 초기화하는 '지연 로딩' 방식을 사용합니다. 이는 리소스를 효율적으로 사용하고, 시작 시간을 단축하는 데 도움이 됩니다.
- **Get.find()**: 이미 등록된 의존성을 검색하여 반환합니다. 이 방법은 컨트롤러나 다른 서비스 등을 다른 곳에서 필요로 할 때 사용됩니다.
- **Bindings**: 특정 페이지나 라우트에 의존성을 자동으로 연결하는 방법으로, 페이지가 로드될 때 필요한 의존성을 자동으로 설정하고, 페이지가 사라질 때 해당 의존성을 메모리에서 제거하는 등의 관리를 자동화합니다.

3 GetX를 이용한 상태 관리 도입

이 장에서는 GetX 라이브러리를 통해 중고 거래 SNS 애플리케이션의 상태 관리를 어떻게 향상시킬 수 있는지 알아볼 것입니다. 기존에 학습한 내용을 바탕으로, 중고 거래 목록 데이터, 라우팅, 의존성 관리 등을 GetX를 사용해 개선하는 과정을 살펴보겠습니다.

3.1 피드(매물) 목록 상태 관리 개선

FeedList 화면에서 기존에 state로 관리되던 feedList가 다른 화면에서의 수정이나 삭제 시 갱신이 어려운 문제가 있었습니다. 이러한 문제를 해결하기 위해 GetX의 GetController를 상속받는 FeedController를 생성하여 피드의 상태를 중앙에서 관리하도록 하겠습니다.

매물 목록 상태 관리를 위한 FeedController 생성

애플리케이션 내에서 매물 목록의 상태를 효율적으로 관리하기 위해, GetController 클래스를 상속받아 FeedController를 구현합니다. 이 컨트롤러는 매물 목록 상태를 애플리케이션 전반에서 중앙집중적으로 관리할 수 있도록 합니다.

feed_controller.dart 파일을 만들어 준 뒤, 이 파일 안에서 GetxController를 상속받아 FeedController 클래스를 정의합니다. 클래스 이름은 관리하는 상태와 관련이 있음을 명확하게 하기 위해, 관련된 이름 뒤에 'Controller'를 붙여 사용합니다. 이 클래스 내에서 매물 목록의 상태 관리 로직을 구현합니다.

GetxController에 피드 목록에서 사용한 feedList와 비슷하게 RxList〈Map〉 feedList라고 선언하여 만들어 두겠습니다. 이후 feedList의 상태를 바꾸어 줄 수 있는 다양한 함수들을 만들어 주면 됩니다. 아직은 통신을 배우지 않았으니, 샘플 데이터를 넣어줄 _initialData라는 함수와, 차후 상품 목록 업데이트 때 활용할 updateData 함수를 만들어 주었습니다.

GetxController는 클래스가 생성될 때 onInit 함수가 호출됩니다. 우리는 onInit 함수 안에 _initialData 함수를 호출하도록 만들어서 최초 데이터를 넣어주겠습니다.

lib/src/controllers/feed_controller.dart

```
import 'dart:math';
import 'package:get/get.dart';

class FeedController extends GetxController {
  RxList<Map> feedList = <Map>[].obs;

  @override
  void onInit() {
    super.onInit();
    _initialData();
  }

  _initialData() {
    List<Map> sample = [
      {'id': 1, 'title': '텀블러', 'content': '팝니다', 'price': 500},
      {'id': 2, 'title': '머그잔', 'content': '교환가능.', 'price': 300},
    ];
    feedList.assignAll(sample);
  }

  void addData() {
    final random = Random();
    final newItem = {
      'id': random.nextInt(100),
      'title': '제목 ${random.nextInt(100)}',
      'content': '설명 ${random.nextInt(100)}',
      'price': 500 + random.nextInt(49500),
```

```
    };

    feedList.add(newItem); // feedList에 새 항목 추가
  }

  void updateData(Map newData) {
    final id = newData['id'];
    final index = feedList.indexWhere((item) => item['id'] == id);
    if (index != -1) {
      feedList[index] = newData;
    }
  }
}
```

상태 관리를 위한 Controller를 생성해 주었고, 전역으로 관리할 상태인 feedList와 그 feedList의 값을 변경해 줄 수 있는 _initialData와 updateData 그리고 addData를 생성하였습니다. 이제 적절한 화면에서 해당 변수와 함수들을 사용하여 보겠습니다.

필요한 화면에서 Controller 클래스 의존성 주입

이제 GetX를 활용하여 FeedIndex 화면에서 피드 목록의 상태 관리를 개선하는 방법을 살펴보겠습니다. 기존에는 _FeedIndexState 클래스 내에 직접 피드 목록 데이터를 정의하고 사용했지만, 이제는 GetX를 통해 생성한 FeedController에서 관리하는 feedList를 사용하도록 변경해야 합니다. 이를 통해 애플리케이션의 상태 관리가 더욱 일관되고 효율적으로 이루어질 수 있습니다.

다음은 수정된 코드 예시입니다. FeedController의 인스턴스를 Get.find()를 통해 찾아 사용함으로써, FeedController 내의 feedList에 접근하여 화면을 구성합니다. 또한, 새 항목을 추가할 때는 FeedController의 메서드를 호출하여 feedList를 업데이트합니다.

lib/src/screens/feed/index.dart

```
import 'package:flutter/material.dart';
import 'package:get/get.dart';

import '../../controllers/feed_controller.dart';
import '../../widgets/buttons/category_button.dart';
import '../../widgets/listitems/feed_list_item.dart';

class FeedIndex extends StatefulWidget {
```

```
  const FeedIndex({super.key})

  @override
  State<FeedIndex> createState() => _FeedIndexState();
}

class _FeedIndexState extends State<FeedIndex> {
  final FeedController feedController = Get.put(FeedController());

  @override
  Widget build(BuildContext context) {
    return Scaffold(
      floatingActionButton: FloatingActionButton(
        onPressed: feedController.addData,
        child: const Icon(Icons.add),
      ),
      appBar: AppBar(
        centerTitle: false,
        title: const Text('내 동네'),
        actions: [ /* 생략 .. action 버튼들 */ ],
      ),
      body: Column(
        children: [ /* 생략 .. 카테고리버튼들 */ ],
            ),
          ),
          Expanded(
            child: Obx(
              () => ListView.builder(
                itemCount: feedController.feedList.length,
                itemBuilder: (context, index) {
                  final item = feedController.feedList[index];
                  return FeedListItem(item);
                },
              ),
            ),
          )
        ],
      ),
    );
  }
}
```

이 코드에서는 **16**번째 줄 Get.put()을 사용하여 FeedController 인스턴스를 생성하여 접근합니다. **22**번째 줄에서 floatingActionButton의 onPressed 이벤트에서는 FeedController에 있는 함수를 직접 참조합니다. **35**번째 줄에서는 Obx 위젯을 사용하여 FeedController의 feedList가 변경될 때마다 관련 위젯이 자동으로 업데이트되도록 합니다. 이렇게 함으로써, 애플리케이션의 상태 관리를 더욱 효율적으로 할 수 있게 됩니다.

3.2 피드(매물) 수정 페이지 상태 관리 개선

FeedListItem 위젯의 Route 호출 변경

FeedListItem 위젯에서 onTap 필드의 구현을 MaterialPageRoute를 이용해 아래와 같이 구현하였습니다. 이제 GetX에서 제공하는 Router를 사용해 훨씬 간단하게 수정할 수 있습니다.

lib/src/widgets/listitems/feed_list_item.dart

```
onTap: () {
  /*
  Navigator.push(
    context,
    MaterialPageRoute(builder: (context) => FeedEdit(item: data)),
  );
  */
  Get.to(() => FeedEdit(item: data));
},
```

피드 수정 페이지에서의 데이터 관리 방식도 GetX를 도입함으로써 개선됩니다. 기존에는 FeedEdit 화면에서 파라미터로 넘어온 Map 데이터를 직접 수정하는 방식이었지만, 이는 FeedIndex에 있는 데이터와 동기화되지 않는 문제가 있었습니다. 하지만, FeedController를 통해 FeedIndex와 FeedEdit에서 공통으로 상태를 관리함으로써, FeedController의 updateData 함수를 호출하여 이 문제를 간단히 해결할 수 있게 되었습니다

FeedEdit 화면 변경

피드 수정 페이지에서 사용자가 입력한 데이터를 FeedController를 통해 업데이트하는 로직을 _submit 함수로 구현하려고 합니다. 이 함수는 사용자가 수정한 피드의 제목과 가격을 처리하여 FeedController의 updateData 함수를 호출하고, 이를 통해 전역 상태를 업데이트합니다. 수정이 완료되면 사용자를 이전 화면으로 돌려보냅니다.

```
lib/src/screens/feed/edit.dart
```

```
class FeedEdit extends StatelessWidget {
  final Map<String, dynamic> item;

  FeedEdit({Key? key, required this.item}) : super(key: key);

  // FeedController 인스턴스를 가져옵니다.
  final FeedController feedController = Get.find<FeedController>();

  void _submit() {
    // 로컬 상태 대신 FeedController를 사용하여 상태 업데이트.
    final updatedItem = {
      ...widget.item,
      'title': titleController!.text,
      'price': int.tryParse(priceController!.text) ?? widget.item['price'],
    };

    // FeedController의 updateData를 호출하여 전역 상태를 업데이트.
    feedController.updateData(updatedItem);

    // 데이터 업데이트 후 이전 화면으로 돌아갑니다.
    Get.back();
  }


  @override
  Widget build(BuildContext context) {
    // UI 구성 및 수정 로직 구현
  }
}
```

완성입니다. 이제 피드 목록 화면에서 피드를 하나 선택해 줍니다. 피드 수정페이지가 나오면 제목 또는 가격을 수정하여 '수정하기' 버튼을 누르면 현재의 피드 수정 화면이 종료되고, 피드 목록에서는 정상적으로 수정한 데이터가 반영되는 것을 볼 수 있습니다.

그림 4-8 상태 관리를 통해 데이터를 성공적으로 바꾸는 모습

5장

SNS 프로젝트 : 기본 구조 및 UI 설계

지금까지 우리는 주요 위젯 사용법, 레이아웃 구성, 화면 전환, 그리고 상태 관리에 대해 학습해 왔습니다. 이 과정에서 여러분은 제공된 지침에 따라 디렉터리를 생성하고, 필요한 파일들을 만들어 사용했습니다.

하지만 그 배경에 있는 이유나 체계를 완전히 이해하지 못했을 수도 있습니다. 따라서, 이번 장에서는 여러분이 지금까지 만들어 온 파일들과 그 구조에 대해 이해할 수 있도록, 프로젝트의 아키텍처 설계와 폴더 구조 계획을 자세히 다루고자 합니다.

더 나아가, 간단한 애니메이션과 UI 구성을 통해 이러한 구조를 실제로 어떻게 적용할 수 있는지 보여주면서, 여러분이 플러터 애플리케이션 개발의 전반적인 구조를 명확히 이해할 수 있도록 할 예정입니다. 이를 통해, 앞으로 여러분이 직접 프로젝트를 설계하고 구현할 때 견고한 기반 위에 더 창의적이고 효율적인 애플리케이션을 만들 수 있게 될 것입니다.

프로젝트 아키텍처와 폴더 구조 계획

아키텍처를 적용하는 것은 단순히 코드를 조직화하는 것 이상의 의미를 가집니다. 효과적인 아키텍처 설계는 프로젝트의 유지 관리, 확장성, 그리고 팀 작업의 효율성을 대폭 향상시킬 수 있습니다. 특히, 복잡한 시스템을 구축할 때, 각 부분이 어떻게 상호작용을 하는지 명확히 이해하고 있어야만 시스템 전체의 안정성과 성능을 보장할 수 있습니다.

- **유지 보수성**: 아키텍처를 적절히 설계하면, 애플리케이션의 개별 부분을 이해, 테스트, 수정하는 것이 더 쉬워집니다. 이는 장기적으로 코드의 유지 관리 비용을 줄여줍니다.
- **확장성**: 비즈니스 요구 사항의 변화에 따라 애플리케이션을 쉽게 확장할 수 있습니다. 아키텍처 설계를 통해 시스템의 어느 부분을 변경해야 하는지, 그리고 이 변경이 다른 부분에 어떤 영향을 미칠지 예측할 수 있습니다.
- **협업**: 대규모 프로젝트에서 여러 개발자가 동시에 작업하는 경우, 일관된 아키텍처는 협업을 쉽게 만들어 줍니다. 각 팀원이 시스템의 구조를 이해하고 자신의 작업이 전체에 어떻게 통합되는지 파악할 수 있습니다.

이러한 이유로, SNS 프로젝트와 같은 복잡한 애플리케이션을 개발할 때 적절한 아키텍처를 선택하고, 체계적인 폴더 구조를 계획하는 것이 매우 중요합니다. 이제 다양한 아키텍처 패턴과 그 적용 방법에 대해 더 자세히 살펴보겠습니다.

1.1 MVC, MVVM, BLoC

플러터 애플리케이션 개발에서는 MVC(Model–View–Controller), MVVM(Model–View–ViewModel), BLoC(Business Logic Component)와 같은 다양한 아키텍처 패턴을 적용할 수 있습니다. 각 패턴은 특정 문제를 해결하기 위해 설계되었으며, 프로젝트의 요구 사항과 팀의 선호도에 따라 가장 적합한 패턴을 선택할 수 있습니다.

MVC(Model–View–Controller)

플러터 애플리케이션 개발에서 MVC 패턴은 애플리케이션을 모델(Model), 뷰(View), 컨트롤러(Controller)의 세 부분으로 구분합니다. 모델은 데이터와 비즈니스 로직을 담당하고, 뷰는 사용자 인터페이스를 구성하며, 컨트롤러는 사용자의 입력과 모델 업데이트를 처리합니다. MVC는 구조가 단순하고 이해하기 쉽지만, 애플리케이션 규모가 커질수록 뷰와 모델 사이의 결합도가 높아질 수 있는 단점이 있습니다.

```
// Model
class CounterModel {
  int _count = 0;
  int get count => _count;

  void increment() {
    _count++;
  }
}

// Controller
class CounterController {
  final CounterModel model = CounterModel();

  void increment() {
    model.increment();
  }

  int getCount() {
    return model.count;
  }
}

// View
class CounterView extends StatelessWidget {
  final CounterController controller = CounterController();

  @override
  Widget build(BuildContext context) {
    return ElevatedButton(
      onPressed: () {
        controller.increment();
        print(controller.getCount());
      },
      child: Text('Increment'),
    );
  }
}
```

- **Model(CounterModel)**: 이 모델 클래스는 애플리케이션의 데이터를 표현합니다. 여기서는 간단한 카운터 애플리케이션의 카운트 값을 저장하고 관리합니다. _count는 카운트 값을 저장하는 내부 변수이며, increment() 메서드를 통해 카운트 값을 증가시키는 로직을 포함합니다.
- **Controller(CounterController)**: 컨트롤러는 뷰의 요청을 처리하고 모델을 업데이트합니다. increment() 메서드에서는 모델의 increment() 메서드를 호출하여 카운트 값을 증가시키며, getCount() 메서드를 통해 현재 카운트 값을 조회할 수 있습니다.
- **View(CounterView)**: 뷰는 사용자 인터페이스를 담당합니다. 이 예제에서는 ElevatedButton 위젯을 사용하여 화면에 버튼을 표시하고 있습니다. 사용자가 버튼을 클릭하면 컨트롤러의 increment() 메서드를 호출하여 카운트 값을 증가시키고, 증가된 카운트 값을 콘솔에 출력합니다.

MVVM(Model-View-ViewModel)

MVVM 패턴은 모델(Model), 뷰(View), 뷰 모델(ViewModel)로 구성됩니다. ViewModel은 뷰의 상태와 행위를 추상화하여, 뷰와 모델 사이의 의존성을 줄이며, 데이터 바인딩을 통해 뷰와 뷰 모델 간의 동기화를 자동화합니다. MVVM은 테스트와 유지 보수가 용이한 장점이 있지만, 구현 복잡성이 증가할 수 있습니다.

```
// Model
class CounterModel {
  int _count = 0;
  int get count => _count;

  void increment() {
    _count++;
  }
}

// ViewModel
class CounterViewModel {
  final CounterModel _model = CounterModel();
  ValueNotifier<int> countNotifier = ValueNotifier(0);

  void increment() {
    _model.increment();
    countNotifier.value = _model.count;
  }
}

// View
class CounterView extends StatelessWidget {
```

```
class CounterView extends StatelessWidget {
  final CounterViewModel viewModel = CounterViewModel();

  @override
  Widget build(BuildContext context) {
    return ValueListenableBuilder(
      valueListenable: viewModel.countNotifier,
      builder: (context, int count, _) {
        return ElevatedButton(
          onPressed: () => viewModel.increment(),
          child: Text('Increment ($count)'),
        );
      },
    );
  }
}
```

- **Model(CounterModel)**: 모델은 애플리케이션의 데이터와 비즈니스 로직을 담당합니다. 이 예제에서의 CounterModel은 단순한 카운터 애플리케이션의 로직을 구현하며, _count 변수를 통해 현재 카운트 값을 저장하고, increment() 메서드로 카운트를 증가시킵니다.
- **ViewModel(CounterViewModel)**: 뷰 모델은 뷰를 위한 데이터와 명령을 준비하며, 모델과 뷰 사이의 의존성을 줄입니다. CounterViewModel은 내부에서 CounterModel을 사용하여 데이터를 관리하고, countNotifier를 통해 뷰에 변경 사항을 알립니다. increment() 메서드가 호출되면 모델의 카운트를 증가시키고, countNotifier의 값을 업데이트하여 뷰에 반영합니다.
- **View(CounterView)**: CounterView는 CounterViewModel을 사용하여 화면에 카운트 값을 표시하고, 사용자의 입력에 반응합니다. ValueListenableBuilder를 사용하여 viewModel.countNotifier의 변경을 감지하고, 카운트 값이 변경될 때마다 UI를 자동으로 업데이트합니다.

BLoC(Business Logic Component)

BLoC 패턴은 이벤트 스트림을 사용하여 애플리케이션의 상태를 관리합니다. 각 BLoC은 특정 기능이나 화면과 관련된 비즈니스 로직을 캡슐화하며, 애플리케이션의 다양한 부분을 독립적으로 관리할 수 있어 대규모 애플리케이션 개발에 적합합니다. 하지만 스트림 관리와 상태 관리의 복잡도가 높아질 수 있습니다.

```
// BLoC
class CounterBloc {
  int _count = 0;
  final _countController = StreamController<int>();

  Stream<int> get countStream => _countController.stream;

  void increment() {
    _count++;
    _countController.sink.add(_count);
  }

  void dispose() {
    _countController.close();
  }
}

// View
class CounterView extends StatelessWidget {
  final CounterBloc bloc = CounterBloc();

  @override
  Widget build(BuildContext context) {
    return StreamBuilder<int>(
      stream: bloc.countStream,
      builder: (context, snapshot) {
        final count = snapshot.data ?? 0;
        return ElevatedButton(
          onPressed: () => bloc.increment(),
          child: Text('Increment ($count)'),
        );
      },
    );
  }
}
```

- **BLoC(CounterBloc)**: CounterBloc은 카운터 애플리케이션의 비즈니스 로직을 캡슐화합니다. 내부적으로 _count 변수를 통해 현재 카운트 값을 관리하고, _countController는 이 값을 스트림을 통해 외부에 전달합니다. increment() 메서드는 카운트 값을 증가시키고, 이 변경 사항은 스트림을 통해 전파합니다. dispose() 메서드는 BLoC이 더 이상 사용되지 않을 때 리소스를 정리하기 위해 호출됩니다.

- **View(CounterView)**: CounterView는 사용자 인터페이스를 담당합니다. StreamBuilder 위젯을 사용하여 CounterBloc에서 제공하는 countStream을 구독하고, 스트림에서 전달받은 최신 카운트 값을 화면에 표시합니다. 사용자가 버튼을 클릭하면, CounterBloc의 increment() 메서드를 호출하여 카운트 값을 증가시키고, 이 변경 사항이 자동으로 화면에 반영됩니다.

아키텍처 패턴의 결정

이 책에서는 MVC(Model–View–Controller) 아키텍처 패턴을 기반으로 프로젝트 설계 방법을 설명하려 합니다. MVC 패턴은 그 구조가 비교적 단순하며, 개발자들이 쉽게 이해하고 적용할 수 있는 장점을 가지고 있습니다. 이 패턴에서는 애플리케이션을 모델(Model), 뷰(View), 그리고 컨트롤러(Controller) 세 부분으로 나누어, 각각의 역할을 명확히 구분합니다.
모델은 애플리케이션의 데이터와 비즈니스 로직을 담당하며, 뷰는 이 모델을 기반으로 사용자 인터페이스를 구성하고, 컨트롤러는 사용자의 입력을 처리하고 모델을 업데이트합니다. 이렇게 각 부분의 역할이 명확히 분리되어 있기 때문에, 코드의 재사용성과 유지 보수성이 향상됩니다.

하지만 MVC 패턴이 가진 한계도 분명합니다. 애플리케이션의 규모가 커질수록, 뷰와 모델 사이의 결합도가 높아지며, 이로 인해 코드가 복잡해질 수 있습니다. 이러한 문제를 해결하기 위해 다른 아키텍처 패턴들이 제안되고 있지만, 어떤 패턴이 최선이라고 단정 지을 수는 없습니다. 아키텍처 패턴의 선택은 프로젝트의 규모, 개발팀의 선호도, 그리고 프로젝트의 특정 요구 사항 등 여러 요소를 고려해야 합니다.

플러터를 소개하는 입장에서, 여러분에게 가장 쉽게 설명할 수 있는 디자인 패턴은 MVC라고 생각됩니다. 따라서, 본서에서는 MVC 패턴을 기반으로 프로젝트를 구성하는 방법을 중점적으로 다루며, 이를 통해 플러터 애플리케이션 개발의 전반적인 구조와 개념을 이해하는 데 도움을 주고자 합니다. MVC를 통해 기본적인 아키텍처 설계 방법을 습득하게 되면, 더 복잡한 패턴을 탐색하고 적용하는 데도 큰 도움이 될 것입니다.

1.2 프로젝트 구조 및 설정파일

이전 장들을 따라오시면서, 아마도 왜 이러한 구조로 폴더와 파일을 만들어야 하는지 구체적인 이유도 모르는 채로 따라 하셨을 겁니다. 이번 장에서는 그동안 여러분이 생성해 왔던 파일들과 폴더 구조의 의미와 중요성을 깊이 이해할 수 있도록 안내하겠습니다. 이를 통해, 단순히 따라 하는 것을 넘어서 왜 이러한 구조가 필요한지, 그리고 어떻게 하면 효과적으로 프로젝트 아키텍처를 설계할 수 있는지를 말씀드리겠습니다.

```
carrot_flutter
└ lib/
   └ src/
      ├ controllers/    // MVC의 컨트롤러
      ├ models/         // 데이터 모델
      ├ providers/      // 네트워크 통신, 데이터베이스 접근 등의 서비스
      ├ screens/        // UI 페이지
      ├ shared/         // 프로젝트 전역에서 사용되는 공통 요소 (상수 등)
      └ widgets/        // 재사용 가능한 UI 위젯
     app.dart           // 애플리케이션의 메인 화면 및 네비게이션 구조 정의
   main.dart            // 프로그램의 시작점, runApp 함수 호출
```

- **controllers/**: MVC 아키텍처의 컨트롤러가 위치하는 폴더입니다. 사용자의 입력을 받아 모델을 업데이트하고, 뷰를 새로 고침 하는 로직을 담당합니다. 이 폴더에는 애플리케이션의 비즈니스 로직을 구현한 클래스 파일들이 포함됩니다.
- **models/**: 데이터 모델을 정의하는 클래스들이 위치하는 폴더입니다. 이 모델들은 애플리케이션에서 사용되는 데이터의 구조와 관련 로직을 캡슐화합니다. 예를 들어, 사용자 정보, 게시글 데이터 등을 다루는 클래스들이 여기에 포함됩니다.
- **providers/**: 네트워크 통신, 데이터베이스 접근 등의 서비스를 제공하는 클래스들이 있는 폴더입니다. 이 클래스들은 애플리케이션의 데이터 소스로 작용하며, 외부 API 호출이나 로컬 데이터베이스의 CRUD 연산 등을 담당합니다.
- **screens/**: 애플리케이션의 각 화면(UI 페이지)을 구현한 파일들이 모여 있는 폴더입니다. 로그인 화면, 메인 화면, 프로필 화면 등 사용자에게 보이는 각각의 뷰가 이곳에 포함됩니다.
- **shared/**: 프로젝트 전역에서 사용되는 공통 요소를 담는 폴더입니다. 예를 들어, 애플리케이션 전체에서 사용되는 상수, 유틸리티 함수, 테마 설정 등을 여기에 정의할 수 있습니다.
- **widgets/**: 재사용 할 수 있는 UI 위젯을 정의하는 파일들이 있는 폴더입니다. 버튼, 카드, 리스트 아이템 등 공통으로 사용되는 UI 컴포넌트들을 개별 파일로 분리하여 관리합니다.
- **app.dart**: 애플리케이션의 메인 화면 및 네비게이션 구조를 정의하는 파일입니다. 애플리케이션의 루트 위젯과 주요 네비게이션 로직이 여기에 구현됩니다.
- **main.dart**: 프로그램의 시작점을 정의하는 파일로, runApp 함수를 호출하여 애플리케이션을 시작합니다. 이 파일은 보통 lib 폴더 바로 아래 위치합니다.

프로젝트 설정 및 의존성 관리

프로젝트의 설정과 의존성 관리는 **pubspec.yaml** 파일을 통해 진행됩니다. 이 파일에서는 프로젝트의 이름, 의존성, 사용할 에셋, 커스텀 폰트 등 프로젝트를 구성하는 중요한 정보들을 정의합니다.

pubspec.yaml

```yaml
name: carrot_flutter
description: "Carrot nearby Market"
version: 1.0.0+1

environment:
  sdk: '>=3.3.0-279.0.dev <4.0.0'

dependencies:
  flutter:
    sdk: flutter
  cupertino_icons: ^1.0.6
  get: ^4.6.6

dev_dependencies:
  flutter_test:
    sdk: flutter
  flutter_lints: ^3.0.0

flutter:
  uses-material-design: true

assets:
    - asset/images/

fonts:
    - family: Noto Sans
      fonts:
        - asset: fonts/Noto_Sans/NotoSans-Medium.ttf
          weight: 500
        - asset: fonts/Noto_Sans/NotoSans-Bold.ttf
          weight: 700
```

- **name**: 프로젝트의 이름을 지정합니다. 이는 애플리케이션 배포 시 고유한 식별자로 사용되며, 패키지 관리에도 중요한 역할을 합니다. 다만 안드로이드 나 아이폰 앱과 같은 모바일 애플리케이션을 배포할 때는 별도의 애플리케이션 이름을 설정하는 방법이 있습니다.
- **description**: 프로젝트에 대한 간단한 설명을 제공합니다. 이 설명은 pub.dev와 같은 패키지 저장소 등에서 프로젝트를 소개할 때 사용됩니다.
- **version**: 애플리케이션의 현재 버전을 명시합니다. 버전 번호는 일반적으로 'major.minor.patch+build' 형식을 따릅니다. 여기서 major 버전은 큰 변화나 호환되지 않는 변경 사항을 도입할 때 증가시키며,

minor 버전은 새로운 기능이 추가되거나 중요하지 않은 변경이 이루어질 때 증가시킵니다. patch 버전은 버그 수정과 같은 작은 변경에 대해 증가시키며, build 번호는 빌드와 관련된 번호로, 주로 빌드 프로세스나 빌드 버전 관리에 사용됩니다.

- **environment**: 프로젝트가 요구하는 Dart SDK의 버전 범위를 지정합니다. 이는 프로젝트의 호환성을 보장하는 데 도움을 줍니다.
- **dependencies**: 프로젝트가 의존하는 외부 패키지들을 나열합니다. 여기에는 플러터 SDK와 함께 사용할 외부 라이브러리들이 포함됩니다. 예를 들어, get 과 같은 패키지를 추가할 수 있습니다.
- **dev_dependencies**: 개발 과정에서만 필요한 패키지들을 명시합니다. 예를 들어, flutter_test는 테스트 코드 작성 시 필요하며, flutter_lints는 코드 품질을 개선하기 위한 텍스트 규칙을 제공합니다.
- **flutter**: 플러터 관련 설정을 지정합니다. uses-material-design: true는 Material Design 아이콘을 사용하겠다는 것을 의미합니다.
- **assets**: 애플리케이션에서 사용할 에셋 파일들의 위치를 지정합니다. 여기서는 asset/images/ 폴더 내의 이미지들을 사용하도록 설정하고 있습니다.
- **fonts**: 애플리케이션에서 사용할 커스텀 폰트를 정의합니다. 여기서는 Noto Sans 폰트를 다양한 굵기로 설정하여, 애플리케이션의 텍스트 스타일링에 사용될 수 있도록 합니다.

2 Wireframe 및 Mockup 설계

애플리케이션 개발의 초기 단계에서, Wireframe과 Mockup은 아이디어를 구체화하고 디자인 방향성을 설정하는 데 필수적인 요소입니다. 이들은 사용자 경험(UX) 디자인의 토대를 마련하며, 프로젝트팀 내외부의 커뮤니케이션을 원활하게 하는 역할을 합니다. Wireframe은 애플리케이션의 구조적인 틀을 제시하는 반면, Mockup은 보다 세부적인 디자인 요소를 포함하여 시각적인 디테일을 더합니다.

본 장에서는 홍당무마켓 애플리케이션 개발을 목표로 하면서 Wireframe과 Mockup을 사용해 프로젝트의 구조를 설계하고, 디자인 요소를 효율적으로 생성하여 재사용할 수 있게 하는 방법을 소개하려 합니다.

2.1 Wireframe

Wireframe 작성은 디자인 프로세스의 초기 단계에서 매우 중요합니다. 이는 애플리케이션의 기본 레이아웃과 기능을 정의하며, 프로젝트의 명확한 비전을 제시합니다. Wireframe은 복잡한 디자인 요소 없이 프로젝트의 구조를 간략하게 표현함으로써 초기 단계에서 디자인에 대한 피드백을 수집할 수 있습니다.

중요성 및 도구

Wireframe은 디자인의 초안을 작성할 때 사용되는 간단하면서도 강력한 도구입니다. 이를 통해 개발자와 디자이너는 애플리케이션의 구조를 빠르게 스케치하고, 사용자 경험(UX)의 기본 틀을 마련할 수 있습니다. Adobe XD, Sketch, 피그마(Figma) 같은 도구들은 Wireframe과 Mockup 작성을 위해 널리 사용되며, 각각의 도구는 팀원 간의 협업과 공유를 지원하는 기능을 제공합니다.

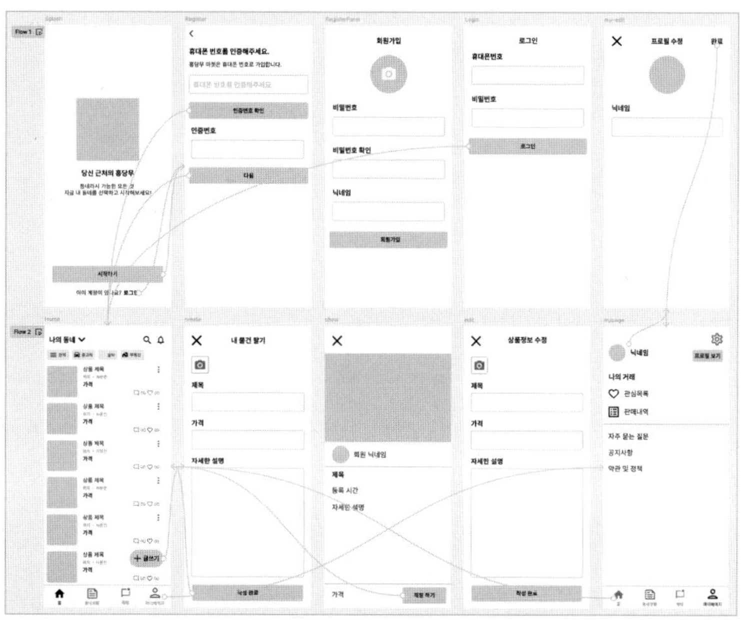

그림 5-1 홍당무마켓 Wireframe 예제

Mockup 생성 과정

Mockup 단계는 Wireframe을 바탕으로 실제 애플리케이션의 모습에 가까운 디자인을 세부적으로 구현하는 과정입니다. 이 단계에서는 색상, 폰트, 아이콘 등의 디자인 요소를 결정하며, 사용자 경험을 결정하는 중요한 과정입니다. 디자인 및 사용자 경험을 결정하는 과정에서는 타겟 사용자의 행동과 선호도를 깊이 이해하고 반영해야 합니다.

그림 5-2 홍당무마켓의 FeedIndex Mockup 예제

2.2 디자인 시스템 및 컴포넌트 라이브러리

디자인 시스템과 컴포넌트 라이브러리는 프로젝트의 디자인과 개발이 일관되고 체계적으로 관리하기 위한 도구입니다. 이들은 디자인의 재사용성을 높이고, 프로젝트팀 내에서 디자인 언어를 공유하는 데 중요한 역할을 합니다.

디자인 시스템

디자인 시스템은 프로젝트의 디자인 가이드라인, 패턴, 컴포넌트 등을 포함한 포괄적인 디자인 리소스입니다. 이는 디자인의 일관성을 유지하고, 디자인과 개발 과정에서의 효율성을 극대화하는 데 도움을 줍니다. 프로젝트가 성장함에 따라, 디자인 시스템의 중요성은 더욱 커지며, 이를 통해 디자인의 수정과 업데이트가 용이해집니다.
플러터에서 MaterialApp의 theme 속성을 활용하면, 애플리케이션에 일관된 디자인 시스템을 적용할 수 있습니다. 이를 통해 색상, 타이포그래피, 버튼 스타일 등 애플리케이션의 디자인 요소를 중앙집중식으로 관리함으로써, 디자인의 일관성을 확보하고 효율적인 디자인 관리를 실현할 수 있습니다.

다음의 코드 예제는 ThemeData를 사용하여 애플리케이션의 주요 색상과 타이포그래피, 버튼 테마, 하단 네비게이션 바 스타일 등을 정의하는 방법을 보여줍니다. 이를 통해 애플리케이션 전반에 걸쳐 일관된 디자인 언어를 구현할 수 있으며, 필요에 따라 쉽게 디자인 요소를 조정하거나 업데이트할 수 있습니다.

lib/src/app.dart

```
01 MaterialApp(
02   theme: ThemeData(
03     primaryColor: const Color(0xFFFF6f0f),
04     bottomNavigationBarTheme: const BottomNavigationBarThemeData(
05       selectedItemColor: Colors.black,
06       unselectedItemColor: Colors.grey,
07       showUnselectedLabels: true,
08     ),
09     buttonTheme: const ButtonThemeData(
10       buttonColor: Color(0xFFFF6f0f),
11     ),
12     textTheme: const TextTheme(
13       displayLarge: TextStyle(fontSize: 18, fontFamily: 'Noto Sans'),
14       bodyMedium: TextStyle(fontSize: 14, fontFamily: 'Noto Sans'),
15     ),
16   ),
17   initialRoute: '/',
18 );
```

03번째 줄의 **primaryColor**는 애플리케이션 전반에 걸쳐 사용될 주요 색상을 정의합니다. 이 색상은 버튼, 애플리케이션 바 등 다양한 요소에 적용됩니다. 이는 Color 클래스를 사용하여 RGB 코드로 색상을 정의할 수 있습니다. 예를 들어, Color(0xFFRRGGBB) 형식으로 표현됩니다. **04**번째 줄의 **bottomNavigationBarTheme**는 하단 네비게이션 바의 디자인을 지정합니다. 여기에는 선택된 아이템과 선택되지 않은 아이템의 색상, 라벨 표시 여부 등이 포함됩니다. **09**번째 줄의 **buttonTheme**는 버튼에 적용될 기본 스타일을 정의합니다. 이를 통해 애플리케이션 내 모든 버튼에 일관된 디자인을 적용할 수 있습니다. **12**번째 줄의 **textTheme**는 애플리케이션에서 사용될 다양한 텍스트 스타일을 정의합니다. 이는 제목, 본문 텍스트 등 다양한 용도로 사용될 수 있는 글꼴 크기, 가중치, 가족 등을 포함합니다.

이 예제 코드를 통해, 플러터에서 ThemeData를 활용하여 애플리케이션의 디자인 시스템을 구축하는 방법을 확인할 수 있습니다. theme 속성을 사용하면 애플리케이션 전반에 걸쳐 일관된 디자인 언어를 적용하고, 필요에 따라 손쉽게 디자인 요소를 조정하거나 업데이트할 수 있습니다.

컴포넌트 라이브러리

컴포넌트 라이브러리는 재사용할 수 있는 UI 요소들의 집합으로, 개발 과정에서 시간과 노력을 절약할 수 있도록 돕습니다. 플러터에서는 Material Design 컴포넌트를 기본적으로 제공하며, 개발자는 이를 활용하여 일관된 디자인 언어로 애플리케이션을 구축할 수 있습니다. 또한, 커스텀 컴포넌트를 개발하여 라이브러리에 추가함으로써 애플리케이션의 독특한 요소를 만들어낼 수 있습니다.

이러한 접근 방식의 이점을 보여주는 예로, CategoryButton 컴포넌트를 들 수 있습니다. 이 컴포넌트는 특정 카테고리를 나타내는 버튼으로, 아이콘과 선택적으로 제목을 표시할 수 있습니다.

lib/src/widgets/buttons/category_button.dart

```
import 'package:flutter/material.dart';

class CategoryButton extends StatelessWidget {
  final VoidCallback? onTap;
  final IconData icon;
  final String? title;

  const CategoryButton({
    required this.onTap,
    required this.icon,
    this.title,
    super.key,
  });

  @override
  Widget build(BuildContext context) {
    return InkWell(
      onTap: onTap,
      child: Container(
        padding: const EdgeInsets.all(10),
        decoration: BoxDecoration(
          color: Colors.grey[100],
          borderRadius: BorderRadius.circular(10),
        ),
        child: Row(
          children: [
            Padding(
              padding: const EdgeInsets.symmetric(vertical: 2),
              child: Icon(icon, size: 16, color: Colors.grey[600]),
            ),
            if (title != null) const SizedBox(width: 8),
            if (title != null)
              Text(
                title!,
```

```
                    style: TextStyle(fontSize: 14, color: Colors.grey[600]),
                ),
            ],
          ),
        ),
      );
    }
}
```

- **재사용 가능**: 이 컴포넌트는 다양한 상황에서 재사용할 수 있도록 설계되었습니다. 제목이 있는 경우와 없는 경우 모두를 고려하여, 유연성을 제공합니다.
- **사용자 정의 가능**: 아이콘과 제목은 외부에서 전달받아, 다양한 사용 사례에 맞게 컴포넌트를 사용자 정의할 수 있습니다.
- **디자인 일관성**: Colors.grey[100]와 BorderRadius.circular(10)을 사용하여, 애플리케이션 내 다른 UI 요소와의 디자인 일관성을 유지합니다.

이 컴포넌트는 간단하면서도 유용한 예시로, 제목이 주어지지 않았을 때는 아이콘만을 표시하는 버튼으로 기능하며, 제목이 있으면 아이콘과 함께 제목을 표시합니다. 이처럼 컴포넌트 라이브러리를 통해 재사용성이 높은 UI 요소를 사전에 정의해 두면, 개발 시간을 단축시키고, 프로젝트 전반에 걸쳐 일관된 디자인과 사용자 경험을 보장할 수 있습니다.

프로젝트 초기 단계에서 Wireframe과 Mockup에 주의 깊게 접근함으로써, CategoryButton과 같은 재사용 가능한 컴포넌트를 개발하는 것이 가능해집니다. 이러한 방식은 개발 프로세스를 통한 생산성 향상뿐만 아니라, 코드 유지 관리의 용이성에도 크게 기여하며, 디자인의 일관성을 유지하는 데 핵심적인 역할을 합니다.

3 UX 개선을 위한 애니메이션 및 트랜지션 추가

이번 섹션에서는 사용자 경험(UX, User Experience)을 개선하기 위한 애니메이션 및 트랜지션의 추가에 초점을 맞춥니다. 애니메이션과 트랜지션은 애플리케이션의 시각적 매력을 증가시킬 뿐만 아니라, 사용자의 상호작용을 더 직관적이고 만족스럽게 만드는 데 중요한 역할을 합니다. 이를 통해 사용자의 애플리케이션에 대한 전반적인 만족도와 참여도를 향상시킬 수 있습니다.

3.1 애니메이션과 트랜지션의 기본 원리

이번 챕터에서는 플러터를 사용하여 애니메이션을 구현하는 기본 원리와 방법에 대해 다룹니다. 플러터에서 애니메이션을 구현하는 과정은 사용자 인터페이스에 생동감을 부여하고, 애플리케이션의 상호작용을 더욱 풍부하게 만드는 핵심 요소입니다.

애니메이션 사용

플러터의 애니메이션 시스템은 Animation 객체를 통해 값을 시간에 따라 변화시키는 기능을 제공합니다. 이 과정에서 AnimationController는 애니메이션의 진행 상태를 관리하며, Tween과 Curve는 애니메이션의 중간값과 속도를 조절합니다.

예를 들어, 단순한 페이드인 애니메이션을 구현할 때, AnimationController를 사용하여 애니메이션의 지속 시간을 설정하고, Tween을 사용하여 시작과 끝 상태를 정의합니다. 그 후, FadeTransition 위젯을 사용하여 실제 애니메이션 효과를 위젯에 적용합니다.

```dart
import 'package:flutter/material.dart';

class FadeIn extends StatefulWidget {
  const FadeIn({super.key});

  @override
  State<FadeIn> createState() => _FadeInState();
}

class _FadeInState extends State<FadeIn>
    with SingleTickerProviderStateMixin {
  late AnimationController controller;
  late Animation<double> animation;

  @override
  void initState() {
    super.initState();
    controller = AnimationController(
      duration: const Duration(seconds: 2),
      vsync: this,
    );
    animation = Tween(begin: 0.0, end: 1.0).animate(controller)
      ..addListener(() {
        setState(() {});
```

```
25       });
26     controller.forward();
27   }
28
29   @override
30   void dispose() {
31     controller.dispose();
32     super.dispose();
33   }
34
35   @override
36   Widget build(BuildContext context) {
37     return Scaffold(
38       appBar: AppBar(),
39       body: Center(
40         child: Opacity(
41           opacity: animation.value,
42           child: Container(
43             width: 200,
44             height: 200,
45             color: Colors.blue,
46             child: const Center(
47               child: Text(
48                 'Fade In',
49                 style: TextStyle(color: Colors.white, fontSize: 24),
50               ),
51             ),
52           ),
53         ),
54       ),
55     );
56   }
57 }
```

이 예제를 실행하면 **16**번째 줄 initState에서 애니메이션에 대한 기본 정보들이 초기화가 된 이후 **26**번째 줄 controller.forward()를 통해 애니메이션이 실행됩니다. 애니메이션은 **19**번째 줄을 참고하여 2초간 실행되며, **22**번째 줄을 보면 0에서 1까지 점진적으로 투명도를 조절하는 것을 알 수 있습니다. 결국 FadeTransition 위젯은 controller 값을 사용하여 위젯의 투명도를 조절하고, 결과적으로 페이드인 효과를 생성합니다.

애니메이션 및 트랜지션 사용

플러터에서 애니메이션은 애플리케이션에 생동감을 더하고, 사용자의 주의를 끌며, 인터페이스의 직관성을 향상시키는 중요한 수단입니다. 다양한 애니메이션 유형을 통해 특정 상호작용이나 상태 변화를 시각적으로 표현할 수 있으며, 각 유형은 특정 사용 시나리오에 더 적합할 수 있습니다.

- **선형 애니메이션**: 가장 기본적인 형태로, 시작점에서 끝점까지 일정한 속도로 이동합니다. 로딩 인디케이터나 진행 상태를 나타내는 데 적합합니다.
- **곡선 애니메이션**: 속도가 변화하는 애니메이션으로, 자연스러운 움직임을 연출하고자 할 때 사용합니다. 예를 들어, 사용자가 화면을 스크롤할 때 항목이 서서히 나타나거나 사라지게 하는 효과에 적합합니다.
- **반복 애니메이션**: 특정 애니메이션을 반복하여 실행합니다. 주의를 끌거나 지속적인 피드백이 필요한 경우, 예를 들어 데이터의 로딩 과정에서 사용됩니다.

각 애니메이션 유형은 플러터에서 쉽게 구현할 수 있으며, CurvedAnimation, AnimationController 등의 클래스를 활용하여 다양한 효과를 만들어낼 수 있습니다.

```
import 'package:flutter/material.dart';

class CurvedScreen extends StatefulWidget {
  const CurvedScreen({super.key});

  @override
  State<CurvedScreen> createState() => _CurvedScreenState();
}

class _CurvedScreenState extends State<CurvedScreen>
    with SingleTickerProviderStateMixin {
  late AnimationController _controller;
  late Animation<double> _animation;

  @override
  void initState() {
    super.initState();
    _controller = AnimationController(
      duration: const Duration(seconds: 2),
      vsync: this,
    )..repeat(reverse: true);

    _animation = CurvedAnimation(
```

```
      parent: _controller,
      curve: Curves.easeIn,
    );
  }

  @override
  void dispose() {
    _controller.dispose();
    super.dispose();
  }

  @override
  Widget build(BuildContext context) {
    return Scaffold(
      body: Center(
        child: FadeTransition(
          opacity: _animation,
          child: Container(
            width: 100,
            height: 100,
            color: Colors.blue,
          ),
        ),
      ),
    );
  }
}
```

이 코드는 FadeTransition을 사용하여 용기의 투명도를 애니메이션화하고, Curves.easeIn 곡선을 적용하여 시작할 때는 천천히, 점점 빠르게 투명해지는 효과를 만듭니다.

사용자 상호작용에 반응하는 UI 만들기

사용자의 입력과 상호작용에 반응하는 UI는 애플리케이션의 사용성을 크게 향상시킵니다. 플러터에서는 다양한 위젯과 애니메이션 기능을 활용하여, 사용자의 행동에 따라 동적으로 반응하는 인터페이스를 구현할 수 있습니다. 예를 들어, 버튼을 누를 때 시각적 피드백을 제공하거나, 슬라이더를 조작할 때의 움직임을 부드럽게 하는 것 등이 있습니다.

```
ElevatedButton(
  onPressed: () {
    // 버튼 클릭 시 액션 처리
  },
  style: ButtonStyle(
    backgroundColor: WidgetStateProperty.resolveWith<Color>(
      (Set<WidgetState> states) {
        if (states.contains(WidgetState.pressed.pressed))
          return Colors.blue.shade200;
        return Colors.blue; // 기본 색상
      },
    ),
  ),
  child: Text('클릭하세요'),
)
```

이 예제에서는 ElevatedButton의 backgroundColor 속성을 사용하여 버튼이 눌렸을 때의 색상 변화를 구현합니다. 사용자가 버튼을 누를 때 즉각적인 시각적 피드백을 제공함으로써, 애플리케이션과의 상호작용이 더 직관적이고 만족스러워집니다.

그림 5-3 상호작용형 버튼 애니메이션

3.2 인터랙티브 요소 추가

이 섹션에서는 사용자의 상호작용을 더욱 풍부하고 직관적으로 만들어주는 인터랙티브 요소에 애니메이션을 추가하는 방법에 대해 다룹니다. 버튼, 슬라이더, 스위치와 같은 요소들에 애니메이션을 적용함으로써, 사용자는 자신의 행동이 시스템에 의해 인식되고 반응하고 있음을 명확하게 인지할 수 있습니다. 이러한 시각적 피드백은 사용자 경험을 크게 향상시키는 요소가 됩니다.

인터랙티브 요소에 애니메이션 적용하기

플러터에서 인터랙티브 요소에 애니메이션을 적용하는 것은 다양한 위젯과 프레임워크 기능을 활용하여 구현할 수 있습니다. 여기에는 버튼 클릭, 슬라이더 조정, 스위치 토글과 같은 사용자의 상호작용에 대한 직접적인 피드백을 제공하는 방법들이 포함됩니다.

- **버튼 애니메이션**: 버튼이 눌렸을 때의 시각적 피드백을 제공하기 위해, 버튼의 색상, 크기, 형태 등이 변하는 애니메이션을 적용할 수 있습니다. 예를 들어, AnimatedContainer 위젯을 사용하여 버튼을 누를 때 크기가 확대되거나 색상이 변경되는 효과를 만들 수 있습니다.
- **슬라이더 애니메이션**: 사용자가 슬라이더를 조작할 때, 선택된 값에 따라 배경색이나 슬라이더 트랙의 모양이 변하는 애니메이션을 추가하여, 사용자가 현재 선택한 값을 더 쉽게 인식할 수 있도록 합니다. Slider 위젯과 함께 AnimatedBuilder를 사용하여 이러한 효과를 구현할 수 있습니다.
- **스위치 애니메이션**: 스위치를 토글할 때, 상태 변화를 명확히 보여주는 애니메이션을 적용함으로써 사용자가 자신의 조작 결과를 바로 확인할 수 있게 합니다. Switch 위젯은 기본적으로 상태 전환 시 애니메이션을 제공하지만, 추가적인 시각적 효과를 위해 AnimatedSwitcher를 사용할 수 있습니다.

```
class _TestAppState extends State<TestApp> {
  bool isPressed = true;

  @override
  Widget build(BuildContext context) {
    return Scaffold(
      body: Center(
        child: ElevatedButton(
          onPressed: () {
            // 버튼 클릭 액션 처리
          },
          style: ButtonStyle(
            backgroundColor: WidgetStateProperty.resolveWith<Color>(
              (Set<WidgetState> states) {
                if (states.contains(WidgetState.pressed))
                  return Colors.blue.shade200;
                return Colors.blue; // 기본 색상
              },
            ),
          ),
          child: AnimatedScale(
            scale: isPressed ? 0.95 : 1.0,
            duration: Duration(milliseconds: 200),
            child: Text('버튼'),
          ),
        ),
      ),
    );
  }
}
```

이 코드는 버튼이 눌렸을 때 버튼의 스케일을 약간 줄이는 애니메이션을 적용하여 사용자에게 시각적 피드백을 제공합니다. 이러한 피드백은 사용자가 자신의 행동이 인식되었다는 것을 바로 알 수 있게 하여, 사용성을 높입니다.

피드백 애니메이션 구현

사용자의 행동에 대한 시각적 피드백은 애플리케이션의 반응성을 강화하고, 사용자 경험을 개선하는 데 중요한 역할을 합니다. 피드백 애니메이션은 사용자가 수행한 조작이 시스템에 의해 인식되었음을 보여주며, 이는 사용자의 만족도와 애플리케이션의 직관성을 증가시킵니다.

예를 들어, 사용자가 어떤 항목을 선택했을 때 그 항목이 약간 확대되었다가 원래 크기로 돌아오는 애니메이션은 선택 작업에 대한 명확한 피드백을 제공합니다. 이러한 효과는 ScaleTransition 또는 AnimatedScale 위젯을 사용하여 구현할 수 있습니다.

```
class FeedbackAnimationExample extends StatefulWidget {
  @override
  _FeedbackAnimationExampleState createState() => _FeedbackAnimationExampleState();
}

class _FeedbackAnimationExampleState extends State<FeedbackAnimationExample> with
SingleTickerProviderStateMixin {
  late AnimationController _controller;
  late Animation<double> _animation;

  @override
  void initState() {
    super.initState();
    _controller = AnimationController(
      duration: const Duration(milliseconds: 300),
      vsync: this,
    );
    _animation = Tween(begin: 1.0, end: 1.2).animate(_controller)
      ..addStatusListener((status) {
        if (status == AnimationStatus.completed) {
          _controller.reverse();
        }
      });
  }

  @override
  void dispose() {
```

```
    _controller.dispose();
    super.dispose();
  }

  void _onTap() {
    _controller.forward();
  }

  @override
  Widget build(BuildContext context) {
    return InkWell(
      onTap: _onTap,
      child: AnimatedBuilder(
        animation: _animation,
        builder: (context, child) {
          return Transform.scale(
            scale: _animation.value,
            child: Container(
              width: 100,
              height: 100,
              color: Colors.blue,
              alignment: Alignment.center,
              child: Text('Tap Me'),
            ),
          );
        },
      ),
    );
  }
}
```

이 코드는 사용자가 위젯을 탭할 때, 위젯이 잠시 확대되었다가 원래 크기로 돌아오는 피드백 애니메이션을 구현합니다. 이러한 시각적 피드백은 사용자에게 자신의 행동이 성공적으로 인식되었음을 알려줍니다.

사용자 조작의 흐름 이해와 설계

사용자가 애플리케이션을 사용하는 동안 자연스러운 조작 흐름을 유도하는 것은 사용성과 사용자 경험을 결정짓는 중요한 요소입니다. 이를 위해 개발자와 디자이너는 사용자의 행동 패턴과 조작 흐름을 이해하고, 이를 바탕으로 직관적이고 효율적인 인터페이스를 설계해야 합니다.

- **일관성 유지**: 사용자 인터페이스의 요소들은 일관된 동작 방식을 가져야 합니다. 예를 들어, 모든 버튼이 비슷한 애니메이션 효과를 가질 때, 사용자는 새로운 버튼을 마주하더라도 예상할 수 있는 반응을 기대할 수 있습니다.
- **예측 가능성 제공**: 사용자가 다음에 무엇을 해야 할지 명확히 알 수 있도록 디자인해야 합니다. 이는 사용자가 자신의 목표를 효율적으로 달성할 수 있게 도와줍니다.
- **피드백 루프**: 사용자의 모든 조작에 대해 적절한 피드백을 제공하여, 사용자가 현재 상태를 이해하고 다음 단계를 예측할 수 있도록 해야 합니다.

4 API 연동

우리는 이전 장들을 통해 플러터에서 다양한 위젯 사용, 화면 구성, 네비게이션 처리, 그리고 상태 관리 방법까지 광범위하게 학습했습니다. 이 모든 것을 바탕으로 실제로 작동하는 애플리케이션을 만들 준비가 되었다고 느낄 수 있지만, 사실 가장 중요한 한 가지, 바로 서버와의 통신이 아직 남아 있습니다. 본 장에서는 GetX 라이브러리의 핵심 기능 중 하나인 GetConnect를 사용하여 서버와의 통신을 어떻게 처리하는지에 대해 배워볼 예정입니다.

4.1 HTTP 통신

HTTP 통신은 웹과 모바일 애플리케이션에서 데이터를 주고받는 데 사용되는 주요 프로토콜입니다. 텍스트, 이미지, 비디오 등 다양한 형태의 데이터를 전송할 수 있으며, 그 사용의 광범위함은 다음과 같은 이유로 설명할 수 있습니다.

1. **보편성과 호환성**: 모든 웹 브라우저와 서버가 HTTP를 지원합니다. 따라서 개발자는 다양한 플랫폼에서 애플리케이션을 개발할 수 있으며, 사용자는 어떤 기기에서도 콘텐츠에 접근할 수 있습니다.
2. **간단하고 유연한 메시지 포맷**: HTTP 메시지는 단순하고 이해하기 쉽습니다. 추가 정보를 쉽게 포함시킬 수 있는 헤더를 사용하여 다양한 데이터와 컨트롤 메시지를 효과적으로 처리할 수 있습니다.

❸ **상태 코드를 통한 명확한 응답 처리**: HTTP 상태 코드는 요청의 성공 여부와 그 이유를 명확하게 전달하여 개발자가 에러 처리를 보다 정확하게 구현할 수 있도록 합니다.

HTTP의 주요 특징으로는 무연결성, 무상태성, 다양한 메서드, 상태 코드, 그리고 헤더와 본문이 있습니다. 무연결성은 서버 자원을 효율적으로 사용하게 하고, 무상태성은 서버의 복잡성을 줄이며 확장성을 높입니다. HTTP 메서드는 웹 서버에 특정 동작을 요청하며, 상태 코드는 요청의 성공 여부를 알려줍니다. 마지막으로, 메시지의 헤더와 본문은 요청 및 응답에 대한 정보를 담고 있어 통신의 유연성과 확장성을 제공합니다.

상태 코드

상태 코드는 HTTP 응답의 중요한 부분으로, 클라이언트에게 요청의 처리 결과를 알려줍니다. 각 상태 코드는 특정 상황을 나타내며, 이를 통해 개발자는 요청의 성공 여부와 실패한 경우 그 원인을 파악할 수 있습니다. 다음은 주요 HTTP 상태 코드와 그 사용 시나리오에 대한 설명입니다

❶ 2xx 성공(Success)

- **200 OK**: 요청이 성공적으로 처리되었습니다. 이 응답은 대부분의 성공적인 GET, PUT, DELETE 요청에 대해 반환됩니다.
- **201 Created**: 요청이 성공적으로 이루어졌으며 새로운 리소스가 생성되었습니다. 주로 POST 요청을 통해 리소스 생성 시 사용됩니다.
- **204 No Content**: 요청은 성공적으로 처리되었지만, 전송할 콘텐츠는 없습니다. 주로 DELETE 요청에 대한 응답으로 사용됩니다.

❷ 3xx 리다이렉션(Redirection)

- **301 Moved Permanently**: 요청한 리소스가 영구적으로 새 위치로 이동되었습니다. 클라이언트는 미래의 요청을 위해 이 새 위치를 사용해야 합니다.
- **302 Found**: 요청한 리소스가 일시적으로 다른 URI에 위치해 있습니다. 이 상태 코드는 리다이렉션을 위해 임시로 사용됩니다.

❸ 4xx 클라이언트 에러(Client Error)

- **400 Bad Request**: 서버가 요청을 이해할 수 없습니다. 잘못된 요청 구조 때문에 발생할 수 있습니다.
- **401 Unauthorized**: 요청에 인증이 필요합니다. 클라이언트는 요청에 인증 정보를 포함해야 합니다.
- **404 Not Found**: 서버가 요청한 리소스를 찾을 수 없습니다. 주소 오타나 잘못된 URL로 인해 발생할 수 있습니다.

④ 5xx 서버 에러(Server Error)

- **500 Internal Server Error**: 서버 내부 오류로 인해 요청을 처리할 수 없습니다. 이 오류는 서버 측에서 발생하는 문제를 나타냅니다.
- **503 Service Unavailable**: 서버가 요청을 처리할 준비가 되어 있지 않습니다. 일시적인 과부하나 유지 보수로 인해 발생할 수 있습니다.

각 상태 코드는 특정 HTTP 요청에 대한 서버의 응답 상태를 표현합니다. 개발자는 이 상태 코드를 통해 요청의 결과를 확인하고, 필요한 경우 적절한 조치를 취할 수 있습니다. 예를 들어, 404 Not Found 응답을 받았다면 요청한 리소스의 주소를 확인해야 하며, 500 Internal Server Error 응답을 받았다면 서버 측의 로그를 검토하여 문제의 원인을 파악해야 합니다.

REST 통신

REST(Representational State Transfer)는 분산 시스템을 위한 아키텍처 스타일로, 네트워크상의 리소스를 표현하기 위해 사용됩니다. REST는 리소스의 상태를 전송하는 데 HTTP 메서드(GET, POST, PUT, DELETE 등)를 사용합니다. 각 메서드는 서버상의 리소스에 대한 다른 작업을 나타냅니다. RESTful API는 이러한 원칙을 따르는 API로, 웹상의 리소스와 상호작용하는 표준화된 방법을 제공합니다.

RESTful API의 주요 요소

- **리소스(Resource)**: 네트워크상에서의 데이터 또는 서비스를 나타냅니다. URI(Uniform Resource Identifier)를 통해 특정 리소스를 고유하게 식별할 수 있습니다.
- **메서드(Methods)**: 리소스에 대한 작업을 수행하는 데 사용되는 HTTP 메서드입니다. 주요 메서드로는 GET(조회), POST(생성), PUT(업데이트), DELETE(삭제)가 있습니다.
- **상태 코드(Status Codes)**: 요청의 결과를 나타내는 HTTP 응답 코드입니다. 이를 통해 클라이언트는 요청이 성공했는지, 에러가 발생했는지 등을 알 수 있습니다.

RESTful API 설계 예

① 리소스 식별

https://example.com/users: 사용자 정보를 다루는 리소스

https://example.com/users/{userId}: 특정 사용자의 정보를 다루는 리소스

② 메서드 활용

GET(https://example.com/users): 사용자 목록 조회

GET(https://example.com/users/{userId}): 특정 사용자의 정보 조회

POST(https://example.com/users): 새로운 사용자 생성. 요청 본문에 사용자 정보를 포함시킵니다.

PUT(https://example.com/users/{userId}): 특정 사용자의 정보 업데이트. 요청 본문에 업데이트할 사용자 정보를 포함시킵니다.

DELETE(https://example.com/users/{userId}): 특정 사용자 삭제

JSON과 XML

JSON(JavaScript Object Notation)과 XML(eXtensible Markup Language)은 데이터를 표현하고 전송하기 위해 널리 사용되는 두 가지 포맷입니다. 이들은 웹 API를 통해 서버와 클라이언트 간에 데이터를 교환할 때 주로 사용됩니다. 각각의 특징을 이해하고 올바르게 사용하는 것은 효율적인 데이터 교환과 애플리케이션 개발에 매우 중요합니다.

JSON

JSON은 경량의 데이터 교환 포맷으로, 인간이 읽을 수 있는 텍스트를 기반으로 합니다. 그 구조는 자바스크립트 객체의 구문을 따르기 때문에, 웹 개발에서 특히 유용합니다. JSON은 데이터를 키-값 쌍으로 표현하며, 배열과 객체를 사용해 복잡한 데이터 구조를 쉽게 표현할 수 있습니다.

```
{
  "user": {
    "id": 1,
    "name": "홍길동",
    "email": "hong@example.com",
    "roles": ["admin", "user"]
  }
}
```

이 예제에서는 사용자의 정보를 표현하고 있습니다. **user** 객체는 **id**, **name**, **email**, 그리고 사용자의 역할을 나타내는 **roles** 배열을 포함하고 있습니다. JSON의 구조는 매우 간단하며, 다양한 프로그래밍 언어에서 쉽게 생성하고 파싱할 수 있습니다.

XML

XML은 마크업 언어로, 데이터의 구조와 의미를 명시적으로 표현할 수 있습니다. XML은 태그를 사용하여 데이터를 계층적으로 구조화하며, 속성을 통해 추가 정보를 제공할 수 있습니다. XML은 매우 유연하며, 사용자 정의 태그를 통해 복잡한 데이터 구조를 정의할 수 있습니다.

```
<user>
  <id>1</id>
  <name>홍길동</name>
  <email>hong@example.com</email>
  <roles>
    <role>admin</role>
    <role>user</role>
  </roles>
</user>
```

이 예제에서도 사용자의 정보를 XML 형식으로 표현하고 있습니다. **user** 요소는 **id**, **name**, **email**, 그리고 **roles** 요소를 포함하고 있으며, roles는 여러 개의 **role** 요소를 가질 수 있습니다. XML은 데이터의 의미를 명확히 전달할 수 있는 구조를 가지고 있지만, JSON에 비해 파일 크기가 크고 파싱 속도가 느릴 수 있습니다.

JSON과 XML 비교

가독성: JSON은 더욱 간결하고 읽기 쉬운 구조로 되어 있습니다. XML은 데이터의 의미를 더 명확하게 표현할 수 있지만, 태그로 인해 복잡해질 수 있습니다.
파싱: JSON은 대부분의 프로그래밍 언어에서 내장 지원하며, 파싱이 빠르고 쉽습니다. XML 파싱은 보통 추가 라이브러리가 필요하며, 처리 시간이 더 소요될 수 있습니다.
유연성: XML은 사용자 정의 태그와 속성을 통해 데이터의 구조와 의미를 매우 상세하게 표현할 수 있습니다. JSON은 키-값 쌍의 구조를 가지며, XML만큼의 상세한 데이터 표현은 제한적입니다.

JSON과 XML 선택은 데이터의 구조, 필요한 처리 속도, 개발 환경 및 팀의 선호도에 따라 달라질 수 있습니다. 단순성과 속도를 중시한다면 JSON을, 데이터의 복잡성과 확장성을 중시한다면 XML을 선택하는 것이 일반적입니다.

4.2 시스템 구조

플러터 애플리케이션의 구조는 효율적이고 모듈화된 방식으로 사용자 인터페이스, 비즈니스 로직, 그리고 데이터 관리를 처리하기 위해 설계되었습니다. 이 구조는 위젯, 컨트롤러, 그리고 데이터 제공자(Provider)로 크게 세 부분으로 나뉩니다. 각 부분은 플러터 애플리케이션 개발의 핵심 요소이며, 서로 긴밀하게 연결되어 있어 애플리케이션의 기능과 성능을 최적화합니다.

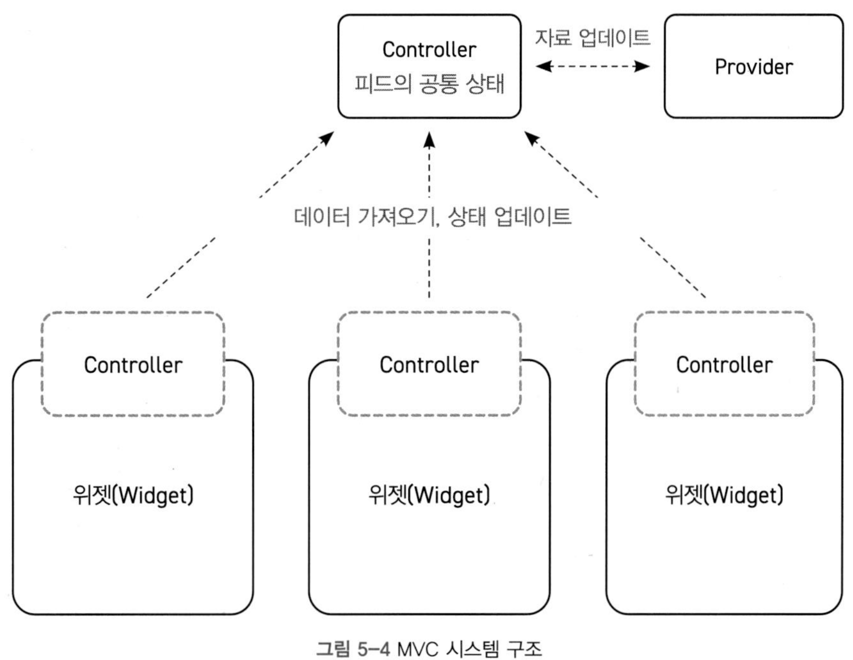

그림 5-4 MVC 시스템 구조

위젯

플러터의 위젯은 애플리케이션의 기본적인 빌딩 블록으로, 화면에 UI 요소를 그리는 역할을 합니다. 위젯은 텍스트, 버튼, 이미지, 아이콘 등 다양한 형태로 존재하며, 각 위젯은 자신만의 속성(예: 색상, 모양, 크기)을 가지고 있습니다. 위젯은 또한 계층적으로 구성될 수 있어, 복잡한 UI를 효과적으로 구성할 수 있습니다. 예를 들어, **Container** 위젯 안에 **Text** 위젯을 넣어 텍스트를 표시하고, 이를 **Column** 또는 **Row** 위젯에 배치하여 여러 요소를 세로 또는 가로로 배열할 수 있습니다. 이러한 구조는 플러터 애플리케이션이 동적이고 반응형의 UI를 가질 수 있도록 해줍니다.

예제에서 작성한 src 디렉터리 하위에 있는 screens 디렉터리와 widgets 디렉터리에 있는 모든 것이 위젯입니다. 다만 두 디렉터리는 사용 편의에 따라 화면류의 큰 단위는 screens로, 버튼이나 리스트류의 작은 단위를 widgets로 분리하여 사용하였지만, 모든 것은 같은 위젯입니다.

컨트롤러

컨트롤러는 애플리케이션의 비즈니스 로직을 처리하는 부분입니다. 사용자의 입력을 처리하고, 애플리케이션의 상태를 관리하며, 필요한 데이터 변화를 위젯에 알립니다.
예를 들어, 피드 목록을 조회하는 컨트롤러는 서버로부터 게시물의 목록을 받아오고, 이를 애플리케이션의 UI에 표시하는 역할을 합니다. 사용자가 애플리케이션의 피드 페이지를 열 때, 컨트롤러는 프로바이더를 통해 서버에 게시물 데이터를 요청합니다. 데이터가 성공적으로 도착하면, 컨트롤러는 이 데이터를 사용하여 게시물 목록을 구성하고, 해당 데이터를 ListView 위젯 등을 사용하여 화면에 표시합니다.

컨트롤러는 MVC(Model-View-Controller) 패턴에서 영감을 받아 설계되었으며, UI와 비즈니스 로직을 분리함으로써 애플리케이션의 유지 보수성을 향상시킵니다.

프로바이더

프로바이더는 플러터 애플리케이션에서 외부 데이터 소스와의 통신을 담당합니다. 주로 외부 서버와의 API 호출을 통해 데이터를 가져오거나 전송하는 역할을 합니다. 프로바이더는 데이터를 가져온 후, 그 결과를 컨트롤러에 전달하며, 컨트롤러는 이 데이터를 기반으로 UI를 업데이트하거나 다른 처리를 수행합니다.

프로바이더는 애플리케이션의 다른 부분과의 결합도를 낮추고, 데이터 소스의 추상화를 통해 데이터 관리를 더욱 효율적으로 만듭니다. 예를 들어, 사용자 정보를 요청할 때 프로바이더는 HTTP 요청을 통해 서버로부터 사용자 데이터를 받아오고, 이를 컨트롤러에 전달하여 사용자 프로필 페이지를 업데이트할 수 있습니다.

5 GetConnect 도입

GetConnect는 GetX 라이브러리의 일부로, 강력하면서도 사용하기 쉬운 HTTP 클라이언트 기능을 제공합니다. 이를 통해 개발자는 JSON 데이터의 처리를 비롯해, RESTful API와의 통신을 보다 수월하게 할 수 있습니다. 특히, GetX의 다른 기능들과의 연동을 통해 애플리케이션 개발 과정이 효율적이고 간결해질 수 있습니다.

5.1 Feed 수정

애플리케이션에서 사용자의 피드 정보를 수정하는 기능은 중요합니다. 사용자가 자신의 피드 정보를 업데이트할 수 있게 함으로써, 애플리케이션의 상호작용성과 개인화를 높일 수 있습니다. 이 과정에서 GetConnect를 활용한 서버와의 통신은 필수입니다.

공통 프로바이더 생성

프로바이더는 서버로부터 데이터를 가져와서 애플리케이션 내에서 사용할 수 있도록 하는 역할을 합니다. 이를 통해 데이터를 관리하고, 필요한 곳에 데이터를 제공하는 것이 가능해집니다. 특히, FeedProvider 같은 경우는 사용자의 피드 정보 관련 작업을 담당하지만, 애플리케이션 내 다양한 데이터를 관리하기 위한 여러 프로바이더가 존재할 수 있습니다.

프로바이더를 만들 때, GetConnect의 onInit 함수를 활용해 기본 서버 주소 설정과 http 헤더 설정 등의 초기화 작업을 수행합니다. 이때, http 헤더의 accept 값을 'application/json'으로 설정함으로써 JSON 형식의 데이터 처리를 기본으로 할 수 있습니다. 이러한 초기 설정은 많은 프로바이더에서 공통적으로 필요한 작업이므로, 중복을 방지하기 위해 GetConnect를 상속받는 기본 프로바이더 클래스를 만들고, 이를 통해 필요한 기본 설정을 한 번에 처리할 수 있습니다. 그 후, FeedProvider를 비롯한 다른 프로바이더들은 이 기본 프로바이더 클래스를 상속받아 사용함으로써, 보다 효율적이고 체계적인 데이터 관리가 가능해집니다.

provider.dart 파일을 만들고 다음의 코드를 입력합니다.

lib/src/provider/provider.dart

```
import 'package:get/get.dart';

class Provider extends GetConnect {
  @override
  void onInit() {
    allowAutoSignedCert = true;
    httpClient.baseUrl = '<http://localhost:3000>';
    httpClient.addRequestModifier<void>((request) {
      request.headers['Accept'] = 'application/json';
      return request;
    });
    super.onInit();
  }
}
```

이 코드에서 **allowAutoSignedCert = true;** 설정은 개발 과정에서 자체 서명된 SSL/TLS 인증서의 사용을 허용하는 중요한 역할을 합니다. 특히 개발 환경에서는 올바른 SSL 인증서를 갖추지 않은 경우가 많아, 이러한 설정 없이는 보안 프로토콜로 인해 서버와의 통신이 차단될 수 있습니다. 따라서, 이 설정을 통해 개발자는 SSL 인증서의 부재나 유효하지 않은 인증서로 인한 연결 문제를 우회할 수 있어, 개발 과정에서의 데이터 통신을 원활하게 유지할 수 있습니다. 이는 개발 단계에서 테스트와 디버깅을 수월하게 진행할 수 있도록 해주며, 실제 운영 환경으로 이전하기 전까지 보안 문제로 인한 통신 장애를 방지하기 위함입니다.

피드 프로바이더 생성

FeedProvider 클래스는 등록된 매물 목록을 관리합니다. 이 클래스는 Provider 클래스를 상속받아, GetConnect를 통한 HTTP 통신 기능을 활용하여 서버로부터 피드 데이터를 가져오는 역할을 수행합니다.

특히, getList 메서드를 통해 특정 페이지의 피드 리스트를 조회하는 기능을 구현하고 있습니다. 이 메서드는 비동기적으로 작동하여 서버의 'api/feed' 엔드 포인트에 GET 요청을 보내고, 해당 페이지에 해당하는 피드 데이터를 반환 받습니다. 이 과정에서 페이지 번호를 매개변수로 전달할 수 있으며, 기본값은 1로 설정되어 있습니다. 이를 통해 차후 스크롤 동작을 감지해 다음 페이지의 피드 목록을 계속 가져올 수 있습니다.

GetConnect를 통해 query를 보낼 때는 query는 반드시 String 타입이어야 합니다. 그런데 파라미터로 넘어온 page는 int형이기에 .toString()을 붙여주거나 또는 문자열 표현식으로 바꾸어 주어야 합니다.

/lib/src/provider/feed_provider.dart

```dart
import 'package:get/get.dart';
import 'provider.dart';

class FeedProvider extends Provider {
  // 피드 리스트 (매물 목록)
  Future<Map> getList({int page = 1}) async {
    Response response = await get('/api/feed', query: {'page': '$page'});
    print(response.statusCode);
    print(response.bodyString);
    return response.body;
  }
}
```

코드 실행 시, response 객체는 서버로부터 받은 다양한 정보를 포함하게 됩니다. 여기서 중요한 두 가지 정보는 statusCode와 bodyString입니다. 이들은 print 함수를 사용해 콘솔에 출력되어, 개발자가 응답의 성공 여부와 내용을 쉽게 확인할 수 있게 합니다.

응답이 성공적인 경우, statusCode는 보통 200번대 값을 가지며, 이는 HTTP 요청이 성공적으로 처리되었음을 의미합니다. 한편, bodyString은 JSON 형태의 문자열로, 피드의 목록을 담고 있는 배열 정보를 포함합니다. 이 데이터를 통해 개발자는 서버로부터 올바르게 데이터를 수신하고 있는지, 그리고 기대한 형식의 데이터가 출력되는지 확인할 수 있습니다.

5.2 JSON 파싱과 모델링

FeedProvider의 getList 메서드를 통해 성공적으로 데이터를 호출하면, 200번대의 statusCode와 함께 피드 목록이 담긴 JSON 문자열을 받게 됩니다. 이 데이터는 애플리케이션에서 중요한 정보를 제공하기 때문에, 플러터 내에서 적절히 활용될 필요가 있습니다. 그러나, JSON 문자열 자체는 플러터에서 직접적으로 사용하기에 적합하지 않습니다. 이를 애플리케이션에서 용이하게 사용하기 위해서는, JSON 데이터를 플러터에서 작업 가능한 형태로 변환해야 합니다. 가장 기본적인 변환 방법 중 하나는 JSON 데이터를 키-값 쌍을 갖는 Map으로 변환하는 것입니다.

이 접근 방식은 구현이 간단하고 직관적이라는 장점이 있지만, 몇 가지 단점도 갖고 있습니다. 첫째, 타입 안정성이 보장되지 않습니다. JSON으로부터 파싱된 데이터는 실행 시점에 타입 오류를 일으킬 위험이 있으며, 이는 버그로 이어질 수 있습니다. 둘째, 데이터 구조가 복잡해질 경우, Map을 사용한 접근 방식은 코드의 가독성과 유지 관리성을 저하할 수 있습니다. 셋째, 추가적인 데이터 처리 작업(예: 날짜 포맷 변환, 기본값 설정 등)이 필요한 경우, Map을 통한 처리는 번거롭고 오류가 발생하기 쉽습니다.

이러한 이유로, 개발자들은 보통 모델 클래스를 정의하여 사용합니다. 모델 클래스를 사용하면 JSON 데이터를 애플리케이션에서 사용하기 위한 명시적이고 타입 안정성이 보장된 구조로 변환할 수 있습니다. 이번 섹션에서는 FeedModel이라는 모델 클래스를 만들어 JSON 데이터를 효과적으로 활용하는 방법을 살펴보겠습니다. 모델 클래스를 사용함으로써, 데이터의 타입 안정성을 보장하고, 코드의 가독성과 유지 관리성을 향상시킬 수 있으며, 복잡한 데이터 구조를 쉽게 관리할 수 있습니다.

모델 클래스 생성

모델 클래스는 애플리케이션에서 사용되는 데이터의 구조와 타입을 정의합니다. 이는 JSON 파싱 과정에서 획득한 데이터를 애플리케이션 내에서 쉽게 활용할 수 있게 해주며, 데이터의 타입 안정성과 코드의 가독성을 크게 향상시킵니다. FeedModel 클래스는 피드의 정보를 담고 있는 모델로, 각 피드의 id, 제목(title), 내용(content), 가격(price)과 같은 필수 정보들을 포함하고 있습니다.

feed_model.dart 파일을 만들어 다음의 내용을 적습니다.

lib/src/models/feed_model.dart

```
class FeedModel {
  late int id;
  late String title;
```

```
  late String content;
  late int price;

  FeedModel.parse(Map m) {
    id = m['id'];
    title = m['title'];
    content = m['content'];
    price = m['price'];
  }
}
```

이 모델 클래스는 JSON 데이터로부터 받은 Map 형태의 데이터를 인수로 받아, 해당 데이터를 통해 FeedModel 인스턴스의 속성을 초기화하는 parse 생성자를 제공합니다. 이 방법을 통해, 서버로부터 받은 데이터를 플러터 애플리케이션에서 사용할 수 있는 객체로 쉽게 변환할 수 있습니다.

FeedController에서 FeedProvider 가져오기

모델 클래스를 준비한 후, FeedProvider를 통해 서버로부터 받은 데이터는 JSON 배열의 형태로 반환됩니다. 이제 우리의 작업은 이 JSON 배열을 앞서 정의한 모델 클래스, 즉 FeedModel로 파싱하여 애플리케이션 내에서 활용하는 것입니다. 이 과정을 통해 JSON 형태의 원시 데이터를 애플리케이션에서 사용하기 쉬운 객체 형태로 변환할 수 있습니다.

FeedProvider의 역할은 데이터 통신을 통해 필요한 정보를 가져오는 것에 집중하고 데이터를 가져오는 역할을 마친 후, 실제로 이 데이터를 애플리케이션 내에서 처리하고 활용하는 작업은 FeedController와 같은 컨트롤러에서 수행됩니다. 이러한 구조는 역할의 분리를 통해 코드의 가독성과 유지 보수성을 높이는 데 기여합니다.

lib/src/controllers/feed_controller.dart

```
import 'dart:math';

import 'package:get/get.dart';

import '../models/feed_model.dart';
import '../providers/feed_provider.dart';

class FeedController extends GetxController {
  final feedProvider = Get.put(FeedProvider());
  RxList<Map> feedList = <Map>[].obs;
  // 이하 생략...
```

모델 사용 및 샘플 데이터 제거

기존에는 RxList〈Map〉 feedList = 〈Map〉[].obs;로 Map 형태를 사용했지만, 이제 FeedModel을 사용하여 데이터 구조를 변경합니다. 또한, _initialData 함수의 구현과 onInit 호출하는 부분을 제거함으로써 더 이상 필요하지 않은 샘플 데이터를 제거하고, 코드를 깔끔하게 정리합니다. addData와 updateData 함수를 수정하여 Map 데이터 대신 FeedModel 인스턴스를 추가하고 수정할 수 있도록 합니다.

lib/src/controllers/feed_controller.dart

```
import 'dart:math';

import 'package:get/get.dart';

import '../models/feed_model.dart';
import '../providers/feed_provider.dart';

class FeedController extends GetxController {
  final feedProvider = Get.put(FeedProvider());
  RxList<FeedModel> feedList = <FeedModel>[].obs;

  void addData() {
    final random = Random();
    final newItem = FeedModel.parse({
      'id': random.nextInt(100),
      'title': '제목 ${random.nextInt(100)}',
      'content': '설명 ${random.nextInt(100)}',
      'price': 500 + random.nextInt(49500),
    });

    feedList.add(newItem);
  }

  void updateData(FeedModel updatedItem) {
    final index = feedList.indexWhere((item) => item.id == updatedItem.id);
    if (index != -1) {
      feedList[index] = updatedItem;
    }
  }
}
```

feedIndex 함수 추가 및 구현

feedIndex 함수는 피드 목록을 가져오는 역할을 합니다. 이 함수는 페이지 번호를 파라미터로 받아 feedProvider의 getList 함수를 호출하고, 결괏값을 json 변수에 저장합니다.

결괏값인 json에서 data 필드를 찾아 그 안에 있는 피드 목록 배열을 FeedModel.parse 생성자를 통해 FeedModel 객체로 변환합니다. 이 과정에서 map 함수를 사용하여 각 json 객체를 모델 객체로 매핑한 뒤, toList를 호출하여 결과를 배열로 만듭니다.

lib/src/controllers/feed_controller.dart

```dart
import 'dart:math';

import 'package:carrot_flutter/src/providers/feed_provider.dart';
import 'package:get/get.dart';

import '../models/feed_model.dart';

class FeedController extends GetxController {
  final feedProvider = Get.put(FeedProvider());
  RxList<Map> feedList = <Map>[].obs;

  feedIndex(int page) async {
    Map json = await feedProvider.getList(page: page);
    List<FeedModel> tmp = json['data'].map((m) => FeedModel.parse(m)).toList();
    (page == 1) ? feedList.assignAll(tmp) : feedList.addAll(tmp);
  }

  void addData() {
    final random = Random();
    final newItem = FeedModel.parse({
      'id': random.nextInt(100),
      'title': '제목 ${random.nextInt(100)}',
      'content': '설명 ${random.nextInt(100)}',
      'price': 500 + random.nextInt(49500),
    });

    feedList.add(newItem);
  }

  void updateData(FeedModel updatedItem) {
    final index = feedList.indexWhere((item) => item.id == updatedItem.id);
    if (index != -1) {
```

```
      feedList[index] = updatedItem;
    }
  }
}
```

feedIndex 함수에서는 페이지 번호에 따라 데이터를 새로 고침하거나, 추가 데이터를 로드하는 로직을 구현해야 합니다. 페이지가 1일 경우, 즉 사용자가 최초로 데이터를 요청하거나 전체 목록을 새로 고침 할 때는 assignAll을 사용하여 feedList에 새로운 데이터 배열을 할당함으로써 기존의 내용을 완전히 대체합니다. 반면, 페이지 번호가 1이 아닌 경우, 즉 추가 데이터를 페이징하여 로드하는 상황에서는 addAll을 사용하여 기존 리스트의 끝에 새로운 항목들을 추가합니다. 이는 사용자가 스크롤을 내려가며 더 많은 데이터를 요청하는 상황에서 흔히 사용되는 페이징 처리 방식입니다.

5.3 Map을 FeedModel로 변경

변경을 완료한 후, 기존에 Map으로 데이터를 참조하고 있던 부분에서 오류가 발생할 것입니다. 따라서 이러한 부분을 하나씩 찾아 FeedModel로 변경해야 합니다.

FeedListItem 업데이트

피드 리스트를 구성하는 개별 위젯인 FeedListItem은 현재 생성자로 Map을 받도록 구현되어 있습니다. 이를 FeedModel을 사용하도록 업데이트해야 합니다. 이 변경으로 인해 데이터 참조 방식 또한 수정되어야 합니다. 변경 전, Map을 사용할 때는 데이터 필드에 접근하기 위해 item['title']과 같은 문법을 사용했습니다. 하지만 FeedModel로 변경한 후에는 item.title과 같이 점 표기법을 사용하여 직접적이고 명확한 데이터 필드 접근이 가능해집니다.

lib/src/widgets/listitems/feed_list_item.dart

```
import 'package:flutter/material.dart';
import 'package:get/get.dart';

import '../../models/feed_model.dart';
import '../../screens/feed/edit.dart';
import '../modal/confirm_modal.dart';
import '../modal/more_bottom.dart';

// 이미지 크기
const double _imageSize = 110;
```

```

// 피드 (중고 물품) 리스트 아이템 위젯
class FeedListItem extends StatelessWidget {
  final FeedModel data;     // 대치됨
  const FeedListItem(this.data, {super.key});
  // 이하 생략...
```

변경을 진행할 때 주의할 점은 모든 데이터 참조 부분을 정확히 FeedModel의 필드에 맞게 업데이트하는 것입니다. 예를 들어, item['content']는 item.content로, item['price']는 item.price로 변경해야 합니다. 이러한 세심한 변경을 통해 데이터 모델의 일관성을 유지하고, 나아가 애플리케이션의 유지 보수성을 향상시킬 수 있습니다.

```
Text(
  data.title,  // data['title'],
  style: TextStyle(fontSize: 16),
  overflow: TextOverflow.ellipsis,
),

 중략 ...

Text(
  data.price.toString(), // data['price'].toString(),
  style: TextStyle(
      fontSize: 16, fontWeight: FontWeight.bold),
),
```

FeedEdit 업데이트

FeedEdit 화면에서도 마찬가지입니다. 사용자가 피드의 제목과 가격을 수정할 수 있는 화면인 FeedEdit은 FeedModel 객체를 받아 해당 데이터를 표시하고 사용자의 입력을 통해 이를 업데이트합니다.

lib/src/screens/feed/edit.dart

```
class FeedEdit extends StatefulWidget {
  final FeedModel item;  // 대치됨

    중략 ...

  @override
```

```
  void initState() {
    super.initState();
    titleController = TextEditingController(text: widget.item.title);
    priceController = TextEditingController(text: widget.item.price.toString());
  }

    중략 ...

  void _submit() {
    final updatedItem = FeedModel.parse({
      'id': widget.item.id,
      'title': titleController!.text,
      'content': widget.item.content,
      'price': int.tryParse(priceController!.text) ?? widget.item.price,
    });

    feedController.updateData(updatedItem);

    Get.back();
  }
```

FeedShow 업데이트

FeedShow 화면 역시 Map에서 FeedModel로의 전환 작업을 필요로 합니다.

lib/src/screens/feed/show.dart

```
import 'package:flutter/material.dart';

import '../../models/feed_model.dart';

class FeedShow extends StatelessWidget {
  final FeedModel item;  // 대치됨
  const FeedShow(this.item, {super.key});

  @override
  Widget build(BuildContext context) {
    return Scaffold(
      appBar: AppBar(
        title: Text('${item.title} 팔기'),  // 대치됨
      ),
      body: Center(
```

```
          child: Column(
            mainAxisSize: MainAxisSize.min,
            children: [
              Text(item.content),
              Text('가격 : ${item.price} 원'),  // 대치됨
            ],
          ),
        ),
      );
  }
}
```

FeedIndex 업데이트

현재, FeedIndex는 초기화 시 빈 feedList를 참조하므로, FeedController의 feedIndex 함수를 호출하여 초기 데이터를 로드해야 합니다. 이를 통해 애플리케이션 시작 즉시 사용자는 최신 피드 목록을 확인할 수 있습니다.

보통 위젯이 생성되고 초기화될 때, initState 메서드 내에서 데이터 호출과 같은 작업을 수행합니다. 이때 FeedController의 feedIndex 함수를 호출하여 위젯 초기화 시 데이터를 로드하고 쉽게 확인할 수 있도록 했습니다. 또한, _currentPage 변수는 차후 페이지네이션을 위해 미리 설정해둔 변수로, 이를 1로 초기화하여 함께 호출하도록 구성했습니다.

lib/src/screens/feed/index.dart

```
class _FeedIndexState extends State<FeedIndex> {
  int _currentPage = 1;
  final FeedController feedController = Get.put(FeedController());

  @override
  void initState() {
    super.initState();
    feedController.feedIndex(CurrentPage);
  }
}
```

5.4 회원 모델 설정

애플리케이션에서 주로 사용되는 데이터의 형태는 총 2가지(피드 모델, 사용자 모델)이며, 이들에 대한 모델 클래스를 추가하여 사용하면 편리하게 사용할 수 있습니다.

모델 클래스 생성

사용자 모델 또한 JSON 파싱을 위한 생성자와, 간단한 사용자의 id, 이름, 정보 등을 저장할 멤버 변수들을 정의합니다.

```
01 class UserModel {
02   late int id;
03   late String name;
04   int? profile;
05 
06   UserModel({required this.id, required this.name});
07 
08   UserModel.parse(Map m) {
09     id = m['id'];
10     name = m['name'];
11     profile = m['profile_id'];
12   }
13 }
```

간단하게 사용할 사용자의 고유 id와 이름, 그리고 프로필을 저장하기 위한 멤버 변수를 정의합니다.

06번째 줄 생성자는 간단하게 id와 이름으로 사용자를 생성하기 위하여 추가합니다. 이는 서버와 통신하기 전 간단한 테스트용 사용자를 생성하기 위해 사용합니다. **08**번째 줄의 parse 생성자는 JSON 객체를 UserModel로 변환하기 위한 생성자입니다.

Memo

6장

주요 페이지별 UI 생성

이번 장에서는 애플리케이션의 아키텍처, 흐름, 사용자 인터랙티브 요소 등 전반적인 지식을 살펴봤습니다. 이제 이러한 지식을 바탕으로, 실제 애플리케이션 개발에 필요한 주요 UI 페이지들을 구성하는 방법에 대해 배워보겠습니다. 회원 가입과 피드 페이지 구성을 통해, 앞으로 여러분이 직접 UI를 필요에 맞게 배치하고 구상하는 능력을 향상시킬 수 있을 것입니다.

중요한 것은, 단순히 책에 나온 대로 중고 거래 앱의 모든 기능을 완성하는 것이 아니라, 이 예제 프로젝트를 통해 앞으로 여러분이 만들 프로젝트에 적용할 수 있는 구성 방법을 이해하는 것입니다.

Intro 및 로그인 화면

프로젝트 구조는 아래와 같이 lib/src/screens 내에 위치한 auth 디렉터리에서 인증 관련 화면(회원 가입, 로그인 등)을, feed 디렉터리에서 피드 또는 타임라인 관련 화면을 구성합니다. 여기서 intro는 최초 로그인 또는 회원 가입을 선택하는 소개 화면, login은 로그인을 진행하는 화면입니다.

```
carrot_flutter
└ lib/
   └ src/
      ├ screens/              // UI 페이지
      │ ├ auth/               // 인증 관련 화면 (회원 가입, 마이페이지 등)
      │ │ ├ intro.dart
      │ │ ├ login.dart
      │ │ └ register.dart
      │ └ feed/               // 피드 또는 타임라인 관련 화면
      │    ├ index.dart
      │    ├ show.dart
      │    └ edit.dart
      └ widgets/              // 재사용 가능한 UI 위젯
         ├ buttons/
         ├ listitems/
         └ modal/
```

1.1 Intro 화면

실제 애플리케이션에서는 사용자 식별을 위해 SMS 인증과 같은 방법을 사용하지만, 이번 예제에서는 간단히 휴대폰 번호를 입력하는 것만으로 회원 가입을 진행할 수 있도록 구현할 예정입니다. 입력된 휴대폰 번호는 실제 인증 과정을 거치지 않으므로, 형식만 갖춘 가상의 번호로 처리됩니다. 로그인 역시 복잡한 사용자 검증 과정 없이 간소화하여 단순히 휴대폰 번호와 비밀번호 정도로 구현해 보겠습니다. 이를 통해 회원 가입과 로그인 과정의 UI 및 기본 로직 구현에 집중할 수 있습니다.

이 과정에서 중고 거래 앱을 벤치마킹하여 intro 페이지와 회원 가입 페이지를 어떻게 구성하는지 살펴보겠습니다. 주요 목표는 실제 서비스에 필요한 기능들을 효과적으로 구현하며 사용자 친화적인 인터페이스를 설계하는 것입니다.

페이지 구성

intro 페이지는 중앙에 애플리케이션의 로고와, 간단한 슬로건이 위치합니다. 그리고 하단에는 회원 가입을 위한 시작하기 버튼이 존재합니다. 중고 거래 앱에서 한번 회원 가입을 하고 로그인 해두면 그 정보가 저장되어 차후 로그인을 다시 할 필요가 없지만, 휴대폰을 바꾸거나 데이터가 초기화가 되는 상황같이 일반적이지 않은 상황에서 로그인을 다시 할 수 있는 버튼을 만들어 둔 형태입니다. 그래서 회원 가입 부분은 상당히 크고 눈에 잘 들어오지만, 로그인 부분은 상대적으로 작고 눈에 잘 들어오지 않습니다.

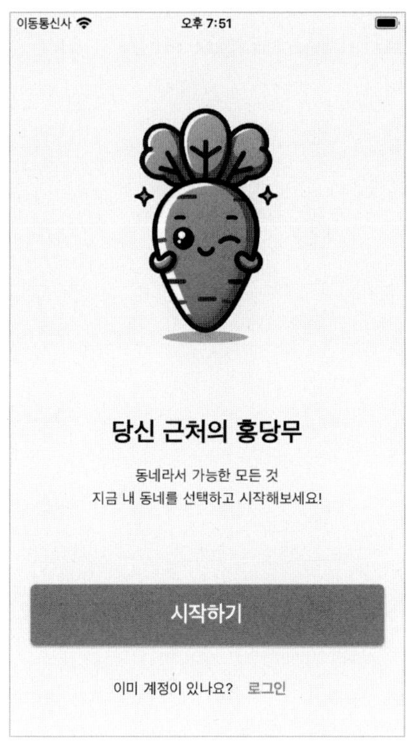

그림 6-1 홍당무마켓의 Intro 화면

lib/src/screens/auth/intro.dart

```
import 'package:flutter/material.dart';

class Intro extends StatefulWidget {
  const Intro({super.key});

  @override
  State<Intro> createState() => _IntroState();
}

```

```
class _IntroState extends State<Intro> {
  @override
  Widget build(BuildContext context) {
    return Scaffold(
      body: Column(
        children: [
          // 로고 & 슬로건 영역
          Expanded(
            child: Center(
              child: Column(
                mainAxisSize: MainAxisSize.min,
                children: [
                  // 로고
                  // 슬로건
                ],
              ),
            ),
          ),
          // 가입, 로그인 버튼 영역
          Column(
            children: [
              // 회원 가입
              // 로그인
            ],
          ),
        ],
      ),
    );
  }
}
```

이전 장에서 배운 애니메이션 요소들을 넣기 위해 화면은 Stateful 위젯으로 생성해 주겠습니다. 내부를 보면 UI 요소들은 위에서부터 아래로 한 칸씩 배치합니다. 따라서, Column 위젯을 사용해 화면의 가장 상단에 이들을 배치할 수 있습니다. 그리고 화면 하단의 일부를 고정 영역으로, 나머지 부분을 가변 영역으로 구분하기 위해 Expanded 위젯과 Column 위젯을 조합하여 비율을 조정합니다. Expanded 위젯 내부에는 Center 위젯을 사용해 가운데 정렬을 하고, 그 안에 다시 Column 위젯을 두어 로고와 슬로건을 차례대로 배치합니다.

로고 이미지

❶ **로고 파일 저장**: 로고 이미지는 **/assets/images/** 디렉터리에 **logo.png** 파일명으로 저장됩니다. 원하는 로고 이미지를 PNG 형식으로 준비하여 이 경로에 저장해 주세요. 이미지 파일의 이름과 경로가 정확히 일치하는지 확인하는 것이 중요합니다.

❷ **pubspec.yaml 파일 수정**: 플러터 프로젝트에서 외부 리소스를 사용하기 위해서는 **pubspec.yaml** 파일에 해당 리소스를 등록해야 합니다. 이 파일에서 assets 부분을 찾아 로고 이미지 경로를 추가합니다.

pubspec.yaml

```yaml
flutter:
  uses-material-design: true
  assets:
    - asset/images/
```

앞선 코드에서 **assets** 항목 아래에 **– assets/images/**를 추가함으로써 플러터가 이미지를 애플리케이션의 자산으로 인식할 수 있도록 합니다. 경로명이 정확히 입력되었는지 확인하십시오. 경로명에 오타가 있는 경우 이미지를 불러올 수 없습니다.

로고 이미지와 슬로건을 사용자에게 보여주는 UI는 다음과 같이 구성됩니다. Expanded와 Center 위젯을 활용하여 로고와 슬로건이 화면 중앙에 위치하도록 합니다. Column 위젯은 로고와 텍스트를 수직으로 정렬하여 배치합니다.

lib/src/screens/auth/intro.dart

```dart
// 로고 & 슬로건 영역
Expanded(
  child: Center(
    child: Column(
      mainAxisSize: MainAxisSize.min,
      children: [
        // 로고
        Image.asset('asset/images/logo.png', width: 300, height: 300),

        // 슬로건
        const SizedBox(height: 20),
        const Text(
          '당신 근처의 홍당무',
          style: TextStyle(fontSize: 24, fontWeight: FontWeight.bold),
```

```
          ),
          const SizedBox(height: 12),
          const Text(
            '동네라서 가능한 모든 것\\n지금 내 동네를 선택하고 시작해보세요!',
            textAlign: TextAlign.center,
          ),
        ],
      ),
    ),
  ),
```

등장 애니메이션 추가

등장 애니메이션을 로고와 슬로건에 적용함으로써, 사용자의 첫인상을 강화하고 애플리케이션의 전반적인 느낌을 향상시킬 수 있습니다. 여기서는 SingleTickerProviderStateMixin을 활용하여 부드러운 페이드인 효과를 구현하는 방법을 완성해 보겠습니다. 이를 통해 로고와 슬로건이 화면에 점차 나타나는 효과를 만들어내, 사용자의 주목을 끌 수 있습니다.

lib/src/screens/auth/intro.dart

```
class _IntroState extends State<Intro> with SingleTickerProviderStateMixin {
  late AnimationController _animationController;
  late Animation<double> _animation;

  @override
  void initState() {
    super.initState();
    // 애니메이션 컨트롤러 초기화
     _animationController = AnimationController(duration: const Duration(seconds: 2),
vsync: this);
    // 페이드인 애니메이션
    _animation = Tween<double>(begin: 0.0, end: 1.0).animate(_animationController);
    // 애니메이션 시작
    _animationController.forward();
  }

  @override
  void dispose() {
    // 애니메이션 컨트롤러 해제
    _animationController.dispose();
    super.dispose();
```

```
  }

  @override
  Widget build(BuildContext context) {

      // 중략
    Expanded(
      child: Center(
        child: FadeTransition( // 애니메이션 적용
          opacity: _animation,
          child: Column(
            mainAxisSize: MainAxisSize.min,
            children: [
              // 로고
              Image.asset('asset/images/logo.png',
                  width: 300, height: 300),

              // 슬로건
              const SizedBox(height: 20),
              const Text(
                '당신 근처의 홍당무',
                style:
                    TextStyle(fontSize: 24, fontWeight: FontWeight.bold),
              ),
              const SizedBox(height: 12),
              const Text(
                '동네라서 가능한 모든 것\\n지금 내 동네를 선택하고 시작해보세요!',
                textAlign: TextAlign.center,
              ),
            ],
          ),
        ),
      ),
    ),
      // 중략

  }
}
```

FadeTransition 위젯을 사용하여 로고와 슬로건에 페이드인 효과를 적용합니다. AnimationController는 애니메이션의 지속 시간을 정의하고, Tween〈double〉을 통해 시작과 끝값을 설정해서 점점 진하게 보이는데 여기서는 애니메이션이 시작될 때 forward() 메서드를 호출하여, 지정된 시간 동안 0에서 1까지의 투명도 변화를 생성하게 됩니다.

회원 가입 버튼

회원 가입에 사용한 버튼은 앞으로 홍당무마켓에서 빈번하게 사용할 형태의 버튼입니다. 따라서 버튼을 그냥 사용하기보다는 템플릿 디자인을 적용해 일괄 적용되도록 하겠습니다. MaterialApp에 있는 ThemeData에는 버튼의 배경색, 텍스트 스타일, 패딩, 모양 등 다양한 속성이 포함됩니다. 이를 통해 개별 위젯에서 스타일을 반복해서 정의하는 대신, 전역적으로 일관된 디자인을 적용할 수 있습니다.

lib/src/app.dart

```
ThemeData(
  // 생략...
  elevatedButtonTheme: ElevatedButtonThemeData(
    style: ElevatedButton.styleFrom(
      backgroundColor: const Color(0xffFF7E36),
      padding: const EdgeInsets.symmetric(vertical: 22),
      textStyle: TextStyle(fontWeight: FontWeight.bold, fontSize: 20),
      foregroundColor: Colors.white,
      minimumSize: const Size(double.infinity, 10),
      shape: RoundedRectangleBorder(
        borderRadius: BorderRadius.circular(5),
      ),
    ),
  ),
  textButtonTheme: TextButtonThemeData(
    style: TextButton.styleFrom(
      foregroundColor: const Color(0xffFF7E36),
      textStyle: const TextStyle(fontWeight: FontWeight.bold),
    ),
  ),
),
```

이어서, 정의한 버튼 테마를 사용하여 회원 가입과 로그인 버튼을 배치하는 코드입니다. ElevatedButton을 사용하여 주요 행동을 유도하는 '시작하기' 버튼을 생성하고, TextButton을 사용하여 '로그인' 링크를 제공합니다. 이는 사용자가 계정이 이미 있으면 로그인 페이지로 이동할 수 있도록 유도합니다.

lib/src/screens/auth/intro.dart

```
// 가입, 로그인 버튼 영역
Padding(
```

```
    padding: const EdgeInsets.all(20.0),
    child: Column(
      children: [
        ElevatedButton(
          onPressed: () {
            Get.to(() => const Register());
          },
          child: const Text('시작하기'),
        ),
        // 로그인
        const SizedBox(height: 16),
        Row(
          mainAxisAlignment: MainAxisAlignment.center,
          children: [
            const Text('이미 계정이 있나요?'),
            TextButton(
              onPressed: () {
                Get.to(() => const Login());
              },
             child: const Text('로그인'),
            )
          ],
        ),
      ],
    ),
  ),
```

1.2 로그인

UI 구성

로그인 UI는 사용자로부터 휴대폰 번호를 입력받을 수 있는 텍스트 필드와 비밀번호 입력 필드로 구성됩니다. 각각은 TextEditingController를 사용하여 사용자의 입력을 관리합니다.

애플리케이션의 전역 스타일을 통일하기 위해, inputDecorationTheme 설정은 MaterialApp의 ThemeData에 포함되어 있습니다. 이 설정은 모든 텍스트 필드에 공통으로 적용되며, 다음과 같이 구성되어 있습니다.

또한, 애플리케이션 내의 텍스트 스타일을 일관되게 유지하기 위해 TextTheme도 ThemeData에 포함되어 있습니다. TextTheme을 통해 제목, 본문, 버튼 등의 텍스트 스타일을 한 곳에서 정의할 수 있으며, 이를 통해 애플리케이션 전체에 걸쳐 일관된 텍스트 스타일을 적용할 수 있습니다.

lib/src/app.dart

```
01 ThemeData(
02     // 생략...
03     inputDecorationTheme: const InputDecorationTheme(
04       hintStyle: TextStyle(fontSize: 16, color: Colors.grey),
05       floatingLabelStyle: TextStyle(fontSize: 10),
06       contentPadding: EdgeInsets.all(10),
07       enabledBorder: OutlineInputBorder(
08         borderSide: BorderSide(color: Colors.grey),
09       ),
10       border: OutlineInputBorder(
11         borderSide: BorderSide(color: Colors.grey),
12       ),
13       focusedBorder: OutlineInputBorder(
14         borderSide: BorderSide(color: Colors.black),
15       ),
16     ),
17     textTheme: const TextTheme(
18             // 중략
19       labelLarge: TextStyle(
20         fontSize: 16,
21         fontFamily: 'Noto Sans',
22         fontWeight: FontWeight.bold,
23       ),
24     ),
25 ),
```

04번째 줄 hintStyle은 사용자가 필드의 용도를 쉽게 이해할 수 있도록 돕는 텍스트 스타일을 정의합니다. **05**번째와 **06**번째 줄의 floatingLabelStyle과 contentPadding은 필드의 라벨과 내용 간의 여백을 조절하여 시각적으로 깔끔한 인터페이스를 제공합니다. **07**번째 **10**번째, **13**번째 줄의 enabledBorder, border, 그리고 focusedBorder는 필드가 활성화되었을 때와 포커스를 받았을 때의 테두리 스타일을 정의하여 사용자의 입력 상태를 명확하게 표시합니다.

lib/src/screens/auth/login.dart

```
import 'package:flutter/material.dart';
import 'package:get/get.dart';
```

```
import '../../controllers/auth_controller.dart';
import '../../widgets/forms/label_textfield.dart';
import '../home.dart';

class Login extends StatefulWidget {
  const Login({super.key});

  @override
  State<Login> createState() => _LoginState();
}

class _LoginState extends State<Login> {
  final authController = Get.put(AuthController());
  final _phoneController = TextEditingController();
  final _passwordController = TextEditingController();

  _submit() async {
    bool result = await authController.login(
      _phoneController.text,
      _passwordController.text,
    );
    if (result) {
      Get.offAll(() => const Home());
    }
  }

  @override
  Widget build(BuildContext context) {
    return Scaffold(
      appBar: AppBar(title: const Text('로그인')),
      body: Padding(
        padding: const EdgeInsets.symmetric(horizontal: 20),
        child: ListView(
          children: [
            Text('휴대폰 번호', style: Theme.of(context).textTheme.labelLarge),
            const SizedBox(height: 8),
            TextField(
              controller: _phoneController,
              keyboardType: TextInputType.phone,
              style: const TextStyle(fontSize: 16),
              decoration: const InputDecoration(
                hintText: '휴대폰 번호를 입력해주세요',

```

```
46               ),
47             ),
48             const SizedBox(height: 16),
49             Text('비밀번호', style: Theme.of(context).textTheme.labelLarge),
50             const SizedBox(height: 8),
51             TextField(
52               controller: _passwordController,
53               obscureText: true,
54               style: const TextStyle(fontSize: 16),
55               decoration: const InputDecoration(
56                 hintText: '비밀번호를 입력해주세요',
57               ),
58             ),
59             const SizedBox(height: 16),
60             ElevatedButton(
61               onPressed: _submit,
62               child: const Text('로그인'),
63             ),
64           ],
65         ),
66       ),
67     );
68   }
69 }
```

20번째 줄 submit 함수는 로그인을 수행하는 핵심 기능으로, 로그인 성공 후에는 authController의 login 함수를 호출하여 결과를 기다립니다. 로그인이 성공적으로 완료되면, Get.offAll을 사용하여 화면 전환을 합니다. Get.offAll을 사용하는 이유는 로그인 화면이 인트로 화면 위에 띄워진 상태이기 때문에, off만 사용할 경우 인트로 화면이 라우터 스택에 남아 있게 됩니다. **40**번째 줄 휴대폰 번호 입력용 TextField에는 keyboardType을 TextInputType.phone으로 지정하여 숫자와 하이픈만 입력 가능하도록 설정합니다. **51**번째 줄 비밀번호 입력용 TextField에서는 obscureText 옵션을 사용하여 입력 내용을 가립니다.

공통 위젯 생성 및 사용

로그인 창에서 휴대폰 번호와 비밀번호 입력 창에서 사용된 TextField와 Label 위젯이 반복적으로 사용됩니다. 이러한 반복 사용은 로그인 창뿐만 아니라, 회원 가입, 회원 추가 정보 입력 화면, 피드 작성 화면 등에서도 공통적으로 사용될 위젯입니다.

이를 효율적으로 관리하기 위해, 공통으로 사용되는 위젯을 커스텀 위젯으로 분리하여 관리할 수 있습니다. 이러한 방식은 코드의 중복을 줄이고 유지 보수를 간소화하는 효과를 가져오며, 개발 과정의 효율성을 높입니다.

LabelTextField 위젯은 라벨, 힌트 텍스트, 컨트롤러, 키보드 타입, 그리고 필드의 비밀번호 보안 여부를 설정할 수 있는 옵션을 포함합니다. 이 위젯을 사용함으로써 각 화면에서 일관된 스타일과 동작을 유지할 수 있으며, 개발 과정에서의 효율성을 높일 수 있습니다.

label_textfield.dart 파일을 만들어 다음의 내용을 작성합니다.

lib/src/widgets/forms/label_textfield.dart

```
import 'package:flutter/material.dart';

class LabelTextField extends StatelessWidget {
  final String label;
  final String hintText;
  final TextEditingController controller;
  final bool isObscure;
  final TextInputType? keyboardType;

  const LabelTextField({
    super.key,
    required this.label,
    required this.hintText,
    required this.controller,
    this.isObscure = false,
    this.keyboardType,
  });

  @override
  Widget build(BuildContext context) {
    return Column(
      crossAxisAlignment: CrossAxisAlignment.start,
      children: <Widget>[
        Text(label, style: Theme.of(context).textTheme.labelLarge),
        const SizedBox(height: 8),
        TextField(
          controller: controller,
          obscureText: isObscure,
          keyboardType: keyboardType,
          style: const TextStyle(fontSize: 16),
```

```
            decoration: InputDecoration(
              hintText: hintText,
            ),
          ),
          const SizedBox(height: 16),
        ],
      );
    }
  }
```

로그인 폼 수정

로그인 폼을 개선하기 위해 LabelTextField 위젯을 활용하여 입력 폼을 재구성하겠습니다. 이 작업을 통해 로그인 폼 내의 입력 폼이 더욱 일관된 스타일과 동작을 보이게 되며, 이는 로그인뿐만 아니라 회원 가입, 글쓰기 화면 등에도 동일하게 적용될 수 있습니다. 일관된 디자인을 통해 사용자 경험을 향상시키고, 애플리케이션의 전체적인 디자인 언어를 통합하는 데 크게 기여합니다. 이로써 커스텀 폼을 완성하고, 다양한 화면에서 재사용할 준비가 되었습니다.

lib/src/screens/auth/login.dart

```
import 'package:flutter/material.dart';
import 'package:get/get.dart';

import '../../controllers/auth_controller.dart';
import '../../widgets/forms/label_textfield.dart';
import '../home.dart';

class Login extends StatefulWidget {
  const Login({super.key});

  @override
  State<Login> createState() => _LoginState();
}

class _LoginState extends State<Login> {
  final authController = Get.put(AuthController());
  final _phoneController = TextEditingController();
  final _passwordController = TextEditingController();

  _submit() async {
    bool result = await authController.login(
```

```
      _phoneController.text,
      _passwordController.text,
    );
    if (result) {
      Get.offAll(() => const Home());
    }
  }

  @override
  Widget build(BuildContext context) {
    return Scaffold(
      appBar: AppBar(title: const Text('로그인')),
      body: Padding(
        padding: const EdgeInsets.symmetric(horizontal: 20),
        child: ListView(
          children: [
            LabelTextField(
              label: '휴대폰 번호',
              hintText: '휴대폰 번호를 입력해주세요',
              keyboardType: TextInputType.phone,
              controller: _phoneController,
            ),
            LabelTextField(
              label: '비밀번호',
              hintText: '비밀번호를 입력해주세요',
              controller: _passwordController,
              isObscure: true,
            ),
            ElevatedButton(
              onPressed: _submit,
              child: const Text('로그인'),
            ),
          ],
        ),
      ),
    );
  }
}
```

로그인 화면 개선

휴대폰 번호 입력 시 '010'이 자동으로 추가되고 하이픈(–)이 적절하게 삽입되도록 개선하려고 합니다. 이를 통해 사용자가 번호를 입력할 때 형식을 맞추고, 입력 오류를 줄일 수 있습니다. 또한, 휴대폰 번호의 길이를 11자로 제한하여 입력 과정을 더욱 효율적으로 관리합니다.

이 기능은 로그인뿐만 아니라 회원 가입 화면에서도 동일하게 적용됩니다. 따라서 AuthController에서 이를 구현하여 애플리케이션 전반에 걸쳐 사용할 수 있도록 하겠습니다.

lib/src/controllers/auth_controller.dart

```
class AuthController extends GetxController {

    void updateButtonState(TextEditingController phoneController) {
    String rawText = phoneController.text;
    String text = rawText.replaceAll('-', ''); // 하이픈 제거

    // 사용자가 모든 내용을 삭제하려 할 때 '010'만 남깁니다.
    if (text.length <= 3 && !rawText.startsWith('010')) {
      text = '010';
    } else if (text.length > 3 && !text.startsWith('010')) {
      // 입력된 텍스트가 '010'으로 시작하지 않으면 '010'을 자동으로 추가합니다.
      text = '010$text';
    }

    // 최대 길이를 11자로 제한합니다.
    if (text.length > 11) {
      text = text.substring(0, 11);
    }

    String formattedText = _formatPhoneNumber(text);

    // 커서 위치 조정
    int cursorPosition = phoneController.selection.baseOffset +
        (formattedText.length - rawText.length);

    // 컨트롤러 값 업데이트 부분에서는 직접 phoneController에 접근합니다.
    phoneController.value = TextEditingValue(
      text: formattedText,
      selection: TextSelection.collapsed(
          offset: cursorPosition >= formattedText.length
              ? formattedText.length
              : cursorPosition),
```

```
33      );
34    }
35
36    String _formatPhoneNumber(String text) {
37      // 하이픈 자동 삽입 로직
38      if (text.length > 3 && text.length <= 7) {
39        return '${text.substring(0, 3)}-${text.substring(3)}';
40      } else if (text.length > 7) {
41        return '${text.substring(0, 3)}-${text.substring(3, 7)}-${text.substring(7)}';
42      }
43      return text;
44    }
45  Future<bool> login(String phone, String password) async {
46     return true;
47    }
48    Future<bool> register(String password, String name, int? profile) async {
49      return true;
50    }
51  }
```

AuthController의 **03**번째 줄 updateButtonState 메서드는 텍스트 입력마다 호출되어 입력된 휴대폰 번호를 적절한 형식으로 변환합니다. 사용자가 '010'을 입력하지 않았다면 자동으로 추가하고, 필요에 따라 하이픈을 삽입하여 번호를 구조화합니다. 입력된 전화번호가 길이 제한을 초과하는 경우, 초과분을 자동으로 잘라내어 항상 올바른 형식을 유지합니다.

lib/src/screens/auth/login.dart

```
import 'package:flutter/material.dart';
import 'package:get/get.dart';

import '../../controllers/auth_controller.dart';
import '../../widgets/forms/label_textfield.dart';
import '../home.dart';

class Login extends StatefulWidget {
  const Login({super.key});

  @override
  State<Login> createState() => _LoginState();
}

```

```
class _LoginState extends State<Login> {
  final authController = Get.put(AuthController());
  final _phoneController = TextEditingController();
  final _passwordController = TextEditingController();

  @override
  void initState() {
    super.initState();
    _phoneController.addListener(() {
      authController.updateButtonState(_phoneController);
    });
  }

  @override
  void dispose() {
    _phoneController.removeListener(() {
      authController.updateButtonState(_phoneController);
    });
    super.dispose();
  }

  _submit() async {
    bool result = await authController.login(
      _phoneController.text,
      _passwordController.text,
    );
    if (result) {
      Get.offAll(() => const Home());
    }
  }

  @override
  Widget build(BuildContext context) {
    return Scaffold(
      appBar: AppBar(title: const Text('로그인')),
      body: Padding(
        padding: const EdgeInsets.symmetric(horizontal: 20),
        child: ListView(
          children: [
            LabelTextField(
              label: '휴대폰 번호',
              hintText: '휴대폰 번호를 입력해주세요',
              keyboardType: TextInputType.phone,
```

```
58                controller: _phoneController,
59              ),
60              LabelTextField(
61                label: '비밀번호',
62                hintText: '비밀번호를 입력해주세요',
63                controller: _passwordController,
64                isObscure: true,
65             ),
66              ElevatedButton(
67                onPressed: _submit,
68                child: const Text('로그인'),
69              ),
70            ],
71          ),
72        ),
73      );
74    }
75  }
```

로그인 화면에서는 _phoneController의 listener로 updateButtonState를 **24**번째 줄에서 등록하여 사용자가 휴대폰 번호를 입력할 때마다 자동으로 형식을 검사하고 조정합니다. 화면이 종료될 때는 dispose 메서드 **30**번째 줄에서 리스너를 해제하여 리소스를 효율적으로 관리합니다.

2 회원 가입 화면

홍당무마켓의 회원 가입은 휴대폰 인증 이후 간단한 정보를 기반으로 진행됩니다. 이번 섹션에서는 휴대폰 번호 인증을 받는 화면과 함께, 인증 이후 추가 정보를 기재하는 화면을 생성해 보겠습니다.

2.1 회원 가입

이번에는 회원 가입 화면을 진행해 보려고 합니다. 이 과정에서는 플러터의 Controller와 Provider를 사용하여 사용자 입력 처리, 백엔드와 통신, 화면 이동 등의 기능을 구현해 볼 것입니다.

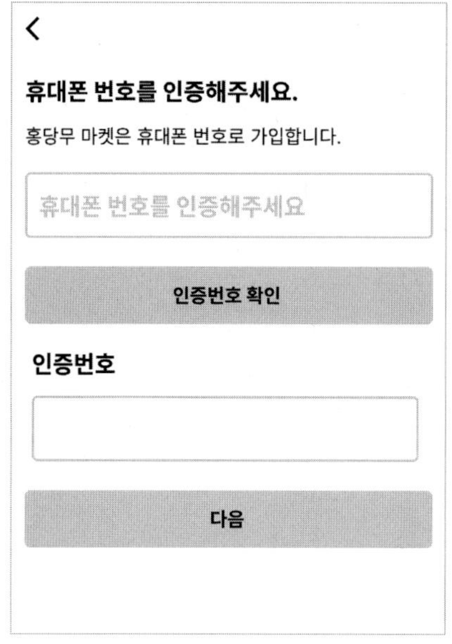

그림 6-2 홍당무마켓의 휴대폰 번호 인증 화면

회원 가입 절차

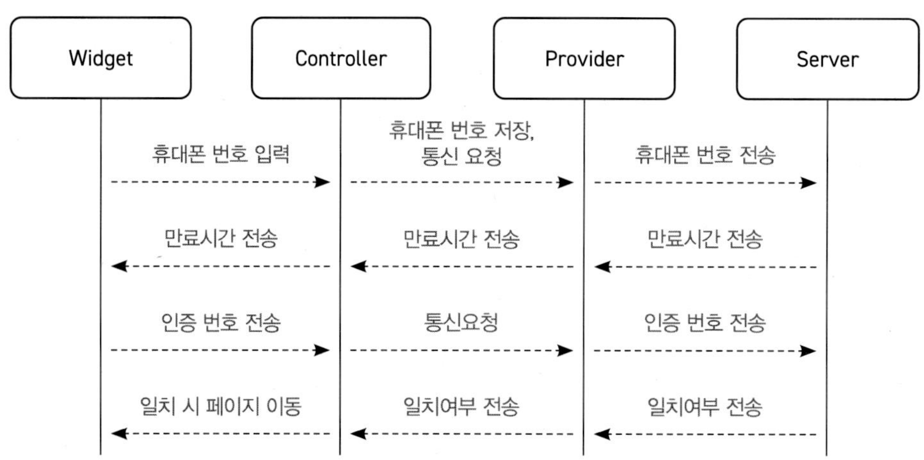

그림 6-3 홍당무마켓 애플리케이션의 휴대폰 인증 단계

회원 가입 과정은 다음 단계를 포함합니다.

1. **휴대폰 인증**: 사용자로부터 휴대폰 번호를 입력받아 인증 절차를 진행합니다. 인증 번호를 사용자의 휴대폰으로 전송하고, 사용자는 해당 인증 번호를 입력하여 인증을 완료합니다.
2. **Controller에 전송**: 사용자가 입력한 휴대폰 번호와 인증 번호는 Controller를 통해 관리됩니다. Controller는 사용자의 입력을 받아 상태를 관리하고, 필요한 로직을 처리합니다.

❸ **Provider에서 통신**: 인증 정보는 Provider를 사용하여 서버로 전송됩니다. Provider는 플러터에서 상태 관리와 비즈니스 로직을 분리하는 데 사용되는 패키지 중 하나입니다. 여기서는 사용자 인증 정보를 서버에 전송하고, 서버로부터의 응답을 처리합니다.

❹ **Controller에서 판단**: 서버로부터의 응답을 Controller가 받아 사용자 인증의 성공 여부를 판단합니다. 인증 성공 시 다음 화면으로 이동하고, 실패 시 사용자에게 오류 메시지를 표시합니다.

❺ **화면 이동**: 사용자 인증이 성공적으로 완료되면, 사용자는 애플리케이션의 다음 단계로 진행됩니다. 예를 들어, 메인 화면이나 추가 정보 입력 화면 등으로 이동할 수 있습니다.

2.2 회원 가입 UI 구성

최초의 휴대폰 번호 입력 창에 휴대폰 번호를 입력하고 전송 버튼을 누를 경우, 인증 번호를 전송받고 입력하는 과정에서 UI는 더욱 동적으로 변화합니다.

인증 번호를 성공적으로 받은 후에는 추가로 인증 번호 입력 필드가 나타나고, '인증 문자 받기' 버튼은 '재전송' 버튼으로 변경됩니다. 재전송 버튼은 사용자가 일정 시간 내에 다시 클릭할 수 없도록 일시적으로 비활성화되며, 일정 시간이 경과한 후에 다시 활성화됩니다. 또한, 인증 번호를 모두 정확히 입력하고 나면, 사용자는 '다음' 버튼을 통해 회원 가입의 다음 단계로 넘어갈 수 있습니다.

이번 장에서는 비즈니스 로직을 컨트롤러로 분리하는 방법을 소개하고, 회원 가입 과정에 필요한 추가적인 로직들을 구현하여 개선된 사용자 경험을 제공하는 방법을 살펴보겠습니다. 컨트롤러를 사용하여 로직을 관리함으로써, 우리는 애플리케이션의 유연성을 높이고, 사용자의 다양한 입력과 상황에 대응하는 동적인 UI를 구현할 수 있습니다.

상태변수 추가 및 컨트롤러 수정

회원 가입 과정을 더욱 유연하고 관리하기 쉽게 만들기 위해, AuthController 클래스에 버튼의 상태를 판단하기 위한 isButtonEnabled 상태를 추가합니다.

lib/src/controllers/auth_controller.dart

```
class AuthController extends GetxController {
  final RxBool isButtonEnabled = false.obs; // 추가

  void updateButtonState(TextEditingController phoneController) {
    // 중략

```

```
    // 맨 아랫줄에 추가
    isButtonEnabled.value = text.length == 11;
  }
}
```

isButtonEnabled: RxBool 타입으로 선언된 이 변수는 버튼의 활성화 상태를 관리합니다. false.obs로 초기화되어, Observable 상태 관리를 통해 UI의 변화를 자동으로 감지하고 반영할 수 있습니다.

회원 가입 UI에서 AuthController 활용

Register 화면에서 AuthController의 updateButtonState 함수를 사용하여 휴대폰 번호 입력창의 상태 변화를 감지하고 처리합니다. 또한, Obx 위젯을 사용하여 isButtonEnabled 상태에 따라 '인증 문자 받기' 버튼의 활성화 상태를 동적으로 관리합니다.

lib/src/screens/auth/register.dart

```
class Register extends StatefulWidget {
  const Register({super.key});

  @override
  State<Register> createState() => _RegisterState();
}

class _RegisterState extends State<Register> {
  final authController = Get.put(AuthController());
  final TextEditingController _phoneController = TextEditingController();
  final TextEditingController _codeController = TextEditingController();

  @override
  void initState() {
    super.initState();
    _phoneController.addListener(() {
      authController.updateButtonState(_phoneController);
    });
  }

  @override
  void dispose() {
    _phoneController.removeListener(() {
      authController.updateButtonState(_phoneController);
    });
```

```
    super.dispose();
  }

  _submit() {}

  @override
  Widget build(BuildContext context) {
    return Scaffold(
      appBar: AppBar(),
      body: Padding(
        padding: const EdgeInsets.symmetric(horizontal: 20),
        child: ListView(
          children: [
            Text(
              '휴대폰 번호를 인증해주세요.',
              style: Theme.of(context).textTheme.bodyLarge,
            ),
            const SizedBox(height: 8),
            const Text('홍당무는 휴대폰 번호로 가입합니다.\\n휴대폰 번호의 형태를 기입해주세요.'),
            const SizedBox(height: 8),
            TextField(
              controller: _phoneController,
              keyboardType: TextInputType.phone,
              style: const TextStyle(fontSize: 16),
              decoration: const InputDecoration(
                hintText: '휴대폰 번호를 입력해주세요',
              ),
            ),
           const SizedBox(height: 20),
            Obx(
              () => ElevatedButton(
                onPressed:
                    authController.isButtonEnabled.value ? _submit : null,
                child: const Text('인증 문자 받기'),
              ),
            ),
            Visibility(
              visible: false,
              child: Column(
                mainAxisSize: MainAxisSize.min,
                children: [
```

```
67                   SizedBox(height: 20),
68                   TextField(
69                     controller: _codeController,
70                     style: TextStyle(fontSize: 16),
71                     decoration: InputDecoration(
72                       hintText: '인증 번호를 입력해주세요',
73                     ),
74                   ),
75                   SizedBox(height: 20),
76                   ElevatedButton(onPressed: null, child: Text('인증 번호 확인')),
77                 ],
78               ),
79             ),
80           ],
81         ),
82       ),
83     );
84   }
85 }
```

62번째 줄 Visibility 위젯을 통해 인증 번호 입력 필드와 인증 번호 확인 버튼을 조건부로 표시합니다. 사용자가 인증 번호를 요청하면 해당 UI 요소가 화면에 나타나도록 구현할 수 있습니다.

인증 번호 재전송 시간 체크

휴대폰 인증은 사용자가 입력한 휴대폰 번호를 검증하기 좋은 방법입니다. 하지만 매회 인증 시 SMS 전송 비용이 발생하게 되는데, 무분별한 인증 요청으로 인한 불필요한 지출을 막기위하여 한번 SMS를 전송한 이후에는 일정 시간동안 재요청하지 못하도록 하는 것이 기본입니다. AuthController에서 서버에서 내려준 Timer 시간을 활용해 시간을 받아와 해당 시간동안 SMS 인증 재요청을 방지하면서 "인증 문자 받기" 버튼의 텍스트를 바꿔줄 수 있는 기능을 넣어보겠습니다.

- **인증 코드 요청**: 사용자의 휴대폰 번호를 서버로 전송하고, SMS로 인증 번호를 요청합니다. 서버는 요청을 처리한 후 인증 번호의 만료 시간을 포함한 응답을 반환합니다.
- **카운트다운 시작**: 서버로부터 받은 인증 번호 만료 시간을 기준으로 카운트다운을 시작합니다. 이 기간 동안 "인증 문자 받기" 버튼은 재요청을 할 수 없게 비활성화됩니다.
- **버튼 상태 업데이트**: 카운트다운이 진행되는 동안 버튼의 텍스트는 남은 시간을 반영하여 업데이트됩니다. 만료 시간이 도래하면 버튼이 "인증 문자 다시 받기"로 변경되어 사용자가 인증 번호를 다시 요청할 수 있게 됩니다.

lib/src/controllers/auth_controller.dart

```
class AuthController extends GetxController {
    final authProvider = Get.put(AuthProvider());
  final RxBool isButtonEnabled = false.obs;
  final RxBool showVerifyForm = false.obs;
  final RxString buttonText = "인증 문자 받기".obs;
  String? phoneNumber;
  Timer? countdownTimer;

  // 휴대폰 인증 코드를 요청하는 함수
  Future<void> requestVerificationCode(String phone) async {
    Map body = await authProvider.requestPhoneCode(phone);
    if (body['result'] == 'ok') {
    phoneNumber = phone; // 인증 받은 휴대폰 번호를 저장
      DateTime expiryTime = DateTime.parse(body['expired']);
      _startCountdown(expiryTime);
    }
  }

  // 사용자가 입력한 코드를 검증하는 함수
  Future<bool> verifyPhoneNumber(String userInputCode) async {
    Map body = await authProvider.verifyPhoneNumber(userInputCode);
    if (body['result'] == 'ok') {
      return true;
    }
    Get.snackbar('인증 번호 에러', body['message'],
        snackPosition: SnackPosition.BOTTOM);
    return false;
  }

  void _startCountdown(DateTime expiryTime) {
    isButtonEnabled.value = false; // 버튼 비활성화
    showVerifyForm.value = true; // 인증 폼 활성화
    countdownTimer?.cancel(); // 기존 타이머가 있다면 취소

    countdownTimer = Timer.periodic(const Duration(seconds: 1), (timer) {
      Duration timeDiff = expiryTime.difference(DateTime.now());

      if (timeDiff.isNegative) {
        buttonText.value = "인증 문자 다시 받기";
        isButtonEnabled.value = true;
```

```
41          timer.cancel(); // 타이머 종료
42        } else {
43          // 남은 시간을 mm:ss 포맷으로 업데이트
44          String minutes = timeDiff.inMinutes.toString().padLeft(2, '0');
45          String seconds = (timeDiff.inSeconds % 60).toString().padLeft(2, '0');
46          buttonText.value = "인증문자 다시 받기 $minutes:$seconds";
47        }
48      });
49    }
50    // 나머지 동일
51  }
```

10번째 줄의 requestPhoneCode는 현재 입력된 휴대폰 번호를 서버로 전송하여 SMS 인증 번호 요청을 처리합니다. 요청이 성공적으로 처리되면 서버는 인증 번호의 만료 시간을 포함하여 응답합니다. **20**번째 줄의 verifyPhoneNumber 함수는 사용자가 입력한 인증 번호를 서버로 전송하여 검증합니다. 서버는 해당 번호의 유효성을 확인하고 결과를 반환합니다. 인증이 성공적으로 완료되면 사용자는 다음 단계로 진행할 수 있습니다. **30**번째 줄의 _startCountdown 함수는 서버로부터 받은 인증 만료 시간을 활용하여 카운트다운을 구현합니다. 만료 시간까지 남은 시간을 계산하고, 이를 버튼의 텍스트에 반영하여 매초 업데이트합니다. 이 과정은 사용자가 현재 인증 과정의 상태를 명확히 인지할 수 있게 해주며, 인증 번호의 재요청을 적절한 시점에 할 수 있도록 유도합니다.

Register 화면 업데이트

회원 가입 과정을 더욱 효율적이고 사용자 친화적으로 만들기 위해, Register 화면의 UI 구성이 업데이트되었습니다. 이 과정에서 Obx와 Visibility 위젯을 활용하여 사용자가 입력한 정보에 따라 화면 요소들이 동적으로 변화하도록 하였습니다.

추가적으로, _submit() 함수와 _confirm() 함수가 도입되어, 각각 '인증 번호 받기'와 '인증 번호 확인'의 기능을 담당합니다. 이러한 함수들의 구현은 사용자가 인증 번호를 요청하고, 서버로부터 받은 인증 번호를 검증하는 과정의 역할을 합니다.

lib/src/screens/auth/register.dart

```
_submit() {  // 추가
  authController.requestVerificationCode(_phoneController.text);
}
_confirm() async {  // 추가
  bool result = await authController.verifyPhoneNumber(_codeController.text);
  if (result) {
```

```
    Get.to(() => const RegisterForm());
  }
}

@override
Widget build(BuildContext context) {
  return Scaffold(
    appBar: AppBar(),
    body: Padding(
      padding: const EdgeInsets.symmetric(horizontal: 20),
      child: ListView(
        children: [
          Text(
            '휴대폰 번호를 인증해주세요.',
            style: Theme.of(context).textTheme.bodyLarge,
          ),
          const SizedBox(height: 8),
          const Text('홍당무는 휴대폰 번호로 가입합니다.\\n휴대폰 번호의 형태를 기입해 주세요.'),
          const SizedBox(height: 8),
          TextField(
            controller: _phoneController,
            keyboardType: TextInputType.phone,
            style: const TextStyle(fontSize: 16),
            decoration: const InputDecoration(
              hintText: '휴대폰 번호를 입력해주세요',
            ),
          ),
          const SizedBox(height: 20),
          Obx(
            () => ElevatedButton(
              onPressed:
                  authController.isButtonEnabled.value ? _submit : null,
              child: Text(authController.buttonText.value),
            ),
          ),
          Obx(  // 추가
            () => Visibility
              visible: authController.showVerifyForm.value,
              child: Column(
                mainAxisSize: MainAxisSize.min,
                children: [
                  const SizedBox(height: 20),
```

```
49                    TextField(
50                      controller: _codeController,
51                      style: const TextStyle(fontSize: 16),
52                      decoration: const InputDecoration(
53                        hintText: '인증 번호를 입력해주세요',
54                      ),
55                    ),
56                    const SizedBox(height: 20),
57                    ElevatedButton(
58                      onPressed: _confirm,  // 추가
59                      child: const Text('인증 번호 확인'),
60                    ),
61                  ],
62                ),
63              ),
64            ),
65          ],
66        ),
67      ),
68    );
```

01번째 줄의 _submit() 함수는 사용자가 '인증 번호 받기' 버튼을 클릭했을 때 호출됩니다. 사용자로부터 입력 받은 휴대폰 번호를 바탕으로 서버에 인증 번호 전송을 요청하며, 이 과정을 통해 사용자는 자신의 휴대폰으로 인증 번호를 수신할 수 있습니다. **04**번째 줄 _confirm() 함수는 '인증 번호 확인' 버튼 클릭 시 호출되는 이 함수는 사용자가 입력한 인증 번호를 서버로 전송하여 검증합니다. 인증 번호가 정확하게 일치할 경우, 사용자는 휴대폰 인증 과정을 성공적으로 마무리하고, 다음 단계로 넘어갈 수 있습니다. **57**번째 줄 ElevatedButton은 Controller에서 주는 문자열과, onPressed 상태를 받아야 하므로 Obx 위젯 안에 위치시켜서 사용합니다. **43**번째 줄 Visibility 또한 Controller에서 제어하는 상태에 따라 UI가 바뀌어야 하므로 Obx 위젯 안으로 둡니다.

프로바이더

회원 가입 과정에서 사용자 인증의 핵심 단계는 서버로 사용자의 데이터를 전송하고, 인증 번호를 요청 및 검증하는 것입니다. 이를 위해, AuthProvider를 구현하여 컨트롤러로부터 수집된 데이터를 서버에 안전하게 전송하고, 인증 과정을 진행합니다. 이 AuthProvider는 이미 구현된 **Provider** 클래스를 상속받아, 필요한 기능을 추가합니다.

lib/src/provider/auth_provider.dart

```
01 import 'provider.dart';
02 
03 class AuthProvider extends Provider {
04   Future<Map> requestPhoneCode(String phone) async {
05     final response = await post('/auth/phone', {'phone': phone});
06     return response.body;
07   }
08 
09   Future<Map> verifyPhoneNumber(String code) async {
10     final response = await put('/auth/phone', {'code': code});
11     return response.body;
12   }
13 }
```

04번째 줄의 requestPhoneCode 함수는 사용자에게서 받은 휴대폰 번호를 서버에 전송하고, 인증 번호 발송을 요청합니다. 비동기 처리 방식을 통해 서버의 응답을 기다리고, 성공적인 응답을 Map 형태로 처리합니다. 서버는 요청받은 휴대폰 번호로 인증 번호를 SMS를 통해 발송하고, 이 과정이 성공했을 경우 응답에 인증 번호 만료 시간 등의 추가 정보를 제공합니다. **09**번째 줄의 verifyPhoneNumber 함수는 사용자가 입력한 인증 번호를 서버에 전송하여 그 유효성을 검증하는 과정을 담당합니다. 비동기적으로 서버의 응답을 처리하며, 서버는 인증 번호의 정확성을 확인 후 그 결과를 반환합니다. 사용자가 제출한 인증 번호가 정확할 경우, 사용자는 성공적으로 인증을 마치고 회원 가입의 다음 단계로 넘어갈 수 있습니다.

2.3 회원 추가정보 화면

이 장에서는 휴대폰 인증을 마친 후에 사용자가 회원 가입을 완료할 수 있도록 추가 정보를 입력받는 화면을 구성하는 방법에 대해 설명합니다. 휴대폰 인증 후의 추가 정보 입력 과정은 회원 가입 절차에서 매우 중요한 단계입니다. 이 과정을 통해 사용자는 자신의 정보를 애플리케이션에 등록하게 되며, 이 정보는 추후 사용자 인증 및 개인화된 서비스 제공에 활용됩니다.

페이지 구성

휴대폰 인증이 완료되면, 사용자는 이름, 비밀번호 및 프로필 사진과 같은 추가 정보를 입력하여 회원 가입을 완료해야 합니다. 중고 거래 애플리케이션의 경우 휴대폰 인증이 주된 인증 수단이지만, 이 예제에서는 휴대폰 번호와 비밀번호를 이용하여 로그인을 처리하기 위하여 회원 가입 과정에서 비밀번호를 입력받도록 하겠습니다.

그림 6-4 회원 추가정보 화면 목업

❶ **비밀번호 및 비밀번호 확인**: 사용자의 계정 보안을 위해 비밀번호를 설정하게 합니다. 비밀번호 확인 필드를 통해 입력한 비밀번호가 정확한지 검증합니다. 이는 사용자가 실수로 잘못된 비밀번호를 설정하는 것을 방지합니다.

❷ **이름**: 사용자의 실명 또는 애플리케이션 내에서 사용할 닉네임을 입력받습니다. 이 정보는 사용자 프로필의 일부로 표시되며, 다른 사용자와의 소통에서 사용됩니다.

❸ **프로필 사진**: 사용자가 자신을 표현할 수 있는 사진을 업로드할 수 있는 기능입니다. 현재는 구현 예정이며, 추후 이미지 업로드 기능을 추가할 계획입니다.

화면 구성은 ListView를 사용하여 입력 필드를 배치합니다. 이는 다음 두 가지 이유로 Column 위젯 대신 ListView를 사용하는 것이 좋습니다.

- **키보드 커버리지 문제**: 애플리케이션에서 입력 필드가 많은 화면을 구성할 때, 키보드가 활성화되면 화면 일부를 가릴 수 있습니다. Column 위젯을 사용할 경우, 화면이 가려진 부분을 볼 수 없어 입력에 어려움이 있을 수 있습니다.

- **스크롤 가능**: ListView는 사용자가 필드를 스크롤하여 쉽게 접근할 수 있게 해줍니다. 이는 사용자 경험을 개선하고, 특히 작은 화면에서도 편리하게 정보를 입력할 수 있도록 도와줍니다.

화면 생성

이 예제에서는 플러터를 사용하여 회원 가입 폼을 구현하는 과정을 단계별로 설명합니다. 각 부분의 구성 요소와 코드가 어떻게 작동하는지 자세히 살펴보겠습니다.

lib/src/screens/auth/register_form.dart

```
class RegisterForm extends StatefulWidget {
  const RegisterForm({super.key});

  @override
  State<RegisterForm> createState() => _RegisterFormState();
}

class _RegisterFormState extends State<RegisterForm> {
  final authController = Get.put(AuthController());
  final _passwordController = TextEditingController();
  final _nameController = TextEditingController();

  _submit() async {
    bool result = await authController.register(
      _passwordController.text,
      _nameController.text,
      null,
    );
    if (result) {
      Get.off(() => const Home());
    }
  }

  @override
   Widget build(BuildContext context) {
      return Scaffold(
        appBar: AppBar(title: const Text('회원 가입')),
        body: Padding(
          padding: const EdgeInsets.symmetric(horizontal: 20),
          child: ListView(
            children: [
              // 프로필 이미지
              // 비밀번호
```

```
34                  // 비밀번호 확인
35                  // 닉네임
36                  // 버튼
37                ],
38              ),
39            ),
40          );
41        }
42      }
```

14번째 줄의 _submit 함수는 입력된 데이터를 검증 후 회원 가입을 시도하며, 성공 시 홈 화면으로 이동합니다. **31**번째 줄의 ListView는 화면 요소들을 세로로 배열하고, 키보드가 활성화될 때 스크롤을 가능하게 합니다. **32**번째 줄 이후의 내용은 다음 내용에서 하나씩 채워가 보겠습니다.

ListView 내 요소 추가

CircleAvatar를 사용하여 사용자가 프로필 이미지를 추가할 수 있는 공간을 작성합니다. 회색 배경에 카메라 아이콘이 표시되어 이미지 업로드 기능이 있다는 것을 암시합니다. 지금은 업로드 기능을 구현하지 않지만, 이미지 업로드 라이브러리를 학습한 이후 리팩토링할 것입니다.

lib/src/screens/auth/register_form.dart

```
// 프로필 이미지
const CircleAvatar(
  radius: 40,
  backgroundColor: Colors.grey,
  child: Icon(Icons.camera_alt, color: Colors.white, size: 30),
),
const SizedBox(height: 16),
```

비밀번호 및 비밀번호 확인 필드를 추가합니다.

lib/src/screens/auth/register_form.dart

```
// 비밀번호
Text('비밀번호', style: Theme.of(context).textTheme.labelLarge),
const SizedBox(height: 8),
TextField(
  controller: _passwordController,
  obscureText: true,
```

```
07     style: const TextStyle(fontSize: 16),
08     decoration: const InputDecoration(
09       hintText: '비밀번호를 입력해주세요',
10     ),
11   ),
12   const SizedBox(height: 16),
13   // 비밀번호 확인
14   Text('비밀번호 확인', style: Theme.of(context).textTheme.labelLarge),
15   const SizedBox(height: 8),
16   TextField(
17     obscureText: true,
18     style: const TextStyle(fontSize: 16),
19     decoration: const InputDecoration(
20       hintText: '비밀번호를 한번 더 입력해주세요',
21     ),
22   ),
23   const SizedBox(height: 16),
```

02번째 줄 Theme.of(context).textTheme.labelLarge를 통해 현재 사용하고 있는 컨텍스트의 labelLarge에 적용한 텍스트 스타일을 사용한다는 의미입니다. **18**번째 줄 사용자의 개인 정보 보호를 위해 obscureText 속성을 사용하여 입력 내용을 숨깁니다.

닉네임 입력 및 가입버튼

lib/src/screens/auth/register_form.dart

```
// 닉네임
Text('닉네임', style: Theme.of(context).textTheme.labelLarge),
const SizedBox(height: 8),
TextField(
  controller: _nameController,
  style: const TextStyle(fontSize: 16),
  decoration: const InputDecoration(
    hintText: '닉네임을 입력해주세요',
  ),
),
const SizedBox(height: 16),
// 버튼
ElevatedButton(
 onPressed: _submit,
  child: const Text('회원 가입'),
),
```

13번째 줄의 '회원 가입' 버튼은 _submit 함수를 호출하여 폼을 제출합니다. 폼이 유효하면 등록 절차를 계속 진행합니다.

컨트롤러 & 프로바이더

다음 설명에서 회원 가입 로직을 처리하는 컨트롤러와 프로바이더의 역할과 코드를 자세히 설명하겠습니다.

컨트롤러

lib/src/controllers/auth_controller.dart

```
Future<bool> register(String password, String name, int? profile) async {
  Map body = await authProvider.register(phoneNumber!, password, name, profile);
  if (body['result'] == 'ok') {
    return true;
  }
  Get.snackbar('회원 가입 에러', body['message'], snackPosition: SnackPosition.BOTTOM);
  return false;
}
```

- **역할**: 사용자로부터 받은 데이터를 프로바이더를 통해 서버에 전달하고, 서버로부터의 응답을 기반으로 다음 동작을 결정합니다.
- **authProvider.register**: 컨트롤러는 authProvider를 통해 서버에 사용자 정보를 전송합니다. 이 때 전달되는 데이터는 전화번호, 비밀번호, 이름, 프로필 사진 정보입니다.
- **응답 처리**: 서버로부터 응답을 받아 결과가 성공적인 경우 true를 반환합니다. 실패한 경우, 하단에 에러 메시지를 표시하는 스낵바를 출력하고 false를 반환합니다.

프로바이더

lib/src/provider/auth_provider.dart

```
  Future<Map> register(String phone, String password, String name,
      [int? profile]) async {
    final response = await post('/api/register', {
     'phone': phone,
      'password': password,
      'name': name,
      'profile': profile,
```

```
    });
    return response.body;
  }
```

- **역할**: 실제 네트워크 통신을 통해 서버에 데이터를 전송하고 응답을 받는 부분을 담당합니다.
- **HTTP 요청**: post 메서드를 사용하여 서버의 '/api/register' 엔드 포인트로 회원 가입 관련 데이터를 전송합니다.
- **응답 반환**: 서버로부터 받은 응답의 바디를 Map 형태로 반환하여 컨트롤러에서 사용할 수 있게 합니다.

3 마이페이지 화면

홈 화면의 다양한 탭 중 마지막 탭으로 마이페이지를 구현할 것입니다. 여기에는 사용자의 개인 정보, 판매 내역, 이용 약관 등의 정보가 포함됩니다. 이는 사용자에게 자신의 활동을 한 눈에 확인할 수 있는 중심적인 공간을 제공합니다.

3.1 마이페이지 화면

마이페이지 UI 구성

마이페이지는 별도의 상단 바 없이 깔끔하게 정보가 제시됩니다. 이 페이지에서는 사용자 프로필, 거래 내역, 관심 목록 등 중요한 정보들을 직관적으로 접근할 수 있도록 디자인되었습니다. 먼저, 사용자의 프로필 정보를 표시할 수 있는 UserMypage 위젯을 별도로 분리하여 구현합니다. 이렇게 분리함으로써 추후에 프로필 수정이나 추가 기능을 쉽게 확장할 수 있는 구조를 마련합니다.

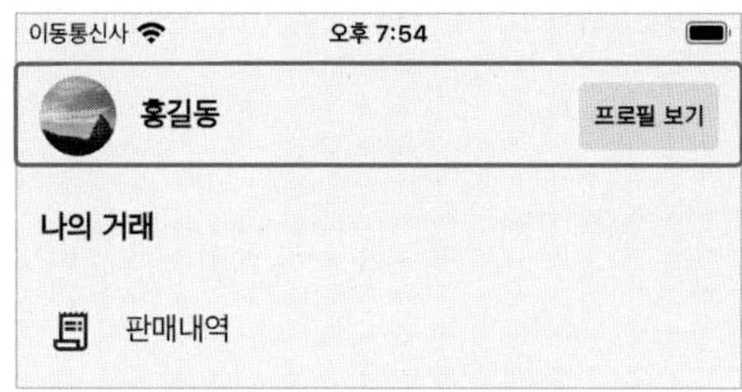

그림 6-5 UserMypage 위젯의 구현 모습

lib/src/widgets/listitems/user_mypage.dart

```
class UserMypage extends StatelessWidget {
  final UserModel user;
  const UserMypage(this.user, {super.key});

  @override
  Widget build(BuildContext context) {
    return InkWell(
      onTap: null,
      child: Padding(
        padding: const EdgeInsets.all(12.0),
        child: Row(
          mainAxisAlignment: MainAxisAlignment.spaceBetween,
          children: [
            Row(
              children: [
                CircleAvatar(
                  backgroundImage: NetworkImage(user.profileUrl),
                ),
                const SizedBox(width: 12),
                Text(
                 user.name,
                  style: Theme.of(context).textTheme.labelLarge,
                ),
              ],
            ),
            Container(
              decoration: BoxDecoration(
                color: Colors.grey.shade200,
                borderRadius: BorderRadius.circular(4),
              ),
              padding: const EdgeInsets.all(8),
              child: const Text(
                '프로필 보기',
                style: TextStyle(fontSize: 12, fontWeight: FontWeight.bold),
              ),
            )
          ],
        ),
      ),
    );
```

```
  }
}
```

앞의 코드에서 UserMypage는 사용자의 기본 정보와 프로필 보기 옵션을 포함하고 있습니다. 이 위젯은 사용자가 자신의 정보를 빠르게 확인하고 필요에 따라 상세 정보로 넘어갈 수 있는 진입점을 제공합니다.

다음으로, MyPage 클래스에서 UserMypage를 호출하여 사용자 프로필 화면을 페이지에 포함시키고, 거래 내역 및 기타 관련 메뉴를 나열합니다.

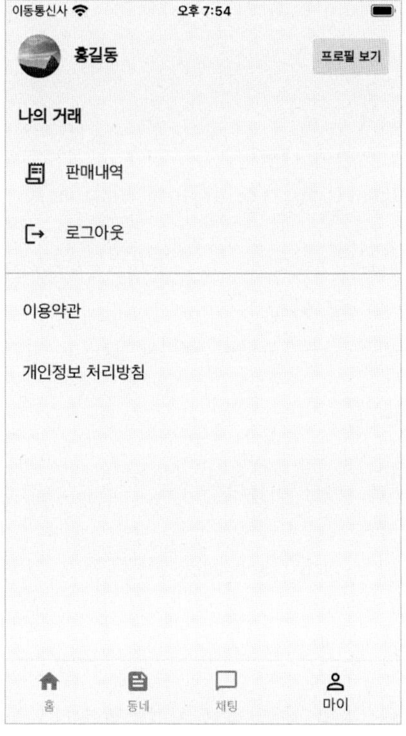

그림 6-6 4번째 탭 마이페이지 모습

lib/src/screens/my/mypage.dart

```
class MyPage extends StatelessWidget {
  const MyPage({super.key});

  @override
  Widget build(BuildContext context) {
    return Scaffold(
```

```
      body: SafeArea(
        child: Column(
          crossAxisAlignment: CrossAxisAlignment.start,
          children: [
            // 프로필
            UserMypage(UserModel(id: 1, name: '홍길동')),
            // 기타 메뉴
            Padding(
              padding: const EdgeInsets.all(12.0),
              child: Text(
                '나의 거래',
                style: Theme.of(context).textTheme.labelLarge,
              ),
           ),
            const ListTile(
              title: Text('판매 내역'),
              leading: Icon(Icons.receipt_long_outlined),
            ),
            const ListTile(
              title: Text('로그아웃'),
              leading: Icon(Icons.logout_outlined),
            ),
            const Divider(),
            ListTile(
              title: const Text('이용약관'),
              onTap: () {
                Get.to(() => const WebPage('이용약관', '/page/terms'));
              },
            ),
            ListTile(
              title: const Text('개인정보 처리방침'),
              onTap: () {
                Get.to(() => const WebPage('개인정보 처리방침', '/page/policy'));
              },
            ),
          ],
        ),
      ),
    );
  }
}
```

07번째 줄의 SafeArea는 이 위젯은 화면 상단의 시간 영역이나 하단의 터치 영역같은 특수 공간을 고려하여 안전한 영역 내에서 UI를 배치합니다. 이로써 모든 기기에서 일관된 사용자 경험을 제공합니다. **12**번째 줄의 프로필 위젯은 사용자의 기본 정보를 보여주며, '프로필 보기' 버튼을 통해 상세 정보 페이지로 이동할 수 있습니다. 프로필 정보 옆에는 설정이나 추가 정보 수정을 유도하는 버튼이 배치됩니다. **14**번째 줄의 나의 거래 및 기타 메뉴는 사용자의 거래 내역, 로그아웃 같은 개인적인 항목들을 쉽게 접근할 수 있도록 리스트 타일을 사용하여 구성하였습니다. 이들은 각각의 기능에 맞게 아이콘과 함께 제공되어 사용자가 각 기능을 빠르게 인식할 수 있습니다.

탭 위젯 추가

마이페이지를 홈 화면의 탭 중 하나로 추가하기 위해, home.dart 파일 내 IndexedStack을 사용하는 탭 구성에서 마이페이지 화면을 포함하도록 설정합니다.

```
final List<Widget> myTabItems = [
  FeedIndex(),
  Center(child: Text('동네')),
  Center(child: Text('채팅')),
  MyPage(),
];
```

3.2 페이지 화면

화면 구성

마이페이지에서 사용자가 액세스할 수 있는 다양한 법적 문서나 정보 페이지들을 웹 뷰를 통해 제공할 계획입니다. 이를 위해 WebPage 위젯을 구성하였고, 이 위젯은 플러터 내에서 웹 콘텐츠를 불러오는 기능을 담당합니다. 사용자는 이를 통해 애플리케이션 내부에서 직접적으로 '이용약관'이나 '개인정보 처리 방침'과 같은 중요한 문서들을 볼 수 있습니다.

lib/src/screens/my/webpage.dart

```
import 'package:carrot_flutter/src/shared/global.dart';
import 'package:flutter/material.dart';

class WebPage extends StatelessWidget {
  final String title;
  final String url;
```

```
  const WebPage(this.title, this.url, {super.key});

  @override
  Widget build(BuildContext context) {
    return Scaffold(
      appBar: AppBar(
        title: Text(title),
      ),
      body: Center(child: Text("페이지 로드 : ${Global.baseUrl}$url")),
    );
  }
}
```

WebPage 위젯은 주소(URL)와 제목을 인자로 받아, 해당 웹페이지를 애플리케이션 내에서 직접 띄웁니다. 이는 Scaffold의 body 영역에 웹 콘텐츠를 중앙에 표시하는 간단한 구조로 설정되어 있습니다. 사용자가 페이지를 요청하면, 실제 웹 서버의 주소(Global.baseUrl)와 결합하여 최종 URL을 형성하고, 이 URL에서 데이터를 불러와 화면에 표시합니다.

마이페이지의 각 리스트 타일은 특정 페이지로의 링크를 제공하는 트리거 역할을 합니다. 사용자가 타일을 탭 하면 Get.to() 함수를 통해 WebPage가 호출되고, 사용자는 새로운 페이지에서 필요한 정보를 확인할 수 있습니다. 이는 사용자 경험을 향상시키며, 정보 접근성을 높이는 효과적인 방법입니다.

lib/src/screens/my/mypage.dart

```
ListTile(
  title: const Text('이용약관'),
  onTap: () {
    Get.to(() => const WebPage('이용약관', '/page/terms'));
  },
),
ListTile(
  title: const Text('개인정보 처리방침'),
  onTap: () {
    Get.to(() => const WebPage('개인정보 처리방침', '/page/policy'));
  },
),
```

그림 6-7 WebPage 초기 구현 모습

Memo

7장

Node.js 기본 문법

플러터를 통해 애플리케이션 개발에 대한 기초를 다져본 후, 이제 서버를 다루는 법을 배울 차례입니다. Node.js에서 사용하는 자바스크립트 언어와 서버에 대한 내용은 그 깊이와 범위가 방대하여, 모두 다루기 어렵습니다. 이 책에서는 애플리케이션 및 서버 개발의 전반적인 흐름을 파악하고, 기본적인 이해를 돕기 위해 필수적인 내용만을 선별하여 소개하겠습니다.

1 개발환경 설정하기

Node.js는 서버 사이드 언어로, 이를 사용하기 위해서는 컴퓨터에 Node.js를 설치해야 합니다. 이번 장에서는 Node.js와 필요한 도구들을 설치하여 개발 환경을 준비하는 과정을 다루겠습니다.

1.1 Node.js 설치하기

서버 개발 환경을 구축할 때 가장 중요한 점 중 하나는 사용하는 언어의 버전 관리입니다. 모바일 애플리케이션 개발과는 달리, 서버 개발에서는 배포된 서버의 Node.js 버전에 맞춰 개발을 진행해야 합니다. 이는 프로젝트의 호환성과 안정성을 보장하기 위함입니다. 초기 학습 단계에서는 공식 웹사이트에서 Node.js를 다운로드하여 설치하는 것이 간편하겠지만, 실제 배포 환경에서는 서버가 지원하는 Node.js 버전에 맞춰 개발 환경을 조정하는 것이 필요합니다.

공식 웹사이트 다운로드 설치

Node.js 공식 웹사이트(https://nodejs.org)에서는 최신 버전과 LTS(Long Term Support, 장기 지원 버전)을 제공합니다. 개발 초기 단계에서는 최신 버전을 사용하여 Node.js의 최신 기능을 경험할 수 있으나, 실제 서비스를 위해서는 안정성이 검증된 LTS 버전의 사용을 권장합니다.

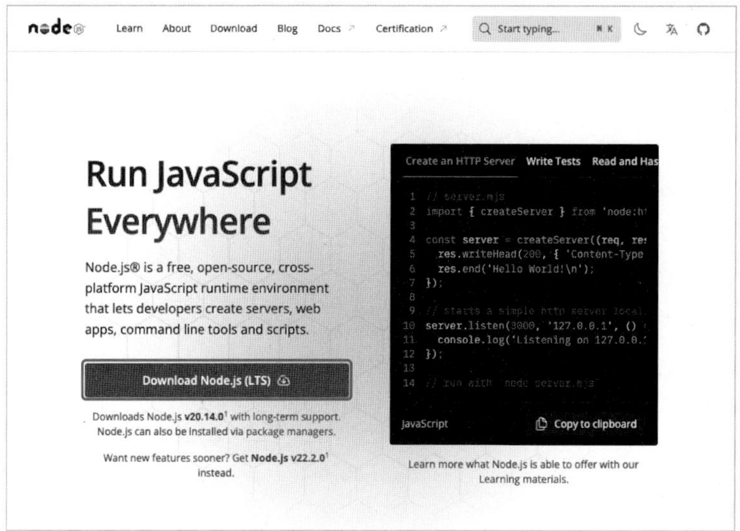

그림 7-1 nodejs.org 사이트 다운로드 버튼

매킨토시 사용자는 .pkg 파일 형식으로, 윈도우 사용자는 .exe 파일 형식으로 설치 파일을 내려받을 수 있습니다. 다운로드 후 간단한 설치 과정을 통해 Node.js를 설치할 수 있습니다.

NVM을 통한 설치

nvm은 다양한 버전의 Node.js를 손쉽게 설치하고 관리할 수 있는 버전 관리 시스템입니다. 이는 여러 프로젝트에서 서로 다른 버전의 Node.js가 요구될 때 특히 유용하며, 필요에 따라 버전을 쉽게 전환하며 개발할 수 있는 유연성을 제공합니다.

nvm의 설치는 GitHub에서 제공하는 최신 버전의 쉘 스크립트를 다운로드하여 bash 또는 zsh 쉘에서 실행하는 것으로 시작합니다. 매킨토시 사용자의 경우, 버전 10.15(Catalina)부터 기본 쉘이 zsh로 변경되었으므로, 터미널에서 다음의 스크립트 중 하나를 실행하여 nvm을 설치할 수 있습니다.

```
# CURL이 설치되어 있는 경우
curl -o- <https://raw.githubusercontent.com/nvm-sh/nvm/v0.39.7/install.sh> | bash
# WGET이 설치되어 있는 경우
wget -qO- <https://raw.githubusercontent.com/nvm-sh/nvm/v0.39.7/install.sh> | bash
```

설치 후, 쉘의 설정 파일(~/.bash_profile, ~/.zshrc, ~/.bashrc, ~/.profile)에 다음 내용을 추가함으로써 nvm이 올바르게 로드되도록 설정합니다.

```
export NVM_DIR="$([ -z "${XDG_CONFIG_HOME-}" ] && printf %s "${HOME}/.nvm" || printf %s "${XDG_CONFIG_HOME}/nvm")"
[ -s "$NVM_DIR/nvm.sh" ] && \\. "$NVM_DIR/nvm.sh" # This loads nvm
```

이 설정을 마친 후, 터미널을 재시작하고 nvm -v 명령어로 nvm의 버전이 정상적으로 표시되는지 확인할 수 있습니다.

윈도우 사용자의 경우, **nvm-windows**라는 별도의 프로젝트를 통해 nvm을 사용할 수 있습니다. nvm-windows의 공식 GitHub 페이지(https://github.com/coreybutler/nvm-windows/releases)에서 **nvm-setup.exe** 파일을 다운로드하여 설치하면 윈도우 환경에서도 여러 버전의 Node.js를 관리할 수 있게 됩니다.

설치 확인 및 업데이트 방법

nvm이 성공적으로 설치되었다면, 이제 원하는 버전의 Node.js를 설치하고 사용할 준비가 되었습니다. 일반적으로, 안정성과 호환성을 고려하여 현재의 최신 LTS를 사용하는 것이 권장됩니다.

```
nvm install 20.11.1
nvm alias default 20.11.1
```

위 명령어는 Node.js의 버전 20.11.1을 설치하고, 해당 버전을 기본 Node 버전으로 설정하여 사용하도록 합니다. 'nvm install' 명령어로 원하는 버전의 Node.js를 설치하고, 'nvm use' 명령으로 현재 세션에서 사용할 Node.js의 버전을 지정합니다. 마지막으로, 'nvm alias default' 명령은 시스템의 기본 Node.js 버전을 설정합니다.

설치가 완료된 후, 다음과 같은 명령어를 입력하여 설치된 Node.js 버전을 확인할 수 있습니다.

```
node -v
```

이 명령어를 실행했을 때, 설치한 버전 번호(예: v20.11.1)가 출력된다면, Node.js 설치 및 설정이 성공적으로 완료된 것입니다.

1.2 npm 이해 및 사용

플러터 애플리케이션 개발에서는 다양한 라이브러리의 도움을 받아왔습니다. 이때, 라이브러리 정보는 pubspec.yaml 파일에 저장됩니다. 비슷하게, Node.js 애플리케이션 개발 시에는 npm(Node Package Manager)을 이용하여 패키지를 관리합니다. 패키지 관리에 필요한 정보는 package.json 파일에 기록됩니다. 이 장에서는 npm의 기본 개념, package.json 파일의 구조와 의미, 그리고 의존성 관리 및 npm 업데이트 방법에 대해 자세히 살펴보겠습니다.

npm 개념 및 기본 명령어

서버 개발 시, 다양한 기능을 수행하기 위해 수많은 라이브러리가 필요합니다. 이는 데이터베이스 연결, 소켓 통신, 파일 처리, 백업, 토큰 관리, 인증, 보안 등 다양한 분야에 걸쳐 있습니다. 대부분의 개발자들이 이러한 기능들을 처음부터 모두 만들기는 어렵기 때문에, 잘 관리되고 검증된 패키지들을 선택해 사용하게 됩니다. Node.js는 오랜 기간 동안 프론트엔드 및 백엔드 개발에 사용되어 왔으며, 이로 인해 방대한 수의 패키지들이 npmjs.org에 등록되어 있습니다. 개발자들은 이 사이트에서 필요한 패키지들을 검색하고, 설치하여 프로젝트에 적용할 수 있습니다.
npm을 사용한 패키지 관리에는 몇 가지 기본적인 명령어들이 있습니다.

- **npm init**: 새로운 Node.js 프로젝트를 시작하고, package.json 파일을 생성합니다. 이 파일은 프로젝트의 메타데이터와 의존성 정보를 담고 있습니다.

- **npm install 〈package_name〉**: 지정된 패키지를 설치하고, 프로젝트의 package.json 파일에 의존성으로 추가합니다. g 옵션을 추가하면 패키지를 전역으로 설치할 수 있습니다.
- **npm uninstall 〈package_name〉**: 프로젝트에서 특정 패키지를 제거합니다.
- **npm update**: 프로젝트의 의존성을 최신 버전으로 업데이트합니다.
- **npm list**: 프로젝트에 설치된 패키지와 그 의존성을 나열합니다.

이제 홍당무마켓의 서버 파일을 저장할 디렉터리(폴더)를 생성해야 합니다. 디렉터리를 만든 후 해당 디렉터리로 이동하고, 다음 명령어를 실행하여 새로운 Node.js 프로젝트를 시작하고 package.json 파일을 생성하세요.

```
npm init -y
```

이 명령어는 기본 설정을 사용하여 package.json 파일을 자동으로 생성합니다.

package.json 파일 구조와 의미

package.json 파일을 열어보면 다음과 같은 구조를 볼 수 있습니다.

```
{
  "name": "carrot_server",
  "version": "1.0.0",
  "description": "",
  "main": "index.js",
  "scripts": {
    "test": "echo \\"Error: no test specified\\" && exit 1"
  },
  "keywords": [],
  "author": "",
  "license": "ISC"
}
```

각 필드의 의미는 다음과 같습니다.

- **name**: 프로젝트의 이름입니다.
- **version**: 프로젝트의 현재 버전입니다.
- **description**: 프로젝트 설명입니다. 간단하게 프로젝트가 무엇인지 설명합니다.
- **main**: 프로그램의 진입점을 지정하는 파일 이름입니다. Node.js가 이 파일을 실행하여 애플리케이션

을 시작합니다.

- **scripts**: npm 스크립트 명령어를 정의하는 부분입니다. 예를 들어, npm test 명령어는 이곳에 정의된 스크립트를 실행합니다.
- **keywords**: 프로젝트를 찾을 때 도움이 되는 키워드 배열입니다.
- **author**: 프로젝트의 저자 정보입니다.
- **license**: 프로젝트 라이선스 정보입니다. 이 필드는 프로젝트를 어떻게 사용할 수 있는지 정의합니다.

Hello World!

이제 package.json과 같은 디렉터리에 index.js 파일을 생성합니다. 이 파일에는 다음과 같은 코드를 작성합니다.

```
console.log('Hello World!');
```

이 코드를 작성한 후, 콘솔에서 node index.js 명령어를 사용해 파일을 실행하면, 콘솔에 "Hello World!"라는 문구가 출력됩니다. 이로써 우리는 Node.js를 이용해 첫 번째 애플리케이션을 작성한 것입니다.

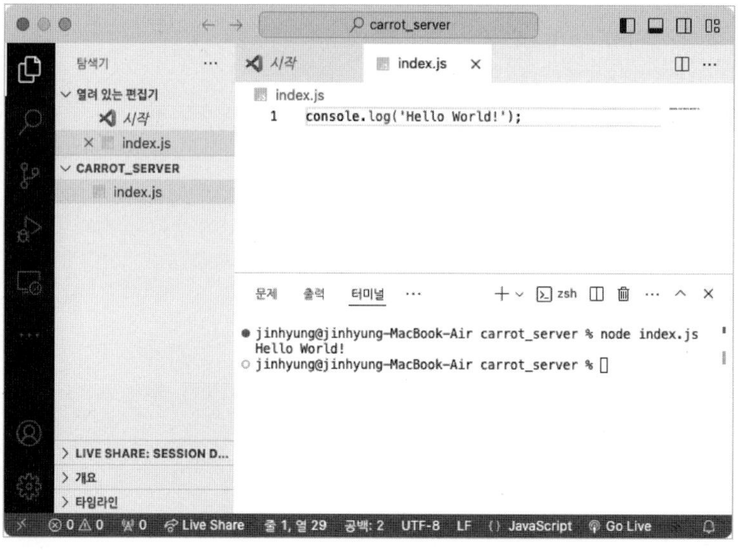

그림 7-2 Node.js Hello World 모습

실행은 node index.js로 할 수 있지만, 보다 편리하게 실행하기 위해 package.json의 scripts 부분에 start라는 스크립트를 추가할 수 있습니다. 다음은 내용을 보면 확인할 수 있습니다.

```
"scripts": {
  "start": "node index.js"
}
```

이 코드를 package.json 파일의 scripts 부분에 추가하면, 이후 npm start 또는 npm run start 명령어로 애플리케이션을 더 쉽게 실행할 수 있습니다. 이 명령어를 사용하면 package.json에 정의된 start 스크립트가 실행되어 index.js 파일이 Node.js를 통해 실행됩니다. 이러한 방식으로 package.json 스크립트를 활용하면, 프로젝트의 실행, 빌드, 테스트 등 다양한 작업을 보다 쉽게 관리할 수 있습니다. scripts 부분에는 개발자의 요구에 맞춰 다양한 명령어를 추가할 수 있습니다.

2 변수와 자료형

변수와 자료형은 프로그래밍의 기본 개념으로, 데이터를 저장하고 처리하는 방법을 이해하는 데 중요합니다. 자바스크립트는 ES6 이후 다양한 키워드를 통해 변수를 선언할 수 있게 되었으며, 이로 인해 조금 복잡해질 수 있습니다. 자바스크립트만의 독특한 특성과 자료형들을 이해하는 것이 중요합니다.

2.1 변수 선언 및 사용

자바스크립트 변수 var, let, const의 차이

자바스크립트에서 변수를 선언하는 방법으로 var, let, const가 있습니다. 이 세 가지 키워드는 각각 다른 특성이 있어, 사용하는 상황에 따라 선택이 필요합니다.

var

- var 키워드로 선언된 변수는 함수 레벨 스코프를 가집니다. 즉, 함수 내에서 선언된 var 변수는 함수 전체에서 유효하지만, 함수 외부에서 선언된 var 변수는 전역 스코프를 가집니다.
- var로 선언된 변수는 같은 스코프 내에서 재선언이 가능합니다.
- 초기화하지 않고 선언된 변수는 undefined로 초기화됩니다.

- 호이스팅이 발생합니다. 변수의 선언부분이 스코프의 최상단으로 끌어올려지는 현상을 의미합니다.

```
var greeting = "Hello, world!";
console.log(greeting); // 출력: Hello, world!

var greeting = "Hello, again!";
console.log(greeting); // 출력: Hello, again!
```

let

- let 키워드로 선언된 변수는 블록 레벨 스코프를 가집니다. 이는 변수가 선언된 블록(중괄호 {} 안) 내에서만 유효하다는 의미입니다.
- let으로 선언된 변수는 재선언이 불가능하지만, 재할당은 가능합니다.
- 초기화하지 않고 선언된 변수는 undefined로 초기화됩니다.
- 변수 선언이 호이스팅되지만, 초기화는 호이스팅되지 않아, 선언 전에 접근하려 하면 Reference-Error가 발생합니다.

```
let message = "Hello, world!";
onsole.log(message); // 출력: Hello, world!

message = "Hello, again!";
console.log(message); // 출력: Hello, again!

let message; // 문법 에러: 식별자 'message' 가 이미 선언되었습니다.
```

const

- const도 let과 같이 블록 레벨 스코프를 가집니다.
- const로 선언된 변수는 재 선언 및 재할당이 모두 불가능합니다. 따라서, 선언과 동시에 초기화해야 합니다.
- 객체나 배열과 같은 참조 타입을 const로 선언하는 경우, 객체나 배열 내부의 값을 변경할 수 있습니다. 변경 불가능한 것은 변수에 할당된 메모리 주소입니다.

```
const greeting = "Hello, world!";
console.log(greeting); // 출력: Hello, world!

greeting = "Hello, again!"; // 타입 에러: 상수의 값을 바꾸려 하였습니다.
```

```

const obj = { message: "Hello" };
obj.message = "Hello, again!";
console.log(obj.message); // 출력: Hello, again!
```

이러한 차이점들을 이해하고 올바르게 활용하면, 코드의 가독성과 유지 보수성을 크게 향상시킬 수 있습니다. var는 가능한 사용을 피하고, 변수의 재할당이 필요한 경우에만 let을 사용하며, 변하지 않는 값을 다룰 때는 const를 사용하는 것이 좋습니다.

스코프와 호이스팅

스코프와 호이스팅은 자바스크립트에서 변수의 생명주기를 이해하는 데 중요한 개념입니다.

스코프

- 스코프는 변수가 선언되어 있는 범위를 의미하며, 이 범위에 따라 변수에 접근할 수 있는 유효 범위가 결정됩니다. 자바스크립트에는 크게 전역 스코프, 함수 스코프, 블록 스코프 세 가지 유형의 스코프가 있습니다.
- **전역 스코프**: 코드의 어느곳에서든 접근할 수 있는 변수들이 속하는 스코프입니다.
- **함수 스코프**: 함수 내부에서 선언된 변수들은 해당 함수 내부에서만 접근할 수 있습니다(var 키워드로 선언된 변수가 여기에 해당).
- **블록 스코프**: {}로 둘러싸인 코드 블록 내에서 선언된 변수들은 해당 블록 내에서만 접근할 수 있습니다(let과 const 키워드로 선언된 변수가 여기에 해당).

```
if (true) {
    var varVariable = "I'm var";
    let letVariable = "I'm let";
}
console.log(varVariable); // 출력: I'm var
console.log(letVariable); // 참조 에러: letVariable이 정의되지 않았습니다.
```

호이스팅

- 호이스팅은 변수 선언이 해당 스코프의 최상단으로 끌어올려지는 것처럼 동작하는 자바스크립트의 특징입니다.
- var로 선언된 변수는 선언과 초기화가 함께 호이스팅되므로, 선언하기 전에 사용할 수 있습니다(단, undefined로 평가됩니다).

- let과 const로 선언된 변수는 선언은 호이스팅되지만, 초기화는 호이스팅되지 않습니다. 따라서, 선언 전에 접근하려고 하면 참조 에러가 발생합니다.

```
console.log(hoistedVar); // 출력: undefined
var hoistedVar = "I'm hoisted";

console.log(hoistedLet); // 참조 에러: 초기화 전에 'hoistedLet'에 접근할 수 없습니다.
let hoistedLet = "I'm not hoisted the same way";
```

스코프와 호이스팅을 이해하는 것은 변수를 적절한 위치에 선언하고, 예기치 않은 에러를 방지하기 위해 필수적입니다. 또한, 코드의 가독성과 유지 보수성을 높이는 데 도움을 줍니다. 자바스크립트를 작성할 때는 가능한 var 대신 let이나 const를 사용하여 변수를 선언하는 것이 좋으며, 이를 통해 블록 스코프를 활용하고 호이스팅으로 인한 혼란을 줄일 수 있습니다.

템플릿 리터럴과 확장 문자열 표현

템플릿 리터럴[1]은 ES6(ECMAScript 2015)에서 도입된 문자열 표현 방식으로, 백틱(`)을 사용해 표현됩니다. 템플릿 리터럴을 사용하면 문자열 내에 변수나 표현식을 삽입할 수 있으며, 멀티 라인 문자열을 쉽게 만들 수 있습니다. 이 외에도 태그된 템플릿 리터럴을 통해 문자열 처리 기능을 확장할 수 있습니다.

기본 사용법

- ${} 구문을 사용하여 변수나 표현식을 문자열 안에 포함시킬 수 있습니다.
- 여러 줄에 걸친 문자열도 백틱(`)을 사용하여 간편하게 표현할 수 있습니다.

```
const name = "World";
console.log(`Hello, ${name}!`); // 출력: Hello, World!

const multiLineString = `This is a string
that spans across
multiple lines.`;
console.log(multiLineString);
```

1 프로그래밍 언어에서 값을 직접 표현하는 고정된 데이터입니다. 예를 들어, 숫자 5, 문자열 "hello", 또는 논리값 true와 같은 것이 리터럴입니다. 리터럴은 프로그램 실행 중에 변경되지 않는 상수를 나타냅니다.

태그된 템플릿 리터럴

함수와 템플릿 리터럴을 결합하여, 템플릿의 각 부분을 함수의 인수로 전달하고, 문자열을 원하는 방식으로 처리할 수 있습니다.

이 방법을 통해 문자열의 삽입된 값을 적절히 표현하거나, 국제화 처리 같은 복잡한 문자열 처리 작업을 할 수 있습니다.

```
function tag(strings, value1) {
    return `${strings[0]}${value1.toUpperCase()}${strings[1]}`;
}

const name = "world";
console.log(`Hello, ${name}!`); // 출력: Hello, WORLD!
```

기타 문자열 표현

- 문자열 연결: 고전적인 방법으로, + 연산자를 사용해 문자열을 연결할 수 있습니다. 간단한 경우에 유용하지만, 복잡한 문자열이나 여러 변수, 표현식을 조합해야 할 때는 템플릿 리터럴이 더 편리합니다.
- 문자열 객체의 메서드 사용: String.prototype에는 문자열을 조작할 수 있는 다양한 메서드(char At(), slice(), toUpperCase(), toLowerCase(), 등)가 있습니다. 이 메서드들은 문자열을 다룰 때 유용하게 사용할 수 있습니다.

템플릿 리터럴은 자바스크립트에서 문자열을 다루는 현대적이고 강력한 방법을 제공합니다. 코드의 가독성을 높이고, 복잡한 문자열 조작을 단순화하는 데 도움이 됩니다. 가능한 문자열 처리에는 템플릿 리터럴을 활용하는 것이 좋으며, 특히 멀티 라인 문자열이나 복잡한 문자열 표현에 있어서 그 장점이 두드러집니다.

2.2 기본 자료형과 객체

자바스크립트에서는 다양한 데이터 유형을 제공하여, 다양한 데이터를 효과적으로 처리할 수 있습니다. 기본 자료형(primitive data types)과 객체(object)는 자바스크립트의 핵심 구성 요소입니다.

숫자, 문자열, 불리언

숫자(Number): 자바스크립트는 정수와 실수 구분 없이 하나의 숫자 유형만을 제공합니다. 정수, 부동 소수점 숫자, 특수 숫자 값(NaN[2], Infinity)을 포함합니다.

```
let integer = 10;
let float = 10.5;
let special = NaN;
```

문자열(String): 텍스트 데이터를 표현하기 위한 유형입니다. 작은 따옴표('), 큰 따옴표(""), 또는 백틱(`)으로 텍스트를 감싸서 문자열을 생성할 수 있습니다.

```
let singleQuoted = 'Hello';
let doubleQuoted = "World";
let templateLiteral = `Hello World`;
```

불리언(Boolean): true와 false의 두 가지 값만을 가지는 유형으로, 조건문 처리 등에 주로 사용됩니다.

```
let isTrue = true;
let isFalse = false;
```

배열, 객체

배열(Array): 여러 개의 값을 순서대로 저장할 수 있는 자료 구조입니다. 배열 내의 데이터는 0부터 시작하는 인덱스를 통해 접근할 수 있습니다.

```
let array = [1, 'two', true, 4];
console.log(array[1]); // 출력: "two"
```

객체(Object): 키(key)-값(value) 쌍으로 이루어진 데이터 구조입니다. 객체를 통해 복잡한 데이터를 구조화하고 관리할 수 있습니다.

```
let object = {
    name: 'JavaScript',
    type: 'Programming Language',
   isPopular: true
```

2 숫자가 아닌 값을 나타내기 위해 사용되는 부동 소수점 데이터 유형입니다. 주로 계산 도중 정의되지 않은 결과나 오류가 발생했을 때 나타납니다. 예를 들어, 0을 0으로 나누거나, 수학적으로 정의되지 않은 연산을 수행할 때 NaN이 반환됩니다.

```
};
console.log(object.name); // 출력: "JavaScript"
```

특수 자료형(null, undefined, Symbol)

null: 의도적으로 변수에 값이 없음을 나타내는 데 사용됩니다. 개발자가 명시적으로 "값 없음"을 표현할 때 사용합니다.

```
let empty = null;
```

undefined: 변수가 선언되었으나 아직 값을 할당받지 않았을 때의 기본값입니다. 주로 값이 자동으로 할당되었으나, 그 값이 정해지지 않았음을 나타냅니다.

```
let uninitialized;
console.log(uninitialized); // 출력: undefined
```

Symbol: ES6에서 도입된 새로운 데이터 유형으로, 고유하고 수정 불가능한 데이터 타입입니다. 주로 객체 속성의 키로 사용됩니다. 동일한 설명으로 Symbol()을 호출해도 각기 다른 심볼 값을 생성합니다.

```
let sym1 = Symbol('unique');
let sym2 = Symbol('unique');
console.log(sym1 === sym2); // 출력: false
```

자바스크립트의 다양한 자료형을 이해하고 사용하는 것은 프로그램을 효과적으로 개발하는 데 필수입니다. 각 자료형의 특성을 알고, 상황에 맞게 적절히 활용할 수 있어야 합니다.

2.3 타입 변환과 비교

자바스크립트는 동적 타입 언어로, 변수의 타입이 실행 시간에 결정되고 변경될 수 있습니다. 이 과정에서 암시적 변환(자동 변환)과 명시적 변환(개발자에 의한 변환)이 발생할 수 있으며, 올바른 비교를 위해 동등 연산자와 일치 연산자의 차이를 이해하는 것이 중요합니다.

암시적 변환과 명시적 변환

암시적 변환(Implicit Conversion): 자바스크립트 엔진에 의해 자동으로 타입이 변환되는 경우입니다. 예를 들어, 숫자와 문자열을 더할 때 숫자가 문자열로 변환되어 연결됩니다.

```
let result = '3' + 2; // '3'이 문자열이므로, 2도 문자열로 변환됩니다.
console.log(result); // 출력: "32"
```

명시적 변환(Explicit Conversion): 개발자가 직접 타입을 변환하는 경우입니다. String(), Number(), Boolean() 등의 함수를 사용하여 타입을 명시적으로 변환할 수 있습니다.

```
let num = Number('5'); // 문자열 '5'를 숫자 5로 변환합니다.
console.log(num); // 출력: 5
```

동등 연산자와 일치 연산자

동등 연산자(==): 두 값의 동등성을 비교할 때 사용합니다. 동등 연산자는 타입이 다를 경우 암시적 타입 변환을 시도하여 두 값이 같은지 비교합니다.

```
console.log('2' == 2); // 출력: true, 문자열 '2'가 숫자 2로 변환되어 비교.
```

일치 연산자(===): 두 값의 타입과 값이 모두 일치하는지 비교할 때 사용합니다. 타입 변환이 발생하지 않으므로, 보다 엄격한 비교가 가능합니다.

```
console.log('2' === 2); // 출력: false, 타입이 다르므로 일치하지 않습니다.
```

Truthy와 Falsy 값 이해

- **Truthy 값**: Boolean 컨텍스트에서 true로 평가되는 값입니다. false, 0, ''(빈 문자열), null, undefined, NaN을 제외한 모든 값이 해당됩니다.
- **Falsy 값**: Boolean 컨텍스트에서 false로 평가되는 값입니다. 자바스크립트에서는 false, 0, '', null, undefined, NaN이 Falsy 값으로 평가됩니다.

```
if ('') {
    console.log('Truthy'); // 이 블록은 실행되지 않습니다.
} else {
    console.log('Falsy'); // 출력: Falsy
}
```

타입 변환과 비교를 정확히 이해하고 사용하는 것은 자바스크립트 프로그래밍에서 매우 중요합니다. 특히, 암시적 변환은 예기치 않은 버그를 발생시킬 수 있으므로, 가능한 일치 연산자(===)를 사용하여 값과 타입이 모두 일치하는지 확인하는 것이 좋습니다.

3 Node.js의 기본 구조: 모듈과 패키지 관리

Node.js는 모듈 시스템을 기반으로 하여 코드를 조직화하고 재사용성을 높입니다. 모듈은 관련된 코드가 모여 있는 하나의 파일 또는 폴더를 의미하며, Node.js의 모듈 시스템은 CommonJS[3] 사양을 따릅니다. 이를 통해 개발자는 자신의 코드를 모듈로 캡슐화하고, 필요에 따라 다른 파일에서 해당 모듈을 재사용할 수 있습니다.

3.1 모듈 시스템 이해하기

Node.js에서 모듈 시스템을 이해하는 것은 애플리케이션을 구성하는 데 있어 매우 중요합니다. 모듈은 특정 기능을 하는 코드의 집합으로, 개발자가 프로그램을 여러 파일로 분할하여 관리할 수 있게 해줍니다.

내장 모듈 사용하기

Node.js에는 파일 시스템, HTTP, URL 등 다양한 작업을 수행할 수 있는 내장 모듈이 포함되어 있습니다. 이러한 내장 모듈을 사용하려면 require() 함수를 이용해 해당 모듈을 불러와야 합니다.

3 자바스크립트 모듈 시스템 중 하나로, 특히 서버사이드 자바스크립트 환경에서 널리 사용됩니다. CommonJS는 모듈을 파일 단위로 나누고, 이를 require 함수와 module.exports 객체를 통해 가져오고 내보내는 방식을 사용합니다.

```
const fs = require('fs'); // 파일 시스템 모듈 불러오기

fs.readFile('text.txt', 'utf8', (err, data) => {
  if (err) throw err;
  console.log(data);
});
```

사용자 정의 모듈 생성 및 사용

자신만의 모듈을 생성하여 재사용 가능한 코드를 만들 수 있습니다. 모듈은 .js 파일로 저장되며, module.exports 또는 exports 객체를 사용하여 외부에서 사용할 수 있는 함수나 객체를 정의할 수 있습니다.

greeting.js

```
function greet(name) {
  console.log(`Hello, ${name}!`);
}

module.exports = greet;
```

다른 파일에서 이 모듈을 사용하려면 require() 함수로 해당 모듈을 불러온 후 사용합니다.

index.js

```
const greet = require('./greeting');
greet('World'); // 출력: Hello, World!
```

모듈 내보내기와 불러오기

Node.js에서 모듈을 내보내고 불러오는 방법은 간단합니다. module.exports를 사용하여 모듈을 내보낼 수 있으며, require() 함수를 사용하여 다른 파일에서 모듈을 불러옵니다.

```
const add = (a, b) => a + b;
const subtract = (a, b) => a - b;

module.exports = {
  add,
  subtract
};
```

이 모듈을 다른 파일에서 사용하려면 다음과 같이 불러옵니다.

```
const math = require('./math');
console.log(math.add(10, 5)); // 출력: 15
console.log(math.subtract(10, 5)); // 출력: 5
```

Node.js의 모듈 시스템을 이해하고 활용하면, 코드의 재사용성을 높이고 프로젝트를 효율적으로 관리할 수 있습니다.

3.2 패키지 관리와 npm

Node.js 생태계에서 패키지 관리는 개발 효율성과 코드 품질에 직접적인 영향을 미칩니다. npm (Node Package Manager)은 Node.js의 기본 패키지 관리자로, 수많은 재사용 가능한 코드(패키지)를 제공합니다. 이를 통해 개발자는 필요한 기능을 쉽게 설치, 업데이트, 제거할 수 있으며, 프로젝트의 의존성 관리도 편리하게 할 수 있습니다.

패키지 설치, 업데이트, 제거

패키지 설치: npm install 〈패키지 명〉 명령어를 사용하여 필요한 패키지를 설치할 수 있습니다. 프로젝트에 직접 의존성으로 추가하려면 –save 옵션을 사용하고, 개발 의존성으로 추가하려면 –save–dev 옵션을 사용합니다.

```
npm install express --save // express 패키지를 프로젝트 의존성으로 설치
npm install jest --save-dev // jest 패키지를 개발 의존성으로 설치
```

패키지 업데이트: npm update 〈패키지 명〉 명령어를 사용하여 설치된 패키지를 최신 버전으로 업데이트할 수 있습니다.

```
npm update express
```

패키지 제거: npm uninstall 〈패키지 명〉 명령어를 사용하여 프로젝트에서 패키지를 제거할 수 있습니다.

```
npm uninstall express
```

npm 스크립트 활용

package.json 파일의 scripts 부분을 통해 자주 사용하는 명령어를 스크립트로 정의하고 관리할 수 있습니다. 이 스크립트는 npm run 〈스크립트 명〉 명령어로 실행할 수 있으며, 프로젝트 빌드, 테스트 실행, 배포 등의 작업을 자동화하는 데 유용하게 사용됩니다.

```
"scripts": {
  "start": "node app.js",
  "test": "jest"
}
```

이렇게 npm을 통해 패키지를 관리하고 스크립트를 활용함으로써, 프로젝트의 일관성을 유지하고 개발 과정을 효율적으로 관리할 수 있습니다. 패키지 관리와 npm 스크립트의 적절한 활용은 Node.js 개발에서 매우 중요한 부분을 차지합니다.

3.3 package.json 파일 깊게 이해하기

package.json 파일은 Node.js 프로젝트의 핵심 파일로, 프로젝트의 메타데이터, 의존성, 스크립트 등을 정의합니다. 이 파일을 통해 프로젝트의 구성과 동작을 세밀하게 설정할 수 있으며, 다른 개발자와의 협업 시 필요한 정보를 제공합니다.

스크립트와 의존성 정의

스크립트(Scripts): scripts 필드에서는 프로젝트에서 자주 실행되는 명령어를 스크립트로 정의할 수 있습니다. 이를 통해 개발, 빌드, 테스트, 배포 등의 작업을 간편하게 실행할 수 있습니다. 예를 들어, start, test 스크립트는 가장 일반적으로 사용되는 스크립트입니다.

```
"scripts": {
  "start": "node app.js",
  "test": "echo \\\\"Error: no test specified\\\\" && exit 1"
}
```

의존성(Dependencies): 프로젝트가 정상적으로 동작하기 위해 필요한 외부 패키지 목록을 dependencies와 devDependencies에 정의합니다. dependencies는 프로덕션 환경에서 필요한 패키지를, devDependencies는 개발 시에만 필요한 패키지(예: 테스트 프레임워크, 빌드 도구)를 나타냅니다.

```
"dependencies": {
  "express": "^4.17.1"
},
"devDependencies": {
  "jest": "^26.0.1"
}
```

버전 관리와 세맨틱 버전(SemVer)

버전(Version): 버전 필드에서는 프로젝트의 현재 버전을 세맨틱 버전 규칙에 따라 명시합니다. 세맨틱 버전은 메이저.마이너.패치 형식으로 구성되며, API의 호환성을 관리하는 데 중요한 역할을 합니다.

```
"version": "1.0.0"
```

세맨틱 버전: 메이저 버전은 호환되지 않는 API 변경이 있을 때 증가시키고, 마이너 버전은 호환 가능한 새로운 기능이 추가될 때 증가시키며, 패치 버전은 호환할 수 있는 버그 수정이 이루어질 때 증가시킵니다.

프로젝트 구성과 설정

메타데이터(Metadata): name, description, keywords, author, license 등의 필드를 통해 프로젝트에 대한 정보를 제공합니다. 이 정보는 패키지를 공개할 때 중요하며, 사용자가 패키지를 검색하고 이해하는 데 도움을 줍니다.

```
"name": "example-project",
"description": "An example project to demonstrate package.json",
"keywords": ["node", "npm", "example"],
"author": "Your Name",
"license": "MIT"
```

package.json 파일을 통한 정확한 프로젝트 구성과 설정은 프로젝트의 투명성과 재사용성을 높이며, 팀원 간의 원활한 협업을 가능하게 합니다. 이 파일에 대한 깊은 이해는 Node.js 프로젝트 관리의 기초를 마련합니다.

콜백과 비동기 처리

Node.js의 핵심 특징 중 하나는 비동기 이벤트 기반 모델을 사용한다는 것입니다. 이 모델에서 콜백 함수는 매우 중요한 역할을 합니다. 콜백을 이해하고 올바르게 사용하는 것은 Node.js로 효율적인 비동기 프로그래밍을 사용 할 때 필수적입니다.

4.1 콜백 함수의 이해와 사용

콜백 함수 기본 개념

콜백 함수(callback function)란, 다른 함수의 인자로 넘겨진 함수로서, 어떤 이벤트가 발생한 뒤나 특정 작업이 완료되었을 때 호출됩니다. 이러한 콜백 함수는 주로 비동기적인 작업을 처리할 때 사용되며, Node.js의 비동기 API는 콜백 패턴을 광범위하게 사용합니다.

```
function fetchData(callback) {
  setTimeout(() => {
    callback("data received");
  }, 1000);
}

fetchData((data) => {
  console.log(data); // 출력: data received
});
```

비동기 처리 패턴에서의 콜백 사용

Node.js에서는 파일 시스템 접근, 네트워크 요청 등 대부분의 I/O 작업이 비동기적으로 실행됩니다. 비동기 작업을 할 때, 콜백 함수를 사용하면 작업이 완료된 후 결과를 처리할 수 있습니다. 이는 논 블로킹(non-blocking) 동작을 가능하게 하여, 서버의 성능을 크게 향상시킵니다.

논 블로킹 동작은 서버가 I/O 작업을 수행하는 동안에도 다른 작업을 계속 진행할 수 있도록 합니다. 예를 들어, 파일을 읽거나 네트워크 요청을 기다리는 동안, 서버는 다른 클라이언트의 요청을 처리할 수 있습니다. 이는 서버의 리소스를 효율적으로 사용하게 하며, 동시에 다수의 요청을 처리할 수 있는 능력을 제공합니다.

전통적인 블로킹 방식에서는 하나의 I/O 작업이 완료될 때까지 다음 작업이 대기해야 합니다. 이로 인해 서버의 응답 속도가 느려지고, 많은 요청을 동시에 처리하기 어려워집니다. 반면, Node.js의 논 블로킹 방식은 I/O 작업을 비동기적으로 처리하여 이러한 문제를 해결합니다. 작업이 완료되면 콜백 함수가 호출되어 결과를 처리하고, 서버는 계속해서 다른 요청을 처리할 수 있습니다.

이러한 논 블로킹 동작은 특히 대규모의 동시성을 요구하는 애플리케이션, 예를 들어 채팅 애플리케이션, 실시간 데이터 처리, 웹 서버 등에 매우 적합합니다. Node.js의 이벤트 루프와 비동기 I/O 모델은 높은 성능과 확장성을 제공하여, 개발자가 효율적인 서버 애플리케이션을 구축할 수 있도록 도와줍니다.

```
const fs = require('fs');

// 파일 읽기 함수 정의
function readFileExample(filePath) {
  // 비동기적으로 파일 읽기
  fs.readFile(filePath, 'utf8', (err, data) => {
    // 에러 처리
    if (err) {
      console.error('파일 읽기 중 에러 발생:', err);
      return;
    }
    // 파일 내용 출력
    console.log('파일 내용:', data);
  });

  // 비동기 작업 중 다른 작업을 처리할 수 있습니다.
  console.log('파일 읽기 요청을 보냈습니다.');
  }

// 예제 파일 경로
const filePath = './example.txt';

// 함수 호출
readFileExample(filePath);
```

콜백 지옥과 대응 전략

콜백 지옥(callback hell) 또는 콜백 피라미드(pyramid of doom)는 중첩된 콜백 함수들이 여러 단계에 걸쳐 깊게 얽혀 있는 현상을 말합니다. 이는 코드의 가독성과 유지 보수성을 크게 떨어뜨립니다.

```
loginUser(userId, function(user) {
  getUserRoles(user, function(roles) {
    checkUserAccess(roles, function(access) {
      // 콜백 지옥 시작
    });
  });
});
```

콜백 지옥을 해결하기 위한 전략으로는 프로미스(Promises)와 async/await가 있습니다. 프로미스는 비동기 작업의 성공 또는 실패를 대표하는 객체이며, async/await는 프로미스를 사용하여 비동기 코드를 동기 코드처럼 쉽게 작성할 수 있게 해줍니다.

```
async function fetchDataAsync() {
  try {
    const data = await fetchData();
    console.log(data);
  } catch (error) {
    console.error('An error occurred:', error);
  }
}
```

이러한 기법들을 사용함으로써, 코드의 가독성을 높이고 비동기 처리 로직을 효율적으로 관리할 수 있습니다.

4.2 프로미스와 async/await

Node.js의 비동기 처리를 더 쉽고 효율적으로 만드는 데 기여하는 두 가지 중요한 개념은 프로미스와 async/await입니다. 이들은 콜백 기반의 비동기 처리 방식의 복잡성과 한계를 극복하고, 더 선언적이고 이해하기 쉬운 코드를 작성할 수 있게 도와줍니다.

프로미스 기본 사용법

프로미스는 비동기 작업의 최종 성공 또는 실패를 나타내는 객체입니다. 새 프로미스 객체는 프로미스 생성자를 사용해 생성되며, 이 생성자는 실행 함수(executor function)를 인자로 받습니다. 이 실행 함수는 비동기 작업을 수행하며, 작업의 성공 여부에 따라 resolve 또는 reject 함수를 호출합니다.

```
const myPromise = new Promise((resolve, reject) => {
  const condition = true;
  if (condition) {
    resolve('Promise 이행');
  } else {
    reject('Promise 거절');
  }
});

myPromise.then((message) => {
  console.log(message); // 'Promise is fulfilled' 출력
}).catch((error) => {
  console.error(error); // 에러가 발생하면 에러 메시지 출력
});
```

프로미스 체이닝

프로미스를 사용하면 여러 비동기 작업을 순차적으로 연결할 수 있습니다. .then() 메서드를 사용해 이전 프로미스의 결과를 다음 프로미스의 입력으로 사용하며, 이렇게 하여 비동기 작업을 순서대로 처리할 수 있습니다.

```
function fetchData() {
  return new Promise((resolve) => setTimeout(() => resolve('Data received'), 1000));
}

function processData(data) {
  return new Promise((resolve) => setTimeout(() => resolve(`${data} - Processed`), 1000));
}

fetchData()
  .then(processData)
  .then(console.log) // 출력: 'Data received - Processed'
  .catch(console.error);
```

async/await 사용법

async/await는 프로미스를 더 쉽게 사용할 수 있게 해주는 ES2017의 문법입니다. async 키워드를 함수 앞에 붙여 비동기 함수를 선언하고, 함수 내부에서 await 키워드를 사용해 프로미스의 결과를 기다립니다. 이 문법을 사용하면, 비동기 코드를 동기 코드처럼 순차적이고 직관적으로 작성할 수 있습니다.

```
async function fetchDataAndProcess() {
  try {
    const data = await fetchData();
    const processedData = await processData(data);
    console.log(processedData); // 출력: 'Data received - Processed'
  } catch (error) {
    console.error(error);
  }
}

fetchDataAndProcess();
```

async/await를 사용함으로써 복잡한 비동기 로직도 명료하고 간결한 코드로 표현할 수 있으며, 에러 처리도 try/catch 문을 통해 일관되게 할 수 있습니다. 이를 통해 비동기 프로그래밍의 복잡성을 크게 줄이고 개발 생산성을 높일 수 있습니다.

4.3 이벤트 루프와 비동기 프로그래밍의 이해

Node.js의 비동기 프로그래밍 모델은 이벤트 루프와 비동기 API들을 중심으로 구성됩니다. 이 모델은 Node.js가 단일 스레드임에도 불구하고 높은 성능을 유지할 수 있게 해주는 핵심 요소입니다.

이벤트 루프의 작동 원리

이벤트 루프(event loop)는 비동기 작업들을 관리하는 반복 구조입니다. Node.js 프로그램이 실행되면, 이벤트 루프는 "tick"을 시작합니다. 각 tick에서, Node.js는 다음을 수행합니다.

1. **타이머**를 체크하여 지정된 시간이 지난 타이머의 콜백을 실행합니다.
2. **I/O 이벤트** (예: 파일 I/O, 네트워크 이벤트) 콜백을 실행합니다.
3. **setImmediate()** 호출에 의해 등록된 콜백을 실행합니다.
4. **close 이벤트** 콜백을 실행합니다.

이벤트 루프는 이러한 단계를 계속 반복하면서, 각 단계에 해당하는 콜백들을 순서대로 처리합니다. 이 과정은 비동기 작업들을 효율적으로 관리하고, 실행 순서를 제어할 수 있게 합니다.

타이머와 비동기 스케줄링

setTimeout()과 setInterval() 함수는 자바스크립트에서 비동기 작업을 스케줄링하는 데 사용됩니다. 이 함수들은 이벤트 루프와 함께 작동하여 지정된 시간이 지난 후에 콜백 함수를 실행하도록 합니다.

- **setTimeout()**: 지정된 지연 시간(밀리초)이 지난 후 콜백 함수를 한 번 실행합니다.
- **setInterval()**: 지정된 간격(밀리초)마다 콜백 함수를 반복해서 실행합니다.

이 타이머 함수들은 비동기적인 코드 실행을 계획하는 기본적인 수단을 제공하며, 이벤트 루프의 타이머 단계에서 관리됩니다.

이벤트 에미터

Node.js의 EventEmitter 클래스는 이벤트 기반 프로그래밍을 가능하게 합니다. 객체들은 이벤트를 발생시킬 수 있고(emit), 다른 객체들은 이러한 이벤트에 대해 콜백 함수를 등록하여 반응할 수 있습니다(on).

```
const EventEmitter = require('events');
class MyEmitter extends EventEmitter {}

const myEmitter = new MyEmitter();
myEmitter.on('event', () => {
  console.log('An event occurred!');
});
myEmitter.emit('event');
```

이벤트 에미터는 Node.js에서 매우 중요한 역할을 하며, 파일 시스템 작업, 네트워크 통신, 사용자 정의 이벤트 처리 등 다양한 비동기 작업에서 사용됩니다. 이를 통해 개발자는 복잡한 비동기 로직을 더욱 쉽게 구성하고 관리할 수 있습니다.

Memo

8

Express 프레임워크

이 장에서는 Node.js 환경에서 웹 애플리케이션을 개발할 때 프레임워크를 사용하는 이유와, 프레임워크 중에서도 특히 Express 프레임워크를 사용하는 장점에 대해 설명합니다. Express의 기본 구조와 주요 기능을 탐색하고, 이러한 특징이 왜 웹 개발에 있어 중요한지를 자세히 다루어 Express 프레임워크의 활용 가치를 깊이 있게 이해할 수 있도록 할 것입니다.

1 Express 프레임워크 소개

Express 프레임워크는 Node.js를 기반으로 한 가장 인기있는 웹 애플리케이션 프레임워크 중 하나로, 개발자들이 간결한 코드를 사용해 빠르고 유연한 웹 애플리케이션 및 API를 개발할 수 있게 돕습니다. Express는 웹 서버 구축을 위한 강력하고 효율적인 기능들을 제공하며, 이를 통해 개발 과정이 크게 단순화됩니다. 본 장에서는 Express의 기본 개념과 주요 기능을 살펴보고, Express가 제공하는 주요 기능들을 탐색합니다.

1.1 프레임워크란

웹 애플리케이션 개발을 위해 Node.js를 사용할 때, 다양한 웹 프레임워크 중에서 선택을 해야 합니다. 많은 선택지 가운데, Express 프레임워크는 그 기본성과 널리 사용되는 특성 때문에 많은 개발자들에게 선호되고 있습니다. 프레임워크와 라이브러리의 차이를 이해함으로써, Express가 제공하는 구조와 기능의 중요성을 더 깊게 이해할 수 있습니다.

Node.js: Hello World

Node.js는 서버 사이드에서 자바스크립트를 실행할 수 있는 강력한 플랫폼입니다. 이를 통해 개발자는 웹 서버를 비롯한 다양한 서버 사이드 애플리케이션을 구축할 수 있습니다. Node.js만의 간단한 사용법을 통해, 우리는 아래와 같은 기본적인 웹 서버 구축 과정을 살펴볼 수 있습니다.

프로젝트의 시작점으로, 우선 carrot_server라는 이름의 디렉터리를 생성합니다. 이 디렉터리는 우리의 Node.js 프로젝트의 루트 디렉터리 역할을 합니다. 프로젝트를 초기화하기 위해 해당 디렉터리에서 npm init -y 명령어를 실행합니다. 이 명령어는 기본 설정으로 package.json 파일을 생성하며, 이는 우리 프로젝트의 메타데이터와 의존성을 관리하는 중요한 파일입니다.

다음 단계로, 루트 아래에 index.js 파일을 생성하고 다음의 코드를 작성합니다. 다음 코드는 Node.js의 http 모듈을 활용해 간단한 웹 서버를 구축하는 예제입니다.

```
const http = require('http');
const port = process.env.PORT || 3000;

```

```
http.createServer((req, res) => {
    res.setHeader("Content-Type", "text/plain");

    if (req.url === '/') {
            res.statusCode = 200;
    res.end("Hello world");
  } else if (req.url === '/about') {
  res.statusCode = 200;
    res.end("About page");
  } else {
  res.statusCode = 404;
    res.end("404 Not Found");
  }
}).listen(port);
```

앞선 코드를 작성한 후, 프로젝트 디렉터리에서 "node index.js" 명령어로 서버를 실행합니다. 브라우저를 통해 http://localhost:3000 주소로 접속하면, "Hello World" 메시지를 볼 수 있습니다. 이는 Node.js를 사용하여 웹 서버를 만들고, 간단한 라우팅을 구현한 예제입니다.

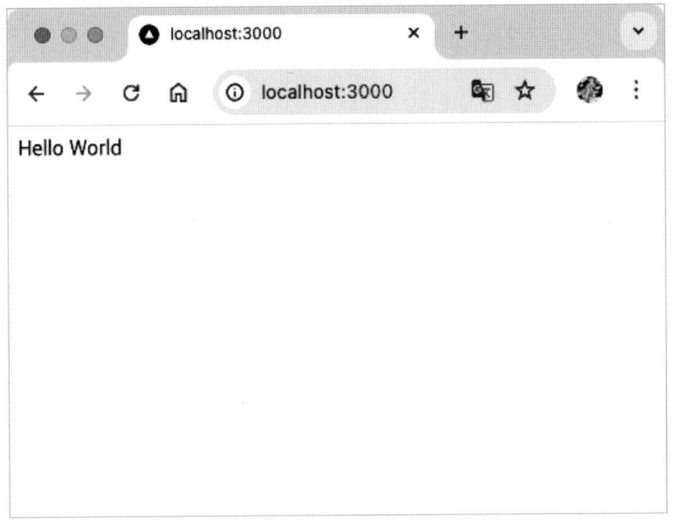

그림 8-1 Hello World 서버 구동화면

Node.js의 http 모듈을 사용해 기본적인 웹 서버를 구축하는 방법은 단순하면서도 강력합니다. 그러나, 이 접근법은 애플리케이션이 복잡해지면 관리하기 어려워질 수 있는 몇 가지 문제점을 내포하고 있습니다. 예를 들어, 각 URL 경로에 대한 라우팅 로직을 수동으로 관리해야 하며, 요청과 응답 사이에서 필요한 작업(사용자 인증, 데이터 파싱, 세션 관리 등)을 효율적으로 처리하기 어렵습니다.

즉, Node.js만을 사용하여 복잡한 웹 서버를 구축하고 관리하는 접근법은 강력한 기본 기능을 제공하지만, 개발 과정을 복잡하게 만들 수 있는 여러 단점이 있습니다.

1. **요청과 응답 사이의 작업 관리의 어려움:** 사용자 인증, 데이터 파싱, 세션 관리 등 요청과 응답 사이에 필요한 다양한 작업들을 효율적으로 관리하기가 복잡합니다.
2. **추가 기능 구현의 어려움:** 세션 관리, 보안 설정, 템플릿 엔진 통합 등 웹 애플리케이션 개발에 필수적인 기능들을 직접 구현해야 합니다. 이는 시간이 많이 소요되고, 때때로 보안상 위험을 초래할 수도 있습니다.
3. **성능 최적화의 복잡성:** 고성능을 유지하기 위해 애플리케이션 코드를 지속적으로 모니터링하고 최적화해야 합니다. 메모리 관리와 같은 세부적인 측면도 신경 써야 하며, 이는 개발 과정을 더욱 복잡하게 만듭니다.
4. **확장성 문제:** 초기 설계가 확장을 고려하지 않았다면, 시스템의 규모가 커짐에 따라 성능 저하나 유지 보수 문제가 발생할 수 있습니다. 이는 장기적인 프로젝트 관리에 있어 어려움이 됩니다.
5. **코드 스타일의 일관성 부족:** 개발자마다 코딩 스타일이 다를 수 있어, 직접 모든 기능을 구현할 경우 코드의 일관성을 유지하기 어렵습니다. 프레임워크를 사용하면, 획일화된 코딩 규칙과 구조를 제공하여 유지 보수성을 크게 향상시킬 수 있습니다.

이와 같은 단점들은 프레임워크를 사용함으로써 대부분 해결할 수 있습니다. 프레임워크는 라우팅 처리를 자동화하고, 공통적인 웹 개발 작업을 위한 기능들을 미리 구현해 놓음으로써 개발 과정을 단순화합니다. 또한, 보안 및 성능 최적화에 대한 좋은 대안을 제공하며, 애플리케이션의 확장성을 고려한 설계를 용이하게 합니다. 따라서, 복잡한 웹 애플리케이션을 개발하고자 할 때 프레임워크를 사용하는 것은 효율적인 선택이 될 수 있습니다.

라이브러리와 프레임워크

소프트웨어 개발 과정을 자동차 제작에 비유하면 이해하기 쉽습니다. 자동차 제작에 필요한 주요 부품은 엔진, 핸들, 타이어, 페달, 시트, 소프트웨어 등입니다. 자동차 제조사가 이 모든 부품을 직접 만든다면 생산 시간이 길어지고, 각 부품의 개선 작업이 전문성을 결여할 수 있습니다. 하지만 핸들은 핸들 전문 회사에서, 타이어는 타이어 전문 회사에서, 소프트웨어는 소프트웨어 전문 회사에서 조달한다면, 차체만 잘 설계하면 보다 쉽고 높은 품질의 자동차를 제작할 수 있습니다. 이러한 부품들은 소프트웨어 개발에서 라이브러리에 해당하며, 자동차는 프로젝트에 비유됩니다.

각 부품을 전문 회사에서 조달하는 방식은 소프트웨어 개발에서 라이브러리를 사용하는 것과 유사합니다. 개발자는 필요한 기능을 구현한 라이브러리를 선택하여 프로젝트에 적용함으로써 전체 개발 시간을 단축하고, 높은 품질의 소프트웨어를 제작할 수 있습니다.

프레임워크는 자동차의 차체 프레임에 비유할 수 있습니다. 이는 고정된 구조에 사용자가 원하는 추가 옵션을 선택해 조립하는 방식으로 자동차를 제작하는 과정과 유사합니다. 안정성이 검증된 프레임에 필요한 기능을 추가하여 소프트웨어를 개발하면 유지 보수성과 안정성을 동시에 확보할 수 있습니다.

그림 8-2 자동차에 비유한 프레임워크와 라이브러리

프레임워크의 주요 장점은 다음과 같이 요약할 수 있습니다.

- **체계적인 코드 관리**: 프레임워크는 일관된 코드 구조를 제공함으로써, 유지 보수성을 크게 향상시킵니다. 이는 개발자가 코드를 쉽게 이해하고, 수정할 수 있게 해주며, 팀 내에서의 협업을 용이하게 합니다.
- **높은 개발 생산성**: 프레임워크는 기본 설계와 함께 필요한 기능을 구현한 라이브러리를 제공합니다. 이를 통해 개발자는 보일러플레이트[1] 코드를 작성하는 데 드는 시간을 절약하고, 프로젝트를 더 빠르게 진행할 수 있습니다.
- **보안 문제 해결**: 대부분의 프레임워크는 보안 취약점에 대응하기 위한 해결책을 내장하고 있습니다. 이는 개발자가 안전한 애플리케이션을 구축할 수 있도록 도와줍니다.

하지만, 프레임워크의 사용에 있어서는 몇 가지 단점도 존재합니다. 단점은 다음과 같이 정리할 수 있습니다.

- **학습 곡선**: 새로운 프레임워크를 배우고, 그 안에서 효과적으로 작업하기 위해서는 상당한 시간과 노력이 필요합니다. 각 프레임워크는 독특한 철학과 사용 방법을 가지고 있으며, 이를 익히는 데 시간이 걸릴 수 있습니다.
- **의존성 문제**: 프레임워크에 종속되어 개발을 진행하게 되면, 해당 프레임워크의 제한 사항에 구속될 수 있습니다. 프레임워크의 업데이트나 폐기 결정이 프로젝트에 직접적인 영향을 줄 수 있으며, 때로는 큰 변경을 요구할 수도 있습니다.

1 소프트웨어 개발에서 반복적으로 사용되는 코드 또는 템플릿을 의미합니다. 프로젝트를 시작할 때 기본 구조를 빠르게 설정하고, 자주 사용되는 기능을 미리 정의해 개발자의 시간을 절약해줍니다.

- **코드 스타일의 획일성**: 프레임워크는 일정 수준의 코드 스타일과 구조를 강제합니다. 이는 팀원 간 코드의 일관성을 보장하고 유지 보수를 용이하게 하지만, 동시에 개발자의 창의성을 제한할 수도 있습니다.

이처럼 라이브러리와 프레임워크 각각의 특성을 이해하고 적절하게 활용함으로써, 효율적이고 효과적인 소프트웨어 개발을 달성할 수 있습니다. 결국 개발 프로세스에서 이들을 어떻게 활용할지 결정하는 것은 개발자의 몫이며, 프로젝트의 요구 사항과 개발팀의 선호도에 따라 최적의 선택이 달라질 수 있습니다.

Express: Hello World

Express 프레임워크는 Node.js 위에 구축된, 웹 애플리케이션 및 API 개발을 위한 경량급 프레임워크입니다. 간결함과 확장성을 겸비한 이 프레임워크를 통해 개발자는 복잡함 없이 효율적인 웹 서비스를 제작할 수 있습니다. 이 섹션에서는 Express를 사용하여 기본적인 "Hello World" 웹 애플리케이션을 만드는 과정을 단계별로 설명하면서, Express의 기본 구조와 작동 원리를 이해해 보겠습니다.

첫 단계로, Express 프레임워크를 우리의 프로젝트에 추가해야 합니다. Node.js 프로젝트의 디렉터리에서 다음과 같은 명령어를 실행하여 Express를 설치할 수 있습니다.

```
npm install -S express
```

이 명령어는 프로젝트의 package.json 파일에 Express를 의존성으로 추가하고, 필요한 파일들을 프로젝트 디렉터리 내에 설치합니다. 설치가 완료되면, 기존의 index.js 파일 내용을 Express를 활용한 코드로 교체합니다.

index.js

```
const express = require('express');
const app = express();
const port = process.env.PORT || 3000;

app.get('/', (req, res) => {
  res.send('Hello World');
});
app.get('/about', (req, res) => {
  res.send('About page');
});

```

```
12 app.listen(port, () => {
13   console.log(`웹서버 구동... ${port}`);
14 });
```

02번째 줄의 Express 애플리케이션 생성은 express() 함수를 호출하여 새로운 Express 애플리케이션 인스턴스를 생성합니다. 이 인스턴스는 애플리케이션의 여러 설정을 관리하고, 라우팅같은 주요 기능을 처리합니다. **05**번째 줄의 라우팅 설정은 app.get 메서드를 사용해 특정 HTTP 경로에 대한 요청을 처리합니다. 예를 들어, '/' 경로로 들어오는 GET 요청에 대해 "Hello World"라는 응답을, '/about' 경로에 대해서는 "About page"라는 응답을 설정했습니다. **12**번째 줄에서 서버 시작은 app.listen 메서드를 사용하여 지정된 포트에서 Express 애플리케이션을 시작합니다. 서버가 정상적으로 시작되면, 콘솔에 "웹서버 구동..." 메시지와 함께 사용된 포트 번호를 출력합니다.

이 과정을 통해 localhost:3000 주소에 접속하면 "Hello World" 메시지를 볼 수 있으며, 이는 Express를 사용해 성공적으로 첫 웹 페이지를 제작했음을 의미합니다. 이 예제는 Express의 강력함과 간결함을 보여줍니다. 개발자는 몇 줄의 코드만으로 기본적인 웹 서버를 구축하여 실행하였습니다. 다음 내용부터 express의 라우팅과 미들웨어 등의 기능을 차례차례 배워보도록 하겠습니다.

1.2 라우팅과 HTTP 요청/응답 처리

라우팅은 웹 애플리케이션 개발의 핵심 요소로, 사용자가 웹 브라우저를 통해 HTTP 프로토콜로 요청한 URL을 서버의 특정 코드 부분으로 연결합니다. 이 과정을 통해 서버는 요청을 적절히 처리하고 응답을 반환합니다. Express 프레임워크는 이러한 HTTP 요청과 응답을 간결하고 효율적으로 처리할 수 있는 강력한 라우팅 기능을 제공합니다.

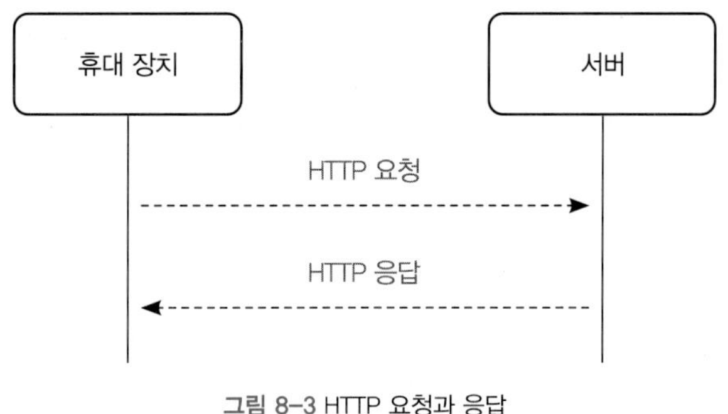

그림 8-3 HTTP 요청과 응답

HTTP Request의 이해

웹 브라우저에서 HTTP 프로토콜을 사용하여 웹 서버에 정보를 요청하는 것을 'Request'라고 합니다. 예를 들어, http://localhost:3000/ 주소는 HTTP 프로토콜을 사용하여 localhost의 300번 포트에 위치한 루트(/) 경로로 정보를 요청합니다. 사용자가 다른 경로를 지정하면, 그에 해당하는 경로의 정보를 서버가 처리하여 반환합니다. 이러한 방식으로 웹 서버와 클라이언트는 서로 통신하게 됩니다.

서버에 필요한 정보를 요청하는 방법은 URL 주소뿐만 아니라 다양한 방법으로 데이터를 전달할 수 있습니다. 이는 URL 파라미터, 쿼리 스트링, 바디 데이터 등을 포함합니다

URL 파라미터 사용 예시: URL의 일부를 변수로 사용하여 동적 데이터를 처리할 수 있습니다. 예를 들어, /users/:userId 경로는 다양한 사용자 ID(/users/123, /users/jane 등)를 처리하여, 해당 사용자의 정보를 조회합니다.

```
app.get('/users/:userId', (req, res) => {
  res.send(`User ID: ${req.params.userId}`);
});
```

쿼리 스트링 사용 예시: URL에 포함되어 서버에 추가 정보를 전달하는 방법입니다. 쿼리 스트링은 주로 '?' 기호 이후에 시작하며, 여러 키-값 쌍을 포함할 수 있습니다. 각 키와 값은 =로 연결되고, 여러 키-값 쌍은 &로 구분됩니다. 예를 들어, /users?name=john&age=30은 name과 age라는 두 가지 정보를 서버에 전달합니다. 이러한 방식으로 데이터를 전달함으로써 웹 페이지는 동적으로 내용을 변경하거나, 사용자의 요청에 맞게 정보를 필터링하고 정렬할 수 있습니다.

```
app.get('/users', (req, res) => {
  const { sortBy, order } = req.query;
  res.send(`Sorting by ${sortBy} in ${order} order`);
});
```

바디 데이터 사용 예시: HTTP POST나 PUT 메서드를 사용할 때 요청의 바디에 데이터를 포함하여 서버로 전송합니다. 이 데이터는 폼 데이터, JSON, XML 등 다양한 형태로 구성될 수 있으며, 주로 더 복잡하고 구조화된 정보를 전달할 때 사용됩니다. 서버에서 이러한 데이터를 읽기 위해서는 **body-parser**와 같은 미들웨어가 필요합니다. **body-parser**는 요청의 바디를 파싱하여 쉽게 접근할 수 있도록 해 줍니다.

```
app.post('/users', (req, res) => {
  const { name, email } = req.body;
  res.send(`Creating user with name: ${name}, email: ${email}`);
});
```

Express에서는 **req.params**, **req.query**, **req.body**와 같은 객체를 통해 이러한 다양한 유형의 요청 데이터에 접근합니다. 이 기능을 활용하여, 개발자는 사용자의 요청에 맞는 데이터를 처리하고 적절한 응답을 생성하여 반환할 수 있습니다.

라우팅은 애플리케이션의 구조를 명확하게 정의하고 사용자 요청에 대한 적절한 응답을 보장하는 필수적인 기능입니다. Express 프레임워크는 이 과정을 단순화하고 효율화하여, 개발자가 웹 애플리케이션과 RESTful API를 더욱 쉽게 구축할 수 있도록 지원합니다. 이러한 기능들을 통해, 개발자는 클라이언트와 서버 간의 통신을 더욱 효과적으로 관리하며, 다양한 요구 사항에 맞는 웹 서비스를 제공할 수 있습니다.

HTTP Response의 이해

웹 서버가 클라이언트의 요청(Request)에 대해 반환하는 데이터를 응답(Response)이라고 합니다. 서버의 응답은 클라이언트가 보낸 요청에 대한 결과물로, HTTP 프로토콜을 통해 전송됩니다. 이 응답은 단순한 데이터 전송, 에러 메시지 전송, 페이지 리다이렉션 등 다양한 형태로 클라이언트에 제공될 수 있습니다.

응답 데이터는 주로 HTML 문서, 이미지, JSON 데이터 등 다양한 형식으로 구성될 수 있으며, 클라이언트가 이를 이용해 사용자에게 정보를 제공하거나 추가적인 처리를 수행합니다. 서버의 응답 방식을 적절히 구성하는 것은 애플리케이션의 사용자 경험(UX)과 직결되므로 매우 중요합니다.

res.send(): 가장 기본적인 응답 메서드로, 다양한 유형의 데이터를 클라이언트에게 전송할 수 있습니다. 문자열, HTML, 버퍼, 객체, 배열 등 거의 모든 종류의 데이터를 처리할 수 있습니다. Express는 자동으로 Content-Type을 설정하여 클라이언트가 해석할 수 있게 합니다.

```
app.get('/', (req, res) => {
  res.send('Welcome to our homepage!');
});
```

res.json(): JSON 형식의 데이터를 클라이언트에게 전송합니다. API 개발 시 데이터 교환 포맷으로 널리 사용됩니다. 이 메서드는 자동으로 Content-Type을 application/json으로 설정합니다.

```
app.get('/api/data', (req, res) => {
  res.json({ message: "This is a JSON response" });
});
```

res.sendFile(): 서버의 파일 시스템에 있는 파일을 클라이언트에게 직접 전송합니다. 이미지, PDF 파일, HTML 문서 등을 전송할 때 사용됩니다. 파일 경로는 절대 경로나 상대 경로로 지정할 수 있습니다.

```
app.get('/download', (req, res) => {
  res.sendFile('/path/to/yourfile.pdf');
});
```

res.redirect(): 클라이언트를 다른 URL로 리다이렉션합니다. 이는 사용자가 잘못된 경로에 접근했을 때, 올바른 페이지로 안내하거나 로그인 후 원래 요청했던 페이지로 돌아가게 하는 데 유용합니다.

```
app.get('/old-page', (req, res) => {
  res.redirect('/new-page');
});
```

res.status(): 응답의 HTTP 상태 코드를 명시적으로 설정할 수 있습니다. 이는 에러 페이지 전송, 성공 응답의 상세화 등에 사용됩니다. 메서드 체이닝을 통해 **send()**나 **json()** 등과 함께 사용될 수 있습니다.

```
app.post('/api/users', (req, res) => {
  res.status(201).send('User created');
});
```

Express 프레임워크는 이러한 다양한 응답 방식을 지원함으로써, 개발자가 요구 사항에 맞는 효과적이고 다양한 응답을 빠르게 구성할 수 있게 도와줍니다. 이를 통해 개발자는 클라이언트와의 통신을 보다 효율적으로 관리하며, 사용자의 요구에 맞는 서비스를 제공할 수 있습니다.

라우트 설계

라우트 설계는 사용자가 요청한 작업을 해당하는 서버의 위치로 연결하고, 그에 맞는 응답을 제공하는 방식입니다. 웹 애플리케이션에서 이러한 설계는 애플리케이션의 효율성과 명확성을 결정짓는 중요한 요소입니다.

홍당무마켓 애플리케이션의 백엔드를 다음과 같이 설계하였습니다. 접속 초기, 서버의 주소(GET /)로 접근하면 애플리케이션의 간단한 소개와 함께 사용자 안내가 제공됩니다. /page/:name 라우트는 서비스의 다양한 정책 문서를 동적으로 제공하는 역할을 합니다. 예를 들어, 이용자는 /page/terms로 접근하여 이용 약관을, /page/policy로 접근하여 개인정보 처리 방침을 확인할 수 있습니다.

애플리케이션의 주요 기능은 회원 기능과 피드 기능으로 구분됩니다. API 접근 시에는 URL 접두사로 api를 사용하여, API 요청임을 명시합니다. 사용자 관련 기능은 /api/user 경로에, 피드 관련 기능은 /api/feed 경로에, 그리고 휴대폰 인증 기능은 /api/phone에 위치하도록 설계하였습니다.

기능	방식	주소	설명
웹페이지	GET	/	홈페이지
	GET	/page/terms	이용 약관
	GET	/page/policy	개인정보 처리방침
인증 API	GET	/auth/phone	인증 번호 발송
	PUT	/auth/phone	인증 번호 확인
	POST	/auth/register	회원 가입
	POST	/auth/login	로그인
회원 API	GET	/api/user/my	내 정보
	PUT	/api/user/my	내 정보 수정
피드 API	GET	/api/feed	피드 목록
	POST	/api/feed	피드 생성
	GET	/api/feed/:feed	피드 상세
	PUT	/api/feed/:feed	피드 수정
	DELETE	/api/feed/:feed	피드 삭제

표 8-1 설계된 라우트의 엔드포인트

이 라우트 설정을 index.js 반영하여 서버를 재실행하면, 각 경로에 따라 정의된 기능이 작동하며 서버가 응답을 제공합니다.

index.js

```
const express = require('express');
const app = express();
const port = process.env.PORT || 3000;

app.get('/', (req, res) => {
  res.send('Hello World');
```

```
});
app.get('/page/policy', (req, res) => {
  res.send('개인정보 처리방침');
});
app.get('/page/terms', (req, res) => {
  res.send('이용 약관');
});
app.get('/api/user/my', (req, res) => {
  res.send('마이페이지');
});
app.put('/api/user/my', (req, res) => {
  res.send('마이페이지 수정');
});
app.get('/api/feed', (req, res) => {
  res.send('피드 목록');
});
// 중략 ...

app.listen(port, () => {
  console.log(`웹서버 구동... ${port}`);
});
```

1.3 Module 분리

웹 애플리케이션 개발에서 코드의 가독성과 유지 보수성은 매우 중요합니다. 특히 라우팅 로직이 복잡해질수록 애플리케이션의 구조를 이해하고 관리하기가 어려워질 수 있습니다. 이를 해결하기 위해 라우트를 별도의 파일로 분리하는 방식을 채택할 수 있습니다. 이 접근법은 코드의 모듈성을 향상시키고, 각 부분의 역할을 명확하게 하여 개발과 유지 보수 과정을 용이하게 합니다.

router 파일 분리

라우트를 별도의 파일로 분리하면 여러 가지 장점이 있습니다. 첫째, 애플리케이션의 로직을 더 명확하게 분리할 수 있어, 전체적인 구조를 한눈에 이해하기 쉬워집니다. 둘째, 관련된 라우트끼리 모아 관리함으로써 프로젝트의 구조 파악이 쉽고 특정 기능에 대한 변경이 필요할 때 해당 부분만 수정하면 되므로 효율성이 증가합니다. 셋째, 팀에서 협업할 때 각자의 책임 영역을 명확하게 할 수 있어, 개발 과정에서 충돌이 적고 관리가 용이해집니다.

```
carrot_server
├ src/
|  └ router.js
├ index.js
- package.json
```

router.js 파일에는 애플리케이션의 모든 라우트 경로와 해당 경로의 요청을 처리할 로직을 정의합니다. 예를 들어, 홈페이지, 개인정보 처리 방침 페이지, 이용 약관 페이지 등의 라우트를 설정할 수 있으며, API 요청 처리 로직도 함께 정의할 수 있습니다. 이러한 분리는 개발자가 애플리케이션의 전체 구조를 한눈에 파악할 수 있게 도와줍니다.

src/router.js

```
const express = require('express');
const router = express.Router();

router.get('/', (req, res) => {
  res.send('Hello World');
});
router.get('/page/policy', (req, res) => {
  res.send('개인정보 처리방침');
});
router.get('/page/terms', (req, res) => {
  res.send('이용 약관');
});
router.get('/api/user/my', (req, res) => {
  res.send('마이페이지');
});
router.post('/api/user/my', (req, res) => {
  res.send('마이페이지 수정');
});
router.get('/api/feed', (req, res) => {
  res.send('피드 목록');
});

// 중략 ...

module.exports = router;
```

Index.js에서 Router.js 사용하기

Router.js 파일을 생성한 후, 이를 메인 애플리케이션 파일인 Index.js에서 불러와 사용합니다. 이를 통해 애플리케이션의 루트 경로를 설정하고, 정의된 라우트에 따라 요청을 처리할 수 있습니다.

index.js

```
const express = require('express');
const app = express();
const port = process.env.PORT || 3000;
const router = require('./src/router');

// 라우터를 애플리케이션에 등록
app.use('/', router);

// 서버 시작
app.listen(port, () => {
  console.log(`웹서버 구동 중... ${port}`);
});
```

이 구성을 통해, 애플리케이션의 라우팅 로직을 중앙집중적으로 관리할 수 있으며, 코드의 가독성과 유지 보수성이 크게 향상됩니다. 또한, 새로운 라우트가 필요할 때마다 router.js 파일만 수정하면 되므로, 개발 과정이 더 효율적이고 간결해집니다.

컨트롤러 파일 분리

웹 애플리케이션 개발에서는 라우터 다음으로 컨트롤러 파일을 분리하는 것이 가독성과 유지 보수성을 크게 향상시킵니다. 컨트롤러는 애플리케이션의 비즈니스 로직을 처리하는 핵심적인 부분으로, 사용자의 요청을 받아 적절한 응답을 반환합니다. 기능별로 컨트롤러를 분리해 관리함으로써, 애플리케이션의 각 부분이 어떤 작업을 수행하는지 쉽게 이해할 수 있고, 필요한 변경 사항을 신속하게 찾아 수정할 수 있습니다.

```
carrot_server
├ src/
│  ├ api/
│  │  ├ feed/
│  │  │  └ controller.js
│  │  └ user/
│  │     └ controller.js
│  ├ web/
│  │  └ controller.js
```

```
│  └ router.js
├ index.js
└ package.json
```

첫 단계로, 웹 페이지의 기본 경로 '/', '/page/terms', '/page/policy' 등의 요청을 처리할 컨트롤러를 분리해 보겠습니다. 'src/web/controller.js' 디렉터리에 다음의 코드를 작성하여, 기본 경로의 처리를 위한 home 함수와, '/page/:name' 경로를 처리할 수 있는 page 함수를 각각 모듈로 내보냅니다.

src/web/controller.js

```
exports.home = (req, res) => {
  res.send('애플리케이션 소개');
}
exports.page = (req, res) => {
  const route = req.params.route;

  if(route == 'policy') {
    res.send('개인정보 처리방침');
  }
  if(route == 'terms') {
    res.send('이용 약관');
  }
}
```

이렇게 작성한 'web/controller.js' 파일을 router.js에서 불러와 사용함으로써, 애플리케이션의 라우팅 로직과 비즈니스 로직을 명확히 분리할 수 있습니다. 이 구조는 애플리케이션의 유지 보수 및 확장성 측면에서 큰 이점을 제공합니다.

router.js

```
const express = require('express');
const router = express.Router();
const webController = require('./web/controller');
router.get('/', webController.home);
router.get('/page/:route', webController.page);
// 중략 ...
module.exports = router;
```

이 방식으로 컨트롤러를 구현하면 각 부분의 역할이 명확해지고, 효율적인 코드 관리가 가능해집니다.

API 컨트롤러의 분리와 관리

API 관련 기능을 효과적으로 관리하기 위해, 피드 관련 처리는 api/feed/controller에 집중적으로 구성합니다. 이렇게 모듈화된 컨트롤러 구조는 각 API 기능의 유지 보수와 확장을 용이하게 합니다.

src/api/feed/controller.js

```
exports.index = (req, res) => {
  res.send('피드 목록');
}
exports.store = (req, res) => {
  res.send('피드 생성');
}
exports.show = (req, res) => {
  const id = req.params.id;
  res.send('피드 상세');
}
exports.update = (req, res) => {
  const id = req.params.id;
  res.send('피드 수정');
}
exports.delete = (req, res) => {
  const id = req.params.id;
  res.send('피드 삭제');
}
```

피드 관련 처리에 대한 코드는 명확한 API 관리를 위해 api/feed/controller에 집중적으로 구성되어 있습니다. 각 함수는 API의 핵심 작업을 명료하게 설명하고 있습니다. index 함수는 모든 피드 목록을 조회하는 역할을 하며, store 함수는 새로운 피드를 생성합니다. show 함수는 특정 ID를 가진 피드의 상세 정보를 제공하고, update 함수는 피드의 정보를 수정하는 반면, delete 함수는 피드를 삭제하여 데이터의 CRUD 작업을 완벽하게 지원합니다.

또한, 마이페이지 기능도 분리하여 각 사용자의 개인 페이지 관련 요청을 처리합니다.

src/api/user/controller.js

```
exports.phone = (req, res) => {
  res.send('인증 번호 발송');
}
exports.phoneVerify = (req, res) => {
  res.send('인증 번호 검증');
}
exports.register = (req, res) => {
```

```
  res.send('회원 가입');
}
exports.show = (req, res) => {
  res.send('마이페이지');
}
exports.update = (req, res) => {
  res.send('마이페이지 수정');
}
```

마이페이지 기능의 분리는 사용자의 개인 페이지 관련 요청을 효과적으로 관리합니다. phone 함수와 phoneVerify 함수는 사용자의 전화번호 인증 절차를 처리하는 부분입니다. 추가로, show 함수는 사용자의 마이페이지 정보를 표시하고, update 함수는 사용자 정보를 수정할 수 있게 함으로써, 사용자의 경험을 개선합니다.

이를 통해 구성된 최종 라우터 구조는 다음과 같습니다.

src/router.js

```
const express = require('express');
const router = express.Router();

const webController = require('./web/controller');
const apiFeedController = require('./api/feed/controller');
const apiUserController = require('./api/user/controller');

router.get('/', webController.home);
router.get('/page/:route', webController.page);

router.post('/auth/phone', apiUserController.phone);
router.put('/auth/phone', apiUserController.phoneVerify);
router.post('/auth/register', apiUserController.register);
router.post('/auth/login', apiUserController.login);
router.post('/api/user/my', apiUserController.update);

router.get('/api/feed', apiFeedController.index);
router.post('/api/feed', apiFeedController.store);
router.get('/api/feed/:id', apiFeedController.show);
router.put('/api/feed/:id', apiFeedController.update);
router.delete('/api/feed/:id', apiFeedController.delete);

module.exports = router;
```

이러한 구조는 각 API의 책임을 분명히 하고, 코드의 유지 보수성 및 확장성을 높이는 데 크게 기여합니다. 모듈화된 컨트롤러는 애플리케이션의 로직을 더욱 체계적으로 관리하게 하며, 미래의 기능 확장 및 수정 작업을 용이하게 만듭니다. 이는 전체 애플리케이션 구조의 이해를 돕고, 개발자 간의 협업을 촉진하는 중요한 요소입니다.

1.4 미들웨어

미들웨어는 클라이언트로부터의 요청을 서버가 처리하고 응답하기 전에 중간에서 특정 작업을 수행하는 함수들의 모음입니다. 이는 로깅, 요청 데이터 파싱, 인증 처리 등 다양한 용도로 활용됩니다. Express 애플리케이션에서 미들웨어는 요청 처리 파이프라인에서 핵심적인 역할을 하며, 애플리케이션의 기능 확장성과 유연성을 크게 향상시킵니다.

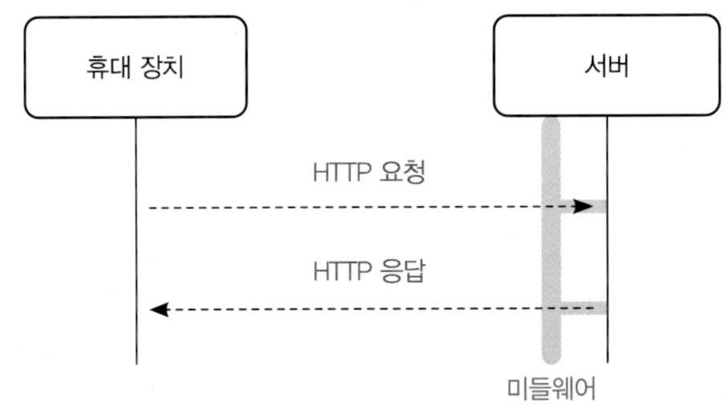

그림 8-4 미들웨어의 위치 및 역할

미들웨어의 기능과 구조

미들웨어 함수는 요청 객체(**req**), 응답 객체(**res**), 그리고 다음 미들웨어 함수로의 진행을 관리하는 **next** 함수를 매개변수로 받습니다. 이를 통해 미들웨어는 요청과 응답을 조작할 수 있으며, 필요에 따라 요청-응답 사이클을 종료하거나 다음 미들웨어로 제어를 넘길 수 있습니다. 미들웨어는 등록된 순서대로 실행되며, 각 함수에서는 next()를 호출하여 다음 미들웨어로 처리를 넘깁니다.

다음은 Express 공식 홈페이지에서 제공하는 간단한 미들웨어 예제입니다.

```
const express = require('express')
const app = express()

app.use((req, res, next) => {
  console.log('Time:', Date.now())
```

```
  next()
})
```

이 예제에서는 app.use를 통해 미들웨어를 등록하고, req, res, next를 인자로 받아 현재 시간을 콘솔에 로깅합니다. 이 미들웨어는 요청이 처리될 때마다 실행되며, next() 호출을 통해 다음 미들웨어로 이동합니다.

사용자 정의 미들웨어 생성

자체 미들웨어를 만드는 것은 Express에서 매우 간단합니다. 미들웨어 함수를 정의하고, 이를 **app.use()**를 통해 애플리케이션에 추가하기만 하면 됩니다. 예를 들어, 각 요청의 처리 시간을 로그로 기록하는 간단한 미들웨어를 만들어보겠습니다.

```
carrot_server
├ src/
│  ├ api/
│  ├ web/
│  ├ middleware/
│  │    └ log.js
│  └ router.js
├ index.js
└ package.json
```

src 디렉터리 밑에 middleware 디렉터리를 생성하고, 여기에 추가될 미들웨어 파일들을 위치시키겠습니다. 현재는 연습용 로깅 미들웨어를 구현하기 위해 log.js 파일을 생성하고 다음과 같이 코드를 작성하겠습니다.

src/middleware/log.js

```
exports.logRequestTime = (req, res, next) => {
  const start = Date.now();
  res.on('finish', () => {
    const duration = Date.now() - start;
    console.log(`${req.method} ${req.originalUrl} - ${duration}ms`);
  });
  next();
}
```

이 미들웨어는 요청이 수신될 때 시작 시간을 기록하고, 응답이 완료될 때까지 소요된 시간을 계산하여 콘솔에 출력합니다. **next()**를 호출함으로써 요청-응답 사이클이 중단되지 않고 계속 진행될 수 있도록 합니다.

미들웨어의 적용은 다음과 같이 router.js에서 적절한 위치에 미들웨어를 삽입하여 구현할 수 있습니다.

src/router.js

```
01 const express = require('express');
02 const router = express.Router();
03
04 const webController = require('./web/controller')
05 const apiFeedController = require('./api/feed/controller')
06 const apiUserController = require('./api/user/controller')
07
08 const { logRequestTime } = require('./middleware/log');
09
10 router.get('/', webController.home);
11 // 특정 라우트에 대해 로그 미들웨어 적용
12 router.get('/page/:route', logRequestTime, webController.page);
13
14 // 전역적으로 로그 미들웨어 적용
15 router.use(logRequestTime);
16
17 router.post('/api/user/my', apiUserController.show);
18 router.post('/api/user/my', apiUserController.update);
19
20 router.get('/api/feed', apiFeedController.index);
21 router.post('/api/feed', apiFeedController.store);
22 router.get('/api/feed/:id', apiFeedController.show);
23 router.put('/api/feed/:id', apiFeedController.update);
24 router.delete('/api/feed/:id', apiFeedController.delete);
25
26 module.exports = router;
```

앞선 예제는 두 가지 방식으로 미들웨어 적용을 보여줍니다. **15**번째 줄 router.use(logRequestTime)을 통해 전역적으로 미들웨어를 적용할 수 있으며, 특정 라우트에서는 **12**번째 줄 router.get('/page/:route', logRequestTime, ...)을 통해 미들웨어를 명시적으로 적용할 수 있습니다. 이렇게 함으로써, Express 애플리케이션의 확장성과 유연성을 극대화할 수 있으며, 개발자는 애플리케이션의 기능을 쉽게 모듈화하고 필요에 따라 기능을 추가하거나 변경할 수 있습니다.

주요 미들웨어 사용 예

Express는 다양한 내장 미들웨어를 제공하며, npm을 통해 외부에서 개발된 많은 미들웨어를 쉽게 찾아 사용할 수 있습니다. 주요 미들웨어 사용 예를 소개하며, 각 미들웨어의 역할과 중요성에 대해 자세히 설명하겠습니다.

- **express.static**: 정적 파일을 서비스하기 위해 사용됩니다. 예를 들어, 이미지, CSS 파일, 자바스크립트 파일 등을 클라이언트에 제공하려면, express.static 미들웨어를 통해 지정된 디렉터리의 파일들을 클라이언트에 직접 제공할 수 있습니다. 이는 웹 애플리케이션의 자산을 관리하는 효율적인 방법입니다.
- **body-parser**: 클라이언트로부터 오는 요청의 본문을 쉽게 파싱할 수 있게 해 주는 미들웨어입니다. JSON 형식의 데이터나 URL 인코딩된 데이터를 처리할 때 필수적으로 사용됩니다. 이는 API 개발에서 데이터를 받아 처리하는 과정을 간소화합니다.
- **cookie-parser**: 쿠키를 파싱하고 클라이언트와 서버 간의 쿠키 데이터를 쉽게 주고받을 수 있도록 합니다. 이를 통해 사용자 인증이나 세션 관리 등의 기능을 보다 효율적으로 구현할 수 있습니다.
- **morgan**: HTTP 요청에 대한 로깅을 담당하는 미들웨어로, 서버에 들어오는 모든 요청의 세부 사항을 기록합니다. 이는 서버의 성능 분석 및 문제 진단에 매우 유용합니다.

이들 중에서, 특히 POST와 PUT 요청에서 요청 본문의 데이터를 추출해야 할 경우가 많으므로 body-parser의 설치 및 적용 방법에 대해 집중적으로 설명하겠습니다.

body-parser 미들웨어를 설치하려면, 터미널 또는 명령 프롬프트에서 다음 명령을 실행합니다.

```
npm install body-parser
```

이 명령은 body-parser 패키지를 프로젝트의 의존성으로 추가하며, 관련 파일들을 자동으로 다운로드하여 프로젝트의 node_modules 디렉터리에 저장합니다.

body-parser 미들웨어를 적용하는 방법은 간단합니다. 기본적으로 미들웨어는 Express 애플리케이션의 라우터를 호출하기 전에 등록되어야 합니다. 다음 코드 예제는 body-parser를 사용하여 JSON 형식 및 URL 인코딩된 데이터를 처리하는 방법을 보여줍니다.

index.js

```
const express = require('express');
const app = express();
const port = process.env.PORT || 3000;
const router = require('./src/router');
const bodyParser = require('body-parser');
```

```
// JSON 형식의 데이터 처리
app.use(bodyParser.json());
// URL 인코딩된 데이터 처리
app.use(bodyParser.urlencoded({ extended: true }));

// 라우터를 애플리케이션에 등록
app.use('/', router);

// 서버 시작
app.listen(port, () => {
  console.log(`웹서버 구동... ${port}`);
});
```

2 기타 핵심 기능들

웹 애플리케이션의 구축과 관리에서 환경 설정과 보안, 데이터 처리, 그리고 인증 및 권한 관리는 매우 중요한 요소들입니다. Express 프레임워크는 이러한 핵심 기능들을 효과적으로 지원하고 구현할 수 있는 다양한 기능과 미들웨어를 제공합니다. 이러한 기능들을 통해, 개발자는 애플리케이션의 보안을 강화하고, 데이터를 효율적으로 처리하며, 사용자 인증 및 권한 부여를 쉽게 관리할 수 있습니다.

2.1 nodemon

개발 과정에서 서버 코드가 변경될 때마다 매번 수동으로 서버를 재시작하는 것은 상당한 번거로움을 초래합니다. 이는 특히 개발 단계에서 코드 변경이 매우 빈번하게 일어날 때 더욱 두드러집니다. 이런 불편을 해소하기 위해 nodemon이라는 도구를 사용할 수 있습니다. nodemon은 개발 중인 서버 코드에 어떤 변경이 발생하더라도 자동으로 서버를 재시작해 주는 유틸리티입니다. 이로 인해 개발자는 코드를 수정하고 저장하는 즉시 결과를 볼 수 있어 개발 속도와 효율성이 크게 향상됩니다.

설치 및 적용 방법

nodemon은 개발 단계에서 필요한 도구이지만, 배포 환경에는 필요하지 않습니다. 이런 이유로, nodemon을 개발 의존성(devDependencies)으로 설치하는 것이 적합합니다. 설치 명령어는 다음과 같습니다.

```
npm install --save-dev nodemon
```

설치 후, package.json 파일에서 devDependencies 부분을 확인할 수 있습니다. 여기서 nodemon의 버전과 함께 등록된 것을 볼 수 있습니다.

package.json

```
{
  "scripts": {
    "start": "node index.js",
    "dev": "nodemon --watch src/ --watch index.js index.js --inspect=0.0.0.0"
  },
  "devDependencies": {
    "nodemon": "^3.1.4"
  }
}
```

다음으로, 개발 서버 실행을 용이하게 하기 위해 package.json 파일의 scripts 부분에 새로운 스크립트를 추가합니다. 이 스크립트는 nodemon을 사용하여 index.js 파일과 src 디렉터리를 감시하게 설정합니다. 파일이나 디렉터리에 변화가 생기면 자동으로 서버를 재시작하도록 구성됩니다. 또한, **--inspect=0.0.0.0** 옵션은 어느 컴퓨터에서든 원격 디버깅을 가능하게 해주어, 차후 플러터 애플리케이션을 실행할 때 사용자의 컴퓨터 IP를 호출해 성공적으로 응답을 받는 등의 과정에서 필요합니다. 스크립트는 다음과 같습니다.

```
"dev": "nodemon --watch src/ --watch index.js index.js --inspect=0.0.0.0"
```

이제 **npm run dev** 명령을 통해 서버를 실행하면, nodemon이 파일의 변경을 감지하고 자동으로 서버를 재시작합니다. 이는 개발자가 실시간으로 코드 수정의 결과를 확인할 수 있게 하여 개발 프로세스를 크게 간소화시켜 줍니다.

2.2 데이터 처리

Express 프레임워크는 폼 데이터, JSON 데이터 처리, 파일 업로드 등 다양한 데이터 처리 작업을 간편하게 수행할 수 있는 기능을 제공합니다. 이러한 기능들을 통해 개발자는 사용자로부터 입력받은 데이터를 효율적으로 처리하고, 이를 기반으로 애플리케이션의 기능을 보다 쉽게 확장하고 개선할 수 있습니다.

Form 데이터 및 JSON 데이터 처리

body-parser 미들웨어의 도입으로, req.body를 통해 클라이언트로부터 전송된 데이터를 손쉽게 접근하고 처리할 수 있게 되었습니다. 이 미들웨어는 클라이언트로부터 오는 요청의 본문을 적절히 파싱하여, Express 애플리케이션에서 사용할 수 있는 자바스크립트 객체로 변환해 줍니다.

예를 들어, 사용자 인증 과정에서 인증 번호를 처리하는 API를 구현해 보겠습니다. 이 API는 클라이언트로부터 POST 요청을 받아 인증 번호를 검증하는 역할을 합니다. 클라이언트는 POST 요청의 본문에 JSON 형식으로 인증 번호를 포함하여 서버로 전송합니다. 예를 들어, Postman과 같은 API 테스트 도구를 사용하여 /api/phone 엔드 포인트에 다음과 같은 데이터를 전송할 수 있습니다.

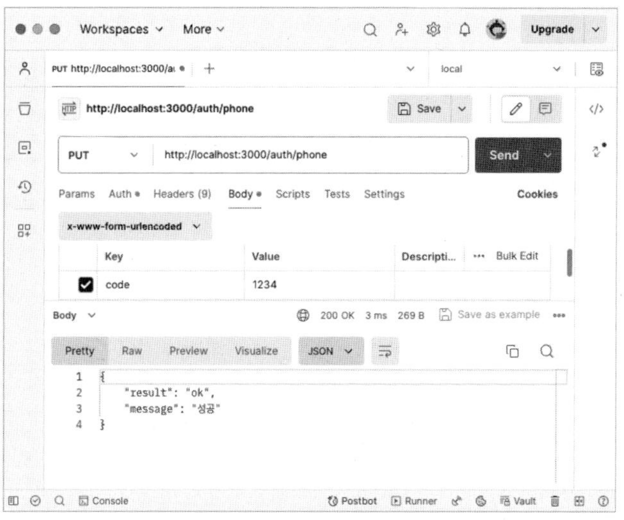

그림 8-5 body-parser가 적용된 이후 모습

서버에서는 다음과 같이 body-parser를 사용하여 이 데이터를 받아 처리할 수 있습니다.

src/api/user/controller.js

```
exports.phoneVerify = (req, res) => {
    console.log(req.body);  // 서버 콘솔에 요청 본문 출력
```

```
    res.json(req.body);        // 요청받은 데이터를 그대로 응답으로 반환
}
```

이 코드는 서버 콘솔에 요청된 JSON 데이터를 출력하고, 동일한 데이터를 클라이언트에게 JSON 형태로 응답합니다. 이를 통해 개발자는 요청 데이터가 올바르게 서버에 도달했는지 확인할 수 있습니다.

보다 실제적인 사용 예로, 특정 인증 번호를 검증하는 간단한 로직을 추가해 보겠습니다. 예를 들어, 테스트 목적으로 '123456'이라는 인증 번호가 정확하게 입력되어야 성공 메시지를 반환하도록 설정할 수 있습니다.

src/api/user/controller.js

```
exports.phoneVerify = (req, res) => {
    const { code } = req.body;  // 요청 본문에서 인증 번호 추출
    // const code = req.body.code; // 앞의 코드와 동일

    if (code === '123456') {   // 인증 번호 검증
        res.json({result: "ok", message: "성공"});
        return;
    }
    res.json({result: "fail", message: "인증 번호가 맞지 않습니다."});
}
```

이 코드는 클라이언트로부터 받은 인증 번호가 '123456'과 일치하는지 검증합니다. 일치하면 성공 메시지를, 그렇지 않으면 실패 메시지를 반환합니다. body-parser를 적용하였기에 form과 JSON 데이터는 마치 자바스크립트 object를 다루듯 처리해 주면 됩니다.

파일 업로드 처리(multipart)

form 데이터 및 JSON 데이터 처리와는 달리, 파일 데이터 처리 특히 첨부파일이나 이미지 파일과 같은 멀티파트 데이터 처리에는 multer라는 미들웨어를 사용합니다. multer는 node.js의 강력한 파일 업로드 기능을 제공하는 미들웨어로, 주로 이미지, 동영상 파일 등을 처리할 때 사용됩니다. 이 미들웨어는 multipart/form-data 형식의 데이터를 쉽게 파싱할 수 있도록 해주며, 파일을 서버에 효율적으로 저장하고 관리할 수 있는 기능을 제공합니다.

Multer를 설치하려면 다음과 같은 npm 명령어를 사용합니다.

```
npm install --save multer
```

Multer를 사용하기 위해서는 먼저, multer의 인스턴스를 생성하고, 파일 저장 위치, 파일명 등을 설정할 수 있는 옵션을 정의해야 합니다. 다음은 multer를 사용하여 파일 업로드를 설정하는 예제 코드입니다

router.js

```
const express = require('express');
const router = express.Router();

const multer = require('multer');
const upload = multer({ dest: 'storage/' });

const webController = require('./web/controller')
const apiFeedController = require('./api/feed/controller')
const apiUserController = require('./api/user/controller')

const { logRequestTime } = require('./middleware/log');

router.get('/', webController.home);
router.get('/page/:route', logRequestTime, webController.page);

router.use(logRequestTime);

router.post('/file', upload.single('file'), (req, res) => {
  console.log(req.file)
  res.json(req.file);
});

// 이하 생략
```

이 설정은 클라이언트로부터 단일 파일을 받아 storage/ 디렉터리에 저장합니다. upload.single('file') 메서드는 'file'필드의 파일 데이터를 처리합니다.

Postman에서 파일 업로드를 테스트하려면, 'Body' 부분을 'form-data'로 설정한 후, 키를 'file'로 지정하고, 'Value'에서 파일을 선택하여 업로드를 수행합니다. 설정 모습은 다음과 같이 화면에 표시됩니다.

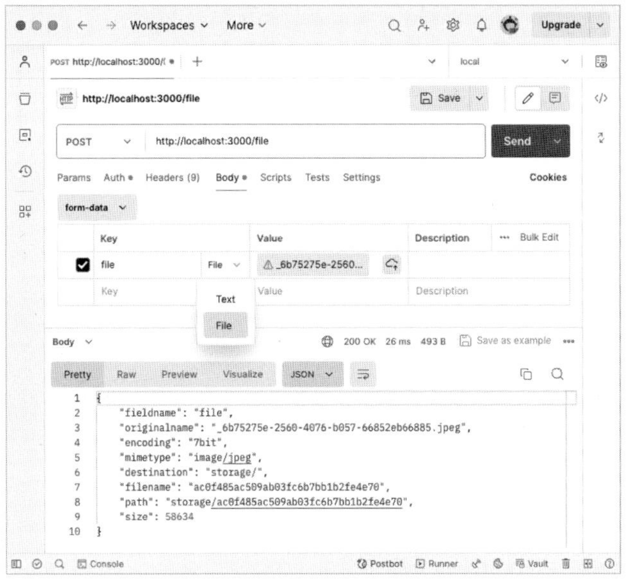

그림 8-6 파일 업로드 테스팅 모습

이 구성을 통해 개발자는 클라이언트로부터 받은 파일을 서버에서 안전하게 처리하고 저장할 수 있으며, 이를 통해 다양한 파일 기반 기능을 애플리케이션에 효과적으로 통합할 수 있습니다.

2.3 환경 설정

애플리케이션을 안전하고 효율적으로 운영하기 위해서는 환경 설정이 필수적입니다. dotenv라이브러리를 활용하여 .env 파일을 통한 환경 변수 관리를 할 수 있습니다. 환경 변수 관리를 함으로서 애플리케이션의 안정성을 높이고, 민감한 정보를 안전하게 보호하는 데 도움을 줍니다.

환경 변수 관리(.env 파일)

환경 변수는 개발, 테스트, 프로덕션과 같이 다양한 환경에서 애플리케이션의 동작을 조정하고, 민감한 정보(예: 데이터베이스 비밀번호, API 키 등)를 안전하게 저장하고 관리하는 데 사용됩니다. .env 파일은 이러한 환경 변수를 저장하는 표준 방법 중 하나로, 프로젝트의 루트 디렉터리에 위치합니다.

```
carrot_server
├ src/
|  ├ api/
|  ├ web/
```

```
│  ├─ middleware/
│  │    └─ log.js
│  └─ router.js
├─ index.js
├─ package.json
└─ .env
```

예를 들어, **.env** 파일에 다음과 같은 환경 변수를 정의할 수 있습니다

.env

```
APP_NAME="우리들의 이웃 홍당무마켓"
PORT=3000

JWT_KEY=my-jwt-key     # 반드시 변경할 것
SALT_KEY=my-salt-key   # 반드시 변경할 것

DB_HOST=localhost
DB_PORT=3306
DB_DATABASE=carrot
DB_USERNAME=root
DB_PASSWORD=P@$$w0rd
```

환경 변수를 쉽게 관리하기 위해 Node.js에서는 dotenv 라이브러리를 사용하여 .env 파일의 내용을 프로그램에서 쉽게 불러올 수 있습니다. dotenv 설치하려면 다음 명령어를 사용합니다.

```
npm install --save dotenv
```

Express 애플리케이션에서 dotenv를 활성화하고 사용하는 방법은 다음과 같습니다.

index.js

```
require('dotenv').config();
const express = require('express');
const app = express();
const port = process.env.PORT || 3000;
const router = require('./src/router');
const bodyParser = require('body-parser');

// JSON 형식의 데이터 처리
```

```
app.use(bodyParser.json());
// URL 인코딩된 데이터 처리
app.use(bodyParser.urlencoded({ extended: true }));

// 라우터를 애플리케이션에 등록
app.use('/', router);

// 서버 시작
app.listen(port, () => {
  console.log(`웹서버 구동... ${port}`);
});
```

이 코드의 첫 번째 줄에서 require('dotenv').config();를 호출함으로써, .env 파일 내에 정의된 모든 환경 변수가 process.env 객체로 로드됩니다. 이를 통해 애플리케이션 코드 내에서 민감한 정보를 직접 노출하지 않고 환경 변수를 통해 안전하게 접근할 수 있습니다. 예를 들어, process.env.PORT를 통해 포트 번호를 불러오며, 포트가 정의되어 있지 않은 경우 기본값으로 3000을 사용합니다. 환경 변수의 변경이 필요한 경우 .env 파일을 수정함으로써 쉽게 적용할 수 있으며, 버전관리 등의 소스에서 .env 파일을 제외시켜주면 안전하게 설정 파일을 관리할 수 있습니다.

3 보안

보안은 웹 애플리케이션 개발에서 중요한 요소 중 하나입니다. 특히 사용자 데이터를 안전하게 보호하고, 적절한 권한 관리를 구현하는 것은 필수적입니다. Express 프레임워크를 활용하면 다양한 인증 및 권한 부여 방식을 손쉽게 적용할 수 있습니다. 이번 절에서는 웹에서 주로 사용하는 쿠키와 세션, 그리고 토큰 기반 인증 방식을 소개하고, 모바일에서 자주 사용하는 토큰 방식에 대해 설명하겠습니다.

3.1 인증과 권한

웹 애플리케이션의 보안에서 사용자 인증과 권한 부여는 필수적인 기능입니다. Express 프레임워크는 개발자들이 사용자의 접근 권한을 효과적으로 관리할 수 있도록 다양한 인증 방식을 제공합니니다. 이러한 인증 방식에는 세션 기반 인증과 토큰 기반 인증 등이 포함되며, 특히 모바일 애플리케이션과 같은 분산 환경에서 자주 사용되는 JWT(JSON Web Tokens) 기반 인증에 대해 자세히 설명하겠습니다.

세션 기반 인증

세션 기반 인증은 서버가 사용자의 로그인 상태를 관리하기 위해 세션 정보를 서버에 저장하는 방식입니다. 사용자가 로그인에 성공하면 서버는 고유한 세션 ID를 생성하고, 이 세션 ID를 사용자의 브라우저에 쿠키로 전송합니다. 이후 사용자가 서버에 요청을 보낼 때마다 이 쿠키가 함께 전송되어 사용자의 로그인 상태를 인증합니다.

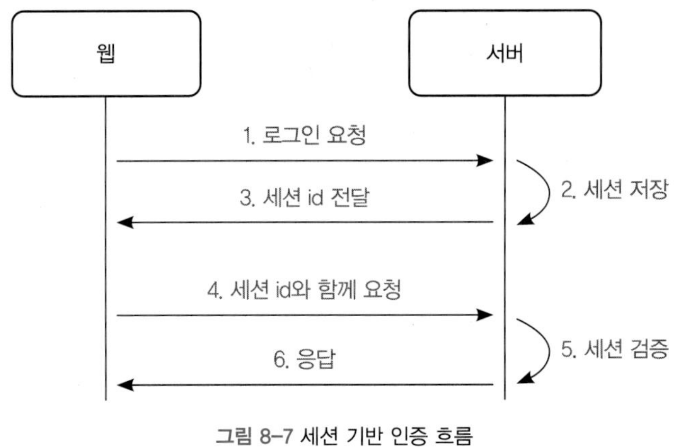

그림 8-7 세션 기반 인증 흐름

세션 기반 인증 방식은 주로 웹 애플리케이션에서 사용됩니다. 웹 브라우저는 쿠키를 자동으로 관리하고, 서버와 통신할 때 쿠키를 자동으로 전송하기 때문에 세션 기반 인증이 효과적입니다. 그러나, 플러터와 같은 모바일 애플리케이션 개발 프레임워크에서는 세션 기반 인증이 그다지 적합하지 않은 이유가 몇 가지 있습니다.

1. **쿠키 관리의 복잡성**: 모바일 애플리케이션은 웹 브라우저와 달리 쿠키를 자동으로 관리하지 않습니다. 따라서 개발자가 직접 쿠키를 저장하고, 요청마다 쿠키를 첨부하는 등의 추가적인 관리 작업이 필요합니다.
2. **세션 유지의 어려움**: 모바일 환경은 네트워크 상태가 자주 변경되고, 애플리케이션의 백그라운드 활동이 제한될 수 있습니다. 이런 환경에서 세션을 유지하며 서버와 지속적으로 상태를 동기화하는 것은 효율적이지 않습니다.
3. **스케일링의 어려움**: 세션 정보를 서버에 저장하는 방식은 서버의 자원을 사용하며, 시스템이 확장됨에 따라 세션을 관리하기 위한 추가적인 자원이 필요합니다. 대규모 사용자를 대상으로 하는 모바일 애플리케이션에서는 이러한 방식이 서버의 부담을 가중시킬 수 있습니다.

이러한 이유로, 플러터와 같은 모바일 애플리케이션에서는 더 효율적이고 관리가 간편한 토큰 기반 인증 방식, 특히 JWT를 선호합니다. JWT는 클라이언트 측에서 토큰을 관리하며, 서버는 상태를 유지할 필요가 없어 확장성과 성능 면에서 더 유리합니다.

토큰 기반 인증

토큰 기반 인증은 사용자의 인증 정보를 서버가 아닌 클라이언트에 저장하는 방식입니다. 이 방식에서는 서버가 사용자를 인증한 후, 사용자의 인증 정보를 포함한 토큰을 생성하여 클라이언트에 전달합니다. 클라이언트는 이 토큰을 저장하고 있으며, 이후 서버에 요청을 보낼 때마다 이 토큰을 요청과 함께 보내어 자신을 인증합니다.

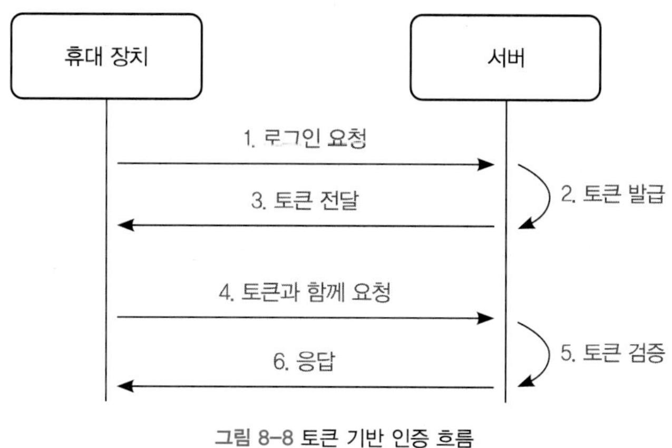

그림 8-8 토큰 기반 인증 흐름

토큰 기반 인증의 주요 장점은 다음과 같습니다.

- **상태 비저장(Stateless)**: 서버는 세션을 유지할 필요가 없으므로, 각 요청을 독립적으로 처리할 수 있습니다. 이는 서버의 확장성을 높이고, 리소스를 효율적으로 사용할 수 있게 합니다.
- **보안성**: 토큰은 보안 알고리즘을 통해 암호화되므로, 중간에 토큰이 노출되더라도 토큰의 정보는 안전하게 보호됩니다.
- **확장성**: 클라이언트-서버 간의 통신이 토큰을 이용하기 때문에, 애플리케이션의 구성 요소를 유연하게 변경할 수 있습니다. 예를 들어, 다른 서비스나 서버로 요청을 전달할 때도 동일한 토큰을 사용할 수 있습니다.
- **플랫폼 및 도메인 간 통신 지원**: 토큰은 모바일 애플리케이션, 웹 애플리케이션, 서버 간 서비스(API) 등 다양한 클라이언트에서 사용될 수 있습니다. 또한 동일한 토큰을 이용해 여러 도메인이나 서비스 간에 인증을 유지할 수 있습니다.

JWT(JSON Web Token)

JWT는 토큰 기반 인증 방식 중 하나로, 세 가지 부분으로 구성됩니다. 헤더(Header), 페이로드

(Payload), 시그니처(Signature) JWT의 구조는 다음과 같습니다.

❶ **헤더(Header)**: 토큰의 유형과 사용된 암호화 알고리즘을 명시합니다.

❷ **페이로드(Payload)**: 서버와 클라이언트 간에 전달될 정보(클레임)가 포함됩니다. 이 정보는 사용자의 ID, 유효 기간 등이 포함될 수 있습니다.

❸ **시그니처(Signature)**: 헤더와 페이로드를 합친 후 비밀 키를 사용하여 생성된 서명입니다. 이 서명을 통해 토큰의 무결성과 인증이 보장됩니다.

JWT는 인증 외에도 정보 교환에 자주 사용되며, 토큰 자체가 정보를 포함하기 때문에 별도의 정보 조회를 요구하지 않습니다. 이는 네트워크 트래픽을 줄이고, 처리 속도를 빠르게 할 수 있는 장점을 제공합니다.

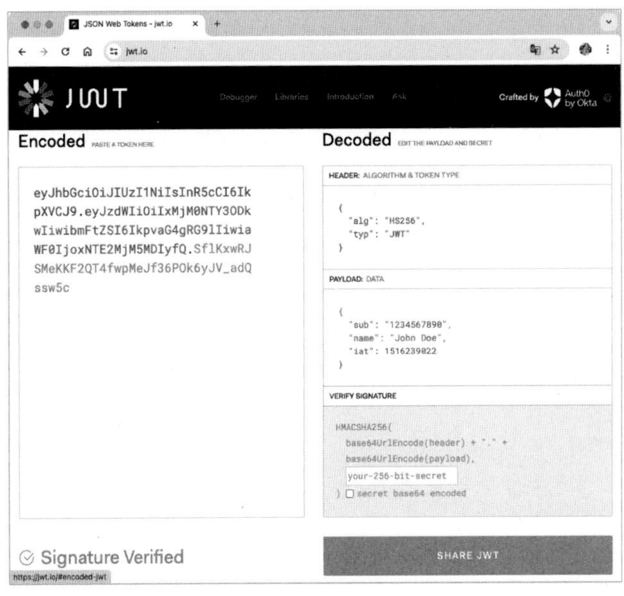

그림 8-9 JWT 토큰 구조

3.2 JWT를 사용하여 토큰 인증 적용

여기서는 JWT를 사용하여 토큰 기반 인증 시스템을 구현하는 방법을 살펴보겠습니다. JWT는 서버와 클라이언트 간의 안전한 정보 교환을 위해 디자인된 경량의 토큰 형식입니다. 이 토큰은 모든 정보를 자체적으로 포함하고 있어 별도의 인증 저장소가 필요 없으며, 확장성 있는 인증 방법을 제공합니다.

설치 및 사용법

JWT 기능을 사용하기 위해서는 jsonwebtoken 라이브러리를 설치해야 합니다. 이 라이브러리는 Node.js 환경에서 JWT를 생성, 검증할 수 있는 메서드를 제공합니다. 설치는 npm을 통해 다음과 같이 진행합니다.

```
npm install --save jsonwebtoken
```

이 라이브러리를 사용하여 토큰을 생성하고 검증하는 기본 사용법은 다음과 같습니다:

```
const jwt = require('jsonwebtoken');

// 비동기 방식을 사용할 경우에는 util.promisify를 사용해야 합니다.
const util = require('util');
const signAsync = util.promisify(jwt.sign);
const verifyAsync = util.promisify(jwt.verify);

const privateKey = 'my_private_key';

async function generateAndVerifyToken() {
  try {
      // 토큰 생성
      let token = await signAsync({ foo: 'bar' }, privateKey);

      // 토큰 검증
      let decoded = await verifyAsync(token, privateKey);

      console.log(decoded);  // 페이로드 정보 출력
  } catch (error) {
      console.error('Error handling token:', error);
  }
}

generateAndVerifyToken();
```

여기서 사용된 **{foo: 'bar'}**는 토큰에 포함할 페이로드로, 사용자의 식별 정보나 권한 정보 등 필요에 따라 저장하고자 하는 데이터를 JSON 객체 형태로 포함합니다. 이 페이로드는 토큰이 검증될 때 함께 반환되어, 필요한 곳에서 사용할 수 있습니다. 사용자의 고유 ID나 이름 등을 포함하여 사용한다면 편하게 사용할 수 있습니다.

privateKey는 토큰의 서명과 검증에 사용되는 비밀키로, 매우 중요한 정보입니다. 이 키는 복잡한 구성의 문자열을 사용해야 하며, 보안을 위해 외부에 유출되어서는 안 됩니다. 일반적으로는 최소 256비트의 랜덤 데이터를 포함한 키를 사용하는 것이 좋습니다.

decoded 변수에는 검증된 토큰의 페이로드가 담기게 되며, 이를 통해 토큰이 담고 있는 정보를 얻을 수 있습니다. 이 정보를 이용하여 서버에서는 사용자의 인증 상태를 확인하거나, 사용자에게 특정 권한을 부여하는 등의 로직을 처리할 수 있습니다.

프로젝트 적용

애플리케이션에 토큰 기반 인증 시스템을 효율적으로 통합하기 위해, 먼저 인증과 검증에 필요한 privateKey를 .env 파일에 저장합니다. 이는 JWT_KEY라는 환경 변수로 설정되며, 버전 관리 시스템에 포함되지 않아야 합니다.

api/user 디렉터리에서 JWT 관련 함수들을 관리하기 쉽게 jwt.js라는 모듈 파일을 생성합니다. 이 파일에서는 jsonwebtoken 라이브러리를 사용하여 토큰을 생성하는 함수를 정의하고, 비동기적으로 토큰을 생성할 수 있도록 util.promisify를 사용합니다.

src/api/user/jwt.js

```
01 const jwt = require('jsonwebtoken');
02 const util = require('util');
03 
04 // jwt.sign 함수를 비동기적으로 사용할 수 있게 변환
05 const signAsync = util.promisify(jwt.sign);
06 const privateKey = process.env.JWT_KEY;
07 
08 // payload를 받아 토큰을 생성하는 함수
09 async function generateToken(payload) {
10   return await signAsync(payload, privateKey);
11 }
12 
13 module.exports = generateToken;
```

06번째 줄에서 환경 변수 JWT_KEY를 이용한 모습입니다. 이제 controller.js에서 JWT 유틸리티 모듈을 사용하여 사용자 인증 후 토큰을 발급하고, 클라이언트에게 반환할 수 있습니다. 사용자 인증이 성공한 경우, 해당 사용자의 정보를 기반으로 토큰을 생성하고, 이를 응답에 포함해 전달합니다.

```javascript
// src/api/user/controller.js
const generateToken = require('./jwt');

exports.register = async (req, res) => {
    // 사용자 정보 검증 로직이 들어갈 위치
    try {
        const userInfo = { id: 1, name: '홍길동' };  // 가정된 사용자 정보
        const token = await generateToken(userInfo);
        res.json({ result: "ok", access_token: token });
    } catch (error) {
        res.status(500).json({ result: "error", message: "토큰 발급 실패" });
    }
}
```

이 코드 예제에서는 사용자 등록(register) 과정에서 가정된 사용자 정보를 기반으로 토큰을 생성하고, 이 토큰을 클라이언트에게 반환합니다. 클라이언트는 이 토큰을 사용하여 추후 요청에서 인증 정보로 사용할 수 있습니다.

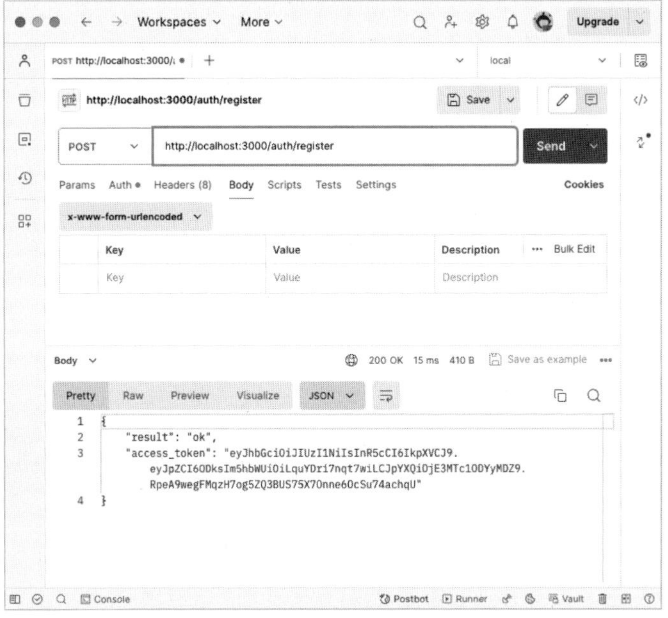

그림 8-10 회원 가입 이후 JWT 토큰 발급 화면

3.3 암호화와 데이터 보안

웹 애플리케이션에서 데이터 보안은 매우 중요한 요소입니다. 암호화는 데이터를 보호하는 데 사용되는 주요 기술 중 하나로, 특히 사용자의 비밀번호, 개인 식별 정보 등 민감한 정보를 안전하게 저장하고 전송할 때 필수적입니다.

암호화의 종류

암호화 기술은 크게 단방향과 양방향 암호화로 나뉩니다. 각각의 특성과 적용 사례는 다음과 같습니다.

단방향 암호화

장점

- 높은 보안성: 복호화가 불가능하여, 암호화된 데이터의 보안이 매우 높습니다.
- 빠른 처리 속도: 계산량이 적어 암호화 및 검증 속도가 빠릅니다.

단점

- 복호화 불가능: 일단 데이터가 암호화되면 원래 데이터로 복구할 수 없습니다.
- 키 관리의 어려움: 사용된 키가 유실되면 데이터를 복구할 수 없습니다.

적용 사례

- 비밀번호 저장: 저장된 비밀번호는 원본을 복구할 필요가 없으므로 단방향 암호화를 사용합니다.
- 데이터 무결성 검증: 파일의 해시값을 비교하여 원본 데이터의 변경 유무를 확인합니다.
- 디지털 서명: 데이터나 통신의 무결성 및 인증을 위해 사용됩니다.

양방향 암호화

장점

- 원본 데이터 복구 가능: 암호화된 데이터를 다시 원래의 데이터로 복구할 수 있습니다.
- 다양한 활용 가능성: 보안 통신, 파일 암호화 등 다양한 분야에서 필요로 합니다.

단점

- 단방향 암호화보다 처리 속도가 느림: 더 많은 계산이 필요하기 때문에 상대적으로 느립니다.
- 키 관리의 중요성: 키가 유출될 경우, 암호화된 모든 데이터의 보안이 위협받습니다.

적용 사례

- 파일 암호화: 중요 문서를 암호화하여 안전하게 보관할 수 있습니다.
- 보안 통신: VPN, SSL 등에서 데이터를 암호화하여 안전하게 전송합니다.
- 클라우드 스토리지: 클라우드에 저장되는 데이터를 암호화하여 보안을 강화합니다.

레인보우 테이블과 솔트(Salt) 사용

비밀번호를 저장할 때 단방향 암호화를 사용하면 보안성이 높아지지만, '레인보우 테이블'이라는 공격 방법으로 인해 위험이 존재합니다. 레인보우 테이블은 사전에 계산된 해시값들의 대규모 데이터베이스를 사용하여, 해시된 비밀번호를 원본 비밀번호로 역산하는 방법입니다.

이를 방지하기 위해 솔트(Salt)를 사용합니다. 솔트는 각 비밀번호에 임의의 데이터를 추가하여, 동일한 비밀번호라도 다른 해시값이 생성되도록 하는 기술입니다. 이 방법은 각 사용자의 비밀번호에 유일한 솔트를 추가함으로써, 레인보우 테이블 공격을 효과적으로 방지할 수 있습니다. 솔트를 사용한 비밀번호 해싱은 보안을 크게 향상시키며, 더 복잡한 공격에도 견딜 수 있는 강력한 방법을 제공합니다.

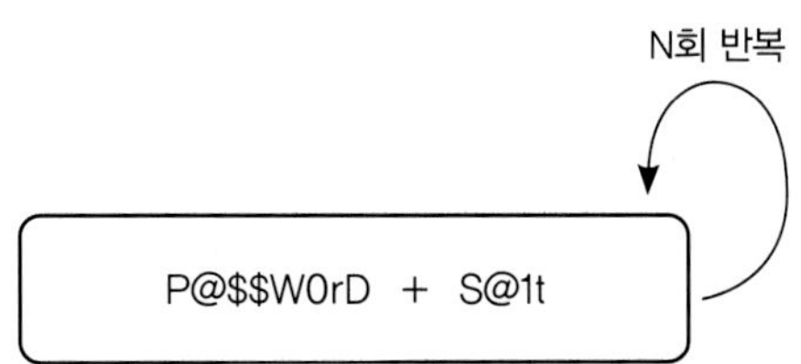

그림 8-11 비밀번호와 솔트값을 안전하게 N회 반복

솔트를 사용한 비밀번호 해싱은 보안을 크게 향상시키며, 더 복잡한 공격에도 견딜 수 있는 강력한 방법을 제공합니다. 예를 들어, crypto 라이브러리를 사용하여 비밀번호를 저장하는 방법은 다음과 같습니다.

```
const crypto = require('crypto');

const saltRounds = 50;
const password = 'P@$$w0rd';

const result = await crypto.pbkdf2Sync(
  password, process.env.SALT_KEY, saltRounds, 100, 'sha512');
const hash = result.toString('base64');

  console.log(hash);
```

앞선 코드는 crypto를 사용하여 주어진 비밀번호에 대해 솔트를 생성하고, 해당 솔트를 사용하여 비밀번호를 안전하게 해시합니다. 이렇게 해시된 비밀번호는 데이터베이스에 저장되며, 로그인 시 제출된 비밀번호의 해시값을 검증하여 안전하게 사용자 인증을 수행할 수 있습니다.

4 데이터베이스

이 절에서는 Node.js 애플리케이션에서 사용할 MySQL 데이터베이스의 설치와 설정 방법을 다룹니다. 실습 PC에 데이터베이스가 이미 설치되어 있을 수도 있지만, 그렇지 않은 경우를 대비해 Windows와 macOS 환경에서 MySQL 설치 방법부터 설명합니다. 그리고 데이터베이스의 기본 설정 및 사용 방법을 집중적으로 다룹니다.

4.1 데이터베이스 설치

Node.js 애플리케이션에서 MySQL 데이터베이스를 사용하려면 먼저 데이터베이스를 설치해야 합니다. 다음 내용에서 Windows와 macOS 환경의 MySQL을 설치하는 방법을 설명하겠습니다.

설치 파일 다운로드

MySQL(https://dev.mysql.com/downloads) 공식 다운로드 사이트를 접속해 MySQL Community Server를 설치해야 합니다.

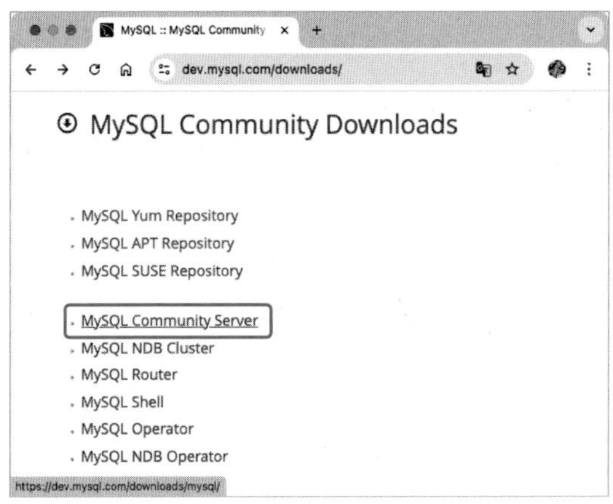

그림 8-12 MySQL 다운로드 페이지

사이트에 접속한 이후 MySQL Community Server를 선택하여 들어오면 사용자가 접속한 운영체제에 맞는 다운로드 화면이 나타나게 됩니다.

사용하고 있는 컴퓨터의 운영체제에 맞게 윈도우 환경의 사용자는 MSI Installer를 선택해 다운로드 받아 설치하고, macOS사용자는 사용하는 프로세서에 맞게(ARM 또는 X86) 설치 파일을 다운받아야 합니다.

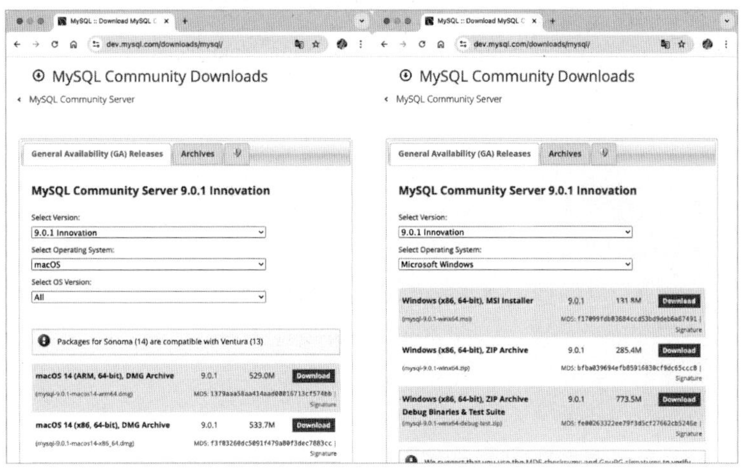

그림 8-13 macOS와 윈도우의 경우 나타나는 설치 파일 목록

초기 설정 화면

설치 파일을 실행한 후 라이센스 동의를 한 이후, 일반 설치 모드로 설치해 주면 되는데 설치 중간에 가장 주의해야 할 두 가지 부분이 있습니다. Type and Networking 단계에서는 현재 설치된 데이터베이스의 포트 번호가 3306으로 제대로 입력하였는지 점검해야 합니다.

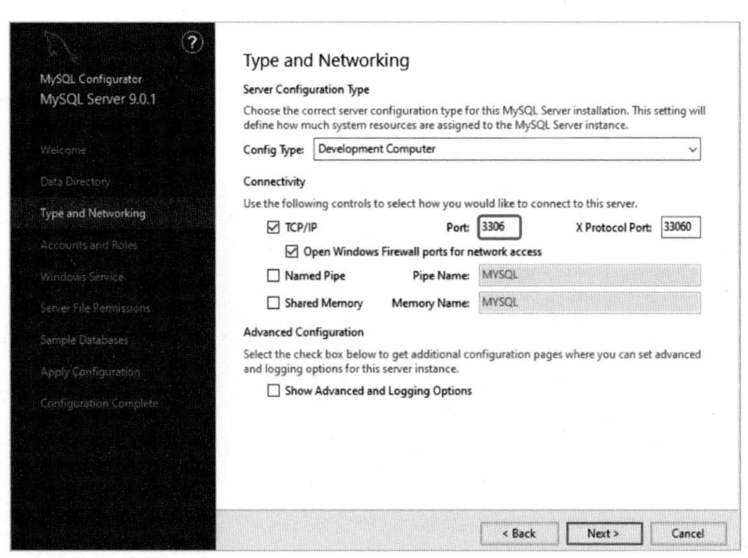

그림 8-14 MySQL 설정 페이지의 포트 설정 화면

Accounts and Roles 단계에서는 관리자 비밀번호 즉, root 계정의 비밀번호를 입력할 수 있습니다. 간혹 root계정의 비밀번호를 잊어버리곤 하니 이때 입력한 비밀번호를 꼭 기록해서 반드시 기억해 두어야 합니다.

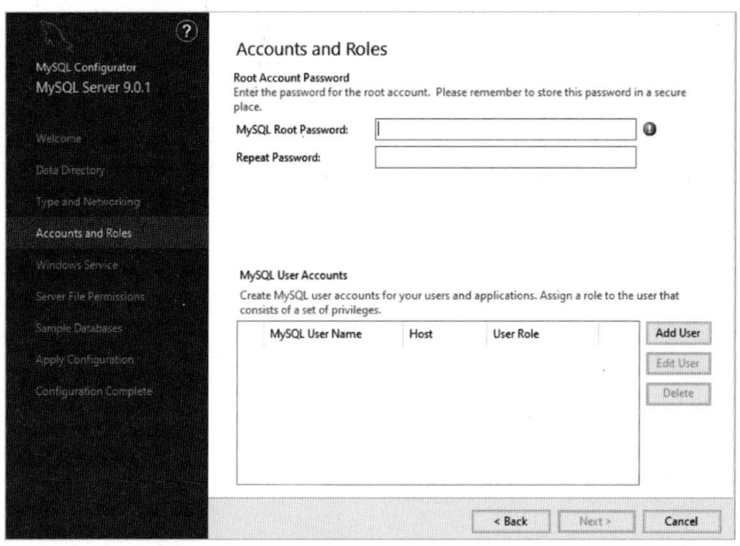

그림 8-15 MySQL 설정 페이지의 관리자 비밀번호 설정 화면

데이터베이스 접속

설치가 완료되었다면 macOS 환경에서는 기본 설치된 터미널을 앱을 통하여 쉽게 MySQL에 접속할 수 있습니다. 하지만 윈도우 환경에서는 MySQL Command Line Client라는 파일을 이용해 접속할 수 있습니다.

예제에서는 9.0 버전을 설치하였기에 MySQL 9.0 Command Line Client 프로그램을 찾아 실행하면 바로 비밀번호를 묻는 창이 표시됩니다. 이때 초기 설정 화면에서 설정해 준 root 계정의 암호를 입력하여 데이터베이스에 접속할 수 있습니다.

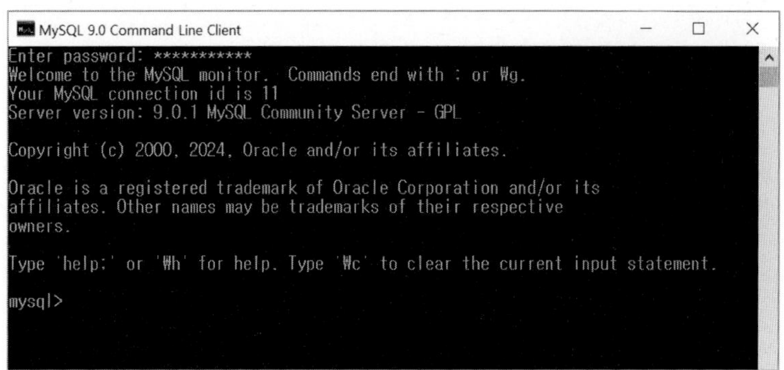

그림 8-16 MySQL Command Line Client를 통해 접속한 화면

4.2 데이터베이스 연동과 관리

데이터베이스는 웹 애플리케이션의 핵심 구성 요소로서 사용자 정보, 상품 데이터, 게시물 내용 등 필수적인 데이터를 저장, 검색, 수정, 삭제하는 역할을 수행합니다. 이 섹션에서는 Express와 MySQL 데이터베이스의 연동 방법을 소개하고, mysql2 라이브러리를 통해 Node.js 환경에서 데이터베이스와의 통신을 구현하는 방법을 설명합니다.

설치 및 기본 사용법

Express 애플리케이션에서 MySQL 데이터베이스와의 연동을 위해 mysql2 패키지를 설치합니다. mysql2는 Node.js에서 MySQL 데이터베이스를 쉽게 다룰 수 있게 해주는 라이브러리입니다.

```
npm install --save mysql2
```

mysql2 라이브러리를 사용하여 데이터베이스에 연결하고 SQL 쿼리를 실행하는 기본적인 방법은 다음과 같습니다.

```
// mysql2/promise 모듈을 사용하여 비동기 처리를 지원
const mysql = require('mysql2/promise');

// 데이터베이스 연결 설정
async function connectDB() {
  try {
    const connection = await mysql.createConnection({
      host: 'localhost',
      user: 'root',
      database: 'test'
    });

    // 플레이스홀더를 사용한 SQL 쿼리 실행
    const [results, fields] = await connection.query(
      'SELECT * FROM `table` WHERE `name` = ? AND `age` > ?',
      ['Page', 45]
    );

    console.log(results); // 쿼리 결과
    console.log(fields);  // 필드 정보
```

```
  } catch (err) {
    console.error('Database connection error:', err);
  }
}

connectDB();
```

이 코드는 비동기 방식으로 데이터베이스에 연결하고, 주어진 조건에 맞는 데이터를 검색하는 SQL 쿼리를 실행합니다. 플레이스홀더를 사용하여 쿼리를 안전하게 구성하고, SQL 인젝션 공격을 방지할 수 있습니다.

연결 방식과 차이점

웹 애플리케이션과 데이터베이스 간의 효율적인 데이터 교환을 위해 다양한 연결 방식을 사용할 수 있습니다. 이러한 연결 방식은 웹 애플리케이션의 성능과 보안, 관리의 용이성에 큰 영향을 미칩니다.

일반 연결

일반 연결은 데이터베이스 요청이 있을 때마다 새로운 연결을 생성하고 작업이 끝나면 연결을 종료하는 방식입니다. 이 접근법은 간단한 작업에 적합하지만, 연결의 생성과 종료가 자주 발생하기 때문에 리소스 사용이 많고, 대규모 사용자를 처리하기에는 효율성이 떨어질 수 있습니다. 예를 들어, 사용자 데이터를 조회하는 간단한 쿼리를 실행하는 코드는 다음과 같습니다.

```
const mysql = require('mysql2/promise');

async function fetchData() {
  const connection = await mysql.createConnection({
    host: 'localhost',
    user: 'root',
    database: 'test'
  });

  try {
    const [results] = await connection.query('SELECT * FROM users');
    console.log(results);
  } catch (error) {
    console.error('Query error:', error);
  } finally {
    await connection.end();
```

```
  }
}

fetchData();
```

PreparedStatement

PreparedStatement는 SQL 쿼리를 사전에 컴파일하고, 같은 쿼리를 파라미터만 바꿔서 반복 실행할 수 있게 합니다. 이 방법은 SQL 인젝션 공격으로부터 보호할 수 있으며, 쿼리의 재사용으로 인해 성능이 향상됩니다. 사용자 ID를 기반으로 정보를 조회하는 예제는 다음과 같습니다.

```
const mysql = require('mysql2/promise');

async function fetchUserData(userId) {
 const connection = await mysql.createConnection({
    host: 'localhost',
    user: 'root',
    database: 'test'
  });

  try {
    const [results] = await connection.execute(
      'SELECT * FROM users WHERE id = ?',
      [userId]
    );
    console.log(results);
  } catch (error) {
    console.error('Query error:', error);
  } finally {
    await connection.end();
  }
}

fetchUserData(1);
```

Connection Pool

커넥션 풀(Connection Pool)은 데이터베이스 연결을 풀에 미리 저장해두고 필요할 때마다 재사용하는 기술입니다. 이 방식은 연결 생성 및 종료에 따른 오버헤드를 크게 줄여줍니다. 따라서 많은 수의 사용자 요청을 빠르고 효율적으로 처리할 수 있습니다. 커넥션 풀을 사용하는 예제는 다음과 같습니다.

```javascript
const mysql = require('mysql2/promise');

const pool = mysql.createPool({
  host: 'localhost',
  user: 'root',
  database: 'test',
  waitForConnections: true,
  connectionLimit: 10,
  queueLimit: 0
});

async function fetchPoolData() {
  try {
    const [results] = await pool.query('SELECT * FROM users');
    console.log(results);
  } catch (error) {
    console.error('Pool query error:', error);
  }
}

fetchPoolData();
```

앞선 예제에서 createPool 메서드는 커넥션 풀을 생성하며, 풀에서 연결을 가져와 쿼리를 수행한 후 자동으로 연결을 풀에 반환합니다. 이러한 각 방식은 특정 상황과 요구 사항에 따라 선택되어야 하며, 효율적인 데이터베이스 관리와 성능 최적화를 위해 적절하게 사용되어야 합니다.

4.3 데이터베이스 구성

이 섹션에서는 홍당무마켓에 적합한 데이터베이스 구성을 위한 상세한 절차를 설명합니다. 여기서는 **.env** 파일과 커넥션 풀을 활용하여, 안정적이며 확장 가능한 데이터베이스 연결을 구축하는 방법을 학습합니다.

프로젝트 구조 설정

웹 애플리케이션에서는 코드의 관리와 유지 보수를 쉽게 하기 위해 데이터베이스 관련 코드를 별도의 폴더로 분리하는 것이 일반적입니다. 이렇게 하면 개발자가 데이터베이스와 관련된 코드를 쉽게 찾아 수정할 수 있어, 프로젝트 관리가 더욱 편리해집니다. src/database/index.js 파일은 데이터베이스 연결과 쿼리 작업의 중심 역할을 합니다.

```
carrot_server
├ src/
|  ├ api/
|  ├ web/
|  ├ database/
|  |   └ index.js
|  ├ middleware/
|  └ router.js
├ index.js
├ package.json
└ .env
```

index.js 파일에서는 mysql2/promise 모듈을 사용하여 MySQL 데이터베이스와의 비동기 연결을 관리합니다. 이 파일에서 createPool 메서드를 통해 데이터베이스 연결 풀을 생성하고, 이 풀을 통해 필요할 때마다 데이터베이스 연결을 재사용할 수 있습니다.

src/database/index.js

```
const mysql = require('mysql2/promise');

exports.pool = mysql.createPool(
  {
    host: process.env.DB_HOST,
    user: process.env.DB_USERNAME,
    password: process.env.DB_PASSWORD,
    database: process.env.DB_DATABASE,
    waitForConnections: true,
    connectionLimit: 10,
    queueLimit: 0
  }
);

exports.pool.query = async (queryString, params) => {
  const [results] = await this.pool.execute(queryString, params);
  return results;
};
```

데이터베이스 설계

데이터베이스 설계는 애플리케이션의 데이터를 체계적으로 관리하고, 효율적인 데이터 처리를 가능하게 하는 핵심 과정입니다. 홍당무마켓 플랫폼을 위한 데이터베이스를 설계할 때는 파일 저장,

회원 정보, 피드 게시물 등 주요 기능을 지원하는 테이블을 생성합니다.

❶ 파일 저장 테이블(files)

field	type	null	default	extra
id	INT	NOT NULL		PRI
original_name	VARCHAR	NOT NULL		
file_path	VARCHAR	NOT NULL		
file_size	INT	NOT NULL		
created_at	TIMESTAMP	NOT NULL	CURRENT_TIMESTAMP	

표 8-2 파일 테이블의 구조

- **id**: 파일의 고유 식별자. 자동으로 증가합니다.
- **original_name**: 파일의 원본 이름을 저장합니다.
- **file_path**: 파일이 저장된 서버상의 경로 정보입니다.
- **file_size**: 파일의 크기를 저장합니다.
- **created_at**: 파일이 저장된 시간입니다. 기본값으로 현재 시간이 자동 입력됩니다.

❷ 회원 정보 테이블(user)

field	type	null	default	extra
id	INT	NOT NULL		PRI
phone	VARCHAR	NOT NULL		
password	VARCHAR	NOT NULL		
name	VARCHAR	NOT NULL		
profile_id	INT	NULL		FK
created_at	TIMESTAMP	NOT NULL	CURRENT_TIMESTAMP	

표 8-3 회원 테이블의 구조

- **id**: 사용자의 고유 식별자. 자동으로 증가합니다.
- **phone**: 사용자의 전화번호 정보입니다.
- **password**: 사용자의 비밀번호. 보안을 위해 암호화하여 저장합니다.
- **name**: 사용자의 이름.
- **profile_id**: 사용자 프로필 이미지에 대한 참조. files 테이블의 id를 외래키(FK)로 가집니다.
- **created_at**: 사용자가 생성된 시간입니다. 기본값으로 현재 시간이 자동 입력됩니다.

❸ 피드 테이블(feed)

field	type	null	default	extra
id	INT	NOT NULL		PRI
user_id	INT	NOT NULL		FK
image_id	INT	NULL		FK
title	VARCHAR	NOT NULL		
price	INT	NOT NULL		
content	VARCHAR	NOT NULL		
updated_at	TIMESTAMP	NOT NULL	CURRENT_TIMESTAMP	
created_at	TIMESTAMP	NOT NULL	CURRENT_TIMESTAMP	

표 8-4 피드 테이블의 구조

- **id**: 피드의 고유 식별자. 자동으로 증가합니다.
- **user_id**: 피드를 게시한 사용자의 ID. user 테이블의 id를 외래키로 가집니다.
- **image_id**: 피드에 첨부된 이미지 파일의 ID. files 테이블의 id를 외래키로 가집니다.
- **title**: 피드의 제목.
- **price**: 상품의 가격.
- **content**: 피드의 내용.
- **updated_at**: 피드의 최종 수정 시간입니다. 기본값으로 현재 시간이 자동 입력됩니다.
- **created_at**: 피드가 생성된 시간입니다.

최종 쿼리 실행

이 섹션에서 제공된 SQL 쿼리는 프로젝트에 필요한 데이터베이스와 테이블 설정하는 방법을 안내합니다. 설명한 구조를 참조하여 직접 테이블을 생성할 수 있으며, 첨부된 전체 SQL 스크립트를 사용해 예제 프로젝트를 실제로 실행해 볼 수도 있습니다. 다음 쿼리를 사용하면 각 테이블이 올바르게 설정되도록 하여 프로젝트의 초기 설정을 간단하게 완료할 수 있습니다.

```
CREATE DATABASE IF NOT EXISTS carrot

DEFAULT CHARACTER SET utf8mb4 COLLATE utf8mb4_unicode_ci;

USE carrot;

CREATE TABLE IF NOT EXISTS files(
```

```
    id INT NOT NULL AUTO_INCREMENT PRIMARY KEY,
    original_name VARCHAR(255) NOT NULL,
    file_path VARCHAR(255) NOT NULL,
    file_size INT NOT NULL,
    created_at TIMESTAMP NOT NULL DEFAULT CURRENT_TIMESTAMP
);

CREATE TABLE IF NOT EXISTS user(
    id INT NOT NULL AUTO_INCREMENT PRIMARY KEY,
    phone VARCHAR(255) NOT NULL,
    password VARCHAR(255) NOT NULL,
    name VARCHAR(255) NOT NULL,
    profile_id INT,
    created_at TIMESTAMP NOT NULL DEFAULT CURRENT_TIMESTAMP
);

CREATE TABLE IF NOT EXISTS feed(
    id INT NOT NULL AUTO_INCREMENT PRIMARY KEY,
    user_id INT NOT NULL,
    image_id INT,
    title VARCHAR(255) NOT NULL,
    price INT NOT NULL,
    content LONGTEXT,
    updated_at TIMESTAMP NOT NULL DEFAULT CURRENT_TIMESTAMP,
    created_at TIMESTAMP NOT NULL DEFAULT CURRENT_TIMESTAMP
);
```

4.4 프로젝트 내에서 데이터베이스 사용

개발을 처음하는 입장에서 코드와 데이터베이스 관리가 다소 복잡해 보일 수 있습니다. 이번 장에서는 코드의 구조를 효율적으로 관리하고, 데이터베이스와의 상호작용을 최적화하는 방법을 배워보겠습니다. 천천히 따라 해보시기를 바랍니다. 이번에는 특히, 프로젝트의 router와 controller를 분리하는 방법에 이어, 데이터 접근 층인 repository 패턴을 도입하여, 각 기능의 역할을 명확히 구분하고 관리의 용이성을 높이는 방법을 설명합니다.

파일 구조와 모듈화

파일 구조와 모듈화는 프로젝트의 효율성을 높이는 중요한 요소입니다. 파일을 통해 코드를 체계적으로 구분하면 가독성이 향상되고, 유지 보수가 쉬워집니다. controller와 repository를 별도의 파일로 분리하여 각각의 역할을 명확히 합니다. 비즈니스 로직이 복잡한 프로젝트에서는 종종 service 레이어를 controller와 repository 사이에 추가하여 로직을 더 세분화합니다. 이는 로직과 데이터 접근을 더욱 명확히 분리하여 관리합니다. 그러나, 본 예제는 구조가 간단하여 service 레이어를 별도로 구성하지 않습니다만, 이에 대한 이해는 향후 복잡한 프로젝트에 참고할 수 있습니다.

```
carrot_server
├ src/
│  ├ api/
│  │  ├ feed/
│  │  ├ file/
│  │  │  ├ controller.js
│  │  │  └ repository.js
│  │  └ user/
│  ├ web/
│  ├ database/
│  ├ middleware/
│  └ router.js
├ index.js
├ package.json
└ .env
```

데이터 접근 계층(Repository) 설명

repository.js는 데이터베이스와의 모든 상호작용을 처리하는 중요한 역할을 합니다. 이 파일에서 정의된 pool.query 함수는 데이터베이스 쿼리를 실행하는 주요 메서드입니다. 이 함수의 첫 번째 파라미터는 SQL 쿼리 문자열이며, 두 번째 파라미터는 쿼리에서 사용될 데이터의 배열입니다. 예를 들어, INSERT INTO files (original_name, file_path, file_size) VALUES (?, ?, ?); 쿼리에서 ?는 첫 번째 파라미터인 쿼리 문자열에 포함되며, 실젯값은 두 번째 파라미터인 배열 [name, path, size]에 의해 제공됩니다. 이 구조는 SQL 인젝션 공격을 방지하는 데도 도움이 됩니다.

src/api/file/repository.js

```
const { pool } = require('../../database')

exports.create = async (name, path, size) => {
```

```
  const query = `INSERT INTO files
  (original_name, file_path, file_size)
  VALUES (?,?,?)`;
  return await pool.query(query, [name, path, size]);
}
```

컨트롤러의 역할과 라우터 설정

controller.js는 클라이언트의 요청을 처리하고 적절한 응답을 반환하는 핵심적인 컴포넌트입니다. 이 파일에서는 데이터베이스에 데이터를 저장하는 로직을 관리하며, 저장 과정에서 발생하는 결과를 활용해 피드백을 제공합니다.

예를 들어, 파일 업로드 요청을 처리할 때, repository의 create 함수를 호출하여 데이터베이스에 데이터를 저장합니다. 저장 후에는 **affectedRows**와 **insertId**를 반환받아 처리 결과를 분석합니다. 여기서 affectedRows는 쿼리에 의해 영향받은 행의 수를 나타내며, insertId는 새로 삽입된 행의 고유 ID를 나타냅니다.

affectedRows가 0이면 데이터 삽입이 실패한 것을 의미합니다. 이는 요청이 올바르게 처리되지 않았음을 나타내므로, 오류 메시지와 함께 실패 응답을 반환할 수 있습니다. 반대로, affectedRows가 1 이상이면 데이터가 성공적으로 삽입되었음을 의미합니다.

src/api/file/controller.js

```
const repository = require('./repository');

exports.upload = async (req, res) => {
  const file = req.file;

  const { affectedRows, insertId } = await repository.create(
    file.originalname, file.path, file.size);

  if (affectedRows > 0) {
    return res.json({ result: 'ok', data: insertId })
  }
  return res.json({ result: 'fail' })
};
```

마지막 단계로, router.js에서 /file 경로로 들어오는 POST 요청을 처리할 수 있도록 설정합니다. 이 설정은 fileController.upload 함수를 해당 경로에 연결하여, 파일 업로드 요청이 들어올 때마다 적절하게 요청을 처리하고 응답을 반환하도록 합니다. 이 과정은 프로젝트의 라우팅 관리를 체계화하고, 각 요청에 대한 처리 방법을 명확하게 정의하는 데 중요한 역할을 합니다.

src/router.js

```
const fileController = require('./api/file/controller')

router.post('/file', upload.single('file'), fileController.upload);
```

이 구성을 통해, 프로젝트 내에서 데이터베이스의 사용이 각 컴포넌트에 의해 명확하게 관리될 수 있으며, 사용자의 파일 업로드 요청을 효과적으로 처리할 수 있습니다. 이러한 설정은 프로젝트의 기능적 요구사항을 충족시키는 동시에, 확장성과 유지 보수의 용이성을 보장합니다.

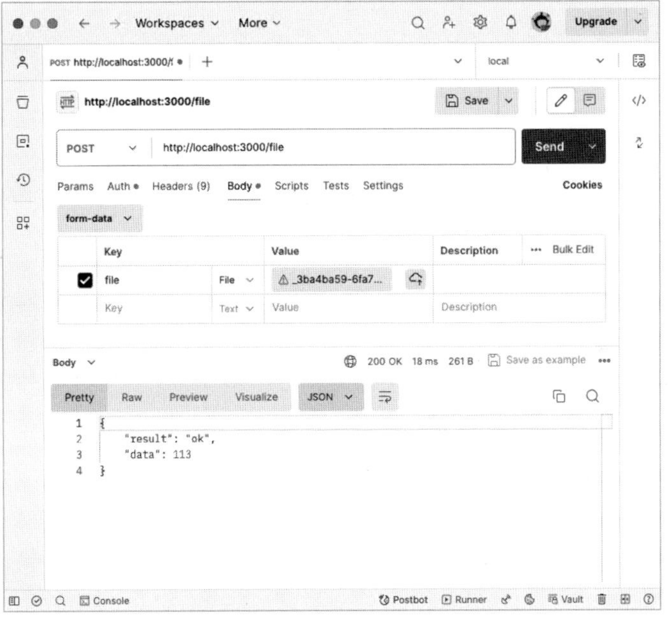

그림 8-17 파일 업로드 테스트 성공 화면

Memo

9장

홍당무마켓 백엔드 구현

지금까지 Express 프레임워크의 기본 사용법을 배우고, 데이터베이스와의 설계, 연동 방법까지 익혔습니다. 이번 장에서는 이러한 기초 지식을 바탕으로, 실제 홍당무마켓의 API 서버를 완성할 예정입니다. 이번 장에서는 사용자 인증, 상품 등록, 상품 조회 등 중고 거래 플랫폼에서 필수적인 기능들을 마저 구현하겠습니다.

1 파일 처리

이전 장의 마지막에서 파일 처리 중 업로드 부분을 간략하게 구현해 보았습니다. 파일 처리는 웹 개발에서 중요한 부분으로 사용자가 애플리케이션을 이용하는 과정에서 프로필 사진, 물건 사진 등을 업로드하거나 다운로드받을 때 필요한 기능으로 활용할 예정입니다.

1.1 기술적 고려 사항

파일 업로드, 다운로드는 사용자가 웹 또는 모바일 애플리케이션 서비스에서 서버로 또는 그 반대로 파일 또는 이미지를 전송하는 기능입니다. 다만 이 과정에서 고려해야 할 몇 가지가 있습니다.

파일 업로드

예를 들어 머그컵을 판매하려는 한 개인이 cup.png이라고 저장된 파일을 업로드한다고 가정해 보겠습니다. 해당하는 파일 이름이 그대로 업로드가 된다고 했을 때, 여러 명의 사용자가 우연히 동시에 컵을 판매하려 하고 cup.png의 이름을 다 같이 쓴다고 가정해 보겠습니다. 서버에는 cup.png 파일이 이미 있기에 덮어쓸 수는 없고 cup_1.png 등의 이름으로 바꿔서 업로드할 수도 있습니다.

하지만 이는 원래의 파일명이 바뀌게 되어 나중에 파일을 다시 다운로드받을 때 내가 업로드한 파일이 아닌 이름이 바뀐 파일이 저장된다는 단점이 있습니다. 그래서 보통 서버에서는 파일명을 무작위의 문자를 생성해 저장하고, 데이터베이스에 원본 파일명을 저장하는 방식을 많이 사용합니다.

field	type	null	default	extra
id	INT	NOT NULL		PRI
original_name	VARCHAR	NOT NULL		
file_path	VARCHAR	NOT NULL		
file_size	INT	NOT NULL		
created_at	TIMESTAMP	NOT NULL	CURRENT_TIMESTAMP	

표 9-1 파일 테이블의 구조

본 서에서는 original_name에 파일 원본 이름을 저장하고, 바뀐 파일명으로 저장된 경로를 file_path에 저장하겠습니다. 따라서 해당 파일을 참조할 때는 file_path에 있는 파일을 참고하여 표시합니다.

파일 다운로드

multer 라이브러리에서 파일 업로드를 시키면 무작위의 알파벳이 저장됩니다. 이름도 바뀌고 확장자도 바뀌지만 파일 자체는 이미지 파일이기에 다운받아서 이미지 뷰어로 열거나, 플러터의 Image 위젯으로 접근하면 정상적으로 이미지가 나타납니다. 하지만 사용자가 해당 이미지를 다운받을 일이 있을 때 이렇게 이상한 이름의 파일을 준다면 상당히 불편할 것입니다. 따라서 파일을 다운로드할 때 우리는 서버에서 해당 파일과 데이터베이스에 original_name 필드에 저장된 파일명을 결합하여 보내주어야 합니다. 이렇게 사용자가 직접 파일을 참조하지 못하고 서버에서 처리해 내려주는 것은 파일명의 보존과 더불어 보안적인 문제도 어느 정도 해결해 줍니다.

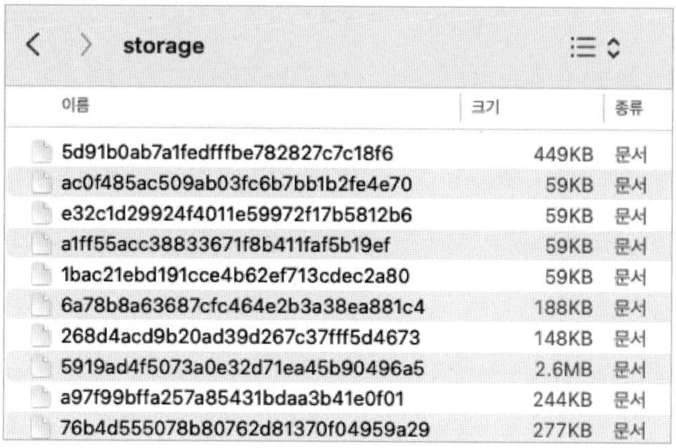

storage

이름	크기	종류
5d91b0ab7a1fedfffbe782827c7c18f6	449KB	문서
ac0f485ac509ab03fc6b7bb1b2fe4e70	59KB	문서
e32c1d29924f4011e59972f17b5812b6	59KB	문서
a1ff55acc38833671f8b411faf5b19ef	59KB	문서
1bac21ebd191cce4b62ef713cdec2a80	59KB	문서
6a78b8a63687cfc464e2b3a38ea881c4	188KB	문서
268d4acd9b20ad39d267c37fff5d4673	148KB	문서
5919ad4f5073a0e32d71ea45b90496a5	2.6MB	문서
a97f99bffa257a85431bdaa3b41e0f01	244KB	문서
76b4d555078b80762d81370f04959a29	277KB	문서

그림 9-1 서버에 저장된 파일들

1.2 파일 처리 코드 구현

파일 레포지토리

1 파일 정보 저장: 파일을 데이터베이스에 저장하기 위해 create 함수를 사용합니다.

- original_name, file_path, file_size를 데이터베이스에 삽입합니다.
- 삽입 쿼리를 실행한 후, 성공적으로 데이터가 저장되면 그 결과를 반환합니다.

2 파일 정보 검색: 특정 파일의 정보를 데이터베이스에서 검색하기 위해 show 함수를 사용합니다.

- 파일의 고유 ID를 사용하여 검색 쿼리를 실행합니다.
- 검색 결과가 존재하면 해당 파일 정보를 반환합니다.

src/api/file/repository.js

```
01 const { pool } = require('../../database')
02 
03 exports.create = async (name, path, size) => {
04   const query = `INSERT INTO files
05   (original_name, file_path, file_size)
06   VALUES (?,?,?)`;
07   return await pool.query(query, [name, path, size]);
08 }
09 
10 exports.show = async (id) => {
11   const query = `SELECT * FROM files WHERE id =  ?`;
12   const result = await pool.query(query, [id]);
13   return (result.length < 0) ? null : result[0];
14 }
```

07번째 줄 pool.query 함수는 실행 결과를 배열로 반환합니다. SELECT 쿼리의 경우, 데이터를 단 하나만 반환하기 때문에, 결과 배열의 길이가 0이면 비정상적으로 실행된 것으로 간주하고 null을 반환합니다. 반면, 결과가 있을 경우 첫 번째 요소를 반환합니다

파일 컨트롤러

❶ 파일 업로드 비즈니스 로직

- 클라이언트가 파일을 서버에 업로드하면, req.file 객체를 통해 파일 정보를 얻습니다.
- 이 정보를 repository.create에 전달하여 데이터베이스에 파일 정보를 저장합니다.
- 저장의 성공 여부는 affectedRows 값을 검사하여 확인하며, 성공 시 클라이언트에게 파일의 데이터베이스 ID가 포함된 응답을 보냅니다.

❷ 파일 다운로드 비즈니스 로직

- 다운로드 요청은 파일의 ID를 파라미터로 받아 repository.show를 호출하여 해당 파일의 정보를 검색합니다.
- 파일 정보가 데이터베이스에서 성공적으로 검색되면, res.download 메서드를 사용하여 파일을 클라이언트에게 전송합니다.
- res.download는 첫 번째 파라미터로 파일의 경로, 두 번째 파라미터로 클라이언트에 표시될 파일명을 받습니다. 파일 전송 도중 오류가 발생할 경우, 오류 메시지와 함께 실패 응답을 클라이언트에 전송합니다.

src/api/file/controller.js

```
01 const repository = require('./repository');
02
03 exports.upload = async (req, res) => {
04   const file = req.file;
05
06   const { affectedRows, insertId } = await repository.create(
07     file.originalname, file.path, file.size);
08
09   if (affectedRows > 0) {
10     return res.json({ result: 'ok', data: insertId })
11   } else {
12     return res.json({ result: 'fail' })
13   }
14 };
15
16 exports.download = async (req, res) => {
17   const { id } = req.params;
18
19   const item = await repository.show(id);
20
21   if (item == null) {
22     return res.send({ result: 'fail' })
23   }
24
25   res.download(item.file_path, item.original_name, (err) => {
26     if (err) {
27       res.send({ result: "error", message: err.message });
28     }
29   });
30 }
```

03번째 줄 파일 업로드 처리는 클라이언트로부터 받은 파일 정보를 repository.create를 호출하여 데이터베이스에 저장하고 결과에 따라 응답을 반환합니다(성공 시 파일 ID 포함). **16**번째 줄 파일 다운로드 처리로 파일 정보가 존재하면 해당 파일을 원본 파일명으로 클라이언트에 전송합니다. 에러가 발생하면 에러 메시지와 함께 실패 응답을 반환합니다.

라우터 설정

src/router.js

```
const fileController = require('./api/file/controller')

router.post('/file', upload.single('file'), fileController.upload);
router.get('/file/:id', fileController.download);
```

❶ 파일 업로드 라우트 설정

- POST /file: 이 경로는 파일 업로드 요청을 처리합니다.
- upload.single('file')은 multer 미들웨어를 사용하여 'file' 필드의 단일 파일 업로드를 처리합니다. 이 미들웨어는 업로드된 파일 정보를 req.file 객체에 저장합니다.
- fileController.upload는 실제로 파일 정보를 받아 데이터베이스에 저장하고, 응답을 반환하는 컨트롤러 함수입니다.

❷ 파일 다운로드 라우트 설정

- GET /file/:id: 이 경로는 파일 다운로드 요청을 처리합니다.
- URL의 :id 부분은 파일의 고유 식별자(ID)를 나타내며, 이 ID를 사용하여 데이터베이스에서 해당 파일 정보를 검색합니다.
- fileController.download는 데이터베이스에서 파일 정보를 검색하고, 파일을 클라이언트에게 전송하는 컨트롤러 함수입니다.

2 회원

실제 서비스되고 있는 중고 거래 애플리케이션은 휴대폰 인증을 통해 회원 가입이 이루어지지만 우리는 편의를 위해 휴대폰 번호와 비밀번호의 형태로 회원 가입을 진행하려 합니다.

회원 가입이 완료된 이후 서버가 JWT 토큰을 발급해주면, 플러터 애플리케이션에서 해당 토큰을 저장해 로그인이 필요한 요청에 토큰을 함께 첨부하는 방식으로 진행할 예정입니다.

2.1 인증 과정의 이해

토큰 발급 및 관리

Access Token: 일반적으로 짧은 유효 기간을 가지며, 사용자가 서버에 요청을 보낼 때마다 이를 검증하여 요청의 유효성을 확인합니다.

Refresh Token: 상대적으로 긴 유효 기간을 가지며, access token이 만료됐을 때 새로운 access token을 발급받기 위해 사용됩니다.

인증 흐름

1. 사용자는 로그인 시 휴대폰 번호와 비밀번호를 서버로 전송합니다.
2. 서버는 제공된 자격 증명을 검증하고, 성공적으로 인증하면 access token과 refresh token을 발급합니다.
3. 사용자는 이후 서버로 요청을 보낼 때마다 access token을 헤더에 포함시켜 전송합니다.
4. Access token의 유효 기간이 만료되면, 사용자는 refresh token을 이용하여 새로운 access token을 요청할 수 있습니다.
5. 만약 refresh token마저 만료되면, 사용자는 다시 로그인하여 새로운 토큰을 발급받아야 합니다.

경량급 프로젝트의 인증 접근법

경량급 프로젝트에서는 종종 access token만을 사용하여 인증 과정을 간소화합니다. 이 경우, 토큰 유출에 주의해야 하며, 보안에 더욱 신경 쓸 필요가 있습니다. 본 프로젝트에서는 이 방식을 채택하여, 구현의 복잡성을 줄이고 개발을 용이하게 할 계획입니다.

이러한 인증 시스템은 애플리케이션의 보안을 강화하고 사용자의 데이터를 보호하는 데 필수적인 역할을 합니다. 효과적인 인증 시스템을 통해 사용자는 자신의 계정을 안전하게 관리할 수 있으며, 서비스 제공자는 신뢰할 수 있는 서비스를 운영할 수 있습니다.

2.2 회원 가입, 로그인 코드 구현

이 섹션에서는 회원 가입과 로그인 프로세스를 위한 코드 구현을 다룹니다. 사용자 인증을 위해 휴대폰 번호와 비밀번호를 사용하며, 보안을 위해 비밀번호는 암호화하여 저장합니다.

회원 레포지토리

- 회원 가입(register): 사용자의 휴대폰 번호, 비밀번호, 이름을 받아 데이터베이스에 저장합니다. 비밀번호는 평문이 아닌 암호화된 형태로 저장됩니다.
- 로그인(login): 제공된 휴대폰 번호와 비밀번호가 데이터베이스에 있는지 확인합니다. 비밀번호는 입력받은 값을 암호화한 후 저장된 값과 비교합니다.
- 휴대폰 번호로 사용자 찾기(findByPhone): 데이터베이스에서 휴대폰 번호를 사용해 등록된 사용자의 수를 반환합니다. 이를 통해 중복 가입을 방지합니다.

src/api/user/repository.js

```
const { pool } = require('../../database')

exports.register = async (phone, password, name) => {
  const query = `INSERT INTO user
  (phone, password, name)
  VALUES (?,?,?)`;
  return await pool.query(query, [phone, password, name]);
}

exports.login = async (phone, password) => {
  const query = `SELECT * FROM user WHERE
  phone = ? AND password = ?`;
  let result = await pool.query(query, [phone, password]);
  return (result.length < 0) ? null : result[0];
}

exports.findByPhone = async (phone) => {
  let result = await pool.query(`SELECT count(*) count FROM user where phone = ?`, [phone]);
  return (result.length < 0) ? null : result[0];
}
```

register의 password와 login의 password 필드 내용은 평문이 아닌 학습한 암호화로 저장할 것입니다.

회원 컨트롤러

회원 가입(register)

❶ 요청에서 휴대폰 번호, 비밀번호, 이름을 추출합니다.

❷ 휴대폰 번호로 기존 사용자가 있는지 확인합니다.

❸ 새 사용자의 경우, 비밀번호를 암호화하고, 사용자 정보를 데이터베이스에 저장합니다.

❹ 성공적으로 저장되면, 사용자에게 JWT 토큰을 발급하여 반환합니다.

❺ 중복된 휴대폰 번호가 있거나 다른 오류가 발생하면 오류 메시지를 포함한 응답을 보냅니다.

로그인(login)

❶ 요청에서 휴대폰 번호와 비밀번호를 추출합니다.

❷ 비밀번호를 암호화하고, 해당 휴대폰 번호와 암호화된 비밀번호가 일치하는 사용자를 데이터베이스에서 검색합니다.

❸ 일치하는 사용자가 있는 경우, 해당 사용자의 정보로 JWT 토큰을 생성하고 반환합니다.

❹ 사용자를 찾지 못하거나 다른 오류가 발생하면 오류 메시지를 포함한 응답을 보냅니다.

src/api/user/controller.js

```
const repository = require('./repository');
const crypto = require('crypto');
const jwt = require('./jwt');

exports.register = async (req, res) => {
  const { phone, password, name } = req.body;

  let { count } = await repository.findByPhone(phone);

  if (count > 0) {
    return res.send({ result: "fail", message: '중복된 휴대폰 번호가 존재합니다.' });
  }

  const result = await crypto.pbkdf2Sync(password, process.env.SALT_KEY, 50, 100, 'sha512')

   const { affectedRows, insertId } = await repository.register(phone, result.toString('base64'), name);

  if (affectedRows > 0) {
    const data = await jwt({ id: insertId, name });
    res.send({ result: 'ok', access_token: data })
  } else {
    res.send({ result: 'fail', message: '알 수 없는 오류' });
  }
}

exports.login = async (req, res) => {
  const { phone, password } = req.body;

```

```
  const result = await crypto.pbkdf2Sync(password, process.env.SALT_KEY, 50, 100, 'sha512')
  const item = await repository.login(phone, result.toString('base64'));

  if (item == null) {
    res.send({ result: 'fail', message: '휴대폰 번호 혹은 비밀번호를 확인해 주세요' })
  } else {
    const data = await jwt({ id: item.id, name: item.name });
    res.send({ result: 'ok', access_token: data })
  }
}

exports.phone = (req, res) => {
  const now = new Date();
  now.setMinutes(now.getMinutes() + 3);

  const expiredTime = now.toISOString().replace('T', ' ').substring(0, 19);

  res.json({ result: 'ok', expired: expiredTime });
}
exports.phoneVerify = (req, res) => {
  const { code } = req.body;

  if (code == '1234') {
    res.json({ result: "ok", message: "성공" });
    return;
  }
  res.json({ result: "fail", message: "인증 번호가 맞지 않습니다." });
}
```

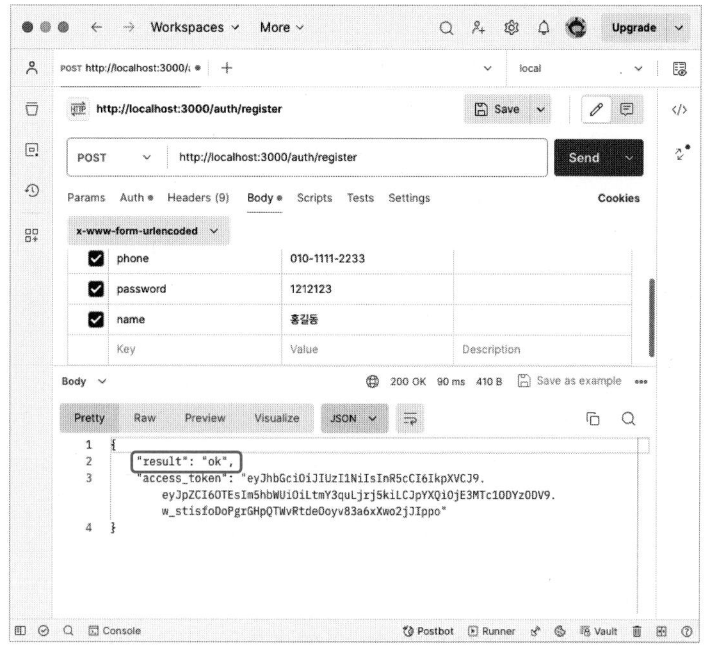

그림 9-2 회원 가입 테스트 성공 모습

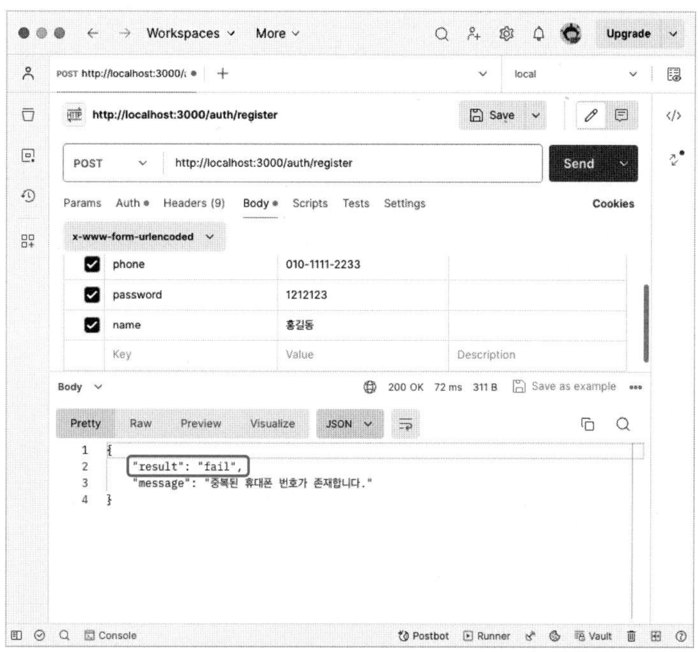

그림 9-3 회원 가입 테스트 실패 모습

마이페이지는 사용자가 자신의 개인 정보를 확인하고 관리할 수 있는 기능을 제공합니다. 이 장에서는 사용자가 안전하게 자신의 정보에 접근할 수 있도록 보호하는 인증 메커니즘에 대해 자세히 설명하겠습니다. 우리 서비스에서는 /api/user/my라는 라우트를 통해 마이페이지 기능을 제공하고 있으며, 이 라우트에 접근하기 위해서는 사용자의 인증이 필요합니다.

토큰 기반 인증의 개념

웹과 모바일 애플리케이션에서 사용자 인증을 관리하는 일반적인 방법은 토큰 기반 인증 시스템을 사용하는 것입니다. 사용자가 로그인에 성공하면, 서버는 사용자의 인증 정보를 담은 토큰을 발급합니다. 이 토큰은 통상적으로 HTTP 요청의 헤더에 포함되어 서버로 전송됩니다.

토큰은 **Authorization: [type] [token]** 형태로 전송되며, JWT를 사용할 때는 이를 Bearer 토큰 방식으로 지칭합니다. 따라서 헤더에는 **Authorization: Bearer [token]** 형식으로 토큰이 포함됩니다. 이 토큰을 통해 서버는 요청을 보낸 사용자의 신원을 확인하고, 해당 사용자가 요청한 데이터에 대한 접근 권한이 있는지 검증할 수 있습니다.

```
const jwt = require('jsonwebtoken');

exports.showUserProfile = async (req, res) => {
  const authHeader = req.headers['authorization'];
  // Bearer 토큰에서 실제 토큰 값 추출
  const token = authHeader && authHeader.split(' ')[1];

  if (!token) {
    return res.status(401).json({ message: '토큰이 존재하지 않습니다.' });
  }

  jwt.verify(token, process.env.JWT_KEY, (err, user) => {
    if (err) {
      return res.status(403).json({ message: '토큰이 유효하지 않습니다.' });
    }

    // 토큰이 유효하다면, 토큰에 담긴 사용자 정보를 사용하여 다음 작업 수행
    console.log('User :', user);
    // 여기에 로직 추가하여 유저의 프로필 데이터 처리 등을 수행
  });
};
```

미들웨어로의 리팩토링

기존의 컨트롤러에서 직접 토큰을 검증하는 방식은 작동은 하지만, 모든 컨트롤러에서 인증 로직을 반복적으로 구현하는 것은 비효율적입니다. 이러한 문제를 해결하기 위해, 인증 로직을 미들웨어로 추출하고 이를 API 요청의 전처리 단계에서 일괄적으로 처리하도록 개선할 수 있습니다. 이 접근 방식은 코드의 중복을 줄이고, 애플리케이션의 유지 보수성을 향상시킵니다.

인증 미들웨어는 요청을 받아 토큰을 검증하고, 토큰이 유효한 경우 요청 객체(**req**)에 사용자 정보를 추가합니다. 이후 **next()** 함수를 호출하여 요청 처리 흐름을 다음 미들웨어 또는 컨트롤러로 이동시킵니다. 이 과정을 통해 컨트롤러에서는 별도의 인증 로직 없이 바로 사용자 정보를 활용할 수 있게 됩니다.

다음은 JWT 토큰을 검증하는 인증 미들웨어의 구현 예제입니다. 이 미들웨어는 **Authorization** 헤더에서 토큰을 추출하고, JWT를 사용하여 토큰의 유효성을 검증한 후, 유효한 토큰의 경우 요청 객체에 사용자 성보를 추가합니다. authenticate.js에 작성해 보겠습니다.

src/middleware/authenticate.js

```
const jwt = require('jsonwebtoken');

function authenticateToken(req, res, next) {
  const authHeader = req.headers['authorization'];
  // Bearer 토큰에서 실제 토큰 값 추출
  const token = authHeader && authHeader.split(' ')[1];

  if (!token) {
    return res.status(401).send({ message: '토큰이 없습니다.' });
  }

  jwt.verify(token, process.env.JWT_KEY, (err, decoded) => {
    if (err) {
      return res.status(403).send({ message: '유효하지 않은 토큰' });
    }

    // 토큰이 유효하면 사용자 정보를 요청 객체에 추가
    req.user = decoded;
    next(); // 요청 처리 흐름을 다음 미들웨어 또는 컨트롤러로 넘김
  });
}

module.exports = authenticateToken;
```

2.4 마이페이지 구현

authenticate.js에 구현된 인증 미들웨어를 통해 사용자의 요청이 유효한 토큰을 포함하고 있는지 간단히 검증하여 마이페이지의 나머지 부분을 구현하겠습니다.

router.js 설정과 인증 미들웨어의 적용

인증 미들웨어는 사용자의 요청에 대한 신원을 검증하고, 유효한 사용자만이 마이페이지와 같은 민감한 정보에 접근할 수 있도록 보장합니다. 다음은 router.js 파일의 구성 예시와 각 라우트에 인증 미들웨어를 어떻게 적용하는지에 대한 설명입니다.

src/router.js

```
const express = require('express');
const router = express.Router();
const authenticateToken = require('./middleware/authenticate');

// 사용자 관련 라우트
router.post('/auth/phone', apiUserController.phone);
router.put('/auth/phone', apiUserController.phoneVerify);
router.post('/auth/register', apiUserController.register);
router.post('/auth/login', apiUserController.login);

// 피드 관련 라우트, 모든 요청에 인증 필요
router.use(authenticateToken);  // 이후 모든 라우트에 인증 적용

// 마이페이지 라우트, 인증 필요
router.get('/api/user/my', authenticateToken, apiUserController.show);
router.put('/api/user/my', authenticateToken, apiUserController.update);

router.get('/api/feed', apiFeedController.index);
router.post('/api/feed', apiFeedController.store);
router.get('/api/feed/:id', apiFeedController.show);
router.put('/api/feed/:id', apiFeedController.update);
router.delete('/api/feed/:id', apiFeedController.delete);

module.exports = router;
```

회원 레포지토리

마이페이지의 조회(show)와 업데이트(update) 기능에 필요한 데이터베이스 연동 로직을 구현하겠습니다. 이는 다음과 같은 함수들을 포함합니다.

❶ findId: 사용자 ID를 기반으로 사용자의 전체 정보를 조회합니다.

❷ updateProfile: 사용자의 프로필 정보를 업데이트합니다.

이 두 함수는 데이터베이스와 직접적인 상호작용을 담당하며, 회원 컨트롤러에서 요청된 작업을 실행하기 위한 데이터를 제공하거나 업데이트합니다.

src/api/user/repository.js

```
exports.findId = async (id) => {
  const result = await pool.query(
      `SELECT id, name, phone, created_at FROM user WHERE id = ?`,
      [id]);
  return (result.length < 0) ? null : result[0];
}

exports.update = async (id, name, image) => {
  const profileId = image === undefined ? null : image;

const query = `UPDATE user SET name = ?, profile_id = ? WHERE id = ?`;
  return await pool.query(query, [name, profileId, id]);
}
```

회원 컨트롤러

- **마이페이지 조회(show)**: 인증된 사용자가 자신의 정보를 조회할 때 사용됩니다. 사용자의 식별자(id)를 요청 객체에서 추출하여 해당 사용자의 정보를 데이터베이스에서 조회합니다. 조회 결과에 따라 적절한 응답을 클라이언트에 전송합니다.
- **마이페이지 업데이트(update)**: 사용자가 자신의 정보를 업데이트하는 기능을 구현합니다. 요청에서 전달된 새로운 데이터를 받아 사용자의 기존 정보를 업데이트하고 결과를 반환합니다.

src/api/user/controller.js

```
exports.show = async (req, res) => {
  const user = req.user; // 미들웨어에서 추가된 사용자 정보

```

```
  // 데이터베이스에서 사용자 정보 조회
  const item = await repository.findId(user.id);

  // 사용자 정보가 없을 경우
  if (item == null) {
    res.send({ result: 'fail', message: '회원을 찾을 수 없습니다.' });
  } else {
    // 사용자 정보가 있을 경우
    res.send({ result: 'ok', data: item });
  }
}

exports.update = async (req, res) => {
  const { name, profile_id } = req.body;
  const user = req.user;

  const result = await repository.update(user.id, name, profile_id);

  if(result.affectedRows > 0) {
    const item = await repository.findId(user.id);
    res.send({ result: 'ok', data: item});

  } else {
    res.send({ result: 'fail' , message: '오류가 발생하였습니다.' });
  }
}
```

3 피드

이 장에서는 홍당무마켓 애플리케이션에서 사용자에게 제공될 중고 매물 정보를 보여주는 피드 영역에 관해 설명합니다. 이 피드는 인스타그램의 게시물, 유튜브의 비디오 목록, 틱톡의 숏 비디오와 같은 역할을 합니다. 사용자는 이 피드를 통해 다양한 매물을 볼 수 있으며, 상호작용할 수 있습니다.

3.1 콘텐츠 피드의 이해

콘텐츠 피드는 애플리케이션에서 사용자에게 주요 콘텐츠를 제공하는 핵심 기능입니다. 이 섹션에서는 피드의 주요 기능인 페이징과 검색에 대해 자세히 알아보겠습니다.

페이징(Pagination)의 개념

페이징은 사용자 인터페이스에서 한 번에 보여줄 수 있는 정보의 양을 제한하고, 사용자가 추가 데이터를 보려면 명시적으로 다른 페이지로 이동하게 하는 기술입니다. 페이징은 대량의 데이터를 처리할 때 유용하며, 데이터베이스 쿼리의 효율성을 높이는 데 도움을 줍니다.

- **초기 웹 환경의 페이징**: 웹 페이지 하단에 페이지 번호를 표시하고 사용자가 원하는 페이지 번호를 클릭하여 해당 페이지의 콘텐츠를 볼 수 있었습니다. 이 방식은 사용자가 직접 페이지를 선택할 수 있도록 하여 네비게이션을 용이하게 합니다.
- **모바일 환경의 변화**: 모바일 디바이스와 스크롤 제스처의 등장으로 인해, 사용자는 페이지 번호를 클릭하는 대신 스크롤을 통해 콘텐츠를 연속적으로 탐색할 수 있게 되었습니다. 이 과정에서 페이지 단위로 데이터가 로딩되어, 사용자는 데이터가 연속적으로 존재하는 것처럼 느끼게 됩니다.

검색

피드 내에서 원하는 콘텐츠를 효과적으로 찾는 기능은 사용자 경험을 크게 향상시킵니다. 검색 기능의 구현 방법은 다음과 같습니다

- **기본 SQL 검색**: SQL의 LIKE 연산자를 사용하여 특정 키워드가 포함된 항목을 찾는 가장 기본적인 검색 기능입니다. 이 방법은 구현이 간단하며, 소규모 데이터셋에서는 효과적일 수 있습니다. 그러나 대용량 데이터에는 성능 저하를 일으킬 수 있고, 키워드의 부분 일치만을 고려하여 검색 정확도가 떨어질 수 있습니다.
- **고급 검색 엔진**: 엘라스틱서치(ElasticSearch)나 오픈서치(OpenSearch)와 같은 검색 엔진을 사용하면 더 정교한 검색 기능을 구현할 수 있습니다. 이러한 도구들은 텍스트 분석과 자연어 처리 기능을 제공하여 검색의 정확도와 유연성을 높여줍니다. 다양한 검색 쿼리와 빠른 응답 시간을 제공함으로써 사용자의 요구를 충족시킬 수 있습니다.
- **경량 검색 구현**: 본 프로젝트에서는 엘라스틱서치와 같은 복잡한 검색 엔진을 사용하지 않고, 간단한 텍스트 정제(공백 제거, 대소문자 구분 등)를 통해 경량급 검색 기능을 구현할 예정입니다. 이 방법은 리소스가 제한적인 환경에서도 효과적으로 구현할 수 있으며, 초기 단계의 프로젝트에 적합합니다.

3.2 콘텐츠 피드의 구현

콘텐츠 피드를 구현하는 과정에서는 사용자에게 다양한 게시물을 효과적으로 제공하고, 검색 기능을 통해 사용자가 원하는 게시물을 쉽게 찾을 수 있도록 하는 것이 중요합니다. 이를 위해 데이터베이스 연동 로직과 함께 검색 기능이 포함된 API의 구현 방법을 살펴보겠습니다.

피드 레포지토리

데이터베이스 연동을 처리하는 레포지토리에서는 페이징과 검색 기능을 지원하는 SQL 쿼리를 작성합니다. 다음은 기본적인 구현 예시입니다.

src/api/feed/repository.js

```
const { pool } = require('../../database')

exports.index = async (page, size, keyword) => {
  const offset = (page - 1) * size;

  let query = `SELECT feed.*, u.name AS user_name, image_id FROM feed
               LEFT JOIN user u ON u.id = feed.user_id
               LEFT JOIN files f ON feed.image_id = f.id`;

  const params = [];

  if (keyword) {
    query += ` WHERE LOWER(feed.title) LIKE ? OR LOWER(feed.content) LIKE ?`;
    const keywordParam = `%${keyword}%`;
    params.push(keywordParam, keywordParam);
  }

  query += ` ORDER BY feed.id DESC LIMIT ? OFFSET ?`;
  params.push(size, offset);

  return await pool.query(query, params);
}
```

이 코드는 키워드에 따라 필터링되는 게시물 목록을 반환합니다. 검색 조건은 feed.title과 feed.title 필드에 대해 LIKE 연산자를 사용하여 대소문자 구분 없이 검색할 수 있도록 구성되어 있습니다.

피드 컨트롤러

컨트롤러에서는 레포지토리의 함수를 호출하여 페이지네이션과 검색 기능을 제공하는 API를 구현합니다.

src/api/feed/controller.js

```
const repository = require('./repository')

exports.index = async (req, res) => {
  const { page = 1, size = 10, keyword = '' } = req.query;
  const userId = req.user.id;    // 현재 로그인한 사용자의 ID

  // 사용자 입력에서 불필요한 공백을 제거하고, 대소문자 구분 없이 검색하기 위해 소문자로 변환
  const trimmedKeyword = keyword.trim().toLowerCase();

  const items = await repository.index(page, size, trimmedKeyword);

  const modifiedItems = items.map(item => ({
    ...item,
    is_me: (userId == item.user_id)
  }));

  res.json({result: 'ok', data: modifiedItems});
}
```

이 코드는 req.query에서 페이지 번호, 페이지 크기, 키워드를 받아와 처리합니다. 검색 키워드는 공백을 제거하고 소문자로 변환하여 검색의 일관성을 높입니다. 그 결과는 JSON 형태로 클라이언트에 전송됩니다.

이 방법은 콘텐츠 피드의 기능을 효과적으로 구현하고 사용자 경험을 향상시키는데 중요한 역할을 합니다. 사용자는 이를 통해 원하는 정보를 빠르고 정확하게 찾을 수 있습니다.

3.3 나머지 피드 구현

이 섹션에서는 피드의 생성, 조회, 업데이트, 삭제 기능을 구현합니다. 각 기능은 데이터베이스와의 상호작용을 통해 실제 애플리케이션에서 중요한 역할을 수행합니다.

피드 레포지토리

src/api/feed/repository.js

```
const repository = require('./repository')

exports.create = async (user, title, content, price, image) => {
  const query = `INSERT INTO feed
  (user_id, title, content, price, image_id)
  VALUES (?,?,?,?,?)`;

  // image가 undefined인 경우 null로 설정
  const imageId = image === undefined ? null : image;

  return await pool.query(query, [user, title, content, price, imageId]);
}

exports.show = async (id) => {
  const query = `SELECT feed.*, u.name user_name, u.profile_id user_profile, image_id FROM feed
  LEFT JOIN user u on u.id = feed.user_id
  LEFT JOIN files f1 on feed.image_id = f1.id
  LEFT JOIN files f2 on u.profile_id = f2.id
  WHERE feed.id = ?`
  let result = await pool.query(query, [id]);
  return (result.length < 0) ? null : result[0];
}

exports.update = async (title, content, price, imgid, id) => {
  const query = `UPDATE feed SET title = ? ,content = ?, price = ?, image_id = ? WHERE id =
?`;
  return await pool.query(query, [title, content, price, imgid, id]);
}

exports.delete = async id => {
  return await pool.query(`DELETE FROM feed WHERE id = ?`, [id]);
}
```

피드 컨트롤러

src/api/feed/controller.js

```
exports.store = async (req, res) => {
  const body = req.body;
```

```
  const user = req.user;

  const result = await repository.create(user.id, body.title, body.content, body.price,body.imageId);
  if(result.affectedRows > 0) {
    res.send({result: 'ok', data: result.insertId});
  } else {
    res.send({ result: 'fail', message: '오류가 발생하였습니다.' });
  }
}

exports.show = async (req, res) => {
  const id = req.params.id;
  const user = req.user;

  const item = await repository.show(id);

  const modifiedItem = {
    ...item,
    writer: {
      id: item.user_id,
      name: item.user_name,
      profile_id: item.user_profile
    }
  };

  delete modifiedItem.user_id;
  delete modifiedItem.user_name;
  delete modifiedItem.user_profile;

  modifiedItem['is_me'] = (user.id == item.user_id);

  res.send({result: 'ok', data: modifiedItem});
}

exports.update = async (req, res) => {
  const id = req.params.id;
  const body = req.body;
  const user = req.user;

  const item = await repository.show(id);

```

```
  if(user.id !== item.user_id) {
    res.send({result: 'fail', message: '타인의 글을 수정할 수 없습니다.'})
  }

  const result = await repository.update(body.title, body.content, body.price, body.imageId, id);
  if(result.affectedRows > 0) {
    res.send({ result: 'ok', data: body});
  } else {
    res.send({ result: 'fail' , message: '오류가 발생하였습니다.' });
  }
}

exports.delete = async (req, res) => {
  const id = req.params.id;
  const user = req.user;

  const item = await repository.show(id);

  if(user.id !== item.user_id) {
    res.send({result: 'fail', message: '타인의 글을 삭제할 수 없습니다.'})
  } else {
    await repository.delete(id);
    res.send({ result: "ok", data: id });
  }
}
```

10장

홍당무 API와 플러터 연동

이 장에서는 Node.js를 통해 구축한 SNS API를 플러터 애플리케이션과 연동하는 과정을 다루겠습니다. 이 과정은 플러터에서 Provider와 Controller를 사용하여, API로부터 데이터를 효율적으로 관리하고 UI에 반영하는 방법을 중점적으로 설명합니다. 이 연동을 통해 플러터 애플리케이션은 실시간으로 서버의 데이터를 반영할 수 있게 됩니다.

1 회원

백엔드 구현을 완료한 후, 이를 모바일 애플리케이션 프론트엔드와 연동하여 사용자가 앱을 처음 접속할 때부터 회원 가입과 로그인을 통해 필요한 기본 정보를 입력하고 관리할 수 있도록 하는 과정입니다. 이 섹션에서는 홍당무마켓 백엔드를 모바일 애플리케이션에 통합하는 방법을 다룹니다.

1.1 기본 정보

화면 구성

회원 관리 기능을 위한 화면은 다음 네 가지 주요 화면으로 구성됩니다

1. 인트로 화면(intro.dart): 사용자가 애플리케이션을 처음 실행할 때 나타나는 화면으로, 애플리케이션의 기능과 서비스를 간략히 소개합니다.
2. 회원 가입 화면(register.dart): 사용자가 회원 가입을 시작하는 첫 단계로, 휴대폰 인증을 포함하여 기본적인 사용자 정보를 수집합니다.
3. 회원 가입 폼(register_form.dart): 사용자로부터 상세한 개인 정보를 입력받는 폼이 제공됩니다. 이는 회원 가입 과정을 완성하는 데 필요한 데이터를 수집하는 단계입니다.
4. 로그인 화면(login.dart): 이미 가입된 사용자가 자신의 계정으로 로그인할 수 있는 인터페이스를 제공합니다.

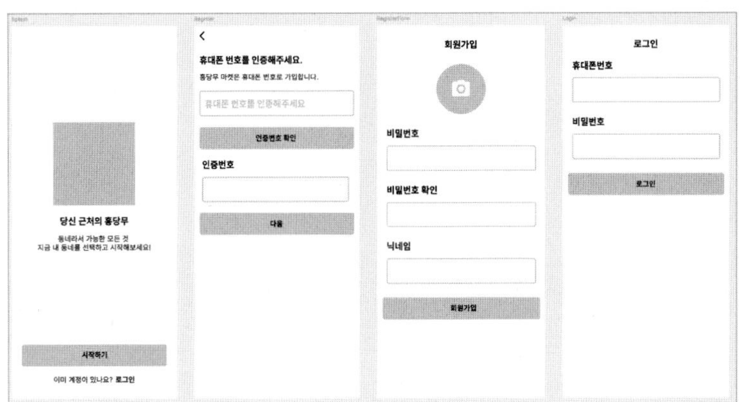

그림 10-1 홍당무마켓 회원관련 화면들

각 화면에서는 공통적으로 TextField, Label, 그리고 Button이 사용됩니다. 이들은 사용자로부터 정보를 입력받고, 다음 동작으로 넘어가는 데 필수적인 요소들입니다.

회원 가입 플로우 상세 설명

회원 가입 및 로그인 프로세스는 사용자의 초기 애플리케이션 경험에서 중요한 단계입니다. 다음은 각 단계에 대한 자세한 설명입니다.

1. 애플리케이션 실행: 사용자가 애플리케이션을 처음 실행하면, 애플리케이션은 사용자의 다양한 함수들을 초기화하며 저장된 통신 및 구동 환경을 체크합니다.
2. 토큰 유무에 따른 분기 처리
   1) 토큰 없음: 토큰이 없다면, 애플리케이션은 사용자가 새로 로그인하거나 회원 가입을 해야 함을 의미합니다. 이 경우, 사용자를 회원 가입 화면으로 안내합니다.
   2) 토큰 있음: 유효한 토큰이 발견되면, 사용자는 이미 인증된 것으로 간주되고, 직접 피드 화면 등 사용자가 마지막으로 사용하던 화면으로 이동합니다.
3. 회원 가입 후 토큰 발급: 사용자가 회원 가입을 완료하면, 서버는 사용자의 계정을 생성하고 인증 토큰을 발급합니다. 이 토큰은 사용자가 애플리케이션을 재방문할 때 자동 로그인을 가능하게 하며, 사용자의 세션을 관리하는 데 사용됩니다.

메인 화면 및 라우팅 구성

토큰은 src/shared/global.dart 파일에 안전하게 저장됩니다. 현재는 세션을 넘어 지속되지 않지만, 다음 장에서는 토큰이 애플리케이션을 껐다 켜도 지속되도록 관리 방법을 개선할 예정입니다.

lib/src/shared/global.dart

```dart
class Global {
  static String accessToken = '';
  static const String baseUrl = 'http://localhost:3000';
}
```

애플리케이션의 메인 함수에서는 토큰의 유무를 확인하여 초기 라우트를 결정합니다. app.dart 내의 MyApp 위젯의 파라미터를 추가하여 최초 실행할 화면을 경우에 따라 선택하도록 변경합니다.

main.dart

```dart
import 'package:flutter/material.dart';
import 'package:get/get.dart';
```

```
import 'src/app.dart';
import 'src/shared/global.dart';

void main() {
  String token = Global.accessToken;
  bool isLogin = token.isNotEmpty;  // 토큰이 존재하면 로그인 상태로 판단

  runApp(MyApp(isLogin));
}
```

src/app.dart

```
import 'package:flutter/material.dart';
import 'package:get/get.dart';

class MyApp extends StatelessWidget {
  final bool isLogin;
  const MyApp(this.isLogin, {super.key});
  @override
  Widget build(BuildContext context) {
    return GetMaterialApp(
      initialRoute: isLogin ? '/' : '/intro',
      routes: {
        '/': (context) => const HomeScreen(),
        '/intro': (context) => const IntroScreen(),
        '/register': (context) => const RegisterScreen(),
      },
    );
  }
}
```

1.2 회원 가입, 로그인 구현

이 섹션에서는 회원 가입 및 로그인 프로세스를 구현하는 방법에 대해 설명합니다. 사용하는 주요 클래스는 AuthProvider와 AuthController입니다. 이들은 각각 API 통신과 회원 가입에 대한 비즈니스 로직을 관리합니다.

인증 프로바이더

AuthProvider는 서버와의 통신을 담당하는 클래스로, 사용자의 회원 가입 및 로그인 요청을 처리합니다. 다음은 주요 메서드에 대한 설명입니다.

lib/src/provider/auth_provider.dart

```
01 class AuthProvider extends Provider {
02 
03   Future<Map> requestPhoneCode(String phone) async {
04     final response = await post('/api/phone', {phone});
05     return response.body;
06   }
07 
08   Future<Map> verifyPhoneNumber(String code) async {
09     final response = await put('/api/phone', {code});
10     return response.body;
11   }
12 
13   Future<Map> register(String phone, String password, String name,
14       [int? profile]) async {
15     final response = await post('/api/register', {
16       'phone': phone,
17       'password': password,
18       'name': name,
19       'profile': profile,
20     });
21     return response.body;
22   }
23 
24   Future<Map> login(String phone, String password) async {
25     final response = await post('/api/login', {
26       'phone': phone,
27       'password': password,
28     });
29     return response.body;
30   }
31 }
```

03번째 줄의 requestPhoneCode는 사용자로부터 전화번호를 받아 해당 번호로 인증 코드를 요청합니다. **08**번째 줄의 verifyPhoneNumber는 받은 코드를 서버에 전송하여 전화번호 인증을 완료합니다. **13**번째 줄의 register는 전화번호, 비밀번호, 이름을 사용하여 사용자를 등록하고, 서버에서는 사용자 정보를 처리한 후 결과를 반환합니다. **24**번째 줄의 login은 등록된 사용자 정보로 로그인을 시도하며, 성공적인 인증 후 토큰을 발급받습니다.

AuthController(인증 컨트롤러)

AuthController는 사용자 인터페이스와 상호 작용하는 컨트롤러입니다. 사용자의 입력을 받아 AuthProvider를 통해 처리하고 결과를 UI에 반영합니다.

휴대폰 인증 코드를 요청하는 requestVerificationCode 함수와 휴대폰 인증코드를 검증하는 verifyPhoneNumber 함수 등의 기능은 표시하지 않고, API 연동에 핵심이 되는 register 함수와 login 함수의 코드를 표현하면 다음과 같습니다.

lib/src/controllers/auth_controller.dart

```
import 'dart:developer';

import '../providers/auth_provider.dart';
import '../shared/global.dart';

class AuthController extends GetxController {
  final authProvider = Get.put(AuthProvider());
  String? phoneNumber; // requestVerificationCode 함수에서 기록한 폰번호

    Future<bool> register(String password, String name, int? profile) async {
    Map body = await authProvider.register(phoneNumber!, password, name, profile);
    if (body['result'] == 'ok') {
      String token = body['access_token'];
      log("token : $token"); // 'dart:developer' 패키지 내의 log 함수
      Global.accessToken = token;
      return true;
    }
    Get.snackbar('회원 가입 에러', body['message'], snackPosition: SnackPosition.BOTTOM);
    return false;
  }

  Future<bool> login(String phone, String password) async {
    Map body = await authProvider.login(phone, password);
    if (body['result'] == 'ok') {
      String token = body['access_token'];
      log("token : $token");
      Global.accessToken = token;
      return true;
```

```
    }
    Get.snackbar('로그인 에러', body['message'], snackPosition: SnackPosition.BOTTOM);
    return false;
  }
}
```

회원 가입 화면

RegisterForm 화면에서 사용자가 제출 버튼을 클릭하면 _submit 함수가 호출됩니다. 이 함수는 폼의 유효성을 검사한 후, AuthController를 통해 서버에 회원 가입 요청을 보냅니다. 성공적인 회원 가입 후에는 다음과 같은 화면 전환 로직이 실행됩니다.

lib/src/screens/auth/register_form.dart

```
import 'package:carrot_flutter/src/widgets/forms/label_textfield.dart';
import 'package:flutter/material.dart';
import 'package:get/get.dart';

import '../../controllers/auth_controller.dart';
import '../home.dart';

class RegisterForm extends StatefulWidget {
  const RegisterForm({super.key});

  @override
  State<RegisterForm> createState() => _RegisterFormState();
}

class _RegisterFormState extends State<RegisterForm> {
  final authController = Get.put(AuthController());
  final _passwordController = TextEditingController();
  final _passwordConfirmController = TextEditingController();
  final _nameController = TextEditingController();

  _submit() async {
    bool result = await authController.register(
      _passwordController.text,
      _nameController.text,
      null,
    );
    if (result) {
```

```
      Get.offAll(() => const Home());
    }
  }

  @override
  Widget build(BuildContext context) {
    return Scaffold(
      appBar: AppBar(title: const Text('회원 가입')),
      body: Padding(
        padding: const EdgeInsets.symmetric(horizontal: 20),
        child: ListView(
          children: [
            // 프로필 이미지
            const CircleAvatar(
              radius: 40,
              backgroundColor: Colors.grey,
              child: Icon(Icons.camera_alt, color: Colors.white, size: 30),
            ),
            const SizedBox(height: 16),
            // 비밀번호
            LabelTextField(
              label: '비밀번호',
              hintText: '비밀번호를 입력해주세요',
              controller: _passwordController,
              isObscure: true,
            ),
            // 비밀번호 확인
            LabelTextField(
              label: '비밀번호 확인',
              hintText: '비밀번호를 한번 더 입력해주세요',
              controller: _passwordConfirmController,
              isObscure: true,
            ),
            // 닉네임
            LabelTextField(
              label: '닉네임',
              hintText: '닉네임을 입력해주세요',
              controller: _nameController,
              isObscure: true,
            ),
            // 버튼
            ElevatedButton(
```

```
70                  onPressed: _submit,
71                  child: const Text('회원 가입'),
72                ),
73              ],
74            ),
75          ),
76        );
77      }
78    }
```

사용자는 Register 화면에서 RegisterForm 화면으로 이동했습니다. 이때 GetX 라이브러리의 Get.to() 메서드를 사용하여 화면을 전환했기 때문에, 두 화면 모두 스택에 쌓여 있습니다. 따라서 **28**번째 줄에서와 같이 회원 가입이 성공하면, Get.offAll() 메서드를 사용하여 모든 이전 화면을 스택에서 제거하고, HomeScreen으로 이동합니다. 이는 사용자가 뒤로가기(back) 버튼을 눌렀을 때 로그인 화면이나 회원 가입 폼으로 돌아가지 않도록 하기 위한 조치입니다.

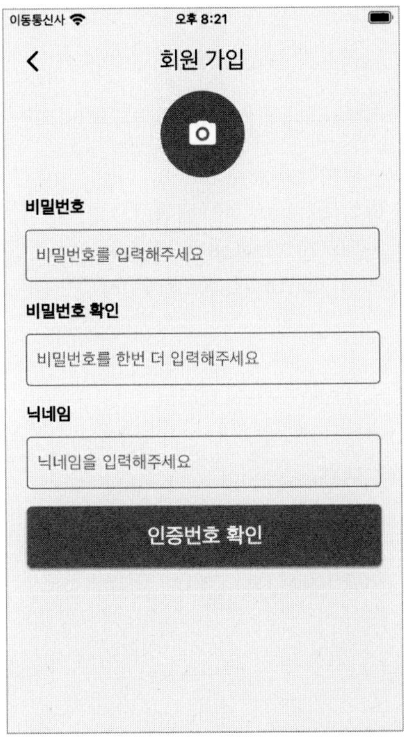

그림 10-2 완성된 회원 가입 화면

로그인 화면

로그인 화면에서는 사용자가 자신의 휴대폰 번호와 비밀번호를 입력하여 애플리케이션에 로그인하는 기능을 제공합니다. 이 과정을 통해 사용자는 이미 등록된 계정으로 애플리케이션에 접근할 수 있으며, 로그인 성공 시 마찬가지로 홈 화면으로 이동합니다.

lib/src/screens/auth/login.dart

```
import 'package:flutter/material.dart';
import 'package:get/get.dart';

import '../../controllers/auth_controller.dart';
import '../../widgets/forms/label_textfield.dart';
import '../home.dart';

class Login extends StatefulWidget {
  const Login({super.key});

  @override
  State<Login> createState() => _LoginState();
}

class _LoginState extends State<Login> {
  final authController = Get.put(AuthController());
  final _phoneController = TextEditingController();
  final _passwordController = TextEditingController();

  _submit() async {
    bool result = await authController.login(
      _phoneController.text,
      _passwordController.text,
    );
    if (result) {
      Get.offAll(() => const Home());
    }
  }

  @override
  Widget build(BuildContext context) {
    return Scaffold(
      appBar: AppBar(title: const Text('로그인')),
      body: Padding(
        padding: const EdgeInsets.symmetric(horizontal: 20),
```

```
36          child: ListView(
37            children: [
38              LabelTextField(
39                label: '휴대폰 번호',
40                hintText: '휴대폰 번호를 입력해주세요',
41                controller: _phoneController,
42              ),
43              LabelTextField(
44                label: '비밀번호',
45                hintText: '비밀번호를 입력해주세요',
46                controller: _passwordController,
47                isObscure: true,
48              ),
49              ElevatedButton(
50                onPressed: _submit,
51                child: const Text('로그인'),
52              ),
53            ],
54          ),
55        ),
56      );
57    }
58  }
```

38, **43**번째 줄의 LabelTextField 위젯을 사용하여 휴대폰 번호와 비밀번호 입력을 받습니다. 이 위젯은 사용자의 입력을 쉽게 관리하고, 필요한 데이터를 컨트롤러로 전달하는 역할을 합니다. **49**번째 줄은 사용자가 '로그인' 버튼을 누르면 _submit 함수가 호출되어, 입력된 데이터를 AuthController에 전달하고 로그인을 시도합니다. **26**번째 줄에서 로그인이 성공적으로 완료되면, Get.offAll() 메서드를 통해 모든 이전 화면을 스택에서 제거하고, 사용자를 HomeScreen으로 이동시킵니다. 이는 사용자가 로그인 후 불필요하게 로그인 화면으로 돌아가지 않도록 보장합니다.

이 로그인 화면은 사용자가 자신의 계정으로 애플리케이션에 접근할 수 있도록 중요한 입구 역할을 하며, 사용자 경험을 원활하게 만드는 중요한 단계입니다.

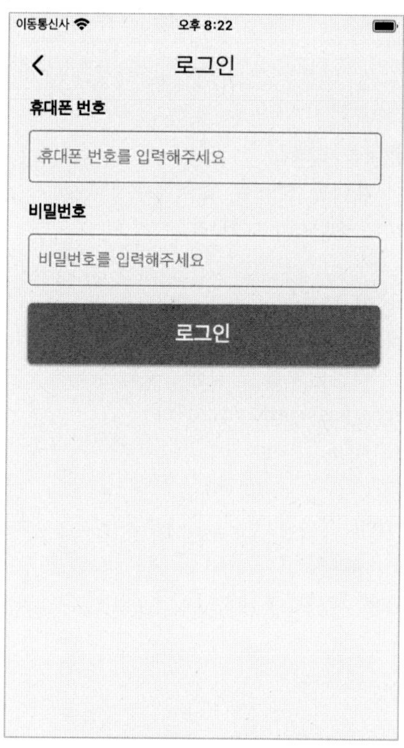

그림 10-3 완성된 로그인 화면

2 피드 생성, 목록, 수정 개선

회원 가입 및 로그인 절차가 완료된 후, 사용자는 로그인을 통해 받은 accessToken을 이용하여 피드 관련 기능에 접근할 수 있습니다. 현재 설정에서는 accessToken이 Global 클래스에 전역 변수로 저장되어 있으므로, 애플리케이션을 새로 고침하거나 종료 후 다시 시작할 경우 로그인 정보가 초기화되는 문제가 있습니다. 이 문제는 다음 장에서 개선할 예정입니다.

2.1 기본 정보

화면 구성

피드 기능은 다음과 같은 주요 화면으로 구성됩니다.

❶ 홈 화면(home.dart): 로그인 후 사용자를 맞이하는 기본 화면으로, 다양한 피드를 보여줍니다.
❷ 피드 목록 화면(index.dart): 사용자가 다른 사용자들의 게시물을 볼 수 있는 목록 화면입니다.
❸ 피드 생성 화면(create.dart): 사용자가 새로운 피드를 생성할 수 있는 화면입니다.
❹ 피드 상세 보기 화면(show.dart): 사용자가 특정 피드의 상세 내용을 볼 수 있는 화면입니다.
❺ 피드 수정 화면(edit.dart): 사용자가 자신의 피드를 수정할 수 있는 화면입니다.

각 화면은 애플리케이션의 피드 관리 기능을 지원하며, 사용자가 콘텐츠를 효과적으로 관리하고 상호작용할 수 있도록 설계되었습니다

인증 플로우

피드 데이터 처리를 위해 서버와의 통신은 GetConnect를 사용합니다. 이를 통해 HTTP 요청의 반복되는 헤더 설정을 간소화할 수 있습니다. 이는 코드의 중복을 줄이고, 개발 효율성을 높이는 데 기여합니다.

lib/src/provider/feed_provider.dart

```
class FeedProvider extends Provider {

  // 피드 리스트 (매물 목록) 요청
  Future<Map> index({int page = 1}) async {
    final response = await get(
      '/api/feed',
      query: {'page': '$page'},
      headers: {'Authorization': 'Bearer ${Global.accessToken}'},
    );
    return response.body;
  }
}
```

앞선 코드에서는 각 요청마다 'Authorization' 헤더에 액세스 토큰을 포함해야 합니다.

lib/src/provider/provider.dart

```
class Provider extends GetConnect {
  @override
  void onInit() {
    httpClient.baseUrl = Global.baseUrl;
    httpClient.addRequestModifier<void>((request) {
```

```
      request.headers['Accept'] = 'application/json';
      if (request.url.toString().contains('/api/')) {
        request.headers['Authorization'] = 'Bearer ${Global.accessToken}';
      }
      return request;
    });
  }
}
```

이 설정을 통해, GetConnect를 상속받은 Provider 클래스는 모든 API 요청에 대해 자동으로 'Authorization' 헤더를 추가합니다.

lib/src/provider/feed_provider.dart

```
class FeedProvider extends Provider {

  // 피드 리스트 요청: 간소화된 방식
  Future<Map> index({int page = 1}) async {
    final response = await get('/api/feed', query: {'page': '$page'});
    return response.body;
  }
}
```

위의 코드와 같이 설정된 Provider 클래스를 사용함으로써, 요청마다 중복적으로 헤더를 설정할 필요 없이 필요한 데이터를 효율적으로 요청할 수 있습니다. 이러한 방식은 피드 기능의 여러 화면에서 데이터를 효과적으로 관리하고, 사용자에게 최적화된 경험을 제공하는 데 중요한 역할을 합니다.

2.2 피드 생성

이번 절에서는 사용자가 애플리케이션 내에서 자신의 첫 피드를 생성할 수 있도록 돕습니다. 사용자는 피드를 통해 자신의 물건을 판매할 수 있는 정보를 입력하고, 이를 애플리케이션에 게시할 수 있습니다.

LabelTextField 위젯 개선

LabelTextField 위젯은 레이블과 텍스트 필드를 조합하여 일관된 사용자 인터페이스를 제공해왔습니다. 특히 이번 피드 생성 기능에서는 사용자로부터 긴 설명을 받아야 하는 경우가 있으므로, maxLines 속성을 도입하여 여러 줄의 텍스트 입력을 가능하게 하겠습니다.

기존에는 한 줄만 입력할 수 있었던 LabelTextField를 이제는 사용자의 필요에 따라 다양한 길이의 텍스트를 입력할 수 있도록 확장하였습니다. 같은 방식으로 필요한 옵션이 있다면 조금씩 조절하여 위젯을 개선시킬 수 있습니다.

lib/src/widgets/forms/label_textfield.dart

```
import 'package:flutter/material.dart';

class LabelTextField extends StatelessWidget {
  final String label;
  final String hintText;
  final TextEditingController controller;
  final bool isObscure;
  final int maxLines; // 추가

  const LabelTextField({
    super.key,
    required this.label,
    required this.hintText,
    required this.controller,
    this.isObscure = false,
    this.maxLines = 1, // 추가
  });

  @override
  Widget build(BuildContext context) {
    return Column(
      crossAxisAlignment: CrossAxisAlignment.start,
      children: <Widget>[
        Text(label, style: Theme.of(context).textTheme.labelLarge),
        const SizedBox(height: 8),
        TextField(
          controller: controller,
          obscureText: isObscure,
          maxLines: maxLines, // 추가
          style: const TextStyle(fontSize: 16),
```

```
        decoration: InputDecoration(
          hintText: hintText,
        ),
      ),
      const SizedBox(height: 16),
    ],
  );
 }
}
```

이와 같이 LabelTextField 위젯을 개선함으로써, 피드 작성 시 필요한 다양한 정보를 효과적으로 수집할 수 있게 되었습니다. 사용자는 이제 여러 줄의 텍스트도 쉽게 입력할 수 있습니다.

피드 생성 화면 구성

FeedCreate 클래스는 사용자에게 피드 생성 화면을 제공합니다. 이 화면에서 사용자는 제품 이미지, 제목, 가격, 그리고 상세 설명을 입력할 수 있습니다. 이러한 정보들은 구매자에게 판매하려는 물품에 대한 중요 정보를 제공합니다.

lib/src/screens/feed/create.dart

```dart
import 'package:carrot_flutter/src/controllers/feed_controller.dart';
import 'package:carrot_flutter/src/widgets/forms/label_textfield.dart';
import 'package:flutter/material.dart';
import 'package:get/get.dart';

class FeedCreate extends StatefulWidget {
  const FeedCreate({super.key});

  @override
  State<FeedCreate> createState() => _FeedCreateState();
}

class _FeedCreateState extends State<FeedCreate> {
  final feedController = Get.put(FeedController());
  int? imageId;
  final TextEditingController _titleController = TextEditingController();
  final TextEditingController _priceController = TextEditingController();
  final TextEditingController _contentController = TextEditingController();

  _submit() async {
```

```
    final result = await feedController.feedCreate(
      _titleController.text,
      _priceController.text,
      _contentController.text,
      imageId,
    );
    if (result) {
      Get.back();
    }
  }

  @override
  Widget build(BuildContext context) {
    return Scaffold(
      appBar: AppBar(title: const Text('내 물건 팔기')),
      body: Padding(
        padding: const EdgeInsets.symmetric(horizontal: 20),
        child: Column(
          children: [
            Expanded(
              child: ListView(
                children: [
                  // 이미지 업로드
                  Row(
                    children: [
                      Container(
                        padding: const EdgeInsets.all(10),
                        decoration: BoxDecoration(
                          borderRadius: BorderRadius.circular(10),
                          border: Border.all(color: Colors.grey, width: 1),
                        ),
                        child: const Icon(
                          Icons.camera_alt_outlined,
                          color: Colors.grey,
                        ),
                      ),
                    ],
                  ),
                  const SizedBox(height: 16),
                  // 제목
                  LabelTextField(
                    label: '제목',
```

```
                    hintText: '제목',
                    controller: _titleController,
                  ),
                  // 가격
                  LabelTextField(
                    label: '가격',
                    hintText: '가격을 입력해주세요.',
                    controller: _priceController,
                  ),
                  // 설명
                  LabelTextField(
                    label: '자세한 설명',
                    hintText: '자세한 설명을 입력하세요',
                    controller: _contentController,
                    maxLines: 6,
                  ),
                ],
              ),
            ),
            Padding(
              padding: const EdgeInsets.symmetric(vertical: 20),
              child: ElevatedButton(
                onPressed: _submit,
                child: const Text('작성 완료'),
              ),
            ),
          ],
        ),
      ),
    );
  }
}
```

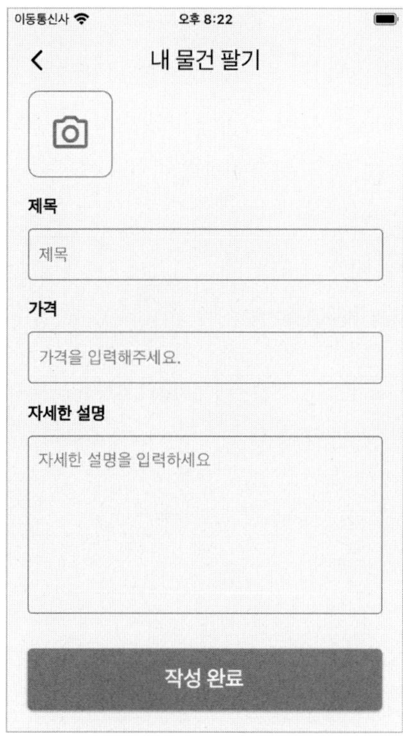

그림 10-4 완성된 피드 생성 화면

FloatingActionButton 변경

FeedIndex 화면에서는 이제 플로팅 액션 버튼을 눌러 FeedCreate 화면으로 바로 이동할 수 있습니다. 이 버튼을 통해 사용자는 새 피드를 작성할 수 있는 페이지로 쉽게 접근할 수 있습니다.

```
floatingActionButton: FloatingActionButton(
  onPressed: () {  // onPressed: feedController.addData,
      Get.to(() => const FeedCreate());
  },
  tooltip: '항목 추가',
  shape: const CircleBorder(),
  backgroundColor: Theme.of(context).primaryColor,
  child: const Icon(Icons.add, color: Colors.white),
),
```

피드 프로바이더 및 피드 컨트롤러

FeedProvider는 백엔드와의 통신을 관리하며, 새 피드를 저장하는 API 요청을 처리합니다. 사용자가 입력한 피드 정보는 FeedProvider를 통해 서버에 저장되며, 성공적인 저장 후에는 사용자에게 피드가 성공적으로 생성되었다는 피드백을 제공합니다.

lib/src/provider/feed_provider.dart

```
class FeedProvider extends Provider {

  Future<Map> store(String title, String price, String content, int? image) async {
  final Map<String, dynamic> body = {
    'title': title,
    'price': price,
    'content': content,
  };

  if (image != null) {
    body['imageID'] = image.toString();
  }

    final response = await post('/api/feed', body);
    return response.body;
  }
}
```

FeedController는 프론트엔드에서 사용자의 입력을 받고, FeedProvider와 통신하여 피드 생성 로직을 완성합니다. 사용자의 행동에 따른 적절한 반응을 제공함으로써, 사용자의 작업 흐름을 원활하게 지원합니다.

lib/src/controllers/feed_controller.dart

```
class FeedController extends GetxController {
  final feedProvider = Get.put(FeedProvider());

    Future<bool> feedCreate(String title, String price, String content, int? image) async {

    Map body = await feedProvider.store(title, price, content, image);

    if (body['result'] == 'ok') {
      await feedIndex();  // 피드 작성 후 목록을 새로 고침
      return true;
```

```
    }
    Get.snackbar('생성 에러', body['message'], snackPosition: SnackPosition.BOTTOM);
    return false;
  }
}
```

사용자가 모든 정보를 입력하고 '작성 완료' 버튼을 누르면, FeedController는 입력된 데이터를 FeedProvider를 통해 서버에 전송합니다. 데이터가 성공적으로 서버에 저장되면, 사용자는 자동으로 이전 화면으로 돌아가며, 새로 생성된 피드를 확인할 수 있습니다. 이 과정은 사용자가 새로운 내용을 손쉽게 추가하고 관리할 수 있도록 합니다.

2.3 피드 목록

피드 목록 화면에서 페이징 처리를 통해 사용자에게 많은 양의 데이터를 효과적으로 제공하는 방법을 다룹니다. 페이징 처리는 애플리케이션의 반응성을 높이고, 서버 부하를 줄이는 데 중요한 역할을 합니다. 이를 위해 NotificationListener〈ScrollNotification〉과 RefreshIndicator를 사용하여 사용자의 스크롤 행동에 따라 자동으로 추가 데이터를 로드하고, 새로 고침 기능을 제공합니다.

페이징의 처리

페이징 처리는 사용자가 화면을 스크롤할 때마다 서버로부터 추가 데이터를 요청하는 방식으로 구현됩니다. 이 과정은 NotificationListener〈ScrollNotification〉를 사용하여 스크롤 이벤트를 감지하고, 페이지 끝에 도달했을 때 추가 데이터를 로드합니다. 사용자가 스크롤을 계속 내릴수록 시스템은 새 페이지의 데이터를 요청하며, 이는 서버에서 적절한 범위의 데이터만을 전송하도록 요구합니다.

lib/src/screens/feed/index.dart

```
// 중고 거래 목록
Expanded(
  child: Obx(() {
    return NotificationListener<ScrollNotification>(
      onNotification: _onNotification,
      child: RefreshIndicator(
        onRefresh: _onRefresh,
        child: ListView.builder(
          itemCount: feedController.feedList.length,
          itemBuilder: (context, index) {
```

```
            return FeedListItem(feedController.feedList[index]);
          },
        ),
      ),
    );
  }),
),
```

페이지 새로 고침

페이지 새로 고침은 _onRefresh 함수를 통해 구현됩니다. 이 함수는 RefreshIndicator와 연결되어 사용자가 목록을 아래로 당겨 새로 고침할 때마다 특정 페이지의 데이터를 다시 불러오도록 합니다. 이는 사용자가 항상 최신의 정보를 받아볼 수 있게 하며, 서버에서는 최신 데이터를 제공합니다.

lib/src/screens/feed/index.dart

```
bool _onNotification(ScrollNotification scrollInfo) {
  if (scrollInfo is ScrollEndNotification &&
      scrollInfo.metrics.extentAfter == 0) {
    feedController.feedIndex(page: ++_currentPage);
    return true;
  }
  return false;
}
```

페이징 새로 고침

새로 고침 기능은 사용자가 언제든지 데이터를 최신 상태로 유지할 수 있도록 도와줍니다. RefreshIndicator를 사용하여 구현된 이 기능은 목록을 새로 고침할 때마다 _currentPage를 1로 초기화하고, 첫 페이지부터 데이터를 다시 로드합니다. 이 방식은 사용자가 애플리케이션을 사용하는 동안 콘텐츠가 변경되었을 때 이를 즉시 반영할 수 있도록 합니다.

lib/src/screens/feed/index.dart

```
Future<void> _onRefresh() async {
  _currentPage = 1;
  await feedController.feedIndex(_currentPage);
}
```

전체 코드

lib/src/screens/feed/index.dart

```
import 'package:flutter/material.dart';
import 'package:get/get.dart';

import '../../controllers/feed_controller.dart';
import '../../widgets/buttons/category_button.dart';
import '../../widgets/listitems/feed_list_item.dart';
import 'create.dart';

class FeedIndex extends StatefulWidget {
  const FeedIndex({super.key});

  @override
  State<FeedIndex> createState() => _FeedIndexState();
}

class _FeedIndexState extends State<FeedIndex> {
  final FeedController feedController = Get.put(FeedController());
  int _currentPage = 1;

  @override
  void initState() {
    super.initState();
    feedController.feedIndex();
  }

  Future<void> _onRefresh() async {
    _currentPage = 1;
    await feedController.feedIndex();
  }

  bool _onNotification(ScrollNotification scrollInfo) {
    if (scrollInfo is ScrollEndNotification &&
        scrollInfo.metrics.extentAfter == 0) {
      feedController.feedIndex(page: ++_currentPage);
      return true;
    }
    return false;
  }

```

```
  @override
  Widget build(BuildContext context) {
    return Scaffold(
      floatingActionButton: FloatingActionButton(
        onPressed: () {
          Get.to(() => const FeedCreate());
        },
        tooltip: '항목 추가',
        child: const Icon(Icons.add),
      ),
      appBar: AppBar(
        centerTitle: false,
        title: const Text('내 동네'),
        actions: [
          IconButton(
            onPressed: () {},
            icon: const Icon(Icons.search),
          ),
          IconButton(
            onPressed: () {},
            icon: const Icon(Icons.notifications_none_rounded),
          ),
        ],
      ),
      body: Column(
        children: [
          // 카테고리 바
          SizedBox(
            height: 40,
            child: ListView(
              scrollDirection: Axis.horizontal,
              children: [
                CategoryButton(
                  onTap: () {},
                  icon: Icons.menu,
                ),
                const SizedBox(width: 12),
                CategoryButton(
                  onTap: () {},
                  icon: Icons.person_search,
                  title: '알바',
                ),
```

```
                const SizedBox(width: 12),
                CategoryButton(
                  onTap: () {},
                  icon: Icons.home,
                  title: '부동산',
                ),
                const SizedBox(width: 12),
                CategoryButton(
                  onTap: () {},
                  icon: Icons.car_crash,
                  title: '중고차',
                ),
              ],
            ),
          ),
          // 중고 거래 목록
          Expanded(
            child: Obx(() {
              return NotificationListener<ScrollNotification>(
                onNotification: _onNotification,
                child: RefreshIndicator(
                  onRefresh: _onRefresh,
                  child: ListView.builder(
                    itemCount: feedController.feedList.length,
                    itemBuilder: (context, index) {
                      return FeedListItem(feedController.feedList[index]);
                    },
                  ),
                ),
              );
            }),
          ),
        ],
      ),
    );
  }
}
```

그림 10-5 피드 목록 새로 고침 모습

피드 프로바이더 및 컨트롤러에 함수 추가

FeedProvider 클래스에서 index 함수는 피드 데이터를 서버로부터 가져오는 역할을 합니다. 페이지 매개변수를 문자열로 변환하여 API 요청을 보낼 때 오류를 방지하는 부분이 잘 처리되었습니다. 이렇게 하면 API가 예상하는 파라미터 형식에 맞춰 적절히 데이터를 요청할 수 있습니다.

lib/src/provider/feed_provider.dart

```
class FeedProvider extends Provider {

  Future<Map> index(int page) async {
    final response = await get('/api/feed', query: {'page': '$page'});
    return response.body;
  }

}
```

FeedController에서는 feedIndex 함수를 통해 데이터를 관리하고 있습니다. 옵셔널 파라미터를 사용하여 기본적으로 첫 페이지를 불러오고, 필요에 따라 다른 페이지를 요청할 수 있습니다.

첫 페이지를 새로 고침할 때는 assignAll을 사용하여 기존 목록을 새 데이터로 완전히 교체하고, 추가 페이지에서는 addAll을 사용하여 기존 목록에 데이터를 추가합니다. 이는 사용자가 무한 스크롤 또는 당겨서 새로 고침 등의 행동을 할 때 자연스럽게 데이터를 추가 또는 새로 고침할 수 있도록 합니다.

lib/src/controllers/feed_controller.dart

```
class FeedController extends GetxController {
  final feedProvider = Get.put(FeedProvider());
  RxList<FeedModel> feedList = <FeedModel>[].obs;

  feedIndex({int page = 1}) async {
    Map json = await feedProvider.index(page);
    List<FeedModel> tmp = json['data'].map<FeedModel>((m) => FeedModel.parse(m)).toList();
    (page == 1) ? feedList.assignAll(tmp) : feedList.addAll(tmp);
  }
}
```

2.4 피드 수정

피드 수정 기능은 사용자가 이미 게시한 피드의 내용을 업데이트할 수 있도록 합니다. 이 화면은 피드 생성 화면의 구조를 대부분 재활용하며, 몇 가지 주요 차이점을 통해 기존 데이터를 수정하는 기능을 제공합니다.

화면

피드 수정 화면은 피드 생성 화면과 매우 유사하게 구성됩니다. 사용자는 같은 양식을 통해 제목, 가격, 설명 등을 수정할 수 있습니다. 다만 차이점은 화면이 로드될 때, 피드의 현재 데이터를 각 필드의 컨트롤러에 미리 로드하여 사용자가 보기 쉽게 표시하는 점과, 수정 완료 버튼을 눌렀을 때 동작 정도뿐입니다. 따라서 /screens/feed/show.dart 파일을 복사하여 edit.dart 파일을 만들고 FeedShow 클래스명을 FeedEdit 클래스로 바꾸어 준 뒤 진행하면 됩니다.

lib/src/screens/feed/edit.dart

```
import 'package:flutter/material.dart';
import 'package:get/get.dart';

import '../../controllers/feed_controller.dart';
```

```
import '../../models/feed_model.dart';
import '../../widgets/forms/label_textfield.dart';

class FeedEdit extends StatefulWidget {
  final FeedModel model; // 추가
  const FeedEdit(this.model, {super.key}); // 생성자 추가

  @override
  State<FeedEdit> createState() => _FeedEditState();
}

class _FeedEditState extends State<FeedEdit> {
  final feedController = Get.put(FeedController());
  int? imageId;
  final TextEditingController _titleController = TextEditingController();
  final TextEditingController _priceController = TextEditingController();
  final TextEditingController _contentController = TextEditingController();

  _submit() async {
    // 함수 호출 변경
    final result = await feedController.feedUpdate(
      _titleController.text,
      _priceController.text,
      _contentController.text,
      imageId,
    );
    if (result) {
      Get.back();
    }
  }

  @override
  void initState() {
    super.initState();
    // 초기화 이후 TextField에 값을 채워주기 위한 작업
    _titleController.text = widget.model.title;
    _priceController.text = widget.model.price.toString();
    _contentController.text = widget.model.content;
  }

  @override
  Widget build(BuildContext context) {
    return Scaffold(
```

```
      appBar: AppBar(title: const Text('물건정보 수정')), // 제목 변경
      body: Padding(
        padding: const EdgeInsets.symmetric(horizontal: 20),
        child: Column(
          children: [
            Expanded(
              child: ListView(
                children: [
                  Row(
                    children: [
                      Container(
                        padding: const EdgeInsets.all(10),
                        decoration: BoxDecoration(
                          borderRadius: BorderRadius.circular(10),
                          border: Border.all(color: Colors.grey, width: 1),
                        ),
                        child: const Icon(
                          Icons.camera_alt_outlined,
                          color: Colors.grey,
                        ),
                      ),
                    ],
                  ),
                  const SizedBox(height: 16),
                  LabelTextField(
                    label: '제목',
                    hintText: '제목',
                    controller: _titleController,
                  ),
                  LabelTextField(
                    label: '가격',
                    hintText: '가격을 입력해주세요.',
                    controller: _priceController,
                  ),
                  LabelTextField(
                    label: '자세한 설명',
                    hintText: '자세한 설명을 입력하세요',
                    controller: _priceController,
                    maxLines: 6,
                  ),
                ],
              ),
            ),
```

```
          Padding(
            padding: const EdgeInsets.symmetric(vertical: 20),
            child: ElevatedButton(
              onPressed: _submit,
              child: const Text('수정 완료'), // 버튼 텍스트 변경
            ),
          ),
        ],
      ),
    ),
  );
 }
}
```

피드 프로바이더 및 컨트롤러에 함수 추가

FeedProvider의 update 함수는 간단하게 구현되었습니다. 이 함수는 특정 ID에 대해 PUT 요청을 /api/feed/:id로 전송하여 데이터를 업데이트합니다. 이미지가 존재하는 경우에만 body에 추가합니다.

lib/src/provider/feed_provider.dart

```
class FeedProvider extends Provider {

    Future<Map> update(int id, String title, String price, String content, int? image)
async {
      final Map<String, dynamic> body = {
        'title': title,
        'price': price,
        'content': content,
      };

      if (image != null) {
        body['imageID'] = image.toString();
      }

      final response = await put('/api/feed/$id', body);
      return response.body;
    }
}
```

Controller 부분은 다소 복잡합니다. create 함수는 새 피드를 추가하고 전체 목록을 새로 고침하여 최신 상태를 유지합니다. 이는 데이터 동기화를 위해 필요합니다. 그러나 update 함수는 기존 목록에 존재하는 항목을 수정해야 하므로, indexWhere를 사용해 해당 피드를 찾고 copyWith 생성자로 수정된 새 객체를 생성한 후 원본 목록에 대체합니다.

lib/src/controllers/feed_controller.dart

```
feedUpdate(int id, String title, String priceString, String content, int? image) async {
  // price와 image를 적절한 타입으로 변환
  int price = int.tryParse(priceString) ?? 0; // price를 int로 변환, 실패 시 0

  Map body = await feedProvider.update(id, title, priceString, content, image);
  if (body['result'] == 'ok') {
    // ID를 기반으로 리스트에서 해당 요소를 찾아 업데이트
    int index = feedList.indexWhere((feed) => feed.id == id);
    if (index != -1) {
      // 찾은 인덱스 위치의 요소를 업데이트
      FeedModel updatedFeed = feedList[index].copyWith(
        title: title,
        price: price,
        content: content,
        imageId: image,
      );
      feedList[index] = updatedFeed; // 특정 인덱스의 요소를 새로운 모델로 교체
    }
    return true;
  }
  Get.snackbar('수정 에러', body['message'], snackPosition: SnackPosition.BOTTOM);
  return false;
}
```

FeedModel에는 모든 필드를 받는 생성자와 copyWith 생성자가 함께 정의되어 있습니다. 이는 객체의 불변성을 유지하며 필요한 속성만 갱신할 수 있도록 합니다.

lib/src/models/feed_model.dart

```
class FeedModel {
  late int id;
  late String title;
  int? imageId;
  late String content;
```

```
  late int price;

  FeedModel({
    required this.id,
    required this.title,
    required this.content,
    required this.price,
    this.imageId,
  });

  FeedModel.parse(Map m) {
    id = m['id'];
    title = m['title'];
    content = m['content'];
    price = m['price'];
    imageId = m['image_id'];
  }
  FeedModel copyWith({
    int? id,
    String? title,
    String? content,
    int? price,
    int? imageId,
  }) {
    return FeedModel(
      id: id ?? this.id,
      title: title ?? this.title,
      content: content ?? this.content,
      price: price ?? this.price,
      imageId: imageId ?? this.imageId,
    );
  }
}
```

3 피드 상세, 삭제 추가

피드의 상세 보기와 삭제 기능은 간단하게 구현할 수 있습니다. 상세 보기 기능은 특정 피드의 상세 정보를 요청하고, 삭제 기능은 피드를 시스템에서 제거합니다.

3.1 준비 사항

피드 상세 페이지에서는 등록된 물품의 정보뿐만 아니라, 물품 등록자의 프로필 정보도 함께 표시됩니다. 이를 위해 UserModel과 관련된 UI 컴포넌트가 필요하며, 기존 위젯 등의 연동을 통해 데이터를 효과적으로 표시합니다.

UserModel 수정

UserModel은 사용자의 기본 정보를 나타내는 모델입니다. 이 모델은 사용자의 ID, 이름, 프로필 이미지 URL을 포함하고 있습니다. 프로필 이미지가 없는 경우 대체 이미지 URL을 제공합니다. 이 모델은 피드 또는 사용자 리스트에서 사용자 정보를 표시할 때 활용됩니다.

lib/src/models/user_model.dart

```
import '../shared/global.dart';

class UserModel {
  late int id;
  late String name;
  int? profile;

  get profileUrl => (profile != null)
      ? "${Global.baseUrl}/file/$profile"
      : "https://example.com/image.jpg";

  UserModel({required this.id, required this.name});

  UserModel.parse(Map m) {
    id = m['id'];
    name = m['name'];
```

```
    profile = m['profile_id'];
  }
}
```

사용자 정보 목록화면을 위한 위젯

UserListItem 위젯은 사용자 정보를 리스트 형태로 표시하는 데 사용됩니다. 이 위젯은 사용자의 이름과 프로필 이미지를 함께 보여주어, 각 사용자를 식별하기 쉽게 합니다. UserListItem은 사용자 목록 화면 또는 피드에서 물품 등록자의 정보를 간략하게 보여주는 데 사용됩니다. user_list_item.dart 파일을 만들어 다음의 내용을 입력해 보겠습니다.

lib/src/widgets/listitems/user_list_item.dart

```
import 'package:flutter/material.dart';

import '../../models/user_model.dart';

class UserListItem extends StatelessWidget {
  final UserModel user;
  const UserListItem(this.user, {super.key});

  @override
  Widget build(BuildContext context) {
    return Container(
      padding: const EdgeInsets.all(10),
      decoration: BoxDecoration(
       border: Border(
          bottom: BorderSide(color: Colors.grey.shade200),
        ),
      ),
      child: Row(
        children: [
          CircleAvatar(backgroundImage: NetworkImage(user.profileUrl)),
          const SizedBox(width: 10),
          Text(user.name),
        ],
      ),
    );
  }
}
```

FeedModel 수정

FeedModel은 피드의 상세 정보를 담고 있는 모델로, 사용자의 정보도 함께 포함하도록 확장되었습니다. 이를 통해 피드 데이터를 가져올 때 등록자의 정보도 함께 조회할 수 있습니다. 이 변경으로 피드 상세 페이지에서는 물품 정보뿐만 아니라, 물품을 등록한 사용자의 프로필을 함께 제공하도록 합니다.

lib/src/models/feed_model.dart

```dart
import '../shared/global.dart';
import 'user_model.dart';

class FeedModel {
  late int id;
  late String title;
  int? imageId;
  late String content;
  late int price;
  DateTime? createdAt;
  bool isMe = false;
  UserModel? writer;

  get imageUrl => (imageId != null)
      ? "${Global.baseUrl}/file/$imageId"
      : "https://example.com/image.jpg";

  FeedModel({
    required this.id,
    required this.title,
    required this.content,
    required this.price,
    required this.createdAt,
    required this.isMe,
    this.imageId,
    this.writer,
  });

  FeedModel.parse(Map m) {
    id = m['id'];
    title = m['title'];
    content = m['content'];
    price = m['price'];
    imageId = m['image_id'];
```

```
    isMe = m['is_me'] ?? false;
    createdAt = DateTime.parse(m['created_at']);
    writer = (m['writer'] != null) ? UserModel.parse(m['writer']) : null;
  }
  FeedModel copyWith({
    int? id,
    String? title,
    String? content,
    int? price,
    int? imageId,
    bool? isMe,
    DateTime? createdAt,
    UserModel? writer,
  }) {
    return FeedModel(
      id: id ?? this.id,
      title: title ?? this.title,
      content: content ?? this.content,
      price: price ?? this.price,
     imageId: imageId ?? this.imageId,
      createdAt: createdAt ?? this.createdAt,
      writer: writer ?? this.writer,
      isMe: isMe ?? this.isMe,
    );
  }
}
```

3.2 피드 상세 보기

FeedShow 화면 구성

피드 상세 보기 화면은 특이한 방식으로 구성됩니다. 가장 상단에는 큰 사진이 배치되어 있으며, 마치 AppBar를 덮어씌우듯 초기에 표시됩니다. 사용자가 스크롤을 내릴 때, 이 사진은 위쪽의 AppBar에 붙어서 축소되는 효과가 발생합니다. 이러한 동적인 효과는 3장 2.2에서 학습한 SliverAppBar를 활용하여 쉽게 구현할 수 있습니다.

앞선 예제에서 다음 코드의 **34**번째 줄과 같이 SliverAppBar는 expandedHeight를 MediaQuery.of(context).size.height / 3으로 설정하여 상세 화면의 맨 위에 큰 이미지와 함께 제목을 표시합니다. 사용자가 스크롤을 내릴 때, 타이틀은 상단에 고정되고 이미지는 점점 축소됩니다. background 속성에는 네트워크 이미지가 사용되었으며, 이미지 URL이 없는 경우 기본 이미지 URL로 대체됩니다.

lib/src/screens/feed/show.dart

```
import 'package:flutter/material.dart';
import 'package:get/get.dart';

import '../../controllers/feed_controller.dart';

class FeedShow extends StatefulWidget {
  final int feedId;
  const FeedShow(this.feedId, {super.key});

  @override
  State<FeedShow> createState() => _FeedShowState();
}

class _FeedShowState extends State<FeedShow> {
  final FeedController feedController = Get.find<FeedController>();

  @override
  void initState() {
    super.initState();
    feedController.feedShow(widget.feedId);
  }

  _chat() {}

  @override
  Widget build(BuildContext context) {
    return Scaffold(
      body: CustomScrollView(
        slivers: [
          Obx(() {
            final feed = feedController.currentFeed.value;

            return SliverAppBar(
              expandedHeight: MediaQuery.of(context).size.height / 3,
              pinned: true,
              flexibleSpace: FlexibleSpaceBar(
                background: feed != null
                    ? Image.network(feed.imageUrl, fit: BoxFit.cover)
                   : null,
```

```
              ),
            );
          }),
          SliverFillRemaining(
            hasScrollBody: true,
            child: Obx(() {
              if (feedController.currentFeed.value != null) {
                return SingleChildScrollView(
                  child: Column(
                    crossAxisAlignment: CrossAxisAlignment.start,
                    children: [
                      // 본문 내용
                    ],
                  ),
                );
              } else {
                return const Center(child: CircularProgressIndicator());
              }
            }),
          ),
        ],
      ),
      bottomNavigationBar: Obx(() => Container(
      // 하단 버튼 내용
      )),
    );
  }
}
```

이 화면에서 SliverAppBar는 사용자가 피드를 상세히 살펴볼 수 있도록 최초에 큰 이미지와 함께 제목을 보여줍니다. 이미지는 background 속성을 사용하여 설정되며, 네트워크에서 이미지를 가져오고, 없는 경우 기본 이미지로 대체합니다. 사용자가 스크롤을 내림에 따라, 이미지는 점점 작아지고 최종적으로 타이틀바에 제목만 남게 됩니다.

본문 내용과 하단 바 구성

피드의 본문 내용은 SliverFillRemaining 위젯을 사용하여 표시됩니다. 이 영역에서는 사용자가 게시한 내용, 게시 날짜 및 가격 정보 등을 자세히 볼 수 있습니다. 특히, UserListItem 위젯을 사용하여 게시자의 프로필 정보를 상단에 보여줌으로써, 사용자가 게시자에 대한 정보를 쉽게 확인할 수 있게 합니다.

lib/src/screens/feed/show.dart

```
SliverFillRemaining(
  hasScrollBody: true,
  child: Obx(() {
    if (feedController.currentFeed.value != null) {
      final textTheme = Theme.of(context).textTheme;

      return SingleChildScrollView(
        child: Column(
          crossAxisAlignment: CrossAxisAlignment.start,
          children: [
            UserListItem(feedController.currentFeed.value!.writer!),
            Padding(
              padding: const EdgeInsets.all(16.0),
              child: Column(
                crossAxisAlignment: CrossAxisAlignment.start,
                children: [
                  Text(
                    feedController.currentFeed.value!.title,
                    style: textTheme.bodyLarge,
                  ),
                  const SizedBox(height: 12),
                  Text(
                   '${feedController.currentFeed.value!.createdAt}',
                    style: textTheme.bodyMedium
                        ?.copyWith(color: Colors.grey),
                  ),
                  const SizedBox(height: 12),
                  Text(
                    feedController.currentFeed.value!.content,
                    style: textTheme.bodyMedium,
                  ),
                ],
              ),
            ),
          ],
        ),
      );
    } else {
      return const Center(child: CircularProgressIndicator());
    }
  }),
),
```

하단 바는 피드의 가격 정보와 채팅하기 버튼을 포함하고 있습니다. 이 부분은 bottomNavigationBar를 통해 구현되며, 가격을 강조 표시하고 사용자가 판매자와 쉽게 연락할 수 있도록 "채팅하기" 버튼을 제공합니다. 이 버튼은 사용자가 판매자와의 대화를 시작할 수 있는 진입점 역할을 합니다.

lib/src/screens/feed/show.dart

```
bottomNavigationBar: Obx(
  () {
    return Container(
      decoration: BoxDecoration(
          border: Border(top: BorderSide(color: Colors.grey.shade200))),
      padding: const EdgeInsets.all(8.0),
      child: Row(
        children: [
          Expanded(
            child: Text(
              "${feedController.currentFeed.value?.price} 원",
              style: Theme.of(context).textTheme.labelLarge,
            ),
          ),
          SizedBox(
            width: 100,
            child: ElevatedButton(
              style: ElevatedButton.styleFrom(
                textStyle: Theme.of(context).textTheme.bodyMedium,
              ),
              onPressed: _chat,
              child: const Text("채팅하기"),
            ),
          ),
        ],
      ),
    );
  },
),
```

피드 프로바이더 및 컨트롤러에 함수 추가

FeedProvider는 피드 관련 데이터를 서버에서 처리하는 역할을 담당합니다. 상세 보기 요청(show)과 삭제 요청(destroy) 모두 HTTP 메서드를 사용하여 구현되었습니다.

lib/src/provider/feed_provider.dart

```
class FeedProvider extends Provider {

  Future<Map> show(int id) async {
    final response = await get('/api/feed/$id');
    return response.body;
  }

  Future<Map> destroy(int id) async {
    final response = await delete('/api/feed/$id');
    return response.body;
  }
}
```

FeedController는 FeedProvider에서 제공하는 API를 호출하여 결과를 처리합니다. 상세 보기 데이터를 성공적으로 가져오면 currentFeed를 업데이트하고, 실패하면 에러 메시지를 표시합니다. 반환 값은 boolean 형태가 아니라, 상태 업데이트로 진행됩니다.

lib/src/controllers/feed_controller.dart

```
class FeedController extends GetxController {
  final feedProvider = Get.put(FeedProvider());
  final Rx<FeedModel?> currentFeed = Rx<FeedModel?>(null);

  Future<void> feedShow(int id) async {
    Map body = await feedProvider.show(id);
    if (body['result'] == 'ok') {
      currentFeed.value = FeedModel.parse(body['data']);
    } else {
      Get.snackbar('피드 에러', body['message'], snackPosition: SnackPosition.BOTTOM);
      currentFeed.value = null;
    }
  }

  Future<bool> feedDelete(int id) async {
    Map body = await feedProvider.destroy(id);
    if (body['result'] == 'ok') {
      feedList.removeWhere((feed) => feed.id == id);
      return true;
    }
    Get.snackbar('삭제 에러', body['message'], snackPosition: SnackPosition.BOTTOM);
```

```
    return false;
  }
}
```

feedDelete 메서드는 서버에서 피드의 삭제를 요청하고, 응답을 받습니다. 응답이 성공적이라면(result가 'ok'), FeedList에서 해당 ID를 가진 피드를 찾아 리스트에서 제거합니다. 이는 removeWhere 메서드를 사용하여 구현되며, 해당 조건에 맞는 모든 요소를 리스트에서 제거합니다.

피드 상세 페이지 호출 변경

FeedListItem 위젯은 사용자의 탭 이벤트를 처리하여 피드 상세 페이지로 이동합니다. 사용자가 리스트 항목을 탭하면, FeedShow 페이지로 이동하며 상세 정보를 표시합니다.

lib/src/widgets/listitems/feed_list_item.dart

```
class FeedListItem extends StatelessWidget {
  final FeedModel data;
  const FeedListItem(this.data, {super.key});

  @override
  Widget build(BuildContext context) {
    return InkWell(
      onTap: () {
        Get.to(() => FeedShow(data.id));
      },
      // 이하 생략
```

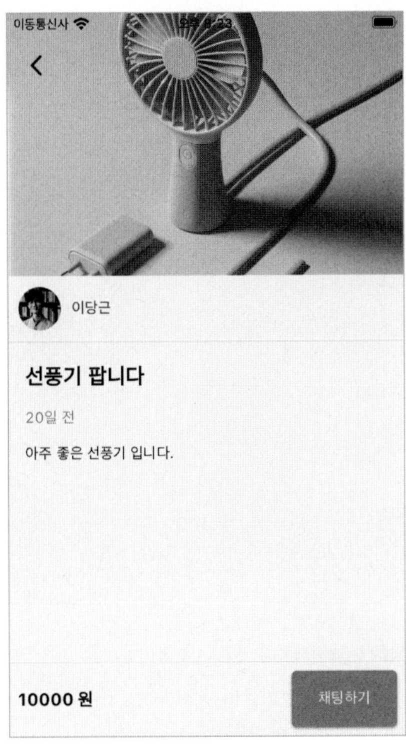

그림 10-6 피드 상세 화면

3.3 피드 삭제

피드 삭제 기능은 사용자가 자신이 작성한 피드를 제거할 수 있게 하는 중요한 기능입니다. 이 기능은 별도의 화면을 만들지 않고, 3장 4.1에서 구현했던 하단 모달에서 접근할 수 있도록 수정해 보겠습니다.

MoreBottomModal에 파라미터 추가

MoreBottomModal은 다양한 옵션을 제공하는 하단 모달 창입니다. 이 모달에 삭제 기능을 추가하기 위해, 선택적으로 delete 함수를 인자로 받을 수 있도록 설계했습니다. 이 함수가 제공되면, "삭제하기" 버튼이 모달에 표시되며, 제공되지 않을 경우 이 버튼은 숨겨집니다. 이는 사용자가 자신의 글에 대해서만 삭제 옵션을 보게 하여 실수로 다른 사용자의 글을 삭제하는 일을 방지합니다.

lib/src/widgets/modal/more_bottom.dart

```
import 'package:flutter/material.dart';

class MoreBottomModal extends StatelessWidget {
  final VoidCallback cancelTap;
  final VoidCallback hideTap;
  final VoidCallback? delete;

  MoreBottomModal({
    required this.cancelTap,
    required this.hideTap,
    this.delete,
    super.key,
  });

  @override
  Widget build(BuildContext context) {
    return Container(
      padding: const EdgeInsets.all(10),
      child: Column(
        mainAxisSize: MainAxisSize.min,
        children: [
          Container(
            margin: const EdgeInsets.all(8.0),
            decoration: BoxDecoration(
              color: Colors.white,
              borderRadius: BorderRadius.circular(10),
            ),
            child: Column(
              mainAxisSize: MainAxisSize.min,
              children: [
                ListTile(
                  leading: const Icon(Icons.visibility_off_outlined),
                  title: const Text('이 글 숨기기'),
                  onTap: hideTap,
                ),
                const ListTile(
                  leading: Icon(Icons.help_outline),
                  title: Text('게시글 노출 기준'),
                ),
                const ListTile(
                  leading: Icon(
```

```
42                      Icons.warning_amber_outlined,
43                      color: Colors.red,
44                    ),
45                    title: Text('신고하기'),
46                    textColor: Colors.red,
47                  ),
48                  Visibility(
49                    visible: delete != null,
50                    child: ListTile(
51                      leading: const Icon(Icons.delete_outline),
52                      title: const Text('삭제하기'),
53                      onTap: delete,
54                    ),
55                  ),
56                ],
57              ),
58            ),
59            Container(
60              margin: EdgeInsets.all(8.0),
61              decoration: BoxDecoration(
62                color: Colors.white,
63                borderRadius: BorderRadius.circular(10),
64              ),
65              child: ListTile(
66                  title: Text('닫기', textAlign: TextAlign.center),
67                  onTap: cancelTap),
68            ),
69          ],
70        ),
71      );
72    }
73  }
```

삭제 버튼의 유무는 사용자가 현재 게시글의 소유자인지 여부에 따라 결정되므로, 모달 창은 상황에 따라 동적으로 내용을 조정합니다. **48**번째 줄에 Visibility 위젯을 사용하여 삭제 버튼이 있을 경우에만 삭제하기 버튼을 출력하도록 합니다.

FeedListItem 수정

FeedListItem 위젯은 피드 목록에서 각 피드의 항목을 구성합니다. 이 위젯에서 MoreBottomModal을 호출할 때, delete 함수를 조건적으로 전달합니다. 이 함수는 사용자가 자신의 피드에서만 삭제 옵션을 볼 수 있도록 설정되어 있으며, isMe 속성이 true일 때만 삭제 버튼을 활성화합니다. 이는 사용자의 권한을 체크하여 적절한 상호작용을 제공하는 데 중요한 역할을 합니다.

FeedListItem의 build 메서드 내부에는 FeedController의 인스턴스를 초기화하는 코드가 포함되어 있습니다. 이 초기화 과정을 통해 해당 컨트롤러의 상태 관리 기능을 활성화하고, 필요한 데이터 작업을 수행할 준비를 합니다. 이러한 준비 작업은 모달 창에서 특정 동작을 트리거할 때 필요한 상태 변경을 가능하게 합니다.

lib/src/widgets/listitems/feed_list_item.dart

```
import 'package:flutter/material.dart';
import 'package:get/get.dart';

import '../../controllers/feed_controller.dart';
import '../../models/feed_model.dart';
import '../../screens/feed/show.dart';
import '../modal/confirm_modal.dart';
import '../modal/more_bottom.dart';

class FeedListItem extends StatelessWidget {
  final FeedModel data;
  const FeedListItem(this.data, {super.key});

  @override
  Widget build(BuildContext context) {
    final FeedController feedController = Get.put(FeedController());

    // 중략...

    // 기타 영역
    IconButton(
      onPressed: () {
        showModalBottomSheet(
          context: context,
          builder: (context) {
            return MoreBottomModal(
              delete: data.isMe  ? () {
                showDialog(
                  context: context,
                  builder: (BuildContext context) {
                    return ConfirmModal(
                      title: '삭제하기',
```

```
          message: '이 글을 삭제하시겠습니까? 삭제한 글은 다시 볼 수 없습니다.',
          confirmText: '삭제하기',
          confirmAction: () async {
            bool result = await feedController.feedDelete(data.id);
            if (result) {
              Navigator.pop(context);
              Navigator.pop(context);
            }
          },
          cancel: () {
            Navigator.pop(context); // Dialog 닫기
          },
        );
      },
    );
  } : null,
  cancelTap: () {
    Navigator.pop(context);
  },
  hideTap: () {
    showDialog(
      context: context,
      builder: (BuildContext context) {
        return ConfirmModal(
          title: '글 숨기기',
          message: '이 글을 숨기시겠습니까? 숨긴 글은 다시 볼 수 없습니다.',
          confirmText: '숨기기',
          confirmAction: () {
            // 여기에 글을 숨기는 로직을 구현합니다.

            Navigator.pop(context); // Dialog 닫기
            Navigator.pop(context); // MoreBottomModal 닫기
          },
          cancel: () {
            Navigator.pop(context); // Dialog 닫기
          },
        );
      },
    );
  },
// 생략
```

4 마이페이지

마이페이지는 사용자에게 개인 정보를 확인하고 수정할 수 있는 공간과 기타 설정 화면을 제공합니다. 이를 통해 사용자는 자신의 프로필을 관리하고, 필요한 설정을 변경할 수 있습니다.

4.1 마이페이지 데이터

마이페이지는 사용자의 개인 정보를 서버로부터 불러와서 화면에 표시합니다. 사용자 정보는 로그인 이후 홈 화면에서 초기에 로드되며, 이 정보는 사용자의 프로필 화면 구성에 사용됩니다.

유저 프로바이더와 컨트롤러 구성

유저 프로바이더(UserProvider)는 서버에서 사용자 정보를 불러오는 기능을 담당합니다. show 메서드를 통해 사용자의 상세 정보를 요청하고 응답을 받습니다.

lib/src/provider/user_provider.dart

```
class UserProvider extends Provider {
  Future<Map> show() async {
    final response = await get('/api/user/my');
    return response.body;
  }
}
```

UserController는 상태 관리를 담당하며, 유저 프로바이더로부터 데이터를 불러온 후 상태 변수 my를 업데이트합니다. 이 컨트롤러는 애플리케이션 전반에서 사용자 정보에 접근할 수 있게 합니다.

lib/src/controllers/user_controller.dart

```
class UserController extends GetxController {
  final provider = Get.put(UserProvider());
  final Rx<UserModel?> my = Rx<UserModel?>(null);

  Future<void> myInfo() async {
```

```
    Map body = await provider.show();
    if (body['result'] == 'ok') {
      my.value = UserModel.parse(body['data']);
      return;
    }
    Get.snackbar('회원 에러', body['message'], snackPosition: SnackPosition.BOTTOM);
  }
}
```

데이터 로드 및 마이페이지 화면구성

애플리케이션의 홈 화면에서 사용자 정보 로드를 시작합니다. Home 컴포넌트의 initState 메서드에서 UserController의 myInfo 메서드를 호출하여, 사용자 정보를 초기에 로드합니다. 이 접근 방식은 사용자가 애플리케이션에 로그인한 직후 자동으로 자신의 정보를 받아올 수 있게 합니다.

lib/src/screens/home.dart

```
class Home extends StatefulWidget {
  const Home({super.key});

  @override
  State<Home> createState() => _HomeState();
}

class _HomeState extends State<Home> {
  final userController = Get.put(UserController());

  int _selectedIndex = 0;

  void _onItemTapped(int index) {
    setState(() {
      _selectedIndex = index;
    });
  }

  @override
  void initState() {
    super.initState();
    userController.myInfo();
  }
```

mypage.dart에서는 Obx 위젯을 사용하여 UserController의 상태를 관찰하고, 데이터가 준비되면 화면에 표시합니다. 데이터가 null인 경우 로딩 인디케이터를 보여주고, 데이터가 존재하면 사용자 프로필 화면을 구성합니다.

lib/src/screens/my/mypage.dart

```
class MyPage extends StatelessWidget {
  const MyPage({super.key});

  @override
  Widget build(BuildContext context) {
    final userController = Get.put(UserController());
    return Scaffold(
      body: SafeArea(
        child: Column(
          crossAxisAlignment: CrossAxisAlignment.start,
          children: [
            // 프로필 UserMypage(UserModel(id: 1, name: '홍길동')),
            Obx(
              () {
                if (userController.my.value == null) {
                  return const CircularProgressIndicator();
                } else {
                  return UserMypage(userController.my.value!);
                }
              },
            ), // 이하 생략
```

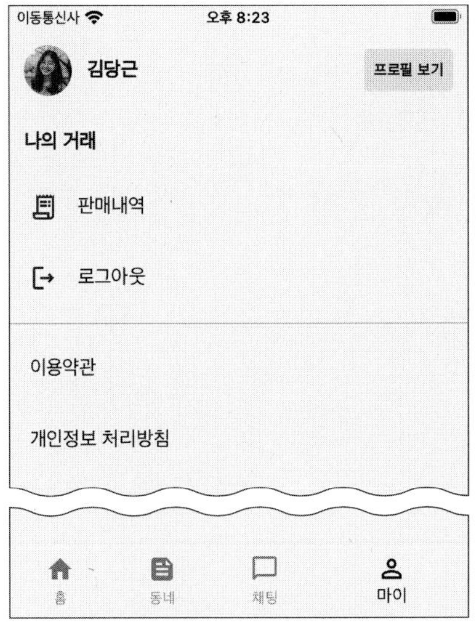

그림 10-7 회원 정보가 완성된 마이페이지 화면

4.2 정보 수정

사용자가 자신의 프로필 정보를 업데이트할 수 있는 기능입니다. 이 기능을 통해 사용자는 자신의 닉네임과 프로필 이미지를 수정할 수 있습니다.

프로필 수정 화면 작성

MyEdit 클래스는 사용자의 프로필 정보를 수정할 수 있는 화면을 제공합니다. 이 화면에는 사용자가 자신의 닉네임을 수정할 수 있는 텍스트 필드와 프로필 사진을 업데이트할 수 있는 옵션이 포함되어 있습니다. 사용자가 정보를 업데이트하고 '저장' 버튼을 누르면 수정된 정보는 서버에 전송되어 데이터베이스에 반영됩니다.

lib/src/screens/my/edit.dart

```
class MyEdit extends StatefulWidget {
  const MyEdit({super.key});

  @override
  State<MyEdit> createState() => _MyEditState();
}

class _MyEditState extends State<MyEdit> {
  final userController = Get.put(UserController());
  final _nameController = TextEditingController();

  _submit() async {
    bool result = await userController.updateInfo(_nameController.text, null);
@override
  void initState() {
    super.initState();
    _nameController.text = userController.my.value!.name;
  }
  @override
  Widget build(BuildContext context) {
    return Scaffold(
      appBar: AppBar(
        title: const Text('프로필 수정'),
      ),
      body: ListView(
        padding: const EdgeInsets.symmetric(horizontal: 20),
        children: [
```

```
            const CircleAvatar(
              radius: 40,
              backgroundColor: Colors.grey,
              child: Icon(Icons.camera_alt, color: Colors.white, size: 30),
            ),
            const SizedBox(height: 16),
            LabelTextField(
              label: '닉네임',
              hintText: '닉네임을 입력해주세요',
              controller: _nameController,
            ),
            // 버튼
            ElevatedButton(
              onPressed: _submit,
              child: const Text('저장'),
            ),
          ],
        ),
      );
  }
} }
```

프로필 보기 위젯에서 수정 기능 연결

UserMypage 위젯은 사용자의 기존 프로필 정보를 보여주며, 이 화면에서 사용자는 '프로필 보기'버튼을 통해 직접 MyEdit 화면으로 이동할 수 있습니다. 이동은 Get.to() 함수를 사용하여 처리되며, 이는 플러터에서 페이지 전환을 간편하게 만들어 주는 GetX 라이브러리의 기능입니다. 사용자는 이 화면에서 자신의 프로필 사진과 닉네임을 확인하고 필요에 따라 수정할 수 있습니다.

lib/src/widgets/listitems/user_mypage.dart

```
import 'package:carrot_flutter/src/screens/my/edit.dart';
import 'package:flutter/material.dart';
import 'package:get/get.dart';

import '../../models/user_model.dart';

class UserMypage extends StatelessWidget {
  final UserModel user;
  const UserMypage(this.user, {super.key});

```

```
11    @override
12    Widget build(BuildContext context) {
13      return InkWell(
14        onTap: () {
15          Get.to(() => const MyEdit());
16        },
17        child: Padding(
18          padding: const EdgeInsets.all(12.0),
19          child: Row(
20            mainAxisAlignment: MainAxisAlignment.spaceBetween,
21            children: [
22              Row(
23                children: [
24                  CircleAvatar(
25                    backgroundImage: NetworkImage(user.profileUrl),
26                  ),
27                 const SizedBox(width: 12),
28                  Text(
29                    user.name,
30                    style: Theme.of(context).textTheme.labelLarge,
31                  ),
32                ],
33              ),
34              Container(
35                decoration: BoxDecoration(
36                  color: Colors.grey.shade200,
37                  borderRadius: BorderRadius.circular(4),
38                ),
39                padding: const EdgeInsets.all(8),
40                child: const Text(
41                  '프로필 보기',
42                  style: TextStyle(fontSize: 12, fontWeight: FontWeight.bold),
43                ),
44              )
45            ],
46          ),
47        ),
48      );
49    }
50  }
```

15번째 줄에서 설정 페이지로 이동할 수 있도록 GetX 라우트를 추가하였습니다.

유저 프로바이더와 컨트롤러

update 메서드는 서버에 수정된 사용자 정보를 전송하고 그 결과를 처리합니다. 이 메서드는 사용자가 입력한 새 정보를 기반으로 서버에 요청을 보내며, 이를 통해 데이터베이스의 사용자 정보가 갱신됩니다.

lib/src/provider/user_provider.dart

```
class UserProvider extends Provider {

  Future<Map> update(String name, int? image) async {
    final Map<String, dynamic> body = {
      'name': name,
    };
    if (image != null) {
      body['profile_id'] = image.toString();
    }
    final response = await put('/api/user/my', body);
    return response.body;
  }
}
```

updateInfo 메서드를 통해 UserProvider에서 정보 업데이트를 요청하고, 그 결과에 따라 사용자의 로컬 상태를 업데이트합니다. 성공적인 정보 업데이트 시, 사용자 모델은 최신 정보로 갱신되고, 실패 시 에러 메시지를 통해 사용자에게 피드백을 제공합니다.

lib/src/controllers/user_controller.dart

```
class UserController extends GetxController {
  final provider = Get.put(UserProvider());
  final Rx<UserModel?> my = Rx<UserModel?>(null);

  Future<bool> updateInfo(String name, int? image) async {
    Map body = await provider.update(name, image);
    if (body['result'] == 'ok') {
      my.value = UserModel.parse(body['data']);
      return true;
    }
    Get.snackbar('수정 에러', body['message'], snackPosition: SnackPosition.BOTTOM);
    return false;
  }
}
```

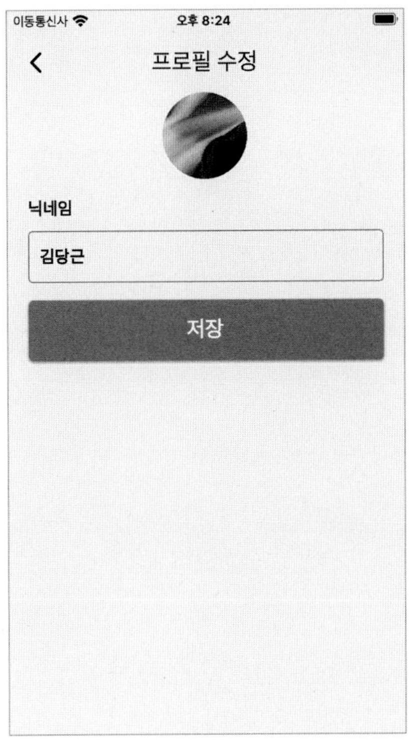

그림 10-8 마이페이지 프로필 수정 화면

Memo

11장

기타 플러터 패키지 활용하기

개발자들은 종종 여러 플랫폼에 걸쳐 동일한 기능을 구현해야 할 필요가 있는데, 각 플랫폼별로 구현하는 것은 쉽지 않습니다. 하지만 플러터는 여러 외부 라이브러리와 패키지를 지원하여, 플랫폼에 상관없이 일관된 기능을 손쉽게 구현할 수 있도록 도와줍니다. 이번 장에서는 플러터 애플리케이션 개발에 유용한 다양한 패키지들을 소개하고, 이를 통해 로컬 데이터 저장, 이미지 관리, 시간 처리, 웹 콘텐츠 표시 등의 공통적인 기능들을 각 플랫폼에서 쉽게 구현하는 방법을 탐구하겠습니다.

1 GetStorage

GetStorage는 플러터에서 데이터를 로컬 저장소에 간단하게 저장할 수 있는 라이브러리입니다. 이는 애플리케이션이 종료되거나 장치가 재시작될 때 데이터를 유지할 필요가 있을 때 유용합니다.

1.1 개요

GetStorage는 애플리케이션이 예기치 않게 종료되거나 장치가 재시작될 때 데이터를 보호할 수 있도록 도와줍니다. GetStorage를 이용하면 사용자의 로그인 상태, 설정, 기타 사용자 데이터를 쉽게 저장하고 복원할 수 있습니다. 이는 안드로이드의 'SharedPreferences'나 iOS의 'NSUserDefaults'와 비슷한 역할을 합니다. SharedPreferences와 NSUserDefaults는 각각 안드로이드와 iOS에서 자주 사용되는 로컬 저장소 시스템으로, 사용자가 앱에서 설정한 값이나 개인 정보를 장치에 저장해두는 기능을 제공합니다. 예를 들어, 사용자가 앱에서 다크 모드 설정을 켰다면, 이 설정값은 SharedPreferences나 NSUserDefaults를 통해 저장되어, 다음에 앱을 실행할 때도 그대로 유지될 수 있습니다. 또한, 자동 로그인 기능도 이와 같은 방식으로 구현할 수 있습니다. 사용자가 로그인할 때 "자동 로그인" 옵션을 선택하면, 이 정보가 로컬 저장소에 저장되어 다음 번 실행 시 로그인 과정을 생략할 수 있습니다.

데이터베이스와의 비교

GetStorage는 간단한 데이터 저장에 적합한 도구이지만, 복잡한 데이터 관리나 대량의 데이터를 처리할 경우에는 관계형 데이터베이스나 NoSQL 데이터베이스를 사용하는 것이 더 적절합니다.

예를 들어, 플러터 애플리케이션으로 간단한 가계부 형태의 금전 출납을 혼자 기록하는 데이터를 저장하는 경우에는 SQLite 등의 데이터베이스 시스템을 사용하여 대용량의 데이터 저장과 효과적인 쿼리를 통해 관리하는 것이 훨씬 안전합니다.

반면, 로그인 상태 유지, 사용자의 마지막 로그인 시간 기록, 간단한 사용자 설정값 등의 간단한 값들은 데이터베이스로 저장하면 리소스가 남게 됩니다. GetStorage를 사용하면 간편하고 빠르게 처리할 수 있습니다.

데이터 유실 문제

플러터 애플리케이션의 데이터 관리는 주로 메모리 내에서 이루어집니다. 하지만, 애플리케이션을 종료하고 다시 시작하게 되면 이전에 메모리에 저장했던 모든 데이터가 사라지는 문제가 발생합니다.

사용자가 애플리케이션 내에서 선호하는 테마 색상을 선택했을 경우, 애플리케이션을 재시작하면 이 정보는 사라지고 다시 기본 설정으로 돌아갑니다. 이 외에도 원하는 필터나, 검색 기록 등의 간단한 데이터들을 애플리케이션 재시작 이후에도 유지하려면 GetStorage를 활용하여 데이터를 안전하게 로컬 저장소에 보관해야하고, 애플리케이션이 재시작되어도 이전 사용자 설정을 유지할 수 있게 됩니다.

웹과의 비교

웹 애플리케이션에서 데이터를 클라이언트 측에서 유지 관리하기 위해 자주 사용되는 기술에는 쿠키와 로컬 스토리지가 있습니다. 이러한 기술을 통해 사용자의 세션 정보나 언어 설정 같은 데이터를 보관할 수 있습니다.

플러터 애플리케이션에서 GetStorage는 이와 유사한 역할을 하며, 간단한 키-값 형태로 데이터를 로컬에 저장하여 애플리케이션이 다시 시작되어도 사용자의 정보나 설정을 복원할 수 있도록 도와줍니다. 사용자가 마지막으로 방문한 페이지나, 애플리케이션 내의 언어 설정 등을 저장하여, 애플리케이션을 다시 실행할 때 이를 즉시 로드하고 사용자에게 맞춤화된 경험을 제공할 수 있습니다.

1.2 설치 및 사용방법

GetStorage의 설치와 사용 방법은 pub.dev 사이트에 자세히 나와 있으며, 다음은 기본적인 설치 및 사용 예제입니다.

설치

플러터 프로젝트에 GetStorage를 추가하려면, 명령 프롬프트나 터미널에서 다음 명령어를 입력합니다.

```
flutter pub add get_storage
```

사용

GetStorage를 사용하기 전에, 애플리케이션이 시작할 때 GetStorage를 초기화해야 합니다. lib/main.dart 파일의 main 함수를 비동기 함수로 변경하여 GetStorage.init() 호출을 포함시키면, 애플리케이션 전체에서 GetStorage를 사용할 준비가 완료됩니다.

```
import 'package:flutter/material.dart';
import 'package:get_storage/get_storage.dart';

import 'src/app.dart';
import 'src/shared/global.dart';

void main() async {
  // GetStorage 초기화
  await GetStorage.init();

  // 인증 동작
  String token = Global.accessToken;
  bool isLogin = token.isNotEmpty;

  runApp(MyApp(isLogin));
}
```

GetStorage의 기본 사용법은 매우 간단합니다. GetStorage 인스턴스를 생성하고, 키-값 쌍으로 데이터를 저장하거나 읽을 수 있습니다.

```
final box = GetStorage();

// 데이터 쓰기
box.write('quote', 'GetX is the best');

// 데이터 읽기
print(box.read('quote'));
// 출력: GetX is the best

// 데이터 삭제
box.remove('quote');
```

이렇게 GetStorage를 사용하여 데이터를 손쉽게 관리할 수 있습니다. 데이터의 저장, 조회 및 삭제 등의 기본적인 작업을 통해 애플리케이션의 사용성을 높일 수 있습니다.

1.3 프로젝트 적용

초기화 및 로그인 판단 로직

lib/main.dart

```
Future<void> main() async {
  // GetStorage 초기화
  await GetStorage.init();
  final box = GetStorage();

  // 로그인 여부 판단
  String? token = box.read('access_token');
  bool isLogin = (token != null) ? true : false;

  runApp(MyApp(isLogin));
}
```

이 코드는 애플리케이션 시작 시, 사용자의 로그인 상태를 판단하는 과정을 설명합니다. GetStorage를 이용하여 애플리케이션 내 지속적 데이터 저장소를 초기화하고, 로그인 여부를 판단하기 위해 access_token을 확인합니다. 토큰이 존재하면 로그인 상태(true), 그렇지 않으면 로그아웃 상태(false)로 판단하여 애플리케이션을 시작합니다. 이 초기 설정은 사용자의 인증 상태에 따라 다른 화면을 보여주는 기반을 마련합니다.

로그인, 회원 가입 코드 로직 수정

lib/src/controllers/auth_controller.dart

```
class AuthController extends GetxController {
  final box = GetStorage();

  Future<bool> register(String password, String name, int? profile) async {
    Map body =
        await authProvider.register(phoneNumber!, password, name, profile);
    if (body['result'] == 'ok') {
      String token = body['access_token'];

      // Global.accessToken = token;
      await box.write('access_token', token);

```

```
      return true;
    }
    Get.snackbar('회원 가입 에러', body['message'],
        snackPosition: SnackPosition.BOTTOM);
    return false;
  }

  Future<bool> login(String phone, String password) async {
    Map body = await authProvider.login(phone, password);
    if (body['result'] == 'ok') {
      String token = body['access_token'];

      // Global.accessToken = token;
      await box.write('access_token', token);
      return true;
    }
    Get.snackbar('로그인 에러', body['message'],
        snackPosition: SnackPosition.BOTTOM);
    return false;
  }
}
```

이 코드는 기존에 **Global.accessToken**을 사용하여 전역적으로 토큰을 관리하던 방식에서 로컬 저장소를 사용하는 방식으로 변경하는 과정을 나타냅니다. AuthController 클래스에서 로그인 및 회원 가입 성공 시 받은 토큰을 GetStorage의 인스턴스인 box에 저장함으로써, 토큰의 관리를 더 안전하고 효율적으로 진행할 수 있습니다. 이 변경은 애플리케이션의 보안성을 향상시키고, 사용자의 로그인 상태를 더욱 정확하게 관리할 수 있는 기반을 마련합니다.

서버 통신을 위한 프로바이더 토큰 변경

lib/src/provider/provider.dart

```
class Provider extends GetConnect {
  final box = GetStorage();

  @override
  void onInit() {
    allowAutoSignedCert = true;
    httpClient.baseUrl = Global.baseUrl;

```

```
    httpClient.addRequestModifier<void>((request) {
      request.headers['Accept'] = 'application/json';

      if (request.url.toString().contains('/api/')) {
        request.headers['Authorization'] = "Bearer ${box.read('access_token')}";
      }
      return request;
    });
    super.onInit();
  }
}
```

이 부분에서는 Provider 클래스 내의 API 요청 메서드에서 Global.accessToken 대신 GetStorage를 통해 직접 토큰을 참조하도록 변경된 점을 설명합니다. 요청을 보낼 때마다 GetStorage에서 access_token을 읽어와서 Authorization 헤더에 추가함으로써, API 보안 요구사항을 충족하고 요청의 유효성을 검증할 수 있습니다. 이 방식은 토큰의 중앙 집중적 관리보다는 개별 요청할 때마다 필요한 토큰을 동적으로 조회하여 사용하는 것으로, 더 동적이고 유연한 API 관리를 가능하게 합니다.

2 Image Picker

image_picker 패키지는 플러터 애플리케이션 개발에서 빼놓을 수 없는 중요한 라이브러리입니다. 이 라이브러리는 사용자의 카메라와 갤러리 접근을 통해 이미지를 선택하고 애플리케이션 내에서 활용할 수 있게 도와줍니다. 예를 들어, 소셜 미디어 애플리케이션에서는 사용자가 자신의 프로필 사진을 설정할 때, 또는 상품을 판매하는 거래 플랫폼에서 사용자가 상품 사진을 업로드할 때 이 기능이 필수적입니다.

2.1 개요

플러터에서는 각 플랫폼의 고유 기능을 사용해야 하는 많은 경우에 대하여 풍부한 라이브러리를 가지고 있습니다. 웹에서 이미지 업로드를 구현하기 위해 폼을 만들 때는 규격화된 폼이 있기에 비교적 쉽게 구현할 수 있습니다. 그러나 웹의 경우에도 Chrome이나 이제는 잘 사용되지 않는 Internet

Explorer와 같은 브라우저의 호환성을 고려해야 하는 번거로운 일이 있듯, 모바일 환경은 전혀 다른 안드로이드와 아이폰 애플리케이션을 포함한 다양한 기기들에서 구현을 해야 하기에 더 복잡할 수 있습니다.

플랫폼간 호환성

플러터의 image_picker 라이브러리는 안드로이드 및 아이폰 앱에서의 사진 선택과 관련된 기본적인 차이점을 추상화하여, 개발자가 각 플랫폼에 맞는 별도의 코드를 작성할 필요 없이 모든 기능을 손쉽게 구현할 수 있게 해줍니다.

일관된 플러터 코드를 작성하면 각 플랫폼에 맞게 해당하는 플랫폼의 코드가 적절하게 실행되고, 실행된 결과를 다시 플러터 코드가 받아와 각 플랫폼의 언어를 알지 못하여도 만들 수 있게 하여 개발 시의 시간과 비용을 절약할 수 있습니다.

보안과 개인정보 보호

사진을 선택하는 기능은 사용자의 개인 정보와 밀접한 관련이 있습니다. image_picker를 사용하면, 개발자는 사용자의 사진 라이브러리나 카메라에 접근하기 전에 적절한 권한 요청을 처리할 수 있습니다. 이는 애플리케이션의 신뢰도를 높이고, 사용자가 자신의 개인 정보를 통제할 수 있도록 돕습니다. 이러한 과정은 특히 GDPR(General Data Protection Regulation)과 같은 데이터 보호 규정을 준수하는 데 중요합니다.

2.2 사용

설치

플러터 프로젝트에 image_picker를 추가하려면, 터미널에서 다음 명령어를 입력합니다.

```
flutter pub add image_picker
```

안드로이드 경우에는 안드로이드 **Manifest.xml**에 카메라 및 저장소 접근 권한을 요청할 필요가 있을 수 있습니다. 하지만 대부분의 설정은 자동으로 처리되며, 별도의 설정 추가 없이 바로 사용할 수 있습니다.

아이폰 앱 설정

아이폰 앱에서는 사용자의 사진 라이브러리, 카메라, 마이크 접근 권한을 요청하기 위해 Info.plist 파일을 수정해야 합니다. 위치는 〈project root〉/ios/Runner/Info.plist입니다. 이 파일에 다음의 키를 추가해야 합니다

- **NSPhotoLibraryUsageDescription**: 이 설명은 애플리케이션이 사용자의 사진 라이브러리에 접근할 때 사용자에게 보여집니다. 예를 들어, "애플리케이션에서 사용자의 사진을 업로드하거나 프로필을 설정할 수 있게 허용합니다."
- **NSCameraUsageDescription**: 이 설명은 애플리케이션이 카메라를 사용할 때 사용자에게 보여집니다. 예를 들어, "애플리케이션에서 사진을 찍어 업로드하거나 프로필을 설정할 수 있게 허용합니다."
- **NSMicrophoneUsageDescription**: 이 설명은 애플리케이션이 비디오 녹화 중 마이크를 사용할 때 필요합니다. 예를 들어, "애플리케이션에서 비디오를 녹화할 때 음성을 포함할 수 있게 허용합니다."

이러한 설명은 사용자가 권한 요청의 목적을 이해할 수 있도록 돕습니다.

ios/Runner/Info.plist

```
<?xml version="1.0" encoding="UTF-8"?>
<!DOCTYPE plist PUBLIC "-//Apple//DTD PLIST 1.0//EN" "http://www.apple.com/DTDs/PropertyList-1.0.dtd">
<plist version="1.0">
<dict>

    <!-- 이전 설정 중략 -->

    <key>NSPhotoLibraryUsageDescription</key>
    <string>애플리케이션에서 사용자의 사진을 업로드하거나 프로필을 설정할 수 있게 허용합니다.</string>
    <key>NSCameraUsageDescription</key>
    <string>애플리케이션에서 사진을 찍어 업로드하거나 프로필을 설정할 수 있게 허용합니다.</string>
    <key>NSMicrophoneUsageDescription</key>
    <string>애플리케이션에서 비디오를 녹화할 때 음성을 포함할 수 있게 허용합니다.</string>
    </dict>
    </plist>
```

그림 11-1 아이폰 앱 앨범 권한 확인 화면

코드 예제

image_picker 라이브러리를 사용하여 이미지와 비디오를 선택하는 방법은 다음과 같습니다.

```
final ImagePicker picker = ImagePicker();

// 갤러리에서 이미지 선택
final XFile? image = await picker.pickImage(source: ImageSource.gallery);

// 카메라로 사진 촬영
final XFile? photo = await picker.pickImage(source: ImageSource.camera);

// 갤러리에서 비디오 선택
final XFile? galleryVideo = await picker.pickVideo(source: ImageSource.gallery);

// 카메라로 비디오 촬영
final XFile? cameraVideo = await picker.pickVideo(source: ImageSource.camera);

// 여러 이미지 선택(아이폰 앱 14 이상, 안드로이드 일부 기기 지원)
final List<XFile> images = await picker.pickMultiImage();

// 이미지 또는 비디오 하나 선택
final XFile? media = await picker.pickMedia();
```

```dart
// 여러 이미지 및 비디오 선택
final List<XFile> medias = await picker.pickMultipleMedia();
```

이 코드는 각 기능을 사용할 때 필요한 메서드를 호출하는 방법을 보여줍니다. 갤러리에서 이미지를 선택하거나, 카메라로 사진을 찍거나, 비디오를 녹화하는 등의 기능을 손쉽게 구현할 수 있습니다.

2.3 프로젝트 적용: 프로필 이미지

이미지 업로드 기능을 위한 파일 프로바이더 및 컨트롤러 구현

FileProvider 클래스는 이미지 파일을 서버에 업로드하는 기능을 담당합니다. 사용자가 선택한 이미지 파일을 FormData 객체로 포장하여 POST 요청을 통해 서버로 전송하고, 서버의 응답을 반환받습니다. 이 과정을 통해 파일 업로드의 결과를 알 수 있으며, 성공적으로 업로드되면 서버에서는 파일의 식별자(id)를 응답으로 제공합니다.

lib/src/provider/file_provider.dart

```dart
import 'package:get/get.dart';

import 'provider.dart';

class FileProvider extends Provider {
  imageUpload(String name, String path) async {
    final form = FormData({'file': MultipartFile(path, filename: name)});

    Response response = await post('/file', form);
    return response.body;
  }
}
```

FileController 클래스는 사용자 인터페이스에서 이미지 선택 및 업로드 과정을 관리합니다. ImagePicker를 사용하여 사용자의 갤러리에서 이미지를 선택하고, 선택된 이미지를 FileProvider를 통해 업로드합니다. 업로드 성공 시, 서버에서 반환된 이미지 ID를 저장하여 추후 이미지 URL을 구성할 때 사용합니다.

lib/src/controllers/file_controller.dart

```
import 'package:carrot_flutter/src/providers/file_provider.dart';
import 'package:carrot_flutter/src/shared/global.dart';
import 'package:get/get.dart';
import 'package:image_picker/image_picker.dart';

class FileController extends GetxController {
  final ImagePicker picker = ImagePicker();
  final provider = Get.put(FileProvider());
  final imageId = Rx<int?>(null);

  String? get imageUrl =>
      imageId.value != null ? "${Global.baseUrl}/file/${imageId.value}" : null;

  Future<void> upload() async {
    final XFile? image = await picker.pickImage(source: ImageSource.gallery);
    if (image == null) return;
    Map body = await provider.imageUpload(image.name, image.path);
    if (body['result'] == 'ok') {
      imageId.value = body['data'] as int;
    }
  }
}
```

프로필 이미지를 위한 위젯

프로필 이미지는 마이페이지의 프로필 변경하기와 회원 가입 시에 사용이 됩니다. 두 코드 각각에 업로드 버튼과 동작을 넣어줄 수도 있지만 코드의 반복을 줄이기 위하여 CircleImage라는 공통 사용 위젯을 만들어 각 코드에 넣어주도록 하겠습니다.

lib/src/widgets/buttons/circle_image.dart

```
import 'package:flutter/material.dart';

class CircleImage extends StatelessWidget {
  final String? image;
  const CircleImage(this.image, {super.key});

  @override
  Widget build(BuildContext context) {
    return CircleAvatar(
```

```
        radius: 40,
        backgroundImage: image != null ? NetworkImage(image!) : null,
        backgroundColor: Colors.grey,
        child: image == null
            ? const Icon(Icons.camera_alt, color: Colors.white, size: 30)
            : null,
      );
  }
}
```

NetworkImage를 사용하여 서버에 저장된 이미지를 URL로 로드하고, 이미지가 없는 경우 카메라 아이콘을 보여주어 이미지 업로드가 가능함을 나타냅니다.

프로필 정보 수정 페이지

이렇게 만든 CircleImage 위젯을 마이페이지의 정보 수정 페이지인 MyEdit 화면부터 적용해 보겠습니다. MyEdit 페이지는 사용자가 자신의 프로필 정보를 수정할 수 있는 UI를 제공합니다. 사용자 이름 및 프로필 이미지를 수정할 수 있으며, FileController와 UserController를 통해 이미지와 사용자 정보를 각각 관리합니다. 정보 수정이 완료되면 변경 사항을 서버에 업데이트하고, 성공적으로 완료되면 이전 화면으로 돌아갑니다.

lib/src/screens/my/edit.dart

```
import 'package:flutter/material.dart';
import 'package:get/get.dart';

import '../../controllers/file_controller.dart';
import '../../controllers/user_controller.dart';
import '../../widgets/buttons/circle_image.dart';
import '../../widgets/forms/label_textfield.dart';

class MyEdit extends StatefulWidget {
  const MyEdit({super.key});

  @override
  State<MyEdit> createState() => _MyEditState();
}

class _MyEditState extends State<MyEdit> {
  final userController = Get.put(UserController());
  final fileController = Get.put(FileController()); // 추가
```

```
  final _nameController = TextEditingController();

  _submit() async {
    bool result = await userController.updateInfo(
      _nameController.text,
      fileController.imageId.value,  // 추가
    );
    if (result) {
      Get.back();
    }
  }

  @override
  void initState() {
    super.initState();
    _nameController.text = userController.my.value!.name;
    fileController.imageId.value = userController.my.value?.profile;  // 추가
  }

  @override
  Widget build(BuildContext context) {
    return Scaffold(
      appBar: AppBar(
        title: const Text('프로필 수정'),
      ),
      body: ListView(
        padding: const EdgeInsets.symmetric(horizontal: 20),
        children: [
          InkWell(  // 추가
            onTap: fileController.upload,
            child: Obx(
              () => CircleImage(fileController.imageUrl),
            ),
          ),
          const SizedBox(height: 16),
          LabelTextField(
            label: '닉네임',
            hintText: '닉네임을 입력해주세요',
            controller: _nameController,
          ),
          // 버튼
          ElevatedButton(
            onPressed: _submit,
```

```
            child: const Text('저장'),
          ),
        ],
      ),
    );
  }
}
```

회원 가입 폼에 이미지 업로드 기능 추가

회원 가입 과정에서 사용자는 프로필 이미지를 업로드할 수 있습니다. FileController를 사용하여 이미지를 선택하고 업로드하며, 업로드된 이미지의 ID를 authController의 회원 가입 함수에 인자로 전달하여 사용자 프로필과 함께 저장합니다. 이렇게 함으로써 회원 가입 시 사용자의 이미지 정보도 함께 등록되어, 프로필 관리가 더욱 효율적으로 이루어집니다.

lib/src/screens/auth/register_form.dart

```
import 'package:flutter/material.dart';
import 'package:get/get.dart';

import '../../controllers/auth_controller.dart';
import ../../widgets/forms/label_textfield.dart';
import '../../controllers/file_controller.dart';
import '../../widgets/buttons/circle_image.dart';
import '../home.dart';

class RegisterForm extends StatefulWidget {
  const RegisterForm({super.key});

  @override
  State<RegisterForm> createState() => _RegisterFormState();
}

class _RegisterFormState extends State<RegisterForm> {
  final authController = Get.put(AuthController());
  final _passwordController = TextEditingController();
  final _passwordConfirmController = TextEditingController();
  final _nameController = TextEditingController();
  final fileController = Get.put(FileController()); // 추가

  _submit() async {
```

```
    bool result = await authController.register(
      _passwordController.text,
      _nameController.text,
      fileController.imageId.value,  // 추가
    );
    if (result) {
      Get.offAll(() => const Home());
    }
  }

  @override
  Widget build(BuildContext context) {
    return Scaffold(
      appBar: AppBar(title: const Text('회원 가입')),
      body: Padding(
        padding: const EdgeInsets.symmetric(horizontal: 20),
        child: ListView(
          children: [
            // 프로필 이미지
            InkWell(      // 추가
              onTap: fileController.upload,
              child: Obx(
                () => CircleImage(fileController.imageUrl),
              ),
            ),
            const SizedBox(height: 16),
            // 비밀번호
            LabelTextField(
              label: '비밀번호',
              hintText: '비밀번호를 입력해주세요',
              controller: _passwordController,
              isObscure: true,
            ),
            // 비밀번호 확인
            LabelTextField(
              label: '비밀번호 확인',
              hintText: '비밀번호를 한번 더 입력해주세요',
              controller: _passwordConfirmController,
              isObscure: true,
            ),
            // 닉네임
            LabelTextField(
              label: '닉네임',
```

```
              hintText: '닉네임을 입력해주세요',
              controller: _nameController,
              isObscure: true,
            ),
            // 버튼
            ElevatedButton(
              onPressed: _submit,
              child: const Text('인증 번호 확인'),
            ),
          ],
        ),
      ),
    );
  }
}
```

2.4 프로젝트 적용: 피드 이미지(FeedImage)

이 절에서는 플러터 애플리케이션에서 사용자 피드에 이미지를 삽입하는 기능을 구현하는 방법을 설명합니다. FeedImage 위젯은 사용자가 업로드한 이미지를 화면에 표시하며, 이미지가 없을 경우 기본 아이콘을 보여주는 구조로 설계되었습니다.

FeedImage 위젯 설명

FeedImage 클래스는 Stateless 위젯을 상속받아, 외부에서 전달받은 이미지 URL을 기반으로 이미지를 표시합니다. 이 위젯은 Row 위젯 내에 Container를 사용하여 이미지를 담습니다. 이미지가 제공되지 않았을 경우, 그레이 컬러의 카메라 아이콘이 표시되며, 이미지가 있을 때는 Image.network 위젯을 통해 네트워크 이미지를 불러와 보여줍니다. 이때, BorderRadius와 BoxDecoration을 사용하여 이미지의 모서리를 둥글게 처리하고, 테두리를 설정하겠습니다.

lib/src/widgets/buttons/feed_image.dart

```
import 'package:flutter/material.dart';

class FeedImage extends StatelessWidget {
  final String? image;
  const FeedImage(this.image, {super.key});
```

```

  @override
  Widget build(BuildContext context) {
    return Row(
      children: [
        Container(
          width: 80.0,
          height: 80.0,
          decoration: BoxDecoration(
            shape: BoxShape.rectangle,
            borderRadius: BorderRadius.circular(10),
            border: image == null
                ? Border.all(color: Colors.grey, width: 1.0)
                : null,
          ),
          child: ClipRRect(
            borderRadius: BorderRadius.circular(10),
            child: image == null
                ? const Icon(
                    Icons.camera_alt_outlined,
                    size: 40.0,
                    color: Colors.grey,
                  )
                : Image.network(
                    image!,
                    fit: BoxFit.cover,
                    width: 80.0,
                    height: 80.0,
                  ),
          ),
        ),
      ],
    );
  }
}
```

피드 생성 페이지에서의 FeedImage 활용

FeedCreate와 FeedEdit 클래스에서는 FeedImage 위젯을 활용하여 사용자가 업로드한 이미지를 보여주거나 이미지를 업로드할 수 있는 기능을 제공합니다. Get.put을 사용하여 FeedController 및 FileController를 초기화하고, 사용자 인터페이스에서 직접 이미지를 업로드하고 관리할 수 있습니다. 이 클래스들은 상태 관리를 위해 Stateful 위젯을 상속받으며, 각각의 페이지에서는 이미지, 제목, 가격, 상세 설명을 입력받는 텍스트 필드가 포함됩니다.

lib/src/screens/feed/create.dart

```
import 'package:carrot_flutter/src/controllers/feed_controller.dart';
import 'package:carrot_flutter/src/widgets/buttons/feed_image.dart';
import 'package:carrot_flutter/src/widgets/forms/label_textfield.dart';
import 'package:flutter/material.dart';
import 'package:get/get.dart';

import '../../controllers/file_controller.dart';

class FeedCreate extends StatefulWidget {
  const FeedCreate({super.key});

  @override
  State<FeedCreate> createState() => _FeedCreateState();
}

class _FeedCreateState extends State<FeedCreate> {
  final feedController = Get.put(FeedController());
  final fileController = Get.put(FileController());  // 추가

  final TextEditingController _titleController = TextEditingController();
  final TextEditingController _priceController = TextEditingController();
  final TextEditingController _contentController = TextEditingController();

  _submit() async {
    final result = await feedController.feedCreate(
      _titleController.text,
      _priceController.text,
      _contentController.text,
      fileController.imageId.value,  // 추가
    );
    if (result) {
      Get.back();
    }
  }

  @override
  Widget build(BuildContext context) {
    return Scaffold(
```

```
      appBar: AppBar(title: const Text('내 물건 팔기')),
      body: Padding(
        padding: const EdgeInsets.symmetric(horizontal: 20),
        child: Column(
          children: [
            Expanded(
              child: ListView(
                children: [
                  // 이미지 업로드
                  InkWell(  // 추가
                    onTap: fileController.upload,
                    child: Obx(
                      () => FeedImage(fileController.imageUrl),
                    ),
                  ),
                  const SizedBox(height: 16),
                  // 제목
                  LabelTextField(
                    label: '제목',
                    hintText: '제목',
                    controller: _titleController,
                  ),
                  // 가격
                  LabelTextField(
                    label: '가격',
                    hintText: '가격을 입력해주세요.',
                    controller: _priceController,
                  ),
                  // 설명
                  LabelTextField(
                    label: '자세한 설명',
                    hintText: '자세한 설명을 입력하세요',
                    controller: _priceController,
                    maxLines: 6,
                  ),
                ],
              ),
            ),
            Padding(
              padding: const EdgeInsets.symmetric(vertical: 20),
              child: ElevatedButton(
               onPressed: _submit,
               child: const Text('작성 완료'),
```

```
              ),
            ),
          ],
        ),
      ),
    );
  }
}
```

피드 수정 페이지에서의 FeedImage 활용

lib/src/screens/feed/edit.dart

```
import 'package:flutter/material.dart';
import 'package:get/get.dart';

import '../../controllers/feed_controller.dart';
import '../../controllers/file_controller.dart';
import '../../models/feed_model.dart';
import '../../widgets/buttons/feed_image.dart';
import '../../widgets/forms/label_textfield.dart';

class FeedEdit extends StatefulWidget {
  final FeedModel model;
  const FeedEdit(this.model, {super.key});

  @override
  State<FeedEdit> createState() => _FeedEditState();
}

class _FeedEditState extends State<FeedEdit> {
  final feedController = Get.put(FeedController());
  final fileController = Get.put(FileController()); // 추가
  final TextEditingController _titleController = TextEditingController();
  final TextEditingController _priceController = TextEditingController();
  final TextEditingController _contentController = TextEditingController();

  _submit() async {
    final result = await feedController.feedUpdate(
      widget.model.id,
      _titleController.text,
      _priceController.text,
```

```
      _contentController.text,
      fileController.imageId.value,  // 추가
    );
    if (result) {
      Get.back();
    }
  }

  @override
  void initState() {
    super.initState();
    _titleController.text = widget.model.title;
    _priceController.text = widget.model.price.toString();
    _contentController.text = widget.model.content;
    fileController.imageId.value = widget.model.imageId;
  }

  @override
  Widget build(BuildContext context) {
    return Scaffold(
      appBar: AppBar(title: const Text('물건정보 수정')),
      body: Padding(
        padding: const EdgeInsets.symmetric(horizontal: 20),
        child: Column(
          children: [
            Expanded(
              child: ListView(
                children: [
                  // 이미지 업로드
                  InkWell(  // 추가
                    onTap: fileController.upload,
                    child: Obx(
                      () => FeedImage(fileController.imageUrl),
                    ),
                  ),
                  const SizedBox(height: 16),
                  // 제목
                  LabelTextField(
                    label: '제목',
                    hintText: '제목',
                    controller: _titleController,
                  ),
                  // 가격
```

```
                LabelTextField(
                  label: '가격',
                  hintText: '가격을 입력해주세요.',
                  controller: _priceController,
                ),
                // 설명
                LabelTextField(
                  label: '자세한 설명',
                  hintText: '자세한 설명을 입력하세요',
                  controller: _priceController,
                  maxLines: 6,
                ),
              ],
            ),
          ),
          Padding(
            padding: const EdgeInsets.symmetric(vertical: 20),
            child: ElevatedButton(
              onPressed: _submit,
              child: const Text('작성 완료'),
            ),
          ),
        ],
      ),
    ),
  );
}
}
```

3 Timeago

timeago 라이브러리는 플러터 애플리케이션에서 시간을 상대적인 형식으로 표현할 수 있게 도와주는 유용한 패키지입니다. 예를 들어, "3분 전" 또는 "2일 전"과 같이 게시물이나 댓글이 언제 작성되었는지 사용자에게 친숙하고 이해하기 쉬운 방식으로 보여줍니다. 이 기능은 소셜 미디어, 뉴스 애플리케이션, 댓글 시스템 등 다양한 분야에서 유용하게 사용됩니다.

3.1 개요

timeago는 다양한 언어를 지원하며, 각 언어에 맞는 시간 표현을 자동으로 조정해 줍니다. 이 라이브러리는 서버에서 보내진 정확한 시간 정보를 바탕으로 현재 시간과의 차이를 계산하여, 사용자가 얼마나 전에 해당 이벤트가 발생했는지를 알 수 있습니다. 이는 국제화가 중요한 애플리케이션에서 특히 중요하며, 다양한 시장에서 애플리케이션을 제공할 때 현지화 작업을 간소화하는 데 도움이 됩니다.

플랫폼 간 호환성

플러터의 timeago 라이브러리는 아이폰 앱, 안드로이드, 웹 및 데스크톱 애플리케이션에서 일관된 결과를 제공합니다. 이는 플러터 프레임워크의 크로스 플랫폼 특성을 활용하여, 한 번의 코드 작성으로 모든 플랫폼에서 동일하게 작동하게 해줍니다.

3.2 설치 및 사용방법

설치

플러터 프로젝트에 timeago를 추가하려면, 터미널에서 다음 명령어를 입력합니다.

```
flutter pub add timeago
```

사용 예

timeago 라이브러리의 사용은 매우 간단합니다. 라이브러리를 초기화한 후, 특정 시간을 몇 분 전 형식으로 변환하려면 다음과 같이 할 수 있습니다.

```
import 'package:timeago/timeago.dart' as timeago;

void main() {
  final fifteenAgo = DateTime.now().subtract(Duration(minutes: 15));
  print(timeago.format(fifteenAgo)); // 출력: 15 minutes ago
}
```

이 코드는 사용자에게 15분 전에 일어난 이벤트를 "15 minutes ago"라는 형식으로 보여줍니다. 또한, **timeago**는 다양한 언어를 지원하므로, 설정을 통해 다른 언어로도 동일한 메시지를 표시할 수 있습니다.

3.3 프로젝트 적용

TimeUtil 클래스 작성 및 등록

timeago 라이브러리는 기본적으로 한글을 지원하지 않습니다. 따라서 한글을 사용하기 위해서는 사용자 정의 클래스를 통해 한글 로케일을 등록해야 합니다.

복잡한 초기화 작업을 피하기 위해, 한글 지원 로케일과 관련된 로직을 별도의 클래스로 분리하였습니다. TimeUtil 클래스는 초기화 메서드에서 timeago 라이브러리에 한글 메시지를 등록하며, 향후 날짜를 파싱할 때는 TimeUtil.parse(DateTime) 메서드를 통해 간편하게 처리할 수 있습니다. 이 구조는 코드의 재사용성과 유지 보수성을 향상시킵니다.

lib/src/shared/timeutil.dart

```
import 'package:timeago/timeago.dart' as timeago;

class TimeUtil {
  TimeUtil.init() {
    timeago.setLocaleMessages('ko', KoMessages());
  }

  static String parse(DateTime? time) {
    return (time == null) ? '' : timeago.format(time, locale: 'ko');
  }
}

class KoMessages implements timeago.LookupMessages {
  @override String prefixAgo() => '';
  @override String prefixFromNow() => '';
  @override String suffixAgo() => '전';
  @override String suffixFromNow() => '후';
  @override String lessThanOneMinute(int seconds) => '방금';
  @override String aboutAMinute(int minutes) => '방금';
  @override String minutes(int minutes) => '$minutes분';
```

```
21    @override String aboutAnHour(int minutes) => '1시간';
22    @override String hours(int hours) => '$hours시간';
23    @override String aDay(int hours) => '1일';
24    @override String days(int days) => '$days일';
25    @override String aboutAMonth(int days) => '한달';
26    @override String months(int months) => '$months개월';
27    @override String aboutAYear(int year) => '1년';
28    @override String years(int years) => '$years년';
29    @override String wordSeparator() => ' ';
30  }
```

04번째 줄 TimeUtil.init생성자를 만들어 **13**번째 줄에서 만든 한글화 메시지를 KO 다국어에 등록합니다.

main 함수에서는 GetStorage를 초기화한 후 TimeUtil 클래스를 사용하여 timeago 라이브러리의 언어 설정을 추가합니다.

lib/main.dart

```
import 'package:carrot_flutter/src/shared/timeutil.dart';
import 'package:flutter/material.dart';
import 'package:get_storage/get_storage.dart';

import 'src/app.dart';

Future<void> main() async {
  // GetStorage 초기화
  await GetStorage.init();
  final box = GetStorage();
  // timeAgo 언어추가
  TimeUtil.init();

  // 로그인 여부 판단
  String? token = box.read('access_token');
  bool isLogin = (token != null) ? true : false;

  runApp(MyApp(isLogin));
}

```

피드 리스트 및 상세 페이지에서 시간 표시 변경

애플리케이션에서 시간을 사용하는 부분은 크게 두 곳입니다. 바로 피드 목록과 피드 상세 페이지로 이 두 위치에서 TimeUtil 클래스를 사용하여 날짜 출력을 "방금", "N분 전" 등의 형식으로 변경합니다.

1. **피드 목록:** 각 피드 아이템에서 생성된 시간을 TimeUtil.parse 함수를 사용하여 사용자 친화적으로 표시합니다.

lib/src/widgets/listitems/feed_list_item.dart

```
// 이미지 크기
const double _imageSize = 110;

// 피드 (중고 물품) 리스트 아이템 위젯
class FeedListItem extends StatelessWidget {
  final FeedModel data;
  const FeedListItem(this.data, {super.key});

  @override
  Widget build(BuildContext context) {
    final FeedController feedController = Get.put(FeedController());

    return InkWell(
      onTap: () {
        Get.to(() => FeedShow(data.id));
      },
      child: Padding(
        padding: const EdgeInsets.all(12.0),
        child: Stack(
          children: [
            Container(width: 100, height: 100, color: Colors.blue),
            Row(
              crossAxisAlignment: CrossAxisAlignment.start,
              children: [
                // 이미지 영역
                ClipRRect(
                  borderRadius: BorderRadius.circular(10.0),
                  child: Image.network(
                    data.imageUrl,
                    width: _imageSize,
                    height: _imageSize, // 너비와 같은 값으로 설정
                    fit: BoxFit.cover,
```

```
33                   ),
34                 ),
35                 // 정보 영역
36                 Expanded(
37                   child: Padding(
38                     padding: EdgeInsets.symmetric(horizontal: 10),
39                     child: Column(
40                       crossAxisAlignment: CrossAxisAlignment.start,
41                       children: [
42                         Text(
43                           data.title,
44                           style: TextStyle(fontSize: 16),
45                           overflow: TextOverflow.ellipsis,
46                         ),
47                         Row(
48                           children: [
49                             Text(
50                               TimeUtil.parse(data.createdAt),
51                               style: TextStyle(color: Colors.grey),
52                             ),
53                           ],
54                         ),
55                         Text(
56                           data.price.toString(),
57                           style: TextStyle(
58                               fontSize: 16, fontWeight: FontWeight.bold),
59                         ),
60                       ],
61                     ),
62                   ),
63                 ),
64                 // 이하 생략
```

50번째 줄에서 생성일을 TimeUtil을 통해 메시지를 바꾸어 출력합니다.

❷ **피드 상세:** 상세 페이지에서도 마찬가지로 TimeUtil.parse 함수를 사용하여 생성 시간을 보다 직관적으로 변환합니다.

lib/src/screens/feed/show.dart

```
class FeedShow extends StatefulWidget {
  final int feedId;
```

```
  const FeedShow(this.feedId, {super.key});

  @override
  State<FeedShow> createState() => _FeedShowState();
}

class _FeedShowState extends State<FeedShow> {
  final FeedController feedController = Get.find<FeedController>();

  @override
  void initState() {
    super.initState();
    feedController.feedShow(widget.feedId);
  }

  _chat() {}

  @override
  Widget build(BuildContext context) {
    return Scaffold(
      body: CustomScrollView(
        slivers: [
          Obx(() {
            final feed = feedController.currentFeed.value;

            return SliverAppBar(
              expandedHeight: MediaQuery.of(context).size.height / 3,
              pinned: true,
              flexibleSpace: FlexibleSpaceBar(
                background: feed != null
                    ? Image.network(feed.imageUrl, fit: BoxFit.cover)
                    : null,
              ),
            );
          }),
          SliverFillRemaining(
            hasScrollBody: true,
            child: Obx(() {
              if (feedController.currentFeed.value != null) {
                final textTheme = Theme.of(context).textTheme;

                return SingleChildScrollView(
```

```
45                  child: Column(
46                    crossAxisAlignment: CrossAxisAlignment.start,
47                    children: [
48                     UserListItem(feedController.currentFeed.value!.writer!),
49                      Padding(
50                        padding: const EdgeInsets.all(16.0),
51                        child: Column(
52                          crossAxisAlignment: CrossAxisAlignment.start,
53                          children: [
54                            Text(
55                              feedController.currentFeed.value!.title,
56                              style: textTheme.bodyLarge,
57                            ),
58                            const SizedBox(height: 12),
59                            Text(
60                              TimeUtil.parse(
61                              feedController.currentFeed.value?.createdAt),
62                              style: textTheme.bodyMedium
63                                  ?.copyWith(color: Colors.grey),
64                            ),
65                            // 이하 생략
```

60번째 줄에서 피드 생성일을 TimeUtil을 통해 메시지를 바꾸어 출력합니다.

4 WebviewFlutter

webview_flutter 라이브러리는 플러터 애플리케이션 내에서 웹 콘텐츠를 표시할 수 있는 강력한 기능을 제공합니다. 이 라이브러리를 사용하면, 개발자들은 웹 페이지를 직접 애플리케이션 내부에 통합하여 사용자에게 원활한 웹브라우징 경험을 제공할 수 있습니다. 이는 특히 온라인 콘텐츠를 많이 다루는 애플리케이션이나 다양한 웹 기반 서비스를 애플리케이션 내에서 직접 접근해야 하는 경우에 유용합니다.

4.1 개요

webview_flutter는 플러터 애플리케이션에서 웹 뷰를 생성하고 관리할 수 있게 해주며, 표준 웹 기술(HTML, CSS, 자바스크립트)을 이용해 구현된 웹 페이지를 애플리케이션 내에서 직접 실행할 수 있습니다. 이는 애플리케이션과 웹의 경계를 허물어, 복잡한 웹 인터페이스나 동적 콘텐츠를 애플리케이션에서 바로 사용할 수 있게 해 줍니다.

플랫폼 간 호환성

플러터의 webview_flutter 라이브러리는 안드로이드와 아이폰 앱에서 웹 뷰를 동일하게 표현하도록 설계되어 있습니다. 이를 통해 크로스 플랫폼 개발 시 웹 콘텐츠의 일관된 표현과 기능성을 보장할 수 있습니다. 각 플랫폼에 특화된 웹 뷰 구현을 처리하는 것 없이도, 플랫폼 간 코드를 최소화하여 개발 효율성을 높일 수 있습니다.

보안과 개인정보 보호

webview_flutter를 사용할 때는 웹 콘텐츠의 보안 문제에 주의가 필요합니다. 특히 외부 웹 페이지를 로드할 경우, XSS(Cross-Site Scripting)나 CSRF(Cross-Site Request Forgery)와 같은 공격에 대비하여 적절한 웹 보안 조치를 취해야 합니다. 또한, 사용자의 개인 정보를 안전하게 처리하고 보호할 방법을 구현해야 합니다.

4.2 설치 및 사용방법

설치

플러터 프로젝트에 webview_flutter를 추가하려면, 터미널에서 다음 명령어를 입력합니다.

```
flutter pub add webview_flutter
```

안드로이드의 경우에는 최소 지원 버전의 SDK를 19버전 이상으로 올려야 합니다. android/app/build.gradle 파일에서 minSdkVersion을 19로 올려줍니다.

```
android/app/build.gradle
```

```
android {
    defaultConfig {
        minSdkVersion 19
    }
}
```

사용 예

webview_flutter 라이브러리를 사용하여 애플리케이션 내에 웹 뷰를 구현하는 방법은 다음과 같습니다.

```
import 'package:flutter/material.dart';
import 'package:webview_flutter/webview_flutter.dart';

void main() => runApp(MyApp());

class MyApp extends StatelessWidget {
  @override
  Widget build(BuildContext context) {
    return MaterialApp(
      home: Scaffold(
        body: WebView(
          initialUrl: '<https://www.example.com>',
          javascriptMode: JavascriptMode.unrestricted,
        ),
      ),
    );
  }
}
```

이 예제는 간단한 웹 페이지를 로드하는 웹 뷰를 표시합니다. initialUrl을 통해 원하는 웹 페이지의 주소를 지정하고, javascriptMode를 설정하여 자바스크립트 실행 여부를 결정할 수 있습니다.

4.3 프로젝트 적용

프로젝트에서 웹 뷰의 주요 사용처는 이용약관과 개인정보 처리 방침 등의 페이지를 보여주는 데에 있습니다. 이러한 페이지들은 특별한 스크립트 처리나 복잡한 로딩 화면이 필요하지 않기 때문에, 기본적인 웹 뷰 설정으로 충분히 구현할 수 있습니다.

웹 뷰 페이지 구현

WebPage 클래스의 body 부분에 웹 뷰를 넣어 이제는 호출된 URL의 내용을 보여주는 화면으로 바꾸겠습니다. 이 클래스는 사용자에게 웹 콘텐츠를 제공하는 동시에, 애플리케이션의 내비게이션과 일관성을 유지하기 위해 애플리케이션 바에 제목을 표시합니다.

lib/src/screens/my/webpage.dart

```
import 'package:carrot_flutter/src/shared/global.dart';
import 'package:flutter/material.dart';
import 'package:webview_flutter/webview_flutter.dart';

class WebPage extends StatefulWidget {
  final String title;
  final String url;
  const WebPage(this.title, this.url, {super.key});

  @override
  State<WebPage> createState() => _WebPageState();
}

class _WebPageState extends State<WebPage> {
  late WebViewController controller;

  @override
  void initState() {
    super.initState();
    controller = WebViewController()
      ..loadRequest(
        Uri.parse("${Global.baseUrl}${widget.url}"),
      );
  }

  @override
  Widget build(BuildContext context) {
```

```
    return Scaffold(
      appBar: AppBar(
        title: Text(widget.title),
      ),
      body: WebViewWidget(controller: controller),
    );
  }
}
```

5 플러터 런처 아이콘(Flutter Launcher Icons)

Flutter Launcher Icons 라이브러리는 플러터 애플리케이션의 런처 아이콘을 손쉽게 생성하고 적용할 수 있게 해주는 훌륭한 도구입니다. 이 라이브러리를 사용하면, 여러 플랫폼(안드로이드와 아이폰 앱)에 맞춘 아이콘 사이즈를 자동으로 조정하고, 애플리케이션 프로젝트에 적용할 수 있습니다. 이는 애플리케이션의 브랜드를 강화하고 사용자에게 친숙한 느낌을 줄 수 있는 중요한 첫 단계입니다.

5.1 설치 및 사용방법

플러터 런처 아이콘은 간단한 설정 파일을 통해 여러 플랫폼에 맞춘 아이콘을 생성하고 적용할 수 있습니다. 이 라이브러리는 개발자가 복잡한 아이콘 크기 조정 작업 없이도, 몇 줄의 설정으로 원하는 아이콘을 쉽게 설정할 수 있게 해 줍니다.

아이콘 변경

플러터 프로젝트에 플러터 런처 아이콘을 추가하려면, 터미널에서 다음 명령어를 입력합니다.

```
flutter pub add dev:flutter_launcher_icons
```

그리고 pubspec.yaml 파일에서 아이콘 설정을 추가하려면 다음 예제와 같이 작성할 수 있습니다.

pubspec.yaml

```yaml
flutter_launcher_icons:
  android: "launcher_icon"
  ios: true
  remove_alpha_ios: true
  image_path: "asset/images/logo.png"
```

설정을 완료한 후, 터미널에서 다음 명령을 실행하여 아이콘을 생성하고 적용할 수 있습니다.

```
dart run flutter_launcher_icons
```

이 명령은 pubspec.yaml에 설정된 정보를 기반으로, 각 플랫폼에 맞는 아이콘을 자동으로 생성하고 적용합니다.

애플리케이션 이름 변경

애플리케이션 아이콘을 변경하였다면, 에뮬레이터나 실행하고 있는 휴대폰의 아이콘을 보면 지정한 아이콘으로 바뀐 것을 볼 수 있습니다. 이때 애플리케이션 이름까지 같이 변경해 준다면 어느 정도 애플리케이션의 형태를 갖추고 배포에 한 걸음 더 다가갔다고 할 수 있습니다. 아이폰 앱에서 애플리케이션 이름을 바꾸는 방법은 Info.plist 파일에서 CFBundleDisplayName 설정의 string 값을 변경하면 됩니다.

ios/Runner/Info.plist

```xml
    <key>CFBundleDisplayName</key>
    <string>홍당무마켓</string>
```

안드로이드 경우에는 AndroidManifest.xml 파일에서 android:label 속성을 변경하면 됩니다.

android/app/src/main/AndroidManifest.xml

```xml
<application
        android:label="홍당무마켓"
        android:name="${applicationName}"
        android:icon="@mipmap/launcher_icon">
```

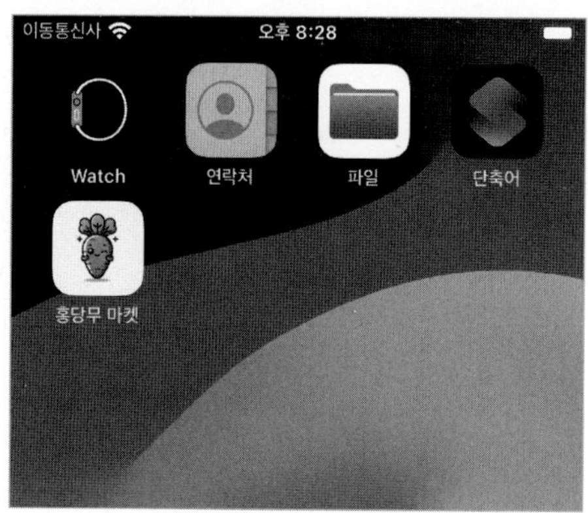

그림 11-2 애플리케이션 이름, 아이콘 변경 모습

애플리케이션의 아이콘과 이름 설정은 작은 부분처럼 보이지만, 앱의 첫인상을 결정짓는 중요한 요소입니다. 이 과정에서 Flutter Launcher Icons 라이브러리를 사용하여 손쉽게 여러 플랫폼에 맞는 아이콘을 설정하는 방법을 익히셨을 것입니다.

물론 세밀한 조절을 위해서는 안드로이드의 경우 android/app/src/main/res/mipmap 디렉터리에 아이콘 파일을 직접 올려 해상도별로 아이콘을 조정할 수 있으며, iOS의 경우 ios/Runner/Assets.xcassets/AppIcon.appiconset 파일에 아이콘을 추가하여 정밀하게 조절할 수 있습니다. 하지만 이 책에서 다루는 것은 최대한 간단하게 iOS와 안드로이드를 제작하는 것이기에, 쉽게 작성할 수 있는 라이브러리를 사용하여 구현하였습니다.

12장

홍당무마켓 완성

지금까지 애플리케이션 제작을 따라하면서 기본적인 CRUD(생성, 읽기, 수정, 삭제) 기능을 구현하기 위해 데이터베이스, 백엔드, 그리고 플러터 애플리케이션까지 다루어 보았습니다.

이제 CRUD 기능이 익숙해진 독자분들은 이번 장에서 다양한 화면, 위젯, 그리고 API를 제작하여 기능을 추가하는 방법을 배울 것입니다. 이번 장의 목표는 '검색', '로그아웃', '판매 내역'과 같이 앞에서 빠진 기능을 추가하면서 플러터와 백엔드를 조금씩 수정하는 방법을 익히는 것입니다. 이를 통해 독자분들은 더욱 완성도 높은 애플리케이션을 제작할 수 있게 될 것입니다.

1 검색

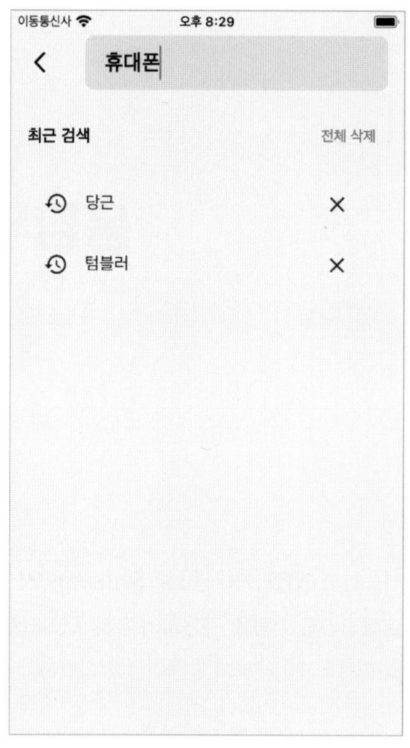

그림 12-1 검색 폼 화면

홈 화면에서 검색 버튼을 눌렀을 때의 동작을 구현합니다. 백엔드 측에서 이미 [GET] api/feed API가 구현되어 있기 때문에 앱 쪽에서 검색 기능만 구현하면 됩니다.

1.1 검색 데이터 처리

검색 버튼을 누르면, 플러터 앱은 새로운 창을 스택에 추가하여 검색 결과 화면을 보여줍니다. 그림 12-1과 같이 화면의 AppBar에는 검색을 위한 입력창이 포함되고, 입력창 하단에는 최근 검색어가 표시됩니다. 최근 검색어 기능은 사용자가 이전에 검색했던 기록을 바탕으로 목록을 보여주기 위해 사용됩니다.

검색 기록용 컨트롤러 작성

검색 기록을 관리하기 위해 HistoryController를 작성해야 합니다. 이 컨트롤러는 사용자의 검색 기록을 유지하고, 최근 검색어 목록을 관리하는 역할을 합니다. HistoryController는 검색 기록을 저장하고, 기록을 불러오거나 삭제하는 메서드를 포함합니다.

앱을 종료했다가 다시 실행해도 검색 기록이 유지되도록 하기 위해서 GetStorage를 사용합니다. 이를 통해 앱을 재실행해도 이전에 검색한 기록을 확인할 수 있습니다.

lib/src/controllers/history_controller.dart

```
import 'package:get/get.dart';
import 'package:get_storage/get_storage.dart';

class HistoryController extends GetxController {
  final box = GetStorage();
  final searchHistory = <String>[].obs;

  @override
  void onInit() {
    super.onInit();
    List<String> storedHistory = box.read<List<String>>('searchHistory') ?? [];
    searchHistory.addAll(storedHistory);
  }

  void addSearchTerm(String term) {
    if (searchHistory.contains(term)) {
      searchHistory.remove(term);
    }
    searchHistory.insert(0, term);

    if (searchHistory.length > 10) {
      searchHistory.removeLast();
    }

    _saveToStorage();
  }

  void removeSearchTerm(String term) {
    searchHistory.remove(term);
    _saveToStorage();
  }

```

```
33    void clearAllSearchTerms() {
34      searchHistory.clear();
35      _saveToStorage();
36    }
37
38    void _saveToStorage() {
39      box.write('searchHistory', searchHistory.toList());
40    }
41  }
```

11번째 줄 컨트롤러가 초기화될 때 GetStorage에 저장된 검색 기록을 searchHistory에 복원합니다. 예를 들어, 뉴스 앱에서 사용자가 자주 검색하는 특정 주제의 뉴스나 카테고리별 키워드를 매번 다시 입력할 필요 없이 복원된 기록으로 접근할 수 있습니다. **15**번째 줄의 addSearchTerm은 새로 입력된 검색어를 추가하는데, 중복된 검색어가 있다면 제거하고 최상단에 위치시킵니다. 최대 10개의 최근 검색 기록만 유지합니다. **28**번째 줄의 removeSearchTerm은 특정 검색어를 검색 기록에서 제거합니다. **33**번째 줄의 clearAllSearchTerms는 모든 검색어를 한 번에 삭제하는 기능을 제공합니다. **38**번째 줄의 _saveToStorage는 searchHistory를 GetStorage에 저장하여 앱을 재실행해도 기록이 남아 있도록 합니다.

피드 프로바이더 수정

index 메서드에 원래 page 파라미터만 있었지만, 이제 검색어를 위한 keyword 파라미터를 옵셔널 파라미터로 추가합니다.

lib/src/provider/feed_provider.dart

```
class FeedProvider extends Provider {
  // 피드 리스트 (매물 목록)
  Future<Map> index(int page, {String? keyword}) async {
    final query = {'page': '$page'};

    if (keyword != null) query['keyword'] = keyword;

    final response = await get('/api/feed', query: query);
    return response.body;
  }
}
```

index 함수는 keyword 파라미터가 없을 경우에는 query로 page만을 보내지만 keyword 파라미터가 추가될 경우 page와 keyword 두 가지를 **/api/feed**에 전송하여 응답을 기다립니다.

피드 컨트롤러 수정

검색용 searchList를 만들고, 기존 feedIndex 함수의 페이징 방식을 그대로 사용하여 searchIndex 함수를 완성합니다.

lib/src/controllers/feed_controller.dart

```
01 class FeedController extends GetxController {
02   final feedProvider = Get.put(FeedProvider());
03   final RxList<FeedModel> feedList = <FeedModel>[].obs;
04   final RxList<FeedModel> searchList = <FeedModel>[].obs;
05   final Rx<FeedModel?> currentFeed = Rx<FeedModel?>(null);
06 
07   feedIndex({int page = 1}) async {
08     Map json = await feedProvider.index(page);
09     List<FeedModel> tmp =
10         json['data'].map<FeedModel>((m) => FeedModel.parse(m)).toList();
11     (page == 1) ? feedList.assignAll(tmp) : feedList.addAll(tmp);
12   }
13 
14   searchIndex(String keyword, {int page = 1}) async {
15     Map json = await feedProvider.index(page, keyword: keyword);
16     List<FeedModel> tmp =
17         json['data'].map<FeedModel>((m) => FeedModel.parse(m)).toList();
18     (page == 1) ? searchList.assignAll(tmp) : searchList.addAll(tmp);
19   }
```

07번째 줄의 feedIndex는 주어진 페이지 번호에 따라 매물 목록을 가져와, 페이지가 1이면 feedList를 새롭게 할당하고 그렇지 않으면 기존 목록에 추가합니다. **14**번째 줄의 searchIndex는 검색어와 페이지 번호에 따라 매물 목록을 가져와, 페이지가 1이면 searchList를 새롭게 할당하고 그렇지 않으면 기존 목록에 추가합니다. **07**번째 줄의 feedIndex와 상당히 비슷합니다.

1.2 화면 작성

검색 화면은 두 단계로 진행됩니다. 첫 번째 단계에서는 사용자가 검색 아이콘을 클릭하면 활성화되는 화면을 구성합니다. 이 화면에서는 사용자가 검색어를 입력할 수 있고, 이전에 검색했던 기록인 '최근 검색어'가 차례로 표시됩니다. 이를 위해 FeedSearchForm이라는 화면을 사용할 것입니다.

두 번째 단계는 검색어 입력 후 나타나는 결과 화면입니다. 이 화면에서는 입력된 검색어에 대한 결과를 보여주며, 이를 FeedSearchResult라는 화면으로 구현할 것입니다.

피드 검색 폼

FeedSearchForm은 사용자가 검색 아이콘을 누른 후 검색어를 입력하고, 최근 검색어를 확인할 수 있는 화면을 제공합니다. 이때 HistoryController를 통해 검색어를 관리하며, 사용자가 입력한 검색어를 기록에 추가하고 검색 결과 화면인 FeedSearchResult로 이동합니다.

lib/src/screens/feed/search_form.dart

```
import 'package:flutter/material.dart';
import 'package:get/get.dart';

import '../../controllers/history_controller.dart';
import 'search_result.dart';

class FeedSearchForm extends StatefulWidget {
  const FeedSearchForm({super.key});

  @override
  State<FeedSearchForm> createState() => _FeedSearchFormState();
}

class _FeedSearchFormState extends State<FeedSearchForm> {
  final HistoryController historyController = Get.put(HistoryController());

  void onSubmitted(String keyword) {
    historyController.addSearchTerm(keyword);
    Get.off(() => FeedSearchResult(keyword));
  }

  @override
  Widget build(BuildContext context) {
    return Scaffold(
```

```
      appBar: AppBar(
        title: Container(
          decoration: BoxDecoration(
            color: Colors.grey[200],
            borderRadius: BorderRadius.circular(8),
          ),
          padding: const EdgeInsets.symmetric(horizontal: 8),
          child: TextField(
            decoration: const InputDecoration(
              hintText: '내 근처에서 검색',
              border: InputBorder.none,
              focusedBorder: InputBorder.none,
              enabledBorder: InputBorder.none,
            ),
            onSubmitted: onSubmitted,
          ),
        ),
      ),
      body: Padding(
        padding: const EdgeInsets.all(16.0),
        child: Column(
          crossAxisAlignment: CrossAxisAlignment.start,
          children: [
            Row(
              mainAxisAlignment: MainAxisAlignment.spaceBetween,
              children: [
                const Text(
                  '최근 검색',
                  style: TextStyle(fontSize: 16, fontWeight: FontWeight.bold),
                ),
                TextButton(
                  onPressed: () {
                    historyController.clearAllSearchTerms();
                  },
                  child: const Text('전체 삭제'),
                ),
              ],
            ),
            const SizedBox(height: 10),
            Obx(
              () => Expanded(
                child: ListView.builder(
                  itemCount: historyController.searchHistory.length,
```

```
68                  itemBuilder: (context, index) {
69                    final term = historyController.searchHistory[index];
70                    return ListTile(
71                      leading: const Icon(Icons.history),
72                      title: Text(term),
73                      onTap: () {
74                        onSubmitted(term);
75                      },
76                      trailing: IconButton(
77                        icon: const Icon(Icons.close),
78                        onPressed: () {
79                          historyController.removeSearchTerm(term);
80                        },
81                      ),
82                    );
83                  },
84                ),
85              ),
86            ),
87          ],
88        ),
89      ),
90    );
91  }
92 }
```

17번째 줄의 onSubmitted는 사용자가 검색어를 입력하고 제출하면, 해당 검색어를 기록에 추가하고 검색 결과 화면으로 이동합니다. 최근에 입력했던 검색어를 빠르게 검색할 수 있도록 합니다. **32**번째 줄의 TextField는 AppBar에 검색 창을 제공하며, 사용자가 키워드 입력을 쉽게 할 수 있도록 디자인되어 있습니다. **55**번째 줄의 TextButton은 “최근 검색” 텍스트와 함께, “전체 삭제” 버튼을 제공하여 사용자가 원할 때 검색 기록을 한 번에 모두 삭제할 수 있습니다.

피드 검색 결과 화면

FeedSearchResult는 사용자가 입력한 검색어에 대한 검색 결과를 보여주는 화면입니다. FeedController를 통해 검색된 항목을 가져와 페이징 기능과 새로 고침 기능을 제공합니다.

lib/src/screens/feed/search_result.dart

```
import 'package:flutter/material.dart';
import 'package:get/get.dart';

import '../../controllers/feed_controller.dart';
import '../../widgets/listitems/feed_list_item.dart';

class FeedSearchResult extends StatefulWidget {
  final String keyword;
  const FeedSearchResult(this.keyword, {super.key});

  @override
  State<FeedSearchResult> createState() => FeedSearchResultState();
}

class FeedSearchResultState extends State<FeedSearchResult> {
  final FeedController feedController = Get.put(FeedController());
  int _currentPage = 1;

  @override
  void initState() {
    super.initState();
    feedController.searchIndex(widget.keyword);
  }

  Future<void> _onRefresh() async {
    _currentPage = 1;
    await feedController.searchIndex(widget.keyword);
  }

  bool _onNotification(ScrollNotification scrollInfo) {
    if (scrollInfo is ScrollEndNotification &&
        scrollInfo.metrics.extentAfter == 0) {
      feedController.searchIndex(widget.keyword, page: ++_currentPage);
      return true;
    }
    return false;
  }

  @override
  Widget build(BuildContext context) {
    return Scaffold(
```

```
42       appBar: AppBar(
43         centerTitle: false,
44         title: Text(widget.keyword),
45       ),
46       body: Column(
47         children: [
48           // 중고 거래 목록
49           Expanded(
50             child: Obx(() {
51             if (feedController.searchList.isEmpty) {
52                 return Center(
53                   child: Text(
54                     '결과가 없습니다.',
55                     style: TextStyle(fontSize: 16, color: Colors.grey),
56                   ),
57                 );
58               } else {
59                   return NotificationListener<ScrollNotification>(
60                     onNotification: _onNotification,
61                     child: RefreshIndicator(
62                       onRefresh: _onRefresh,
63                       child: ListView.builder(
64                         itemCount: feedController.searchList.length,
65                         itemBuilder: (context, index) {
66                           return FeedListItem(feedController.searchList[index]);
67                         },
68                       ),
69                     ),
70                   );
71               }
72             }),
73           ),
74         ],
75       ),
76     );
77   }
78 }
```

20번째 줄의 initState는 초기화 시점에 검색 결과의 첫 페이지를 로드하여 사용자가 입력한 검색어와 관련된 결과를 가져옵니다.

그림 12-2 피드 검색 결과 화면 예제

피드 목록 업데이트

마지막으로 FeedIndex 파일에서 우측 상단의 actions 버튼 중 검색 아이콘 버튼을 누를 경우 검색창이 나올 수 있도록 onPressed 이벤트에 Get.to 코드를 추가해야 합니다.

lib/src/screens/feed/index.dart

```
AppBar(
  centerTitle: false,
  title: const Text('내 동네'),
  actions: [
    IconButton(
      onPressed: () {
        Get.to(() => const FeedSearchForm());
      },
      icon: const Icon(Icons.search),
    ),
    IconButton(
      onPressed: () {},
      icon: const Icon(Icons.notifications_none_rounded),
```

```
14       ),
15     ],
16   ),
```

07번째 줄의 Get.to를 추가하여 피드 검색 폼으로 이동할 수 있도록 합니다.

2 로그아웃

애플리케이션의 종류에 따라 로그아웃이 자주 발생하는 앱과 그렇지 않은 앱으로 나눌 수 있습니다. 예를 들어, 금융 애플리케이션이나 비즈니스용 앱에서는 보안상의 이유로 로그아웃이 잦은 편이며, 이 커머스 앱이나 소셜 네트워크 앱에서는 사용 편의성을 위해 로그아웃이 덜 빈번한 경우가 많습니다. 중고 거래 앱의 경우에도 후자에 속하여 로그아웃 기능이 눈에 잘 띄지 않는 위치에 배치되어 있습니다.

연습 프로젝트인 홍당무마켓에서는 다섯 번째 탭(마이페이지)에 로그아웃 기능을 구현해 쉽게 로그아웃 할 수 있도록 하여, 이를 통해 로그아웃에 대한 내용을 학습하고자 합니다.

2.1 로그아웃 방식

앱에서는 주로 토큰을 사용하여 로그인 처리를 수행합니다. 토큰은 주로 JWT 형태로 발급되어 앱이 이를 **request header**에 넣어 서버에 요청을 보낼 때 사용자를 판별하고 서비스에 접근할 수 있게 해줍니다.

토큰 만료

토큰 만료는 서버 측에서 토큰을 비활성화하거나 블랙리스트에 등록하여 더 이상 유효하지 않게 만드는 방식입니다. 이 방식은 서버가 직접 토큰을 관리하므로 탈취나 도용과 같은 보안 위협을 효과적으로 방지할 수 있습니다. 다음과 같은 앱에서 확인할 수 있습니다.

- **금융 앱**: 금융 데이터에 접근하는 앱에서는 로그아웃 시 서버가 모든 세션과 토큰을 만료시켜 불법적인 접근을 방지합니다.

- **기업용 앱**: 기밀 정보에 접근할 수 있는 기업용 앱에서도 토큰 만료를 통해 로그아웃 시 세션을 종료하고 모든 토큰을 비활성화합니다.

클라이언트 삭제

클라이언트 측에서 토큰을 삭제하는 것은 주로 로컬 스토리지나 인앱 데이터베이스에서 토큰을 지우는 방식입니다. 사용자가 로그아웃 버튼을 클릭하면 토큰이 클라이언트에서 삭제되고, 이후 모든 요청은 인증 실패로 처리되어 로그인 페이지로 리다이렉션되거나 접근이 차단됩니다. 다음과 같은 앱에서 확인할 수 있습니다.

- **이커머스 앱**: 이커머스 앱에서는 로그아웃 시 클라이언트 측에서 토큰을 삭제하는 방식으로 로그아웃을 처리하여 사용자의 계정 안전을 보장합니다.
- **소셜 네트워크 앱**: 로그인 세션이 길게 유지되는 소셜 네트워크 앱에서도 간단하게 클라이언트 측 토큰 삭제로 로그아웃을 처리하는 경우가 많습니다.

2.2 연습 프로젝트에서의 로그아웃 구현

연습 프로젝트에서는 클라이언트 측에서 토큰을 삭제하는 방식으로 로그아웃을 구현하겠습니다. 우리의 앱은 보안이 중요하지 않은 일반적인 용도의 앱으로, 간단하고 효율적인 로그아웃 방식을 선택했습니다.

인증 컨트롤러 수정

AuthController 내의 GetStorage의 “access_token”에 있는 값을 삭제하는 logout 함수를 추가합니다.

lib/src/controllers/auth_controller.dart

```
class AuthController extends GetxController {

  Future<void> logout() async {
    await box.remove('access_token');
  }
}
```

추가 후 마이페이지의 로그아웃 ListTile의 onTap 함수 내에서 AuthController에 있는 logout을 실행하면 현재 저장된 토큰이 삭제될 것입니다.

이후부터 인증이 필요한 모든 통신이 작동하지 않는 상태가 되기에 다시 Intro 화면으로 이동시켜 주어야 사용자는 정상적으로 로그아웃이 되어 다시 초기 화면으로 돌아갔다는 것을 인지할 수 있습니다.

lib/src/screens/my/mypage.dart

```
class MyPage extends StatelessWidget {
  const MyPage({super.key});

  @override
  Widget build(BuildContext context) {
    final userController = Get.put(UserController());
    final authController = Get.put(AuthController());

          // 중략 ...

          Padding(
            padding: const EdgeInsets.all(12.0),
            child: Text(
              '나의 거래',
              style: Theme.of(context).textTheme.labelLarge,
            ),
          ),
          const ListTile(
            title: Text('판매 내역'),
            leading: Icon(Icons.receipt_long_outlined),
          ),
          ListTile(
            title: const Text('로그아웃'),
            leading: const Icon(Icons.logout_outlined),
            onTap: () async {
              await authController.logout();
              Get.offAll(() => const Intro());
            },
          ),

          // 중략 ...

    }
}
```

3 판매 내역

사용자가 작성한 글을 표시하는 기능은 백엔드와 프론트엔드 둘 다 구현이 필요합니다. 이미 작성된 코드를 조금씩 수정하여 기능을 추가하는 과정을 학습하겠습니다.

3.1 Node.js 프로젝트

라우터에 경로 추가

판매 내역은 /api/feed 경로보다는 /api/user/my 경로 하위에 두는 것이 적합합니다. 이는 마이페이지에서 개인화된 피드를 제공하는 것이 자연스럽기 때문입니다. 따라서, route.js에 /api/user/my/feed 라우트를 추가하고, 해당 엔드포인트에서 호출할 apiFeedController의 myFeed 함수를 구현해 연결합니다.

src/router.js

```
router.get('/api/user/my', apiUserController.show);
router.put('/api/user/my', apiUserController.update);
router.get('/api/user/my/feed', apiFeedController.myFeed);
router.get('/api/feed', apiFeedController.index);
router.post('/api/feed', apiFeedController.store);
router.get('/api/feed/:id', apiFeedController.show);
router.put('/api/feed/:id', apiFeedController.update);
router.delete('/api/feed/:id', apiFeedController.delete);
```

피드 레포지토리 함수 업데이트

repository.js 파일에서 이미 구현된 피드 목록을 위한 index 함수를 업데이트합니다. 기존에는 page, size, keyword만 파라미터로 받았지만, 네 번째 파라미터로 userId를 추가해 특정 사용자의 글만 필터링할 수 있도록 변경합니다.

```
src/api/feed/repository.js
```

```
01 exports.index = async (page, size, keyword, userId) => {
02   const offset = (page - 1) * size;
03 
04   let query = `SELECT feed.*, u.name AS user_name, image_id FROM feed
05               LEFT JOIN user u ON u.id = feed.user_id
06               LEFT JOIN files f ON feed.image_id = f.id`;
07 
08   const whereClause = [], params = [];
09 
10   if (keyword) {
11     query += ` WHERE LOWER(feed.title) LIKE ? OR LOWER(feed.content) LIKE ?`;
12     const keywordParam = `%${keyword}%`;
13     params.push(keywordParam, keywordParam);
14   }
15 
16   if (userId) {
17     whereClause.push(`feed.user_id = ?`);
18     params.push(userId);
19   }
20 
21   if (whereClause.length > 0) {
22     query += ` WHERE ` + whereClause.join(' AND ');
23   }
24 
25   query += ` ORDER BY feed.id DESC LIMIT ? OFFSET ?`;
26   params.push(size, offset);
27 
28   return await pool.query(query, params);
29 }
```

08번째 줄에서 최종적으로 pool에 보내는 쿼리의 파라미터 수가 조건에 따라 달라지므로 whereClause 배열과 params 배열을 활용해 조건이 충족될 때마다 push로 추가합니다. **16**번째 줄에 userId 파라미터가 존재할 경우, feed.user_id를 where 절에 추가합니다. **21**번째 줄은 where 절에 조건이 하나 이상 존재할 경우, 해당 조건을 AND로 결합합니다.

피드 컨트롤러에 함수 추가

controller.js의 myFeed 함수는 index와 유사하지만, 검색이 필요 없으므로 keyword를 제외하고 대신 userId를 추가합니다.

src/api/feed/controller.js

```
exports.myFeed = async (req, res) => {
  const { page = 1, size = 10 } = req.query;
  const userId = req.user.id; // 현재 로그인한 사용자의 ID

  const items = await repository.index(page, size, null, userId);

  const modifiedItems = items.map(item => ({
    ...item,
    is_me: true
  }));

  res.json({result: 'ok', data: modifiedItems});
}
```

3.2 플러터 프로젝트

그림 12-3 판매 내역 페이지 예시

플러터 프로젝트에서는 백엔드의 **/api/user/my/feed** 엔드포인트를 호출하여 사용자가 작성한 글을 목록 형태로 볼 수 있도록 구현합니다.

피드 프로바이더에 상태와 함수 추가

FeedProvider 클래스에 myIndex 함수를 추가하여, 사용자 고유의 글을 가져오는 API를 호출합니다. 이 함수는 기존 index 함수와 유사하지만, 특정 키워드 검색 대신 전체 페이지를 반환합니다.

lib/src/provider/feed_provider.dart

```
class FeedProvider extends Provider {
  Future<Map> index(int page, {String? keyword}) async {
    final query = {'page': '$page'};

    if (keyword != null) query['keyword'] = keyword;

    final response = await get('/api/feed', query: query);
    return response.body;
  }

  Future<Map> myIndex(int page) async {
    final response = await get('/api/feed', query: {'page': '$page'});
    return response.body;
  }
// 생략...
```

피드 컨트롤러에 상태와 함수 추가

FeedController 클래스에는 사용자가 작성한 글을 관리하기 위한 상태 및 myIndex 함수를 추가합니다. 이 함수는 FeedProvider의 myIndex 메서드를 호출하여 사용자 고유의 글 목록을 가져옵니다. 그런 다음, 가져온 데이터를 myFeedList에 추가합니다.

lib/src/controllers/feed_controller.dart

```
class FeedController extends GetxController {
  final feedProvider = Get.put(FeedProvider());
  final RxList<FeedModel> feedList = <FeedModel>[].obs;
  final RxList<FeedModel> searchList = <FeedModel>[].obs;
  final RxList<FeedModel> myFeedList = <FeedModel>[].obs;
  final Rx<FeedModel?> currentFeed = Rx<FeedModel?>(null);

```

```
08    feedIndex({int page = 1}) async {
09      Map json = await feedProvider.index(page);
10      List<FeedModel> tmp =
11          json['data'].map<FeedModel>((m) => FeedModel.parse(m)).toList();
12      (page == 1) ? feedList.assignAll(tmp) : feedList.addAll(tmp);
13    }
14
15    searchIndex(String keyword, {int page = 1}) async {
16      Map json = await feedProvider.index(page, keyword: keyword);
17      List<FeedModel> tmp =
18          json['data'].map<FeedModel>((m) => FeedModel.parse(m)).toList();
19      (page == 1) ? searchList.assignAll(tmp) : searchList.addAll(tmp);
20    }
21
22    myIndex({int page = 1}) async {
23      Map json = await feedProvider.myIndex(page);
24      List<FeedModel> tmp =
25          json['data'].map<FeedModel>((m) => FeedModel.parse(m)).toList();
26      (page == 1) ? myFeedList.assignAll(tmp) : myFeedList.addAll(tmp);
27    }
```

05번째 줄에 내가 쓴 글을 저장하기 위한 상태 배열을 추가합니다. **22**번째의 내가 쓴 글의 목록을 받아오기 위한 myIndex를 추가합니다. **08**번째 줄의 일반 피드 목록 함수와 유사하지만 레포지토리에서 호출하는 함수와, 추가하는 상태 배열 정도가 차이가 있습니다.

판매 내역 화면 추가

FeedMy 화면은 사용자의 판매 내역을 보여주는 화면으로 FeedSearchResult와 비슷한 구조를 가지며, my.dart 파일에 구현합니다. 이 화면에서도 마찬가지로 사용자의 판매 내역을 리스트 형식으로 표시하며, 스크롤을 통해 더 많은 항목을 불러올 수 있도록, RefreshIndicator와 NotificationListener를 추가합니다.

lib/src/screens/feed/my.dart

```
import 'package:flutter/material.dart';
import 'package:get/get.dart';

import '../../controllers/feed_controller.dart';
import '../../widgets/listitems/feed_list_item.dart';

class FeedMy extends StatefulWidget {
```

```
  const FeedMy({super.key});

  @override
  State<FeedMy> createState() => _FeedMyState();
}

class _FeedMyState extends State<FeedMy> {
  final FeedController feedController = Get.put(FeedController());
  int _currentPage = 1;

  @override
  void initState() {
    super.initState();
    feedController.myIndex();
  }

  Future<void> _onRefresh() async {
    _currentPage = 1;
    await feedController.myIndex();
  }

  bool _onNotification(ScrollNotification scrollInfo) {
    if (scrollInfo is ScrollEndNotification &&
        scrollInfo.metrics.extentAfter == 0) {
      feedController.myIndex(page: ++_currentPage);
      return true;
    }
    return false;
  }

  @override
  Widget build(BuildContext context) {
    return Scaffold(
      appBar: AppBar(
        centerTitle: false,
        title: const Text('판매 내역'),
      ),
      body: Column(
        children: [
          // 중고 거래 목록
          Expanded(
            child: Obx(() {
```

```
                return NotificationListener<ScrollNotification>(
                  onNotification: _onNotification,
                  child: RefreshIndicator(
                    onRefresh: _onRefresh,
                    child: ListView.builder(
                     itemCount: feedController.myFeedList.length,
                      itemBuilder: (context, index) {
                        return FeedListItem(feedController.myFeedList[index]);
                      },
                    ),
                  ),
                );
              }),
            ),
          ],
        ),
      );
    }
  }
```

마이페이지 화면에서 동작 구현

마이페이지 화면의 판매 내역 버튼에 onTap 이벤트를 추가하여 사용자가 이 기능을 누르면 FeedMy 화면으로 이동할 수 있게 합니다.

lib/src/screens/my/mypage.dart

```
ListTile(
  title: const Text('판매 내역'),
  leading: const Icon(Icons.receipt_long_outlined),
  onTap: () {
    Get.to(() => const FeedMy());
  },
),
```

4 즐겨찾기 백엔드

즐겨찾기 기능은 소셜 네트워크 앱뿐만 아니라 커머스나 정보성 애플리케이션에서도 범용적으로 사용되는 기능입니다. 이 기능을 통해 사용자는 특정 콘텐츠를 쉽게 저장하고 나중에 다시 찾아볼 수 있으며, 중고 거래 애플리케이션의 거래 활성화를 위하여 추가한다면 애플리케이션의 주 기능인 중고 거래에 도움이 되는 기능입니다.

4.1 즐겨찾기 테이블 추가

이번 단계에서는 즐겨찾기 테이블을 생성하고, 이를 기반으로 하는 CRUD 기능을 구현하여 플러터 애플리케이션에서 사용할 수 있도록 합니다.

데이터베이스

즐겨찾기 기능을 구현하기 위해 favorite 테이블을 추가합니다. 이 테이블은 사용자가 어떤 피드를 즐겨찾기 했는지 기록합니다. 어떤 사용자가 어떤 매물을 즐겨찾기 했는지를 나타내기 위해 user_id와 feed_id를 외래키(FK)로 기록합니다. 예를 들어, 1번 회원이 3번과 4번 글을 즐겨찾기한 경우, user_id가 1이고 feed_id가 각각 3과 4인 두 개의 레코드가 생성되어 해당 회원의 즐겨찾기 목록을 나타냅니다.

field	type	null	default	extra
id	INT	NOT NULL		PRI
feed_id	INT	NOT NULL		FK
user_id	INT	NULL		FK
created_at	TIMESTAMP	NOT NULL	CURRENT_TIMESTAMP	

표 12-1 즐겨찾기 테이블의 구조

```
USE carrot;

CREATE TABLE IF NOT EXISTS favorite(
    id INT NOT NULL AUTO_INCREMENT PRIMARY KEY,
    feed_id INT NOT NULL,
```

```
    user_id INT NOT NULL,
    created_at TIMESTAMP NOT NULL DEFAULT CURRENT_TIMESTAMP
);
```

라우터 설정

이제 피드 즐겨찾기 기능을 구현하기 위해 라우터 설정을 추가하여 플러터 앱에서 사용할 수 있도록 해야 합니다. 이러한 기능을 추가할 때는 어떻게 라우트를 구성할지 고민이 될 수 있습니다. 다음과 같은 고려 사항을 바탕으로 라우트를 설정해 보겠습니다.

- **기능의 응집성**: 즐겨찾기 기능은 피드와 밀접한 관련이 있으므로 피드 관련 엔드포인트에 포함시켜 관리합니다. 이는 코드의 유지 보수성과 가독성을 향상시킵니다.
- **특정 피드에 대한 동작**: 즐겨찾기 기능은 특정 피드에 대한 동작이므로 피드의 ID를 경로에 포함시킵니다. 예를 들어, /api/feed/:id/favorite 경로는 특정 피드(id)에 대해 즐겨찾기 상태를 토글하는 동작을 의미합니다.
- **RESTful API 설계 원칙 준수**: /api/feed/:id/favorite 경로는 특정 피드의 즐겨찾기 상태를 조작하는 작업임을 명확히 나타냅니다. 이 구조는 직관적이고 이해하기 쉽습니다.
- **토글 방식 구현**: 즐겨찾기 기능을 토글 방식으로 구현하여, 클라이언트가 동일한 엔드포인트에 요청을 보낼 때마다 즐겨찾기를 추가하거나 제거할 수 있도록 합니다. 예를 들어, /api/feed/123/favorite 경로에 요청을 보내면 즐겨찾기가 추가되고, 다시 요청을 보내면 즐겨찾기가 제거됩니다.

따라서 /api/feed/:id/favorite 경로에 즐겨찾기 추가 및 삭제를 토글 방식으로 구현하여, 클라이언트가 동일한 요청을 반복해 보낼 때마다 즐겨찾기를 추가하거나 제거할 수 있도록 하겠습니다.

src/router.js

```
const express = require('express');
const router = express.Router();

const apiFeedController = require('./api/feed/controller');
const apiFavoriteController = require('./api/favorite/controller');
const authenticateToken = require('./middleware/authenticate');

router.use(authenticateToken);

// 기존 코드들 ...

router.get('/api/feed', apiFeedController.index);
```

```
13  router.post('/api/feed', apiFeedController.store);
14  router.put('/api/feed/:id/favorite', apiFavoriteController.favoriteToggle);
15  router.get('/api/feed/:id', apiFeedController.show);
16  router.put('/api/feed/:id', apiFeedController.update);
17  router.delete('/api/feed/:id', apiFeedController.delete);
18
19  module.exports = router;
```

14번째 줄에 /api/feed/:id/favorite 경로를 추가하였습니다. 이제 해당 경로에 대한 레포지토리와 컨트롤러를 만들어 보겠습니다.

즐겨찾기 레포지토리 설정

즐겨찾기 레포지토리를 favorite/repository.js에 추가하여 즐겨찾기 상태를 확인하고, 즐겨찾기가 되어 있으면 제거하고, 되어 있지 않으면 추가하는 기능을 구현합니다. 이 기능을 통해 사용자는 특정 피드를 즐겨찾기에 추가하거나 제거할 수 있습니다.

src/api/favorite/repository.js

```
const { pool } = require('../../database');

exports.favoriteToggle = async (feedId, userId) => {
  // 즐겨찾기 상태 확인 쿼리
  const checkQuery = `SELECT * FROM favorite WHERE feed_id = ? AND user_id = ?`;
  const checkResult = await pool.query(checkQuery, [feedId, userId]);

  // 이미 즐겨찾기에 추가된 경우 제거
  if (checkResult.length > 0) {
    const deleteQuery = `DELETE FROM favorite WHERE feed_id = ? AND user_id = ?`;
    await pool.query(deleteQuery, [feedId, userId]);
    return { result: 'removed' };
  }
  // 즐겨찾기에 추가되지 않은 경우 추가
  else {
    const insertQuery = `INSERT INTO favorite (feed_id, user_id) VALUES (?, ?)`;
    await pool.query(insertQuery, [feedId, userId]);
    return { result: 'added' };
  }
}
```

05번째 줄 checkQuery는 특정 사용자(user_id)가 특정 피드(feed_id)를 이미 즐겨찾기 했는지 확인하는 쿼리입니다. 쿼리는 favorite 테이블에서 해당 feed_id와 user_id를 가진 레코드를 찾습니다. await pool.query(checkQuery, [feedId, userId])를 사용하여 쿼리를 실행하고, 결과를 checkResult에 저장합니다. **09**번째 줄 checkResult.length 〉 0인 경우, 해당 피드는 이미 즐겨찾기에 추가된 상태입니다. 이 경우, deleteQuery를 사용하여 즐겨찾기에서 제거를 하게됩니다. checkResult.length === 0인 경우, 해당 피드는 즐겨찾기에 추가되지 않은 상태입니다. 이 경우, insertQuery를 사용하여 즐겨찾기에 추가합니다. 즐겨찾기 상태가 변경된 후, result 객체를 반환하여 클라이언트에 즐겨찾기 상태가 추가되었는지 또는 제거되었는지를 알립니다.

피드 컨트롤러 설정

피드 컨트롤러에서는 라우터에서 정의한 엔드포인트를 받아, 레포지토리의 토글 기능을 호출하고 그 결과를 클라이언트에 반환할 수 있는 즐겨찾기의 중간 역할을 수행할 favoriteToggle 함수를 추가합니다.

src/api/feed/controller.js

```
01 const repository = require('./repository')
02 const favoriteRepository = require('./favorite/repository');
03 
04 exports.favoriteToggle = async (req, res) => {
05   try {
06     const feedId = req.params.id;
07     const userId = req.user.id;
08 
09     // 즐겨찾기 토글
10     const result = await favoriteRepository.favoriteToggle(feedId, userId);
11 
12     // 클라이언트에 결과 반환
13     res.send({ result: 'ok', action: result.result });
14   } catch (error) {
15     console.error(error);
16     res.send({ result: 'fail', message: '오류가 발생하였습니다.' });
17   }
18 };
```

02번째 줄에서 favoriteRepository를 가져와서 즐겨찾기 기능을 사용할 수 있도록 합니다.

06번째와 **07**번째 줄에서 클라이언트로부터 전달된 요청 객체(**req**)에서 피드 ID와 사용자 ID를 추출합니다. 피드 ID는 URL 파라미터로 전달되며, 사용자 ID는 인증 미들웨어를 통해 req.user.id에 저장되어 있습니다. **10**번째 줄 favoriteRepository.favoriteToggle(feedId, userId)를 호출하여 즐겨찾기 상태를 토글합니다. 이 함수는 레포지토리에서 정의한 대로 즐겨찾기 상태를 확인하고 추가 또는 제거 작업을 수행합니다.

4.2 즐겨찾기 API 구현 및 피드 목록 연동

즐겨찾기 기능은 즐겨찾기를 추가하는 것에서 끝나지 않고, 몇 가지 추가해야 할 사항들이 있습니다. 크게는 내가 즐겨찾기 한 목록을 볼 수 있는 목록이 필요하며 작게는 원래 즐겨찾기의 값이 없이 내려주던 피드 목록에서는 즐겨찾기의 총개수를 보여주고, 피드 상세에서는 즐겨찾기의 개수나 내가 즐겨찾기를 한 상태인지를 알아볼 수 있는 기능이 있는데 이번에 추가해 보겠습니다.

라우터 설정

내가 즐겨찾기한 피드의 목록을 볼 수 있는 라우트를 추가합니다. express의 라우트는 기록된 순서대로 적용이 되기에 즐겨찾기 토글 라우트보다 위쪽에 /api/feed/favorite 라우트를 추가합니다.

src/router.js

```
const express = require('express');
const router = express.Router();

const apiFeedController = require('./api/feed/controller');
const apiFavoriteController = require('./api/favorite/controller');
const authenticateToken = require('./middleware/authenticate');

router.use(authenticateToken);

// 기존 코드들 ...

router.get('/api/feed', apiFeedController.index);
router.post('/api/feed', apiFeedController.store);
router.get('/api/feed/favorite', apiFavoriteController.getFavoriteFeeds);
router.put('/api/feed/:id/favorite', apiFavoriteController.favoriteToggle);
router.get('/api/feed/:id', apiFeedController.show);
router.put('/api/feed/:id', apiFeedController.update);
router.delete('/api/feed/:id', apiFeedController.delete);

module.exports = router;
```

여기서 /api/feed/favorite 라우트를 **14**번째 줄에 추가했습니다. 이렇게 하는 이유는, **16**번째 줄의 /api/feed/:id/favorite 라우트보다 먼저 기록되어야 올바르게 작동하기 때문입니다. 만약 이 순서를 바꿔서 /api/feed/favorite 라우트를 /api/feed/:id/favorite 라우트보다 나중에 기록하면, Express는 favorite을 :id로 해석하려 할 것입니다.

즐겨찾기 레포지토리 추가

즐겨찾기 레포지토리(favorite/repository.js) 파일에 사용자가 즐겨찾기한 피드 목록을 가져오는 기능을 구현합니다.

src/api/favorite/repository.js

```
const { pool } = require('../../database');

exports.getFavoritesByUserId = async (userId, page, size) => {
  const offset = (page - 1) * size;

  const query = `
    SELECT feed.*, u.name AS user_name, f.id AS image_id,
           (SELECT COUNT(*) FROM favorite WHERE favorite.feed_id = feed.id) AS favorite_count
    FROM favorite
    JOIN feed ON favorite.feed_id = feed.id
    LEFT JOIN user u ON u.id = feed.user_id
    LEFT JOIN files f ON feed.image_id = f.id
    WHERE favorite.user_id = ?
    ORDER BY favorite.created_at DESC
    LIMIT ? OFFSET ?
  `;
  return await pool.query(query, [userId, size, offset]);
};
```

일반적인 피드 목록과 같이 페이지네이션을 위해 page와 size 파라미터를 사용하여 쿼리 결과를 제한할 수 있도록 합니다.

피드 레포지토리 수정

즐겨찾기 기능과 목록을 볼 수 있는 기능 외에 기존의 피드 목록에서도 수정해야 할 것이 있습니다. 원래의 피드 목록에서는 즐겨찾기의 개수가 나오지 않았지만, 지금부터는 추가해 보겠습니다.

src/api/feed/repository.js

```
const { pool } = require('../../database');

exports.index = async (page, size, keyword, userId) => {
  const offset = (page - 1) * size;

  let query = `
    SELECT feed.*, u.name AS user_name, f.id AS image_id,
           (SELECT COUNT(*) FROM favorite WHERE favorite.feed_id = feed.id) AS favorite_count
    FROM feed
    LEFT JOIN user u ON u.id = feed.user_id
    LEFT JOIN files f ON feed.image_id = f.id`;

  const whereClause = [], params = [];

  if (keyword) {
    query += ` WHERE LOWER(feed.title) LIKE ? OR LOWER(feed.content) LIKE ?`;
    const keywordParam = `%${keyword}%`;
    params.push(keywordParam, keywordParam);
  }

  if (userId) {
    whereClause.push(`feed.user_id = ?`);
    params.push(userId);
  }

  if (whereClause.length > 0) {
    query += ` WHERE ` + whereClause.join(' AND ');
  }

  query += ` ORDER BY feed.id DESC LIMIT ? OFFSET ?`;
  params.push(size, offset);

  return await pool.query(query, params);
}
```

08번째 줄에서 select 문에 favorite_count라고 하는 필드를 추가하여 해당 피드의 즐겨찾기 개수를 알 수 있도록 합니다. favorite_count 필드는 서브 쿼리를 사용하여 계산됩니다. 이 서브 쿼리는 각 피드의 feed.id를 기준으로 favorite 테이블에서 해당 피드를 즐겨찾기한 횟수를 셉니다.

이렇게 해서 각 피드마다 실시간으로 즐겨찾기 횟수를 계산하여 정보를 제공할 수 있도록 합니다. 사용자는 피드 목록에서 각 피드가 얼마나 인기가 있는지 바꿔서 말하면 몇 명이 즐겨찾기했는지 바로 확인할 수 있습니다. 또한, 피드 상세 정보에서도 수정 사항이 있습니다. 상세 정보를 가져올 때는 즐겨찾기의 갯수는 필요하지 않지만, 사용자가 해당 피드를 즐겨찾기 했는지 여부를 판별해야 합니다. 이를 통해 즐겨찾기를 추가할지 제거할지를 판단할 수 있습니다.

src/api/feed/repository.js

```
01 exports.show = async (id, userId) => {
02   const query = `
03     SELECT feed.*, u.name user_name, u.profile_id user_profile, image_id,
04            EXISTS (SELECT 1 FROM favorite WHERE favorite.feed_id = feed.id AND favorite.
   user_id = ?) AS is_favorited
05     FROM feed
06     LEFT JOIN user u on u.id = feed.user_id
07     LEFT JOIN files f1 on feed.image_id = f1.id
08     LEFT JOIN files f2 on u.profile_id = f2.id
09     WHERE feed.id = ?`;
10   let result = await pool.query(query, [userId, id]);
11   return (result.length < 0) ? null : result[0];
12 }
```

01번째 줄에서 show 함수는 파라미터가 1개로 id 값만 가져오는 함수였지만, 사용자의 id를 기반으로 즐겨찾기 여부를 판단하기 위하여 두 번째 파라미터를 추가합니다. **04**번째 줄에서 is_favorited 필드를 추가하여, 해당 피드의 즐겨찾기를 내가 했는지 여부를 판단합니다. 해당 필드는 SQL의 EXISTS 함수를 사용하여 수행합니다. EXISTS 함수는 서브 쿼리가 한 행이라도 반환하면 TRUE를 반환하고 그렇지 않으면 FALSE를 반환합니다.

favorite 테이블에서 favorite.feed_id가 feed.id와 일치하고, favorite.user_id가 주어진 userId와 일치하는 레코드를 찾습니다. 찾은 결과를 is_favorited라는 별칭으로 반환하기에 이를 이용하여 플러터 화면에서 내가 즐겨찾기한 피드면 즐겨찾기 아이콘이 활성화되고 그렇지 않으면 비활성화 상태로 만들어서 명시적인 구분을 주기 위함입니다.

피드 컨트롤러 수정

이제 레포지토리에서 새로 만들거나 수정한 쿼리로부터 나온 결과를 컨트롤러에서 적절하게 처리하여 즐겨찾기를 나타낼 수 있도록 해야 합니다. /api/feed에 해당하는 피드 목록에서는 레포지토리에서 이미 수정한 즐겨찾기 숫자가 favorite_count로 나타날 것이기에 수정할 필요가 없지만, 다른 곳에서는 약간의 수정이 필요합니다.

첫 번째로 해야 할 것은 피드 상세 보기입니다. 피드 상세 보기는 특정 피드의 상세 정보를 가져오며, 해당 피드가 현재 사용자의 즐겨찾기에 추가되어 있는지를 포함한 응답을 반환합니다.

src/api/feed/controller.js

```
01 const repository = require('./repository');
02 const favoriteRepository = require('./favorite/repository');
03 
04 // 중략 ...
05 
06 exports.show = async (req, res) => {
07   const id = req.params.id;
08   const user = req.user;
09 
10   const item = await repository.show(id, user.id);
11   const modifiedItem = {
12     ...item,
13     writer: {
14       id: item.user_id,
15       name: item.user_name,
16       profile_id: item.user_profile
17     },
18     is_favorited: Boolean(item.is_favorited) // 1 또는 0을 boolean으로
19   };
20 
21   delete modifiedItem.user_name;
22   delete modifiedItem.user_profile;
23 
24   modifiedItem['is_me'] = (user.id == item.user_id);
25   res.send({ result: 'ok', data: modifiedItem });
26 };
```

이제는 **10**번째 줄에서, 내가 즐겨찾기를 했는지 쿼리로 판단하기 위하여 user.id를 repository.show 함수에 두 번째 파라미터로 넘겨야 합니다.

18번째 줄에서 Boolean(item.is_favorited)은 is_favorited 값이 1 또는 0일 때 이를 boolean 값으로 변환하여, 응답에서 더 명확하게 표시할 수 있도록 합니다. 이는 클라이언트 측에서 쉽게 처리할 수 있도록 도와줍니다.

두 번째로 해야 할 일은 즐겨찾기한 목록을 가져오는 기능을 구현하는 것입니다. 이 기능은 사용자가 즐겨찾기 한 피드 목록을 반환합니다.

src/api/feed/controller.js

```
01  const repository = require('./repository')
02  const favoriteRepository = require('./favorite/repository');
03
04  // 중략 ...
05
06  exports.getFavoriteFeeds = async (req, res) => {
07    try {
08      const { page = 1, size = 10 } = req.query;
09      const userId = req.user.id;
10      const favoriteFeeds = await favoriteRepository.getFavoritesByUserId(userId, page, size);
11      res.json({ result: 'ok', data: favoriteFeeds });
12    } catch (error) {
13      console.error(error);
14      res.status(500).send({ result: 'fail', message: '오류가 발생하였습니다.' });
15    }
16  };
```

06번째 줄에서 getFavoriteFeeds는 내가 즐겨찾기 한 피드의 목록을 가져오는 함수입니다. 사용자의 ID와 페이지네이션 정보를 받아서, 해당 사용자가 즐겨찾기한 피드 목록을 반환합니다. 이 함수는 index 함수와 비슷하게 동작합니다. 다만 검색의 기능만 제외된 함수로 페이징을 지원하도록 만들어졌습니다.

5 즐겨찾기 플러터

이제 백엔드 개발이 완료되었으므로 이제 플러터 애플리케이션에서 즐겨찾기 기능을 구현할 차례입니다. 이번에는 피드 목록에 즐겨찾기 기능을 추가하고 서버에서 제공하는 데이터를 활용하는 방법을 설명하겠습니다.

5.1 피드 목록에 즐겨찾기 표시

피드 목록에서 즐겨찾기 수를 표시하기 위해 서버에서 제공하는 데이터를 사용해 보겠습니다. 이를 위해 모델을 수정하고 UI를 업데이트하겠습니다.

모델 수정

피드 모델에 favoriteCount 필드와 isFavorite 필드를 추가하여 서버에서 내려준 데이터를 반영하도록 업데이트합니다. 다음은 수정된 FeedModel 클래스입니다.

lib/src/models/feed_model.dart

```
import '../shared/global.dart';
import 'user_model.dart';

class FeedModel {
      // 기존 코드들...
  bool isFavorite = false;
  int favoriteCount = 0;

  FeedModel({
      // 기존 코드들...
    required this.isFavorite,
    this.favoriteCount = 0,
  });

  FeedModel.parse(Map<String, dynamic> m) {
      // 기존 코드들...
    isFavorite = m['is_favorited'];
```

```
      favoriteCount = m['favorite_count'] ?? 0;
    }

    FeedModel copyWith({
        // 기존 코드들...
      bool? isFavorite,
      int? favoriteCount,
    }) {
      return FeedModel(
        // 기존 코드들...
        isFavorite: isFavorite ?? this.isFavorite,
        favoriteCount: favoriteCount ?? this.favoriteCount,
      );
    }
  }
```

UI 업데이트

플러터 애플리케이션에서 피드 목록에 즐겨찾기 기능을 추가하기 위해 FeedListItem 위젯을 수정해야 합니다. 이를 통해 사용자가 피드 목록에서 각 피드의 즐겨찾기 수를 확인할 수 있습니다.

다음 코드는 수정된 코드입니다. // 채팅, 관심물건 창 배치 주석 아랫부분을 추가하여 즐겨찾기 수를 표시하고, 즐겨찾기 상태를 나타내도록 수정했습니다.

그림 12-4 피드 아이템에서 채팅, 관심 물건 수 반영모습

lib/src/widgets/listitems/feed_list_item.dart

```
// 채팅, 관심 물건 창 배치
Positioned(
  right: 12,
  bottom: 0,
  child: Row(
    children: [
      const Icon(
        Icons.chat_bubble_outline,
```

```
09         color: Colors.grey,
10         size: 16,
11       ),
12       const SizedBox(width: 2),
13       const Text(
14         '0',
15         style: TextStyle(color: Colors.grey),
16       ),
17       const SizedBox(width: 4),
18       const Icon(
19         Icons.favorite_border,
20         color: Colors.grey,
21         size: 16,
22       ),
23       const SizedBox(width: 2),
24       Text(
25         '${data.favoriteCount}',
26         style: const TextStyle(color: Colors.grey),
27       ),
28     ],
29   ),
30 )
```

24번째 줄의 Text 출력을 서버에서 받아온 favoriteCount로 바꾸어 즐겨찾기 개수가 올바르게 표시될 수 있도록 변경하였습니다.

5.2 즐겨찾기 기능 구현

이제 플러터 애플리케이션에서 즐겨찾기 기능을 구현할 차례입니다. 이를 위해 프로바이더 및 컨트롤러에 필요한 함수를 추가하고, UI에서 이 기능을 사용하는 방법을 설명하겠습니다.

프로바이더에 함수 추가

먼저, 서버와의 통신을 담당하는 FeedProvider 클래스에 즐겨찾기 기능을 위한 함수를 추가해야 합니다. 이를 통해 서버로부터 즐겨찾기 상태를 토글하는 요청을 보내고, 결과를 받을 수 있습니다.

```
lib/src/provider/feed_provider.dart
```

```
01  import 'provider.dart';
02
03  class FeedProvider extends Provider {
04
05    // 기존 코드들 ...
06
07    // 즐겨찾기 토글 함수 추가
08    Future<Map> toggleFavorite(int feedId) async {
09      final response = await put('/api/feed/$feedId/favorite', {});
10      return response.body;
11    }
12  }
```

08번째 줄에 toggleFavorite 함수를 추가했습니다. 이 함수는 서버에 즐겨찾기 상태를 토글하는 요청을 보내고, 그 결과를 반환합니다. put 함수는 기본적으로 요청 본문(body)을 포함하지만, 이 경우 요청 본문이 필요 없으므로 빈 객체{}를 전달하여 요청합니다.

컨트롤러 추가

플러터 애플리케이션에서 즐겨찾기 기능을 구현하기 위해 FeedController에 필요한 기능을 추가해야 합니다. 여기서는 FeedProvider에서 정의한 즐겨찾기 토글 함수를 사용하여 컨트롤러에 해당 기능을 구현합니다.

```
lib/src/controllers/feed_controller.dart
```

```
import 'package:get/get.dart';

import '../models/feed_model.dart';
import '../providers/feed_provider.dart';

class FeedController extends GetxController {
  final feedProvider = Get.put(FeedProvider());
  final RxList<FeedModel> feedList = <FeedModel>[].obs;
  final RxList<FeedModel> searchList = <FeedModel>[].obs;
  final RxList<FeedModel> myFeedList = <FeedModel>[].obs;
  final Rx<FeedModel?> currentFeed = Rx<FeedModel?>(null);

  // 기존 코드들...

```

```
15   Future<void> toggleFavorite(int feedId) async {
16     Map response = await feedProvider.toggleFavorite(feedId);
17     if (response['result'] == 'ok') {
18       FeedModel updatedFeed = currentFeed.value!.copyWith(
19         isFavorite: response['action'] == 'added',
20       );
21       currentFeed.value = updatedFeed;
22     } else {
23       Get.snackbar('즐겨찾기 에러', response['message'], snackPosition: SnackPosition.
BOTTOM);
24     }
25   }
26 }
```

앞선 코드에서 **15**번째 줄에 toggleFavorite 함수를 추가했습니다. 이 함수는 FeedProvider의 toggleFavorite 함수를 호출하여 즐겨찾기 상태를 토글하고, 그 결과를 currentFeed에 반영합니다.

서버로부터의 응답을 확인하여, 결과가 성공적('result' == 'ok')이면 현재 피드의 즐겨찾기 상태를 업데이트합니다. 즉 **17**번째 줄의 'action' 필드를 확인하여, added인 경우 isFavorite 필드를 true로, 그렇지 않은 경우 false로 설정합니다. 이를 위해 currentFeed.value를 복사하여 새로운 상태를 반영한 updatedFeed 이름을 가진 FeedModel 객체를 생성합니다. 이후 **19**번째 줄에서 currentFeed.value에 업데이트된 피드 모델을 할당하여 상태를 갱신합니다. 이렇게 함으로써 사용자가 즐겨찾기 버튼을 클릭할 때마다 서버와 통신하여 즐겨찾기 상태를 토글하고, 그 결과를 UI에 반영할 수 있습니다.

피드 화면 수정

screens/feed/show.dart 피드 상세 화면에 즐겨찾기 버튼을 추가하여 사용자가 피드를 즐겨찾기할 수 있도록 수정합니다. 피드 즐겨찾기 버튼은 제일 하단, 즉 bottomNavigationBar 부분에 위치합니다. 고정되어 있던 하단 바는 이제부터는 즐겨찾기 여부에 따라 UI가 업데이트되어야 하므로 feedController.currentFeed.value를 참고해 UI를 업데이트할 수 있도록 준비합니다.

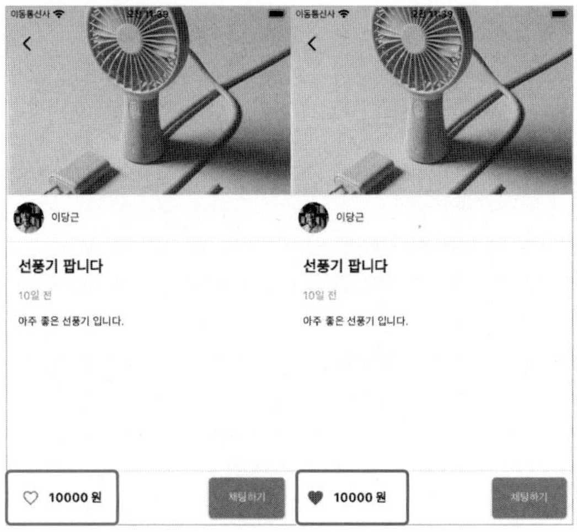

그림 12-5 피드 상세에서 즐겨찾기 토글 전(좌)과 후(우)

lib/src/screens/feed/show.dart

```
bottomNavigationBar: Obx(
  () {
    final feed = feedController.currentFeed.value;  // 추가
    if (feed == null) {       // 추가
      return const SizedBox();
    }
    return Container(
      decoration: BoxDecoration(
          border: Border(top: BorderSide(color: Colors.grey.shade200))),
      padding: const EdgeInsets.all(8.0),
      child: Row(
        children: [
          // 즐겨찾기 버튼
          IconButton(  // 추가
            onPressed: () async {
              await feedController.toggleFavorite(feed.id);
            },
            icon: Icon(
              feed.isFavorite ? Icons.favorite : Icons.favorite_border,
              color: feed.isFavorite ? Colors.red : Colors.grey,
            ),
          ),
          Expanded(
            child: Text(
              "${feedController.currentFeed.value?.price} 원",
              style: Theme.of(context).textTheme.labelLarge,
```

```
27              ),
28            ),
29            SizedBox(
30              width: 100,
31              child: ElevatedButton(
32                style: ElevatedButton.styleFrom(
33                  textStyle: Theme.of(context).textTheme.bodyMedium,
34                ),
35                onPressed: _chat,
36                child: const Text("채팅하기"),
37              ),
38            ),
39          ],
40        ),
41      );
42    },
43  ),
```

03번째 줄에서 현재 사용 중인 데이터를 feed에 참고할 수 있도록 준비합니다. 다만 통신 오류나 기타 요소들로 인해 데이터가 존재하지 않는 경우 **04**번째 줄에서 처리하여 빈 화면을 표시해 오류를 표시하지 않도록 수정합니다. **14**번째 줄의 IconButton을 추가해 onPressed 함수가 호출될 때는 feedController에 만들어둔 toggleFavorite 함수를 호출하도록 하며, IconButton은 현재 피드의 상태에 따라 **19**번째 줄에서 아이콘의 모양과 **20**번째 줄에서 색 등을 변경해 UI가 직관적으로 표시되도록 제공합니다.

5.3 즐겨찾기 목록 화면 추가

피드 목록에서 즐겨찾기 개수를 올바르게 표시하고, 즐겨찾기 동작까지 만들었습니다. 마지막 남은 것은 내가 즐겨찾기 한 목록들을 보는 페이지만 추가하면 됩니다. 메인 하단 탭 중 네 번째 "마이 페이지"에 "관심 목록"을 추가하고 눌렀을 때 동작을 완성하여 즐겨찾기 목록을 볼 수 있게 하겠습니다.

프로바이더 수정

Node.js에서 만들어 둔 api/feed/favorite 라우트를 호출하여 즐겨찾기 한 게시글의 목록을 볼 수 있도록 합니다. 지난 장에서 추가한 '내가 쓴 글' myIndex와 비슷하되, 호출하는 주소만 차이가 있습니다.

```
lib/src/provider/feed_provider.dart
```

```dart
import 'provider.dart';

class FeedProvider extends Provider {

  // 기존 코드들 ...

  Future<Map> favoriteIndex(int page) async {
    final response = await get('/api/feed/favorite', query: {'page': '$page'});
    return response.body;
  }
}
```

피드 컨트롤러 수정

즐겨찾기 목록을 가져와서 UI에 표시하기 위해서는 마찬가지로 상태 관리가 필요합니다. FeedController에 즐겨찾기 목록을 관리할 favoriteList 상태와 즐겨찾기 목록을 페이징해서 가져올 수 있는 favoriteIndex 함수를 추가합니다.

```
lib/src/controllers/feed_controller.dart
```

```dart
import 'package:get/get.dart';
import '../models/feed_model.dart';
import '../providers/feed_provider.dart';

class FeedController extends GetxController {
  final feedProvider = Get.put(FeedProvider());
  final RxList<FeedModel> feedList = <FeedModel>[].obs;
  final RxList<FeedModel> searchList = <FeedModel>[].obs;
  final RxList<FeedModel> myFeedList = <FeedModel>[].obs;
  final RxList<FeedModel> favoriteList = <FeedModel>[].obs;
  final Rx<FeedModel?> currentFeed = Rx<FeedModel?>(null);

  // 기존 코드들...
  favoriteIndex({int page = 1}) async {
    Map json = await feedProvider.favoriteIndex(page);
    List<FeedModel> tmp =
        json['data'].map<FeedModel>((m) => FeedModel.parse(m)).toList();
    (page == 1) ? favoriteList.assignAll(tmp) : favoriteList.addAll(tmp);
  }
}
```

11번째 줄의 favoriteList는 myFeedList나 searchList와 같이 필요한 경우에 가져와 사용할 수 있는 상태입니다. 추가해 두고, 해당 상태 목록의 데이터를 관리할 수 있는 favoriteIndex 함수를 **16**번째 줄에 추가한 모습입니다.

페이지 추가

feed/favorite.dart 파일을 새로 만들겠습니다. 이는 "판매 내역"인 feed/my.dart와 매우 비슷하기에 복사하여 만들고 클래스 이름만 바꿔도 됩니다. 다만 feedController.myFeedList를 참조하던 것을 feedController.favoriteList로 feedController.favoriteIndex를 호출하던 것을 feedController.myIndex 함수로 바꿔야 합니다.

그림 12-6 관심 목록 페이지의 모습

lib/src/screens/feed/favorite.dart

```
import 'package:flutter/material.dart';
import 'package:get/get.dart';

import '../../controllers/feed_controller.dart';
import '../../widgets/listitems/feed_list_item.dart';

```

```
class FeedFavorite extends StatefulWidget {
  const FeedFavorite({super.key});

  @override
  State<FeedFavorite> createState() => _FeedFavoriteState();
}

class _FeedFavoriteState extends State<FeedFavorite> {
  final FeedController feedController = Get.put(FeedController());
  int _currentPage = 1;

  @override
  void initState() {
    super.initState();
    feedController.favoriteIndex();
  }

  Future<void> _onRefresh() async {
    _currentPage = 1;
    await feedController.favoriteIndex();
  }

  bool _onNotification(ScrollNotification scrollInfo) {
    if (scrollInfo is ScrollEndNotification &&
        scrollInfo.metrics.extentAfter == 0) {
      feedController.favoriteIndex(page: ++_currentPage);
      return true;
    }
    return false;
  }

  @override
  Widget build(BuildContext context) {
    return Scaffold(
      appBar: AppBar(
        centerTitle: false,
        title: const Text('관심 목록'),
      ),
      body: Column(
        children: [
          Expanded(
            child: Obx(() {
```

```
            if (feedController.favoriteList.isEmpty) {
              return const Center(
                child: Text(
                  '결과가 없습니다.',
                  style: TextStyle(fontSize: 16, color: Colors.grey),
                ),
              );
            } else {
              return NotificationListener<ScrollNotification>(
                onNotification: _onNotification,
                child: RefreshIndicator(
                  onRefresh: _onRefresh,
                  child: ListView.builder(
                    itemCount: feedController.favoriteList.length,
                    itemBuilder: (context, index) {
                      return FeedListItem(feedController.favoriteList[index]);
                    },
                  ),
                ),
              );
            }
          }),
        ),
      ],
    ),
  );
 }
}
```

마이페이지에 추가

마지막으로 메인 하단의 마지막 탭인 mypage.dart 파일을 수정하여 '관심목록' 화면을 열 수 있는 ListTile 위젯을 추가합니다.

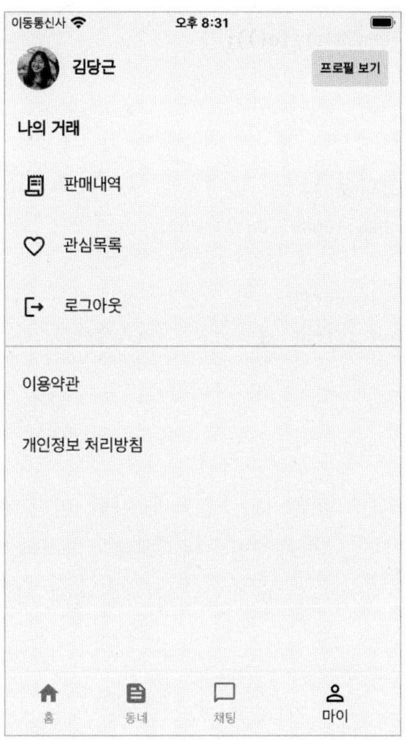

그림 12-7 마이페이지에 관심목록 메뉴가 추가된 모습

lib/src/screens/my/mypage.dart

```
// 기타메뉴
Padding(
  padding: const EdgeInsets.all(12.0),
  child: Text(
    '나의 거래',
    style: Theme.of(context).textTheme.labelLarge,
  ),
),
ListTile(
  title: const Text('판매 내역'),
  leading: const Icon(Icons.receipt_long_outlined),
  onTap: () {
    Get.to(() => const FeedMy());
  },
),
ListTile(
  title: const Text('관심목록'),
  leading: const Icon(Icons.favorite_border),
  onTap: () {
```

```
      Get.to(() => const FeedFavorite());
    },
  ),
  ListTile(
    title: const Text('로그아웃'),
    leading: const Icon(Icons.logout_outlined),
    onTap: () async {
      await authController.logout();
      Get.offAll(() => const Intro());
    },
  ),
```

이렇게 '즐겨찾기' 기능을 추가해 보았습니다. 필요에 따라 적절하게 백엔드의 테이블을 만들고 원칙에 따라 라우터에 엔드포인트를 추가하였으며, 레포지토리에서 쿼리를 수정하여 결과를 바꾸었고, 해당 결과를 표시해 줄 방법들은 백엔드의 컨트롤러에 적절하게 추가하여 JSON 데이터를 수정하였습니다.

플러터 앱에서는 바뀐 모델을 파싱하기 위하여 모델 클래스의 parse 생성자와 copyWith 함수를 수정하였으며, 데이터 통신과 상태 관리를 위하여 프로바이더와 컨트롤러를 적절히 수정하여 나온 데이터를 UI에 반영하였습니다.

이렇게 애플리케이션을 완성한 후, 기능을 추가하면서 각각 분리된 파일들이 어떤 역할을 하는지, 어떻게 수정해야 하는지 연습해 볼 수 있습니다. 이를 통해 애플리케이션의 구조와 각 구성 요소의 상호작용을 이해하여 차후 다른 기능을 확장하거나 수정할 때 조금 더 익숙하게 추가할 수 있습니다.

13장

추가 소셜 기능 구현하기 (동네 생활)

지금까지의 진행 상황으로 홍당무마켓의 핵심 기능인 '물건'의 CRUD와 즐겨찾기까지 완성했습니다. CRUD는 모든 애플리케이션의 기본 기능입니다. 유튜브, 인스타그램 등 유명 애플리케이션도 기본적으로 CRUD를 바탕으로 하고 있습니다. 그러나 단순한 CRUD 기능만으로는 경쟁력을 갖기 어려워 여러 기능을 추가하는 것이 필요합니다. 예를 들어, 유튜브나 인스타그램은 짧은 동영상 재생, 채팅, 해시태그, 즐겨찾기 등의 기능을 추가하여 발전해 왔습니다.

이번 장에서는 홍당무마켓의 데이터베이스, 백엔드, 플러터 즉 모든 부분을 수정하여 '동네 생활' 기능을 추가하는 방법을 안내합니다. 완성된 애플리케이션에 새로운 기능을 추가하는 과정을 이해함으로써, 차후 독자분들이 앞으로 완성한 애플리케이션에 다양한 핵심 추가 기능을 구현할 때 도움이 될 수 있는 것을 목적으로 합니다.

1 동네 생활 백엔드

중고 거래 앱은 근처에 사는 이웃과 대화를 통해 손쉽게 거래할 수 있는 특징을 가지고 있습니다. 이에 따라 중고 거래뿐만 아니라, 다양한 커뮤니케이션 활동이 가능해졌습니다. 예를 들어, 이웃들 간의 맛집 추천, 운동 모임, 동네 친구 만들기, 취미 공유 등 다양한 활동이 이루어지고 있습니다. 이번 장에서는 이러한 커뮤니케이션 활동을 지원하는 '동네 생활' 기능을 추가하는 방법을 알아보겠습니다. '동네 생활' 기능을 단계별로 추가하면서, 각 단계에서 필요한 데이터베이스와 백엔드 그리고 플러터 애플리케이션 수정 방법을 상세히 설명하겠습니다.

1.1 동네 생활 테이블 추가

동네 생활 기능은 '중고 물품' 기능과의 연결성은 없습니다. 그렇기에 단순한 '회원' 테이블과 '파일' 테이블과의 연결 관계에만 신경 써서 만들면 됩니다.

데이터베이스

동네 생활 기능 구현을 위해 community 테이블을 추가합니다.

field	type	null	default	extra
id	INT	NOT NULL		PRI
user_id	INT	NOT NULL		FK
image_id	INT	NULL		FK
title	VARCHAR	NOT NULL		
category	VARCHAR	NOT NULL		
content	TEXT	NOT NULL		
created_at	TIMESTAMP	NOT NULL	CURRENT_TIMESTAMP	

표 13-1 동네 생활 테이블의 구조

user_id 필드는 작성한 사용자의 ID를, image_id는 첨부한 파일의 ID를 나타냅니다. 동네 생활은 파일 첨부 없이 글을 쓸 수 있으므로 image_id는 NULL로 설정할 수 있습니다. title, category, content는 각각 제목, 분류, 내용을 나타내며, 모두 필수 요소로 설정합니다.

```
USE carrot;

CREATE TABLE IF NOT EXISTS community(
    id INT NOT NULL AUTO_INCREMENT PRIMARY KEY,
    user_id INT NOT NULL,
    image_id INT NULL,
    title VARCHAR(255),
    category VARCHAR(255),
    content TEXT,
    created_at TIMESTAMP NOT NULL DEFAULT CURRENT_TIMESTAMP
);
```

동네 생활 레포지토리 설정

이제 동네 생활 데이터베이스를 자바스크립트로 관리하기 위한 레포지토리를 community/repository.js 에 추가합니다. 피드의 경우와 비슷하게 목록, 생성, 조회, 수정, 삭제를 커뮤니티 테이블에 맞게 생성합니다.

src/api/community/repository.js

```
const { pool } = require('../../database');

exports.index = async (page, size) => {
  const offset = (page - 1) * size;
  const query = `SELECT * FROM community ORDER BY community.id DESC LIMIT ? OFFSET ?`;
  return await pool.query(query, [size, offset]);
};

exports.create = async (user, title, content, category, image) => {
  const query = `INSERT INTO community
  (user_id, title, content, category, image_id)
  VALUES (?,?,?,?,?)`;

  // image가 undefined인 경우 null로 설정
  const imageId = image === undefined ? null : image;

  return await pool.query(query, [user, title, content, category, imageId]);
};

exports.show = async (id) => {
  const query = `
```

```
    SELECT community.*, u.name user_name, u.profile_id user_profile, image_id
    FROM community
    LEFT JOIN user u on u.id = community.user_id
    LEFT JOIN files f1 on community.image_id = f1.id
    LEFT JOIN files f2 on u.profile_id = f2.id
    WHERE community.id = ?`;
  let result = await pool.query(query, [id]);
  return (result.length < 0) ? null : result[0];
};

exports.update = async (title, content, category, imageId, id) => {
  const query = `UPDATE community SET title = ? ,content = ?, category = ?, image_id =
? WHERE id = ?`;
  return await pool.query(query, [title, content, category, imageId, id]);
};

exports.delete = async (id) => {
  return await pool.query(`DELETE FROM community WHERE id = ?`, [id]);
};
```

1.2 동네 생활 API 구현 및 연동

만든 레포지토리를 활용하여 컨트롤러 및 라우트를 추가해 API를 사용할 수 있도록 완성하겠습니다.

컨트롤러 설정

동네 생활 컨트롤러는 피드 컨트롤러와 매우 비슷한 코드들로 구성됩니다. 이는 결국 CRUD 동작을 수행하는 다양한 도메인(피드, 동네 생활 등)에서도 유사한 패턴이 반복된다는 것을 의미합니다. 이렇게 유사하고 익숙한 코드를 각 도메인에 제공함으로써, 도메인이 바뀌어도 통신 방법은 일관되게 유지됩니다. 이를 통해 플러터 개발 시 쉽게 적응할 수 있고, 생산 속도를 높일 수 있는 장점이 있습니다.

src/api/community/controller.js

```
const repository = require('./repository');

```

```
exports.index = async (req, res) => {
  const { page = 1, size = 10 } = req.query;
  const userId = req.user.id;

  const items = await repository.index(page, size);

  const modifiedItems = items.map(item => ({
    ...item, is_me: (userId == item.user_id)
  }));

  res.json({ result: 'ok', data: modifiedItems });
};

exports.store = async (req, res) => {
  const body = req.body;
  const user = req.user;

  const result = await repository.create(user.id, body.title, body.content, body.category,
body.image);
  if (result.affectedRows > 0) {
    res.send({ result: 'ok', data: result.insertId });
  } else {
    res.send({ result: 'fail', message: '오류가 발생하였습니다.' });
  }
};

exports.show = async (req, res) => {
  const id = req.params.id;
  const user = req.user;

  const item = await repository.show(id);
  const modifiedItem = {
    ...item,
    writer: {
      id: item.user_id,
      name: item.user_name,
      profile_id: item.user_profile
    }
  };

  delete modifiedItem.user_id;
  delete modifiedItem.user_name;
```

```
  delete modifiedItem.user_profile;

  modifiedItem['is_me'] = (user.id == item.user_id);

  res.send({ result: 'ok', data: modifiedItem });
};

exports.update = async (req, res) => {
  const id = req.params.id;
  const body = req.body;
  const user = req.user;

  const item = await repository.show(id);

  if (user.id !== item.user_id) {
    res.send({ result: 'fail', message: '타인의 글을 수정할 수 없습니다.' });
  }

  const result = await repository.update(body.title, body.content, body.category, body.imageId, id);
  if (result.affectedRows > 0) {
    res.send({ result: 'ok', data: body });
  } else {
    res.send({ result: 'fail', message: '오류가 발생하였습니다.' });
  }
};

exports.delete = async (req, res) => {
  const id = req.params.id;
  const user = req.user;

  const item = await repository.show(id);

  if (user.id !== item.user_id) {
    res.send({ result: 'fail', message: '타인의 글을 삭제할 수 없습니다.' });
  } else {
    await repository.delete(id);
    res.send({ result: 'ok', data: id });
  }
};
```

라우터 설정

마지막으로, 완성된 동네 생활 기능을 각 라우트에 연결합니다. 커뮤니티 관련 기능은 /api/community 경로 하위에 설정하고, 다음과 같은 HTTP 메서드로 라우트를 구성합니다. 이를 통해 커뮤니티 게시글의 목록 조회(GET), 작성(POST), 상세 조회(GET /:id), 수정(PUT /:id), 삭제(DELETE /:id) 등의 기능을 구현할 수 있습니다.

src/router.js

```
const express = require('express');
const router = express.Router();

const apiFeedController = require('./api/feed/controller');
const apiFavoriteController = require('./api/favorite/controller');
const apiCommunityController = require('./api/community/controller');
const authenticateToken = require('./middleware/authenticate');

router.use(authenticateToken);

// 기존 코드들 ...

router.get('/api/community', apiCommunityController.index);
router.post('/api/community', apiCommunityController.store);
router.get('/api/community/:id', apiCommunityController.show);
router.put('/api/community/:id', apiCommunityController.update);
router.delete('/api/community/:id', apiCommunityController.delete);

module.exports = router;
```

2 동네 생활 플러터

완성된 동네 생활 API를 활용해 플러터에서 구현해 보겠습니다. 동네 생활은 사진을 포함한 게시물의 형태로, 중고 물품인 피드와 비교해 규모 차이가 크지 않습니다. 따라서 만들어야 할 화면과 위젯도 여러 장에 걸쳐 만든 피드와 유사합니다.

이번 장에서는 이전에 피드를 만들 때와는 달리 학습한 다양한 시행착오들은 제외하고, 필요한 코드만을 기술하겠습니다.

2.1 준비

새로운 도메인을 추가한 상태에서는 해당 도메인의 데이터를 플러터에서 효율적으로 관리하기 위해 몇 가지 중요한 단계를 거쳐야 합니다. 먼저, 도메인에 맞는 모델을 추가합니다. 모델은 도메인의 데이터를 구조화하여 플러터 애플리케이션에서 쉽게 다룰 수 있도록 합니다. 모델을 정의한 후에는 이 데이터를 API 서버와 연동하기 위한 프로바이더를 생성합니다. 프로바이더는 서버와의 통신을 담당하며, 데이터를 가져오거나 업데이트하는 등의 작업을 수행합니다.

마지막으로, UI에서 이러한 데이터를 표현하고 조작할 수 있도록 컨트롤러를 생성합니다. 컨트롤러는 모델과 프로바이더 사이의 중간자 역할을 하며, 사용자 인터페이스와 데이터 로직을 연결해 줍니다.

동네 생활 모델 추가

동네 생활 모델은 데이터베이스나 도메인에서 사용하였던 Community라는 단어를 그대로 사용하여 CommunityModel을 생성하겠습니다. CommunityModel은 동네 생활 기능에서 사용되는 데이터를 구조화하여, 플러터 애플리케이션에서 쉽게 다룰 수 있도록 하겠습니다.

lib/src/models/community_model.dart

```
import '../shared/global.dart';
import 'user_model.dart';

class CommunityModel {
  late int id;
  late int userId;
  int? imageId;
  late String category;
  late String title;
  late String content;
  DateTime? createdAt;
  bool isMe = false;
  UserModel? writer;

  get imageUrl => (imageId != null)
      ? "${Global.baseUrl}/file/$imageId"
```

```
      : null;

  CommunityModel({
    required this.id,
    required this.userId,
    required this.isMe,
    this.imageId,
    required this.title,
    required this.category,
    required this.content,
    this.writer,
    this.createdAt,
  });

  CommunityModel.parse(Map<String, dynamic> m) {
    id = m['id'];
    userId = m['user_id'];
    imageId = m['image_id'];
    category = m['category'];
    title = m['title'];
    content = m['content'];
    createdAt =
        m['created_at'] != null ? DateTime.parse(m['created_at']) : null;
    writer = m['writer'] != null ? UserModel.parse(m['writer']) : null;
  }

  CommunityModel copyWith({
    int? id,
    int? userId,
    String? category,
    String? content,
    String? title,
    int? imageId,
    bool? isMe,
    UserModel? writer,
    DateTime? createdAt,
  }) {
    return CommunityModel(
      id: id ?? this.id,
      userId: userId ?? this.userId,
      category: category ?? this.category,
      title: title ?? this.title,
      content: content ?? this.content,
     imageId: imageId ?? this.imageId,
```

```
61        isMe: isMe ?? this.isMe,
62        writer: writer ?? this.writer,
63        createdAt: createdAt ?? this.createdAt,
64      );
65    }
66  }
```

13번째 줄의 writer는 동네 생활 글 작성자를 의미합니다. 동네 생활의 상세 페이지에서는 작성자의 정보가 필요하지만, 목록에서는 필요가 없기에 테이블이 조인되지 않습니다. 따라서 40번째 줄에서 writer 필드가 없을 때는 파싱을 하지 않아 null이 될 수 있도록 처리합니다. 15번째 줄의 imageUrl은 이미지의 id를 기반으로 이미지의 주소를 완성해 주는 게터(getter)입니다. 이미지가 존재하지 않는 경우, 기본적으로 표시할 임시 이미지의 주소를 반환합니다.

동네 생활 프로바이더 생성

서버와 통신할 수 있는 프로바이더를 완성합니다. 피드에서 사용하였던 함수들이 API 호출 주소와 파라미터만 약간 변경된 형태로 거의 동일하게 사용됩니다. 이는 API 설계를 유사하게 했기 때문에 쉽게 구현할 수 있습니다.

이러한 유사한 설계를 통해, 기존에 익숙한 방식으로 빠르게 새로운 기능을 구현할 수 있으며, 일관된 코드를 유지할 수 있습니다.

lib/src/provider/community_provider.dart

```
import 'provider.dart';

class CommunityProvider extends Provider {
  Future<Map> index(int page, {String? keyword}) async {
    final response = await get('/api/community', query: {'page': '$page'});
    return response.body;
  }

  Future<Map> store(
    String title,
    String category,
    String content,
    int? image,
  ) async {
    final body = {'title': title, 'category': category, 'content': content};

    if (image != null) {
```

```
      body['imageID'] = image.toString();
    }

    final response = await post('/api/community', body);
    return response.body;
  }

  Future<Map> show(int id) async {
    final response = await get('/api/community/$id');
    return response.body;
  }

  Future<Map> update(
    int id,
    String category,
    String title,
    String content,
    int? image,
  ) async {
    final body = {'category': category, 'title': title, 'content': content};

    if (image != null) {
      body['imageID'] = image.toString();
    }

    final response = await put('/api/community/$id', body);
    return response.body;
  }

  Future<Map> destroy(int id) async {
    final response = await delete('/api/community/$id');
    return response.body;
  }
}
```

동네 생활 컨트롤러 생성

마지막으로 생성한 모델과 프로바이더를 활용해 UI를 나타낼 수 있도록 컨트롤러를 작성합니다. 피드 컨트롤러와의 주요 차이점은 categories 배열이 추가된 것입니다.

categories 배열은 동네 생활 생성 및 수정 시 드롭다운 메뉴에서 사용할 분류들을 정의한 것입니다. 이 배열을 통해 사용자에게 제공할 분류 옵션을 관리하며, 일관된 분류 체계를 유지할 수 있습니다.

lib/src/controllers/community_controller.dart

```
import 'package:get/get.dart';

import '../models/community_model.dart';
import '../providers/community_provider.dart';

class CommunityController extends GetxController {
  final provider = Get.put(CommunityProvider());
  final RxList<CommunityModel> itemList = <CommunityModel>[].obs;
  final Rx<CommunityModel?> currentItem = Rx<CommunityModel?>(null);

  final List<String> categories = ['맛집', '고민/사연', '동네친구', '운동', '미용', '취미'];

  Future<void> communityIndex({int page = 1}) async {
    Map json = await provider.index(page);
    List<CommunityModel> tmp = json['data']
        .map<CommunityModel>((m) => CommunityModel.parse(m))
        .toList();
    (page == 1) ? itemList.assignAll(tmp) : itemList.addAll(tmp);
  }

  Future<bool> communityCreate(
      String category, String title, String content, int? image) async {
    Map body = await provider.store(category, title, content, image);
    if (body['result'] == 'ok') {
      await communityIndex();
      return true;
    }
    Get.snackbar('생성 에러', body['message'], snackPosition: SnackPosition.BOTTOM);
    return false;
  }

  Future<bool> communityUpdate(
      int id, String category, String title, String content, int? image) async {
    Map body = await provider.update(id, title, category, content, image);
    if (body['result'] == 'ok') {
      // ID를 기반으로 리스트에서 해당 요소를 찾아 업데이트
      int index = itemList.indexWhere((feed) => feed.id == id);
      if (index != -1) {
        // 찾은 인덱스 위치의 요소를 업데이트
        CommunityModel updatedFeed = itemList[index].copyWith(
          category: category,
```

```
          title: title,
          content: content,
          imageId: image,
        );
        itemList[index] = updatedFeed; // 특정 인덱스의 요소를 새로운 모델로 교체
      }
      return true;
    }
    Get.snackbar('수정 에러', body['message'], snackPosition: SnackPosition.BOTTOM);
    return false;
  }

  Future<void> communityShow(int id) async {
    Map body = await provider.show(id);
    if (body['result'] == 'ok') {
      currentItem.value = CommunityModel.parse(body['data']);
      return;
    }
    Get.snackbar('피드 에러', body['message'], snackPosition: SnackPosition.BOTTOM);
    currentItem.value = null; // 에러 발생 시 null로 설정
  }

  Future<bool> communityDelete(int id) async {
    Map body = await provider.destroy(id);
    if (body['result'] == 'ok') {
      // 삭제 성공 시 리스트에서 해당 아이템 제거
      itemList.removeWhere((feed) => feed.id == id);
      return true;
    }
    Get.snackbar('삭제 에러', body['message'], snackPosition: SnackPosition.BOTTOM);
    return false;
  }
}
```

2.2 조회 화면

이제 API 서버에서 가져온 데이터를 다룰 준비가 완료되었습니다. 이번 장에서는 동네 생활 서비스의 목록 화면과 상세 보기 화면을 만들어 보겠습니다. 이를 통해 사용자가 동네 생활 글을 쉽게 조회하고, 상세 내용을 확인할 수 있도록 할 것입니다.

이 과정에서 목록과 상세 보기 화면에 필요한 다양한 작은 위젯들을 생성하여, 코드의 재사용성을 높이고, 유지 보수를 용이하게 할 것입니다. 이러한 위젯들은 다른 화면에서도 활용할 수 있어, 전체 애플리케이션의 일관성을 유지하는 데 도움이 됩니다.

먼저, 동네 생활 목록 화면에서는 서버에서 가져온 글 목록을 표시합니다. 목록 화면은 사용자가 작성된 글들을 한눈에 볼 수 있도록 도와주며, 각 글을 선택하면 상세 보기 화면으로 이동할 수 있도록 구현합니다. 이 과정에서 재사용성이 있는 컴포넌트나 분리해야 할 작은 위젯들을 함께 생성할 것입니다.

리스트 아이템 생성

동네 생활 목록 화면과 상세 화면에서 표시되는 이미지는 디자인을 고려해 모서리가 약간 둥근 정사각형 모양을 하고 있습니다. 이를 구현하기 위해서는 이미지의 너비와 높이를 동일하게 맞추고, ClipRRect 등의 위젯을 사용해 모서리를 둥글게 다듬어야 합니다. 이러한 작업은 여러 곳에서 반복될 수 있으므로, 재사용할 수 있는 위젯으로 만들어 활용하겠습니다.

그림 13-1 모서리가 곡선인 ImageBox 이미지 위젯

lib/src/widgets/basic/image_box.dart

```
import 'package:flutter/material.dart';

class ImageBox extends StatelessWidget {
  final String? url;
  final double size;
  const ImageBox(this.url, {this.size = 60, super.key});

  @override
  Widget build(BuildContext context) {
    if (url == null) return const SizedBox();
    return ClipRRect(
      borderRadius: BorderRadius.circular(10),
      child: Image.network(
        url!,
```

```
        width: size,
        height: size,
        fit: BoxFit.cover,
      ),
    );
  }
}
```

이후엔 동네 생활에서 여러 사람들이 쓴 글을 ListView 형태로 표시하는 화면을 구현해 보겠습니다. 이를 위해 모델을 사용하여 ListView에 들어갈 ListItem을 디자인합니다. ListItem 위젯은 글의 제목, 이미지, 그리고 간단한 본문의 내용 등의 정보를 포함합니다.

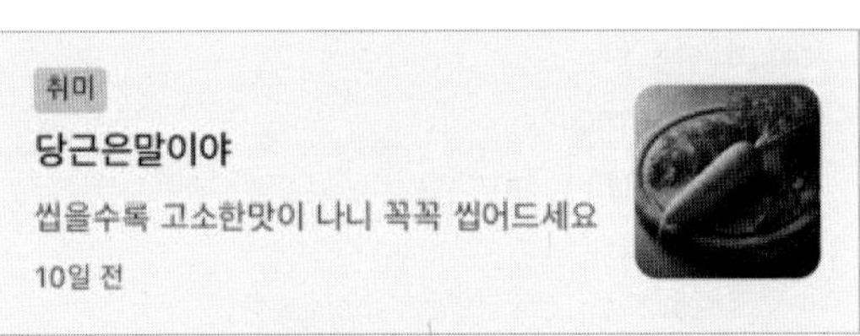

그림 13-2 동네 생활 목록 아이템 CommunityListItem 위젯

lib/src/widgets/listitems/community_list_item.dart

```
import 'package:flutter/material.dart';
import 'package:get/get.dart';

import '../../models/community_model.dart';
import '../../screens/community/show.dart';
import '../../shared/timeutil.dart';
import '../basic/image_box.dart';

class CommunityListItem extends StatelessWidget {
  final CommunityModel model;
  const CommunityListItem(this.model, {super.key});

  @override
  Widget build(BuildContext context) {
    return InkWell(
      onTap: () {
        Get.to(() => CommunityShow(model.id));
      },
      child: Container(
        padding: const EdgeInsets.all(20),
```

```
          child: Row(
            children: [
              Expanded(
                child: Column(
                  crossAxisAlignment: CrossAxisAlignment.start,
                  children: [
                    Container(
                      padding:
                          const EdgeInsets.symmetric(vertical: 1, horizontal: 5),
                      decoration: BoxDecoration(
                        color: Colors.grey.shade300,
                        borderRadius: BorderRadius.circular(3),
                      ),
                      child: Text(
                        model.category,
                        style: const TextStyle().copyWith(
                          fontSize: 12,
                          color: Colors.grey.shade800,
                        ),
                      ),
                    ),
                    const SizedBox(height: 5),
                    Text(
                      model.title,
                      style: const TextStyle().copyWith(fontSize: 16),
                    ),
                    const SizedBox(height: 5),
                    Text(
                      model.content,
                      maxLines: 1,
                      overflow: TextOverflow.ellipsis,
                      style:
                          const TextStyle().copyWith(color: Colors.grey.shade600),
                    ),
                    const SizedBox(height: 5),
                    Text(
                      TimeUtil.parse(model.createdAt),
                      style: const TextStyle()
                          .copyWith(fontSize: 12, color: Colors.grey.shade600),
                    ),
                  ],
                ),
              ),
```

```
64              ImageBox(model.imageUrl, size: 80),
65            ],
66          ),
67        ),
68      );
69    }
70  }
```

51번째 줄에서 overflow 속성을 주어 텍스트가 너무 길 때도 한 줄만 표시하고 그 이상은 잘라내도록 합니다. **64**번째 줄에서 직전에 생성한 ImageBox 위젯을 호출해서 매우 간단하게 둥근 사각형 이미지를 80 크기로 호출해 사용하였습니다.

커뮤니티 목록

다음은 CommunityIndex 화면을 구성하는 방법에 대한 자세한 설명입니다. 이 화면은 여러 사람들의 글을 ListView 형태로 표시하며, 스크롤 페이징, 당겨서 새로 고침, 그리고 FloatingActionButton을 사용하여 새로운 내용을 추가할 수 있도록 구성합니다.

그림 13-3 동네 생활 목록 화면

lib/src/screens/community/index.dart

```
import 'package:flutter/material.dart';
import 'package:get/get.dart';

import '../../controllers/community_controller.dart';
import '../../widgets/listitems/community_list_item.dart';
import 'create.dart';

class CommunityIndex extends StatefulWidget {
  const CommunityIndex({super.key});

  @override
  State<CommunityIndex> createState() => _CommunityIndexState();
}

class _CommunityIndexState extends State<CommunityIndex> {
  final controller = Get.put(CommunityController());
  int _currentPage = 1;

  @override
  void initState() {
    super.initState();
    controller.communityIndex();
  }

  Future<void> _onRefresh() async {
    _currentPage = 1;
    await controller.communityIndex();
  }

  bool _onNotification(info) {
    if (info is ScrollEndNotification && info.metrics.extentAfter == 0) {
      controller.communityIndex(page: ++_currentPage);
      return true;
    }
    return false;
  }

  @override
  Widget build(BuildContext context) {
    return Scaffold(
      appBar: AppBar(
```

```
42         centerTitle: false,
43         title: const Text('동네'),
44       ),
45       floatingActionButton: FloatingActionButton(
46         heroTag: 'community',
47         onPressed: () {
48           Get.to(() => const CommunityCreate());
49         },
50         shape: const CircleBorder(),
51         backgroundColor: Theme.of(context).primaryColor,
52         child: const Icon(Icons.add, color: Colors.white),
53       ),
54       body: Obx(() {
55         return NotificationListener<ScrollNotification>(
56           onNotification: _onNotification,
57           child: RefreshIndicator(
58             onRefresh: _onRefresh,
59             child: ListView.separated(
60               separatorBuilder: (context, index) => const Divider(),
61               itemCount: controller.itemList.length,
62               itemBuilder: (context, index) {
63                 return CommunityListItem(controller.itemList[index]);
64               },
65             ),
66           ),
67         );
68       }),
69     );
70   }
71 }
```

플러터 앱의 구조는 홈 화면 안에 FeedIndex와 지금 만든 CommunityIndex 두 화면이 각각의 하단 탭으로 존재하게 됩니다. 따라서 두 화면 모두 FloatingActionButton을 갖게 되는데, 이 경우 **46**번째 줄의 heroTag 필드는 각각의 버튼을 구분하기 위한 고유한 키로 사용됩니다.

59번째 줄에서 ListView 구현을 살펴보면, ListView.builder가 아닌 ListView.separated 위젯을 사용합니다. 동네 생활 화면의 리스트는 각 아이템 사이에 구분선이 위치하기 때문에, **60**번째 줄에서 구분선을 추가하기 위해 separated 생성자를 호출하여 ListView를 작성합니다.

커뮤니티 상세 화면

다음으로, 상세 보기 화면에서는 사용자가 선택한 글의 상세 내용을 표시합니다. 상세 보기 화면은 글 작성자의 정보, 글의 내용, 첨부된 이미지 등을 포함하여, 사용자가 글에 대한 모든 정보를 볼 수 있도록 합니다. 또한, 필요에 따라 댓글 기능이나 좋아요 기능 등을 추가하여 사용자 상호작용을 유도할 수 있습니다.

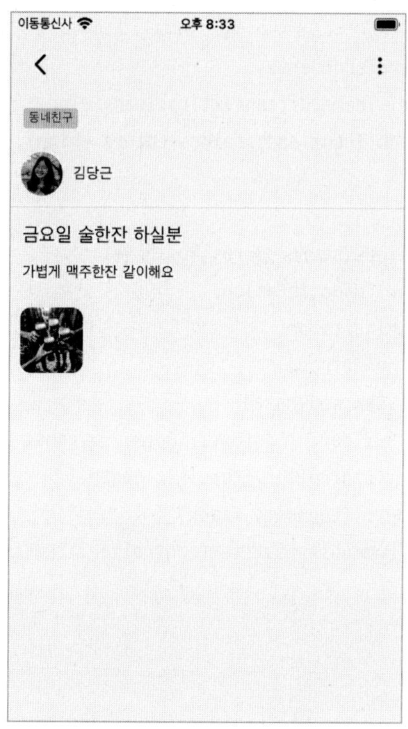

그림 13-4 동네 생활 상세 화면

lib/src/screens/community/show.dart

```
import 'package:flutter/material.dart';
import 'package:get/get.dart';

import '../../controllers/community_controller.dart';
import '../../widgets/basic/image_box.dart';
import '../../widgets/listitems/user_list_item.dart';
import '../../widgets/modal/commu_modal.dart';
import 'edit.dart';

class CommunityShow extends StatefulWidget {
  final int id;
  const CommunityShow(this.id, {super.key});
```

```
  @override
  State<CommunityShow> createState() => _CommunityShowState();
}

class _CommunityShowState extends State<CommunityShow> {
  final controller = Get.put(CommunityController());

  @override
  void initState() {
    super.initState();
    controller.communityShow(widget.id);
  }

  editButton() {
    Get.to(() => CommunityEdit(widget.id));
  }

  deleteButton() async {
    final result = await controller.communityDelete(widget.id);
    if (result) Get.back();
  }

  moreButton() {
    showModalBottomSheet (
      context: context,
      builder: (context) {
        return CommuBottomModal(onEdit: editButton, onDelete: deleteButton);
      },
    );
  }

  @override
  Widget build(BuildContext context) {
    return Scaffold(
      appBar: AppBar(
        actions: [
          IconButton(onPressed: moreButton, icon: const Icon(Icons.more_vert))
        ],
      ),
      body: Obx(
        () {
```

```
          final model = controller.currentItem.value;
          if (model == null) return const CircularProgressIndicator();
          return ListView(
            children: [
              Row(
                children: [
                  Padding(
                    padding: const EdgeInsets.all(12.0),
                    child: Container(
                      padding: const EdgeInsets.symmetric(
                          vertical: 1, horizontal: 5),
                      decoration: BoxDecoration(
                        color: Colors.grey.shade300,
                        borderRadius: BorderRadius.circular(3),
                      ),
                      child: Text(
                        model.category,
                        style: const TextStyle().copyWith(
                          fontSize: 12,
                          color: Colors.grey.shade800,
                        ),
                      ),
                    ),
                  ),
                ],
              ),
              UserListItem(model.writer!),
              Padding(
                padding: const EdgeInsets.all(12.0),
                child: Column(
                  crossAxisAlignment: CrossAxisAlignment.start,
                  children: [
                    Text(
                      model.title,
                      style: const TextStyle().copyWith(fontSize: 18),
                    ),
                    const SizedBox(height: 10),
                    Text(model.content),
                  ],
                ),
              ),
              Padding(
```

```
97                 padding: const EdgeInsets.all(10.0),
98                 child: Row(children: [ImageBox(model.imageUrl)]),
99               ),
100            ],
101          );
102        },
103      ),
104    );
105  }
106 }
```

81번째 줄에서 사용하고 있는 UserListItem 위젯은 피드 상세 화면에서 사용한 위젯을 재사용한 것입니다. 50번째 줄의 '더 보기' 버튼은 36번째 줄의 moreButton 함수를 호출합니다. 이 함수는 showModal–BottomSheet 함수를 호출하여 하단 모달이 생성될 수 있도록 합니다. 하단 모달은 사용자가 수정과 삭제를 할 수 있는 옵션을 제공합니다. 각각의 수정과 삭제 동작은 27번째와 31번째 줄의 함수를 호출하여 처리됩니다.

showModalBottomSheet 함수에서 호출하는 CommuBottomModal 위젯을 만들면 다음 그림 13–5와 같습니다. 이 위젯은 수정과 삭제 기능을 제공하는 하단 모달을 나타냅니다. 사용자가 '더 보기' 버튼을 눌렀을 때 나타나는 이 모달은 간단하고 직관적인 인터페이스로 사용자에게 필요한 작업을 선택할 수 있는 옵션을 제공합니다.

그림 13–5 동네 생활 상세에서 '더 보기' 버튼을 누른 모습

lib/src/widgets/modal/commu_modal.dart

```
import 'package:flutter/material.dart';

class CommuBottomModal extends StatelessWidget {
  final VoidCallback onEdit;
  final VoidCallback onDelete;

  const CommuBottomModal({
    required this.onEdit,
    required this.onDelete,
    super.key,
  });

  @override
  Widget build(BuildContext context) {
    return Column(
      mainAxisSize: MainAxisSize.min,
      children: [
        ListTile(
          title: const Text(
            '수정',
            textAlign: TextAlign.center,
          ),
          onTap: onEdit,
        ),
        ListTile(
          title: const Text(
            '삭제',
            textAlign: TextAlign.center,
            style: TextStyle(color: Colors.red),
          ),
          onTap: onDelete,
        ),
      ],
    );
    ;
  }
}
```

2.3 생성, 수정 화면

동네 생활 게시글의 목록과 상세 조회를 만들면서 다양한 작은 단위의 재사용 가능한 위젯을 함께 만들고 사용했습니다. 이번에는 생성 및 수정 화면을 만들어, 동네 생활 게시글을 추가하고 수정할 수 있게 하겠습니다. 이 과정에서도 재사용할 수 있는 작은 위젯들을 만들고, 이를 활용할 예정입니다.

동네 생활 생성 화면

생성 화면에서는 사용자의 입력을 받기 위한 TextField, DropDown 등 다양한 위젯이 사용됩니다. 이 과정에서 코드의 재사용성을 높이고, UI 설정을 효율적으로 관리하기 위해 작은 위젯으로 분리하여 호출하여 사용하도록 하겠습니다.

이렇게 위젯으로 분리하는 것은 많은 장점이 있는데, 첫째, UI 요소들을 작은 단위로 분리함으로써 각 위젯의 역할과 기능이 명확해집니다. 둘째, 코드의 중복을 줄이고 유지 보수를 용이하게 합니다. 예를 들어, 제목 입력 필드의 스타일이나 동작을 변경해야 할 때, 해당 위젯만 수정하면 이를 사용하는 모든 화면에 자동으로 반영됩니다. 셋째, 테스트와 디버깅이 더 쉬워집니다. 각 위젯을 독립적으로 테스트할 수 있어, 문제가 발생했을 때 원인을 빠르게 찾고 수정할 수 있습니다.

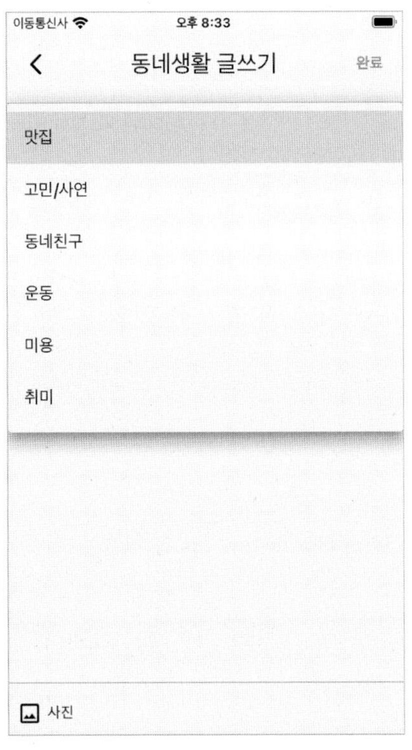

그림 13-6 동네 생활 쓰기 화면에서 카테고리 선택 폼

```
lib/src/widgets/forms/commu_dropdown.dart
```

```
01 import 'package:flutter/material.dart';
02
03 class CommuDropdown extends StatelessWidget {
04   final String? selectedValue;
05   final List<String> items;
06   final ValueChanged<String?> onChanged;
07
08   const CommuDropdown({
09     required this.selectedValue,
10     required this.items,
11     required this.onChanged,
12     super.key,
13   });
14
15   @override
16   Widget build(BuildContext context) {
17     return DropdownButtonFormField<String>(
18       decoration: const InputDecoration(
19         border: OutlineInputBorder(borderSide: BorderSide.none),
20         focusedBorder: OutlineInputBorder(borderSide: BorderSide.none),
21         enabledBorder: OutlineInputBorder(borderSide: BorderSide.none),
22       ),
23       value: selectedValue,
24       items: items.map((String item) {
25         return DropdownMenuItem<String>(
26           value: item,
27           child: Text(item),
28         );
29       }).toList(),
30       onChanged: onChanged,
31     );
32   }
33 }
```

플러터에서 기본으로 제공하는 DropDown이나 TextField들은 아웃라인이 있는 메테리얼(material) 기본 디자인의 형태로 제공됩니다. 그러나 중고 거래 앱에서 사용하고 있는 위젯들은 아웃라인이 없는 형태입니다. 디자인을 같게 반영하기 위해, **19**, **20**, **21**번째 줄 모두에 두께가 없는 아웃라인을 적용하였습니다.

중고 물품을 등록할 때 사용자 정의 TextField를 만들어서 사용하였지만, 동네 생활에서의 TextField는 중고 물품들과는 모양이 확연하게 다릅니다. 따라서 CommuTextField라는 이름으로 새로 생성하여 사용하겠습니다.

lib/src/widgets/forms/commu_textfield.dart

```
import 'package:flutter/material.dart';

class CommuTextField extends StatelessWidget {
  final TextEditingController controller;
  final String? hint;
  final double fontSize;
  final int? maxLines;

  const CommuTextField({
    required this.controller,
    this.hint,
    this.fontSize = 14,
    this.maxLines = 1,
    super.key,
  });

  @override
  Widget build(BuildContext context) {
    return TextField(
      controller: controller,
      style: const TextStyle().copyWith(fontSize: fontSize),
      maxLines: maxLines,
      expands: (maxLines == null),
      textAlignVertical: TextAlignVertical.top,
      decoration: InputDecoration(
        hintText: hint,
        hintStyle: const TextStyle().copyWith(fontSize: fontSize),
        hintMaxLines: 2,
        border: const OutlineInputBorder(borderSide: BorderSide.none),
        focusedBorder: const OutlineInputBorder(borderSide: BorderSide.none),
        enabledBorder: const OutlineInputBorder(borderSide: BorderSide.none),
      ),
    );
  }
}
```

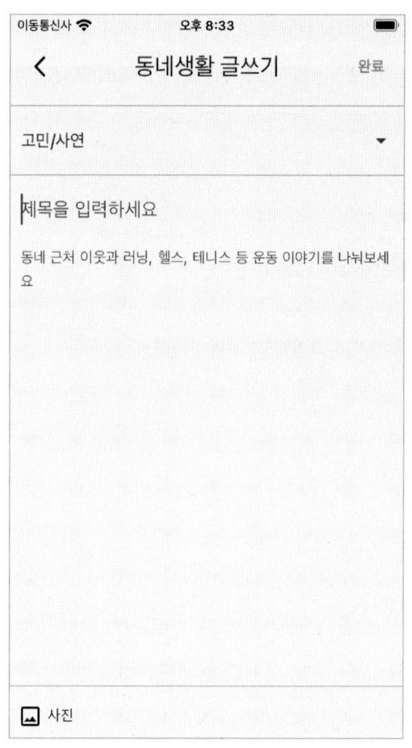

그림 13-7 동네 생활 쓰기 화면에서 TextField 모습

동네 생활의 TextField는 아웃라인이 없는 상태로, 힌트 문구를 마치 사용자가 글을 쓴 것처럼 제목 필드와 내용 필드에 색만 다르게 하고 크기는 원래 제목과 내용에서 가져야 할 크기대로 제공하고 있습니다. 따라서 **06**번째 줄에서 받은 fontSize를 **21**번째 줄의 TextField와 **27**번째 줄의 힌트에 일괄 적용하여 동일한 크기를 유지하되 색상만 다르게 하였습니다. 이렇게 하면 사용자는 글을 작성할 때 더 자연스러운 경험을 할 수 있습니다.

TextField의 maxLines 필드는 한 번에 몇 줄의 내용까지 표시할지를 나타냅니다. 그러나 우리가 만드는 위젯은 때때로 지정된 줄 수가 아닌 화면의 나머지 영역을 꽉 채울 필요가 있습니다. 이 경우 maxLines를 null로 설정하고, expanded를 true로 설정해야 expanded 위젯 등의 크기 위젯 안에서 전체를 채우는 TextField가 나올 수 있습니다. **13**번째 줄을 활용해 maxLines는 1줄을 기본으로 하며, null이 올 경우 **22**번째 줄과 **23**번째 줄을 이용해 늘어날 수 있는 TextField에서도 활용할 수 있도록 준비합니다. 이를 통해 다양한 상황에서 유연하게 사용할 수 있는 TextField를 구현할 수 있습니다.

마지막으로, 이렇게 생성한 위젯들을 활용한 글 작성 화면은 그림 13-7과 같습니다. 이 화면에서는 사용자가 제목, 카테고리, 내용, 이미지를 입력하여 새로운 글을 작성할 수 있습니다. 각 입력 필드는 우리가 만든 재사용 가능한 위젯으로 구성되어 있습니다.

lib/src/screens/community/create.dart

```
import 'package:flutter/material.dart';
import 'package:get/get.dart';

import '../../controllers/community_controller.dart';
import '../../controllers/file_controller.dart';
import '../../widgets/basic/image_box.dart';
import '../../widgets/forms/commu_dropdown.dart';
import '../../widgets/forms/commu_textfield.dart';

class CommunityCreate extends StatefulWidget {
  const CommunityCreate({super.key});

  @override
  State<CommunityCreate> createState() => _CommunityCreateState();
}

class _CommunityCreateState extends State<CommunityCreate> {
  final titleController = TextEditingController();
  final contentController = TextEditingController();
  final controller = Get.put(CommunityController());
  final fileController = Get.put(FileController());
  String? _selectedCategory;

  submit() async {
    if (_selectedCategory == null) {
      Get.snackbar('오류', '분류를 골라주세요', snackPosition: SnackPosition.BOTTOM);
    }

    final result = await controller.communityCreate(
      _selectedCategory!,
      titleController.text,
      contentController.text,
      fileController.imageId.value,
    );
    if (result) {
      Get.back();
    }
  }

  @override
  Widget build(BuildContext context) {
```

```
    return Scaffold(
      appBar: AppBar(
        title: const Text('동네 생활 글쓰기'),
        actions: [TextButton(onPressed: submit, child: const Text('완료'))],
      ),
      body: SafeArea(
        child: Column(
          children: [
            const Divider(),
            CommuDropdown(
              selectedValue: _selectedCategory,
              items: controller.categories,
              onChanged: (newValue) {
                setState(() {
                  _selectedCategory = newValue;
                });
              },
            ),
            const Divider(),
            CommuTextField(
              hint: '제목을 입력하세요',
              controller: titleController,
              fontSize: 18,
            ),
            Expanded(
              child: CommuTextField(
                hint: '동네 근처 이웃과 러닝, 헬스, 테니스 등 운동 이야기를 나눠보세요',
                controller: contentController,
                maxLines: null,
              ),
            ),
            Obx(
              () => Visibility(
                visible: fileController.imageUrl != null,
                child: Padding(
                  padding: const EdgeInsets.all(10.0),
                  child: Row(
                    children: [
                      ImageBox(fileController.imageUrl),
                    ],
                  ),
                ),
```

```
84                ),
85              ),
86              const Divider(),
87              Row(
88                children: [
89                  InkWell(
90                    onTap: fileController.upload,
91                    child: const Padding(
92                      padding: EdgeInsets.all(8.0),
93                      child: Row(
94                        children: [
95                          Icon(Icons.image_outlined),
96                          SizedBox(width: 5),
97                          Text('사진'),
98                        ],
99                      ),
100                   ),
101                 ),
102               ],
103             )
104           ],
105         ),
106       ),
107     );
108   }
109 }
```

53번째 줄에서는 사용자가 만든 DropDown 위젯을 활용하여 동네 생활의 카테고리를 표시하였습니다. **61**번째 줄의 사용자 정의 TextField 위젯에서는 maxLines 필드를 기본값인 1로 설정하여 한 줄짜리 제목을 입력받습니다. 이는 사용자가 간단하고 명확하게 제목을 입력할 수 있도록 합니다. 반면, **67**번째 줄의 위젯은 Expanded 위젯 아래에 두어 maxLines를 null로 설정하여 나머지 공간을 모두 채우게 하였습니다. 이를 통해 사용자는 긴 내용을 입력할 수 있으며, 화면 크기에 따라 자동으로 조절되는 입력 필드를 사용할 수 있습니다. **80**번째 줄의 ImageBox 또한 동네 생활 목록에서 사용하던 위젯을 재사용하여 크기만 기본값으로 수정하여 사용하였습니다. 이를 통해 일관된 디자인을 유지하면서도, 코드의 재사용성을 높일 수 있습니다.

동네 생활 수정 화면

수정 화면은 CommunityCreate 화면과 대부분이 비슷합니다. 그러나 몇 가지 차이점이 있습니다. 첫째, 화면에 처음 접근했을 때 initState 메서드에서 각각의 TextField 등을 기존의 글 내용으로 채워주는 동작이 필요합니다. 둘째, 완료 버튼을 눌렀을 때 피드를 생성하는 대신, 기존 글을 수정하는 동작이 이루어져야 합니다. 이와 같은 작은 차이점만 제외하면, 두 화면은 거의 동일한 구조를 가지고 있습니다.

lib/src/screens/community/edit.dart

```
import 'package:flutter/material.dart';
import 'package:get/get.dart';

import '../../controllers/community_controller.dart';
import '../../controllers/file_controller.dart';
import '../../widgets/basic/image_box.dart';
import '../../widgets/forms/commu_dropdown.dart';
import '../../widgets/forms/commu_textfield.dart';

class CommunityEdit extends StatefulWidget {
  final int id;
  const CommunityEdit(this.id, {super.key});

  @override
  State<CommunityEdit> createState() => _CommunityEditState();
}

class _CommunityEditState extends State<CommunityEdit> {
  final titleController = TextEditingController();
  final contentController = TextEditingController();
  final controller = Get.put(CommunityController());
  final fileController = Get.put(FileController());
  String? _selectedCategory;

  submit() async {
    if (_selectedCategory == null) {
      Get.snackbar('오류', '분류를 골라주세요', snackPosition: SnackPosition.BOTTOM);
    }

    final result = await controller.communityUpdate(
      widget.id,
      _selectedCategory!,
      titleController.text,
      contentController.text,
      fileController.imageId.value,
    );
```

```
    if (result) {
      Get.back();
      Get.back();
    }
  }

  @override
  void initState() {
    super.initState();
    final item = controller.currentItem.value!;

    titleController.text = item.title;
    contentController.text = item.content;
    fileController.imageId.value = item.imageId;
    _selectedCategory = item.category;
  }

  @override
  Widget build(BuildContext context) {
    return Scaffold(
      appBar: AppBar(
        title: const Text('동네 생활 수정'),
        actions: [TextButton(onPressed: submit, child: const Text('완료'))],
      ),
      // 이하 CommunityCreate와 동일...
```

이렇게 수정 화면까지 완성하였다면, 마지막으로 홈 화면에서 '동네 생활' 하단 탭을 눌렀을 때 CommunityIndex 화면이 정상적으로 표시될 수 있도록 myTabs에 추가해 줍니다.

lib/src/screens/home.dart

```
import 'package:flutter/material.dart';
import 'package:get/get.dart';

import '../controllers/user_controller.dart';
import 'community/index.dart';
import 'feed/index.dart';
import 'my/mypage.dart';

final List<BottomNavigationBarItem> myTabs = <BottomNavigationBarItem>[
  BottomNavigationBarItem(icon: Icon(Icons.home), label: '홈'),
```

```
  BottomNavigationBarItem(icon: Icon(Icons.feed), label: '동네'),
  BottomNavigationBarItem(
      icon: Icon(Icons.chat_bubble_outline_rounded), label: '채팅'),
  BottomNavigationBarItem(icon: Icon(Icons.person_outline), label: '마이'),
];

final List<Widget> myTabItems = [
  FeedIndex(),
  CommunityIndex(),
  Center(child: Text('채팅')),
  MyPage(),
];

class Home extends StatefulWidget {
// 기존 코드들...
```

14장

추가 소셜 기능 구현하기 (채팅)

중고 거래 앱의 핵심 기능은 이웃 주민과 손쉬운 거래입니다. 따라서 중고 물품(feed) 기능이 가장 중요합니다. 비록 중고 거래 앱이 채팅 애플리케이션은 아니지만, 중고 물품을 거래하기 위해서는 채팅 기능이 필수적인 보조 기능으로 자리 잡고 있습니다. 채팅 기능을 통해 사용자는 거래 상대방과 원활하게 소통할 수 있으며, 거래를 안전하고 신속하게 진행할 수 있습니다. 이번 장에서는 이러한 채팅 기능을 구현하여 홍당무마켓 앱을 완성해 보겠습니다.

1 채팅

채팅 기능을 구현하기 위해 사용할 수 있는 방법은 무수히 많습니다. 채팅 기능 자체의 구현은 크게 어렵지 않지만 다양한 통신 환경, 모바일 환경, 로그인 환경, 파일 처리, 알림, 분산 처리 등의 기능을 고려한다면 매우 복잡하게 구현할 수도 있습니다. 실제 중고 거래 앱에서 채팅은 대규모의 인원이 사용하기 때문에 파일 첨부나 주소 첨부 그리고 송금 기능까지 포함되어 있어 상당히 큰 규모로 만들어졌다고 볼 수 있습니다.

우리는 그렇게 복잡한 채팅 기능을 구현하기보다는 가장 간단한 방법으로 기능 구현에 목적을 두고 진행하겠습니다. 이를 통해 기본적인 채팅 기능을 빠르게 구현하고, 이후 필요에 따라 확장하거나 개선할 수 있게 하겠습니다.

1.1 동작 원리

채팅은 일반적인 API 통신과 차이가 있습니다. 일반적인 API 통신은 주로 클라이언트와 서버 간의 요청-응답 패턴을 따르지만, 채팅은 실시간 통신을 위해 지속적인 연결을 유지해야 합니다. 다음 그림을 통해 일반적인 API 통신과 채팅 동작의 원리를 비교해 보겠습니다.

일반적인 API 통신 동작

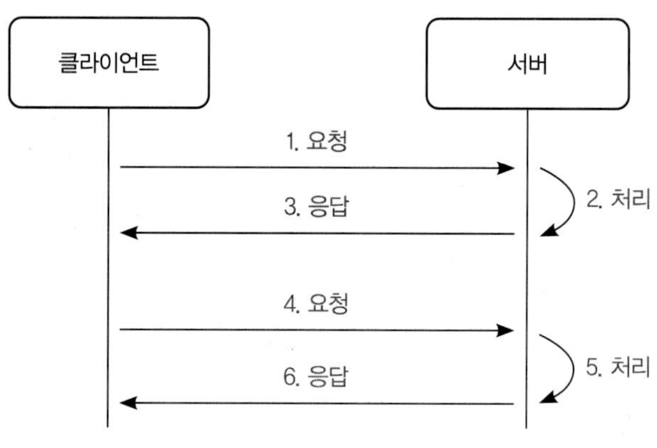

그림 14-1 일반적인 API 통신 순서

일반적인 API 통신은 주로 클라이언트와 서버 간의 요청-응답 패턴을 따릅니다. 사용자가 특정 작업을 수행하기 위해 클라이언트 애플리케이션에서 서버로 요청을 보내면, 서버는 요청을 받아 필요한 처리를 수행합니다. 이 처리 과정에는 데이터베이스 조회와 비즈니스 로직 실행 등이 포함됩니다. 서버는 처리 결과를 클라이언트에게 응답으로 보내며, 이 응답에는 상태 코드와 필요한 데이터가 포함됩니다. 클라이언트는 서버로부터 받은 응답을 처리하여 사용자에게 결과를 표시합니다. 이러한 통신은 주로 HTTP/HTTPS 프로토콜을 사용하여 요청과 응답을 주고받습니다.

따라서 일반적인 API 통신은 사용자가 먼저 요청을 보내야 하기에 새로 고침을 하거나 어떠한 다른 동작의 요청을 먼저 보내야만 응답을 받을 수 있기 때문에, 실시간으로 메시지를 주고받는 채팅 애플리케이션에서는 일반적인 API 통신 방식이 한계가 있습니다.

채팅 동작

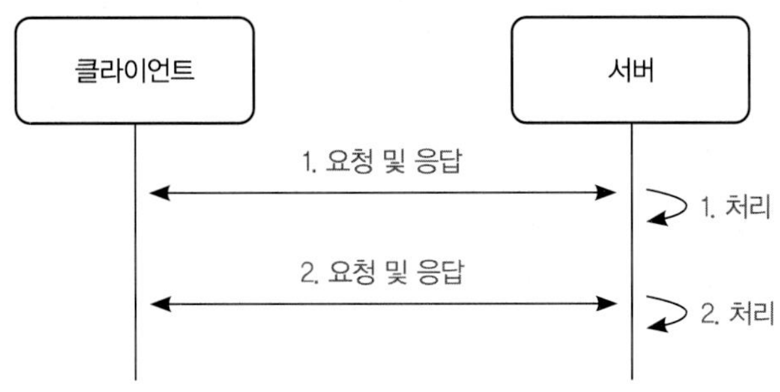

그림 14-2 채팅(웹 소켓) 통신 순서

채팅 애플리케이션은 실시간으로 메시지를 주고받기 위해 지속적인 연결을 유지하기 위해 주로 WebSocket 또는 Firebase Realtime Database, Firestore와 같은 실시간 데이터베이스를 사용합니다.

WebSocket은 클라이언트와 서버 간에 지속적인 연결을 유지하여 실시간 데이터 전송이 가능합니다. 연결이 유지되는 동안 양방향 통신이 가능합니다. Firebase는 클라이언트와 서버 간의 데이터 변경 사항을 실시간으로 동기화합니다. 클라이언트가 데이터를 구독하면, 서버에서 데이터 변경 시 자동으로 업데이트됩니다. 클라이언트는 새로운 메시지를 서버에 보내고, 서버는 이를 다른 클라이언트들에게 실시간으로 전송합니다. 데이터베이스의 변경 사항을 실시간으로 반영하여 모든 클라이언트가 최신 상태를 유지하도록 합니다. 즉 이 연결은 요청-응답의 순서 상관없이 필요한 쪽에서 다른 쪽을 호출할 수 있는 구조라는 것이 일반적인 API 방식과 가장 큰 차이점입니다. 이 장에서는 WebSocket을 사용하여 채팅 동작을 구현하는 예제로 설명해 드리겠습니다.

데이터베이스

채팅방을 나타내는 room 데이터베이스는 다음과 같습니다.

field	type	null	default	extra
id	INT	NOT NULL		PRI
feed_id	INT	NOT NULL		FK
user_id	INT	NOT NULL		FK
updated_at	TIMESTAMP	NOT NULL	CURRENT_TIMESTAMP	

표 14-1 채팅방 테이블의 구조

채팅방 안에서 각각 서로의 대화를 나타내는 chat 데이터 베이스는 다음과 같습니다.

field	type	null	default	extra
id	INT	NOT NULL		PRI
room_id	INT	NOT NULL		FK
user_id	INT	NOT NULL		FK
content	STRING	NOT NULL		
created_at	TIMESTAMP	NOT NULL	CURRENT_TIMESTAMP	

표 14-2 채팅 메시지 테이블의 구조

```
USE carrot;

CREATE TABLE IF NOT EXISTS room(
    id INT NOT NULL AUTO_INCREMENT PRIMARY KEY,
    feed_id INT NOT NULL,
    user_id INT NOT NULL,
    updated_at TIMESTAMP NOT NULL DEFAULT CURRENT_TIMESTAMP
);

CREATE TABLE IF NOT EXISTS chat(
    id INT NOT NULL AUTO_INCREMENT PRIMARY KEY,
    room_id INT NOT NULL,
    user_id INT NOT NULL,
    content VARCHAR(255) NOT NULL,
    created_at TIMESTAMP NOT NULL DEFAULT CURRENT_TIMESTAMP
);
```

채팅 시나리오

❶ 채팅방 생성

사용자가 특정 게시글(feed)에 대해 채팅을 시작하려고 하면, 새로운 채팅방이 생성됩니다. **room** 테이블에 새로운 레코드가 추가되며, 이 레코드는 게시글의 ID(feed_id)와 채팅을 요청한 사용자(user_id)의 정보를 포함합니다. 즉 채팅의 대상자는 게시글을 작성한 feed.user_id 사용자와 채팅을 요청한 사용자 room.user_id 간의 채팅이 됩니다.

❷ 채팅방 참여

채팅에 참여하는 사용자는 클라이언트 애플리케이션에서 해당 채팅방의 ID를 사용하여 WebSocket 연결을 설정합니다. 클라이언트는 채팅방 ID를 통해 해당 방의 메시지를 실시간으로 송수신하게 됩니다.

❸ 메시지 전송

사용자가 메시지를 입력하고 전송 버튼을 누르면, 메시지는 WebSocket을 통해 서버로 전송됩니다. 서버는 받은 메시지를 **chat** 테이블에 저장합니다. 이때 room_id는 메시지가 속한 채팅방을, user_id는 메시지를 보낸 사용자를, content는 메시지 내용을 저장합니다.

❹ 메시지 브로드캐스트

서버는 연결된 모든 클라이언트에게 새로운 메시지를 브로드캐스트합니다. 이때 room_id를 참고하여 해당 room_id를 가지고 있는 사용자의 채팅방이 업데이트됩니다.

❺ 채팅 목록 업데이트

클라이언트는 채팅 목록을 조회할 때, 각 채팅방의 최신 메시지와 메시지 작성자를 함께 조회합니다. 최신 메시지와 작성자가 클라이언트에게 표시되어 실시간으로 업데이트됩니다. 채팅 목록에서 각 채팅방의 최신 메시지와 작성자를 표시하여 사용자가 쉽게 확인할 수 있도록 합니다.

❻ 실시간 스크롤

새로운 메시지를 수신하거나 전송할 때마다 채팅 화면이 자동으로 아래쪽을 보여줄 수 있게 스크롤됩니다. 스크롤 컨트롤러를 사용하여 최신 메시지를 항상 화면에서 확인할 수 있게 합니다.

1.2 채팅 백엔드

WebSocket을 통하여 채팅을 구현하기 위해 단계별로 알아보겠습니다.

라이브러리 설치 및 서버설정

WebSocket을 사용하기 위한 첫 단계로 ws 라이브러리를 프로젝트에 추가해야 합니다. 프로젝트와 같은 디렉터리 내에서 다음의 명령어를 입력해 ws 라이브러리를 설치합니다.

```
npm install --save ws
```

프로젝트 디렉터리 내의 index.js 파일을 수정하여 WebSocket 데이터를 수신할 준비를 해야 합니다. 기존에 쓰던 코드에서 WebSocket 관련 코드 외에 몇 가지 추가 수정사항들이 있습니다.

index.js

```
require('dotenv').config();
const express = require('express');
const app = express();
const port = process.env.PORT || 3000;
const router = require('./src/router');
const bodyParser = require('body-parser');
const http = require('http');
const WebSocket = require('ws');
const chatController = require('./src/chat/controller')
const jwt = require('jsonwebtoken');

// JSON 형식의 데이터 처리
app.use(bodyParser.json());
// URL 인코딩된 데이터 처리
app.use(bodyParser.urlencoded({ extended: true }));

// 라우터를 애플리케이션에 등록
app.use('/', router);

// HTTP 서버 생성
const server = http.createServer(app);

// WebSocket 서버 생성 및 설정
const wss = new WebSocket.Server({ server });

// WebSocket 서버 설정을 controller에 전달
chatController.setWss(wss);

wss.on('connection', (ws) => {
  ws.on('message', (message) => {
```

```
31     const parsedMessage = JSON.parse(message);
32     jwt.verify(parsedMessage.token, process.env.JWT_KEY, (err, decoded)=>{
33       if (err) {
34           ws.close();
35       } else {
36         chatController.handleMessage(ws, decoded, parsedMessage);
37       }
38     });
39   });
40 });
41 
42 // 서버 시작
43 server.listen(port, () => {
44   console.log(`웹서버 구동... ${port}`);
45 });
```

03번째 줄에서 선언된 app 상수는 Express 객체를 사용하여 이전까지는 app.listen 함수를 통해 서버를 생성했습니다. 하지만 지금은 **07**번째 줄에 선언된 http를 이용해 **21**번째 줄에서 server라는 이름의 상수를 생성하여 그 server를 이용해 server.listen 함수를 사용해 서버를 생성하도록 변경합니다. 이는 이전에는 Express 앱만을 이용하던 서버 환경에서 나아가 http 객체 안에 Express 서버와, **24**번째 줄의 WebSocket 서버를 함께 구동해야 하기 때문입니다. **09**번째 줄의 chatController는 다음에 만들어줄 컨트롤러입니다. 컨트롤러 내의 setWss 함수를 추가하여 index.js에서 wss 변수를 사용할 수 있도록 합니다. **27**번째 줄은 WebSocket 관련 설정입니다. WebSocket이 연결되어 메시지가 수신될 경우를 나타내며 WebSocket으로 전송되는 메시지는 단순 문자열이지만, 우리는 JSON 객체를 보내 통신할 것이기에 **31**번째 줄에서 JSON.parse 함수를 활용해 문자열을 JSON 객체로 변경합니다.

라우터 설정

기존 라우터에서 **11**번째 줄에 chatController를 추가한 뒤 **18**, **19**, **20**번째 줄에 걸쳐서 채팅에 필요한 REST 통신 엔드포인트를 추가합니다.

src/router.js

```
01 const express = require('express');
02 const router = express.Router();
03 
04 const multer = require('multer');
```

```
05 const upload = multer({ dest: 'storage/' });
06
07 const webController = require('./web/controller')
08 const apiFeedController = require('./api/feed/controller')
09 const apiUserController = require('./api/user/controller')
10 const fileController = require('./api/file/controller')
11 const chatController = require('./chat/controller')
12
13 const { logRequestTime } = require('./middleware/log');
14 const authenticateToken = require('./middleware/authenticate');
15
16 // 기존 코드들 ...
17
18 router.get('/api/chat/room/:id', chatController.getMissedMessages);
19 router.get('/api/chat/room', chatController.roomIndex);
20 router.post('/api/chat/room', chatController.enterRoom);
21
22 module.exports = router;
```

두 사람이 최초로 채팅을 주고받기 위해서는 **20**번째 줄의 enterRoom 함수를 실행하여 두 사람만 볼 수 있는 채팅방을 하나 만들고, 플러터는 이 채팅방의 ID를 돌려받습니다. 앞으로는 이 채팅방의 ID를 이용해 채팅 화면에 접속할 수 있도록 합니다.

플러터 앱의 하단 메뉴 중 '채팅' 메뉴에 들어가면 기존에 대화를 하던 다양한 채팅방의 목록을 볼 수 있습니다. **19**번째 줄의 roomIndex 함수를 호출하여 나온 채팅 목록을 받아 목록에 표시합니다.

마지막으로 채팅방에 입장할 때는 **18**번째 줄의 getMissedMessages 함수를 호출합니다. 이 함수는 채팅방의 ID를 기반으로 접속하여 휴대폰의 앱이 실행되지 않는 등 웹 소켓이 아직 연결되지 않았을 때의 저장된 메시지들을 한 번에 받아올 수 있는 함수입니다.

컨트롤러 추가

채팅에 관련된 함수들을 모아둔 컨트롤러는 chat/controller.js에 만들어 index.js와 router.js에서 설정한 함수들로 구성합니다. 이는 채팅에 대한 데이터를 처리하기 적절히 데이터베이스와 소켓을 활용하도록 다양한 함수입니다.

src/api/chat/controller.js

```
const WebSocket = require('ws');
const chatRepository = require('./repository');
```

```
let wss; // wss 변수를 선언합니다.

exports.setWss = (webSocketServer) => {
  wss = webSocketServer; // wss 변수를 설정합니다.
};

exports.roomIndex = async (req, res) => {
  const { page = 1, size = 20 } = req.query;
  const userId = req.user.id;

  try {
    const roomsData = await chatRepository.getRooms(userId, page, size);
    const rooms = roomsData.map(row => ({
      id: row.id,
      updatedAt: row.updated_at,
      feed: {
        id: row.feed_id,
        title: row.feed_title,
        content: row.feed_content,
        price: row.feed_price,
        image_id: row.feed_image_id,
        created_at: row.feed_created_at,
      },
      client: {
        id: row.user_id,
        name: row.user_name,
        profile_id: row.user_profile_id,
      },
      lastMessage: row.last_message,
    }));
    res.json({ result: 'ok', data: rooms });
  } catch (error) {
    res.json({ result: 'error', data: error.message });
  }
};

exports.enterRoom = async (req, res) => {
  const { feedId, clientId } = req.body;
  const userId = req.user.id;
  try {
    const roomId = await chatRepository.enterRoom(feedId, userId, clientId);
    res.send({ result: 'ok', roomId });
  } catch (error) {
```

```
46     console.error(error)
47     res.send({result: 'error', data: error.message});
48   }
49 };
50 
51 exports.handleMessage = async (ws, user, message) => {
52   const { roomId, content } = message;
53 
54   try {
55     const savedMessage = await chatRepository.saveMessage(roomId, user.id, content);
56     broadcastMessage(roomId, savedMessage);
57   } catch (error) {
58     console.error('Error handling message:', error);
59   }
60 };
61 
62 exports.getMissedMessages = async (req, res) => {
63   const { page = 1, size = 20 } = req.query;
64   const { id } = req.params;
65   try {
66     const messages = await chatRepository.getMessagesAfter(id, page, size);
67     res.send({result: 'ok', data: messages});
68   } catch (error) {
69     res.send({result: 'error', data: error.message});
70   }
71 };
72 
73 const broadcastMessage = (roomId, message) => {
74   wss.clients.forEach(function each(client) {
75     if (client.readyState === WebSocket.OPEN) {
76       client.send(JSON.stringify(message));
77     }
78   });
79 };
```

05번째 줄의 setWss 함수는 index.js에서 설정한 WebSocketServer 객체를 받아와 이 컨트롤러 함수에서 사용할 수 있도록 제공합니다. 이는 채팅 메시지를 소켓으로 통신하는 로직인 **56**번째 줄의 broadcastMessage에서 사용하여 소켓 메시지를 보내기 위해 사용됩니다. **09**번째 줄의 roomIndex 함수는 현재 활성화되어 있는 채팅방의 목록을 가져옵니다. 다만, 조금 복잡해 보이는 **15**번째 줄의 map은 데이터베이스에서 가져온 데이터를 플러터 앱에서 조금 더 활용하기 쉬운 객체의 형태로 만들기 위하여 객체의 모습을 바꾸어 주는 형태입니다. **39**번째 줄의 enterRoom 함수는 사용자가 플러터 앱에서 보고 있는 물건이 마음에 들 경우 해당 물건 페이지에서 '채팅하기' 버튼을 눌러 채팅방에 들어가는 경우를 위한 함수입니다. 주의할 점은 최초 채팅방을 생성할 경우도 있지만, 이미 해당 물건에 대해 대화 중인 기록이 있으면 해당 채팅방의 ID를 다시 가져와 대화를 이어갈 수 있도록 합니다. **51**번째 줄의 handleMessage는 index.js에서 사용하는 웹 소켓 메시지가 수신되었을 때의 처리를 합니다. 기본적으로 **55**번째 줄의 saveMessage 함수를 이용해 메시지를 데이터에 저장하고 **56**번째 줄의 broadcastMessage 함수를 이용해 웹 소켓으로 해당 메시지를 다시 전송하여 플러터 앱에서 업데이트될 수 있도록 합니다. **62**번째 줄의 getMissedMessages 함수는 채팅방에 접속했을 때, 미처 수신하지 못한 메시지들을 한 번에 받아올 수 있는 함수입니다. **73**번째 줄의 broadcastMessage는 파라미터로 받아온 메시지를 웹 소켓 서버에 연결된 모든 클라이언트에게 메시지를 전달하는 역할을 합니다. 연습용으로 제작한 채팅 메시지는 연결된 모든 사용자에게 메시지를 우선 전달하고, 플러터 앱에서 나의 채팅인지를 판단하는 로직으로 제작되었습니다. 이 단원에 처음에서 설명한 대로 이는 배포용 앱에는 적절하지 않지만 최대한 간단히 구현하느라 이 방식을 사용하여 설명합니다. 배포용 앱을 제작할 때는 반드시 목적에 맞는 사용자에게만 통신이 전달되도록 구현해야 합니다.

채팅 레포지토리 생성

채팅 메시지의 처리 중 데이터베이스에서 처리해야 할 사항들을 모아 chat/repository.js에 파일을 만들어 처리하도록 합니다. 쿼리가 조금 복잡하지만, 차근차근 설명하도록 하겠습니다.

src/api/chat/repository.js

```
const { pool } = require('../database')

exports.getRooms = async (userId, page, size) => {};

exports.enterRoom = async (feedId, userId) => {};

exports.saveMessage = async (roomId, userId, content) => {};

exports.getMessagesAfter = async (roomId, page, size) => {};
```

▶ **채팅방의 목록을 가져오는 getRooms**

src/api/chat/repository.js

```
exports.getRooms = async (userId, page, size) => {
  const offset = (page - 1) * size;

  const query = `
    SELECT room.id,
          feed.id AS feed_id, feed.title AS feed_title, feed.content AS feed_content, feed.price AS feed_price, feed.image_id AS feed_image_id, feed.created_at AS feed_created_at,
          user.id AS user_id, user.name AS user_name, user.profile_id AS user_profile_id,
          latest_chat.created_at AS updated_at,
          latest_chat.content AS last_message
    FROM room
    LEFT JOIN feed ON room.feed_id = feed.id
    LEFT JOIN user ON user.id =
      CASE
        WHEN feed.user_id = ? THEN room.user_id
        ELSE feed.user_id
      END
    INNER JOIN (
      SELECT chat1.room_id, chat1.content, chat1.created_at, chat1.user_id
      FROM chat chat1
      INNER JOIN (
        SELECT room_id, MAX(created_at) AS latest
        FROM chat
        GROUP BY room_id
      ) chat2 ON chat1.room_id = chat2.room_id AND chat1.created_at = chat2.latest
    ) latest_chat ON room.id = latest_chat.room_id
    WHERE room.user_id = ? OR feed.user_id = ?
    ORDER BY latest_chat.created_at DESC
    LIMIT ? OFFSET ?
  `;

  return await pool.query(query, [userId, userId, userId, size, offset]);
};
```

채팅방 목록을 가져오는 쿼리는, 각 채팅방에 대한 물품 정보와 참여 중인 사용자 정보, 마지막으로 나눈 대화 내용 등을 포함합니다. latest_chat 서브 쿼리는 각 room_id에 대해 가장 최근의 채팅 기록을 찾습니다. 만약 특정 room에 아직 채팅 기록이 없는 경우, 해당 room은 결과에서 제외됩니다. 이는 아직 대화가 시작되지 않은 채팅방을 필터링하여 활성화된 채팅방만 표시하기 위함입니다.

앞의 코드에서 사용된 CASE 문은 user 테이블을 조인할 때, 참여자가 판매자인지 구매자인지에 따라 적절한 사용자 ID를 선택합니다.

```
user.id = CASE
  WHEN feed.user_id = ? THEN room.user_id
  ELSE feed.user_id
END
```

이 CASE 문의 사용 목적은 채팅방에서의 상호작용이 일어나는 두 사용자의 역할(판매자 또는 구매자)에 따라 적절한 사용자 정보를 반환하기 위함입니다. 구체적으로 feed.user_id와 현재 로그인한 사용자의 ID가 일치하는지 여부에 따라 다음과 같이 작동합니다.

feed.user_id = ?: 이 조건문은 feed.user_id가 쿼리를 실행할 때 입력된 사용자 ID(즉, 현재 로그인한 사용자)와 동일한지를 확인합니다. 이 ID 일치 여부에 따라 다음 두 가지 경우 중 하나를 실행합니다.

첫째 THEN room.user_id: 조건이 참일 경우, 즉 현재 로그인한 사용자가 물품의 주인(판매자)인 경우, SQL 쿼리는 room.user_id를 사용합니다. room.user_id는 채팅방에서 다른 참여자, 즉 구매자의 ID를 의미합니다. 이는 채팅방에서 현재 사용자가 물품의 주인일 때 상대방(구매자)의 정보를 반환하도록 설정된 것입니다.

둘째 ELSE feed.user_id: 조건이 거짓일 경우, 즉 현재 로그인한 사용자가 물품의 주인이 아닌 경우, 즉 구매자인 경우, SQL 쿼리는 feed.user_id를 그대로 사용합니다. 이는 물품 주인(판매자)의 정보를 그대로 사용하게 됩니다. 이 경우, 채팅방에서 현재 사용자가 구매자일 때 판매자의 정보를 보여주는 것입니다.

▶ **새로운 채팅방을 생성하는 enterRoom**

src/api/chat/repository.js

```
exports.enterRoom = async (feedId, userId) => {
  const checkQuery = `SELECT * FROM room WHERE feed_id = ? AND user_id = ?`;
  const checkResult = await pool.query(checkQuery, [feedId, userId]);

  if (checkResult.length > 0) {
    return checkResult[0].id; // 이미 방이 존재하면 해당 방의 ID 반환
  } else {
    const insertQuery = `INSERT INTO room (feed_id, user_id) VALUES (?, ?)`;
    const insertResult = await pool.query(insertQuery, [feedId, userId]);
```

```
10      return insertResult.insertId; // 새로운 방을 생성하고 ID 반환
11    }
12  };
```

enterRoom 함수는 사용자가 특정 물품에 대한 채팅방에 참여하거나 새로운 채팅방을 생성할 때 사용됩니다. 함수의 작동 방식은 다음과 같습니다.

03번째 줄에서 해당 물품에 대해 checkQuery를 실행하여 해당 사용자가 이미 그 물품에 대한 채팅방에 참여하고 있는지 확인합니다. 만약 해당 사용자와 물품 ID가 일치하는 채팅방이 이미 존재한다면(checkResult.length 〉 0), 이미 존재하는 채팅방의 ID를 반환합니다. 이는 사용자가 새로운 채팅방을 생성하지 않고 기존 생성된 채팅방으로 다시 들어가는 경우를 처리합니다.

앞의 검사에서 채팅방이 존재하지 않는 경우, insertQuery를 실행하여 새로운 채팅방을 생성합니다. 이 쿼리는 feed_id와 user_id를 사용하여 room 테이블에 새로운 레코드를 추가하고, 생성된 채팅방의 ID(insertResult.insertId)를 반환합니다. 이 과정을 통해 사용자는 새로운 채팅방에 참여하게 되며, 이 채팅방을 통해 물품의 판매자나 다른 관심있는 사용자와 소통할 수 있습니다.

▶ 메시지를 저장하는 saveMessage와 이전 내용을 가져오는 getMessagesAfter

src/api/chat/repository.js

```
exports.saveMessage = async (roomId, userId, content) => {
  const insertQuery = `INSERT INTO chat (room_id, user_id, content) VALUES (?, ?, ?)`;
  const { insertId } = await pool.query(insertQuery, [roomId, userId, content]);

  const selectQuery = `SELECT * FROM chat WHERE id = ?`;
  const rows = await pool.query(selectQuery, [insertId]);
  return (rows.length < 0) ? null : rows[0];
};

exports.getMessagesAfter = async (roomId, page, size) => {
  const offset = (page - 1) * size;
  const query = `SELECT * FROM chat WHERE room_id = ? ORDER BY created_at ASC LIMIT ? OFFSET ?`;
  return pool.query(query, [roomId, size, offset]);
};
```

두 함수는 비교적 단순합니다. **saveMessage** 함수는 방 번호, 사용자 ID, 내용을 저장한 후, 저장된 메시지의 ID를 이용해 해당 데이터를 다시 조회하여 반환합니다. **getMessagesAfter** 함수는 페이지네이션을 사용해 특정 채팅방의 메시지를 페이지 단위로 나누어 조회할 수 있는 기능을 제공합니다.

피드 레포지토리 수정

마지막으로 피드 목록에서 현재 진행 중인 채팅의 목록이 나올 수 있도록 코드를 수정해야 합니다.

src/api/feed/repository.js

```
exports.index = async (page, size, keyword, userId) => {
  const offset = (page - 1) * size;

  let query = `
    SELECT feed.*, u.name AS user_name, f.id AS image_id,
           (SELECT COUNT(*) FROM favorite WHERE favorite.feed_id = feed.id) AS favorite_count,
           (SELECT COUNT(DISTINCT room.id)
            FROM room
            LEFT JOIN chat ON room.id = chat.room_id
            WHERE room.feed_id = feed.id AND chat.id IS NOT NULL) AS chat_count
    FROM feed
    LEFT JOIN user u ON u.id = feed.user_id
    LEFT JOIN files f ON feed.image_id = f.id
  `;

  const whereClause = [], params = [];

  if (keyword) {
    query += ` WHERE LOWER(feed.title) LIKE ? OR LOWER(feed.content) LIKE ?`;
    const keywordParam = `%${keyword}%`;
    params.push(keywordParam, keywordParam);
  }

  if (userId) {
    whereClause.push(`feed.user_id = ?`);
    params.push(userId);
  }

  if (whereClause.length > 0) {
    query += ` WHERE ` + whereClause.join(' AND ');
  }

  query += ` ORDER BY feed.id DESC LIMIT ? OFFSET ?`;
  params.push(size, offset);

  return await pool.query(query, params);
}
```

바뀐 점은 SELECT 문에 chat_count를 가져오기 위한 서브 쿼리가 하나 추가되었다는 것입니다. 해당 서브 쿼리는 특정 피드에 생성된 채팅방의 개수를 가져오는데, 채팅방 안에 채팅이 아직 하나도 없는 경우는 포함하지 않도록 합니다.

1.3 채팅 플러터

웹 소켓 준비

웹 소켓을 연결하기 위해 플러터의 web_socket_channel 라이브러리를 추가합니다.

```
flutter pub add web_socket_channel
```

이후 프로젝트 내의 기타 상수들을 정의해 놓은 Global 클래스의 chatUrl을 추가합니다. 같은 주소로 통신하지만, 일반적인 API 통신은 http 연결을 사용해서 연결하지만 웹 소켓의 경우에는 ws 연결을 사용해야 합니다. 따라서 같은 주소이지만 앞부분 스키마 부분만 바꾼 chatUrl을 추가합니다.

lib/src/shared/global.dart

```
class Global {
  static const String baseUrl = '<http://localhost:3000>';
  static const String chatUrl = 'ws://localhost:3000';
}
```

모델 생성

백엔드에서 작성한 모델을 플러터 앱에서 활용하기 위한 모델을 사용합니다. 모델은 채팅방의 정보를 알려줄 RoomModel과 채팅 각각을 나타내는 ChatModel의 추가 생성이 필요합니다. 또한 최종적으로 이렇게 생긴 채팅방의 숫자는 홈 화면에서 중고 거래 품목 우측하단에 채팅 목록에 표시되어야 하므로 FeedModel에 채팅방 개수에 대한 모델을 추가하겠습니다.

lib/src/models/room_model.dart

```
import 'package:carrot_flutter/src/models/feed_model.dart';

import 'user_model.dart';

class RoomModel {
```

```
06    late int id;
07    late UserModel client;
08    late FeedModel feed;
09    late String lastMessage;
10    DateTime? updatedAt;
11
12    RoomModel({
13      required this.id,
14      required this.client,
15      required this.feed,
16      required this.lastMessage,
17      this.updatedAt,
18    });
19
20    RoomModel.parse(Map<String, dynamic> m) {
21      id = m['id'];
22      client = UserModel.parse(m['client']);
23      feed = FeedModel.parse(m['feed']);
24      lastMessage = m['lastMessage'];
25      updatedAt = m['updatedAt'] != null ? DateTime.parse(m['updatedAt']) : null;
26    }
27  }
```

RoomModel은 채팅방의 모델입니다. **07**번째 줄의 client는 채팅 대상자에 대한 정보가 들어있으며, 대상자에 대한 정보는 서버가 판단하여 client라는 이름으로 보내기에 parse 생성자에서 **22**번째 줄의 UserModel.parse를 통해 그 데이터를 가져올 것입니다. **08**번째 줄의 feed는 채팅방이 참고하고 있는 상품에 대한 정보이며 마찬가지로 **23**번째 줄의 FeedModel.parse를 통해 모델을 참고합니다. 이는 차후 어떤 물품에 대한 채팅방인지에 대한 정보와, 물품에 대한 섬네일 이미지를 가져옵니다. **09**번째 줄의 lastMessage는 마지막으로 대화한 채팅 내용을 표시하기 위함으로, 채팅방 내의 채팅 메시지 중 마지막 메시지를 표시하기 위함입니다.

lib/src/models/chat_model.dart

```
class ChatModel {
  late int id;
  late int roomId;
  late int userId;
  late String content;
  DateTime? createdAt;

```

```
08    ChatModel({
09      required this.id,
10      required this.roomId,
11      required this.userId,
12      required this.content,
13      this.createdAt,
14    });
15
16    ChatModel.parse(Map<String, dynamic> m) {
17      id = m['id'];
18      roomId = m['room_id'];
19      userId = m['user_id'];
20      content = m['content'];
21      createdAt =
22          m['created_at'] != null ? DateTime.parse(m['created_at']) : null;
23    }
24  }
```

ChatModel은 채팅방 내의 개별 채팅에 대한 내용이며, **04**번째 줄은 채팅을 기록한 당사자의 id입니다. 이는 차후 채팅 화면에서 내가 보낸 메시지인지, 상대가 보낸 메시지인지 판별하기 위해 사용하게 됩니다.

lib/src/models/feed_model.dart

```
import '../shared/global.dart';
import 'user_model.dart';

class FeedModel {
  // 기존 코드들...
  int chatCount = 0;

  FeedModel({
  // 기존 코드들...
    this.chatCount = 0,
  });

  FeedModel.parse(Map<String, dynamic> m) {
  // 기존 코드들...
    chatCount = m['chat_count'] ?? 0;
  }

```

```
  FeedModel copyWith({
  // 기존 코드들...
  int? chatCount,
  }) {
    return FeedModel(
  // 기존 코드들...
      chatCount: chatCount ?? this.chatCount,
    );
  }
}
```

마지막으로 기존의 FeedModel에 chatCount라는 필드를 추가합니다. 해당 물건에 연계된 채팅방의 개수를 나타내며, 이미 서버에서 구현하였지만 채팅방은 채팅 내용이 없는 경우는 제외하여 숫자로 반환합니다. FeedModel 내의 필드와 생성자, parse 생성자 그리고 copyWith 함수에 모두 기록하여 적절히 수정될 수 있도록 업데이트합니다.

통신을 위한 프로바이더 생성

모델이 완성되었으면 통신을 위한 프로바이더를 생성해서 사용할 예정입니다. 채팅은 API 통신과 웹 소켓 통신 두 가지 방법을 사용합니다. 이 둘을 각각의 파일과 클래스로 분리하여 사용하여도 좋지만, 비교적 간단한 기능만 존재하며 현재 우리가 실습하는 애플리케이션의 웹 소켓은 오로지 채팅용으로만 사용되기에 chat_provider.dart 파일 내에 ChatProvider 클래스와 SocketProvider를 같이 두었습니다.

lib/src/provider/chat_provider.dart

```
import 'dart:convert';

import 'package:get_storage/get_storage.dart';
import 'package:web_socket_channel/io.dart';
import 'package:web_socket_channel/web_socket_channel.dart';

import '../shared/global.dart';
import 'provider.dart';

class ChatProvider extends Provider {
  Future<Map> roomIndex(int page) async {
    final response = await get('/api/chat/room', query: {'page': '$page'});
    return response.body;
  }
```

```
15
16   Future<Map> createRoom(int feed) async {
17     final response = await post('/api/chat/room', {
18       'feedId': '$feed',
19     });
20     return response.body;
21   }
22
23   Future<Map> loadMessages(int roomId) async {
24     final response = await get('/api/chat/room/$roomId');
25     return response.body;
26   }
27 }
28
29 class SocketProvider {
30   final box = GetStorage();
31   WebSocketChannel? _channel;
32
33   Stream get messages => _channel?.stream ?? const Stream.empty();
34
35   void connect() {
36     _channel = IOWebSocketChannel.connect(Global.chatUrl);
37   }
38
39   void sendMessage(int roomId, String content) {
40     final message = jsonEncode({
41       'token': box.read('access_token'),
42       'roomId': '$roomId',
43       'content': content,
44     });
45     _channel?.sink.add(message);
46   }
47
48   void disconnect() {
49     _channel?.sink.close();
50    }
51 }
```

프로바이더 내의 함수들은 기존에 사용하였던 다른 프로바이더 함수들과 기능이 비슷합니다. 채팅방 목록을 위한 **11**번째 줄 roomIndex 함수는 페이징을 위한 index를 파라미터로 받아 페이징을 표시하며, **16**번째 줄의 createRoom 함수는 방 생성을 위한 함수이며 물건의 id를 받아, 해당 물건의 주인과 채팅을 할 수 있는 방을 생성해 주거나, 이미 있는 채팅방이라면 그 방 화면을 안내해 줍니다. 마지막으로 **23**번째 줄의 loadMessages는 채팅방 입장 후 과거 채팅 내용을 알려주는 함수입니다. SocketProvider 함수는 소켓 통신을 위한 함수입니다. GetStorage 내의 인증 토큰을 가져오기 위하여 **33**번째 줄에서 초기화를 해준 뒤, **35**번째 줄의 connect 함수는 해당 주소로의 통신 연결을, **48**번째 줄의 disconnect 함수는 통신 종료를 위한 함수입니다.

웹 소켓의 메시지는 stream 형태로 전송되고 수신되는데 이를 편리하게 전송하고 수신하기 위해 messages라는 게터와 sendMessage라는 함수를 지정하여 메시지를 쉽게 읽고 보낼 수 있도록 제공합니다.

컨트롤러 생성

통신 준비가 완료되었으면 이제 통신할 수 있는 프로바이더와 UI 위젯을 연결하는 컨트롤러가 필요합니다. 새로 chat_controller.dart 파일을 생성하며 채팅을 할 수 있도록 준비합니다.

lib/src/controllers/chat_controller.dart

```
import 'dart:convert';

import 'package:flutter/material.dart';
import 'package:get/get.dart';

import '../models/chat_model.dart';
import '../models/room_model.dart';
import '../providers/chat_provider.dart';

class ChatController extends GetxController {
  final chatProvider = Get.put(ChatProvider());
  final socketProvider = Get.put(SocketProvider());
  final RxList<RoomModel> roomList = <RoomModel>[].obs;
  final RxList<ChatModel> chatList = <ChatModel>[].obs;
  ScrollController? scrollController; // ScrollController 추가

  Future<void> roomIndex({int page = 1}) async {
    Map result = await chatProvider.roomIndex(page);
    List<RoomModel> tmp =
        result['data'].map<RoomModel>((m) => RoomModel.parse(m)).toList();
    (page == 1) ? roomList.assignAll(tmp) : roomList.addAll(tmp);
    connect();
  }

```

```
  newRoom(int feed) async {
    Map result = await chatProvider.createRoom(feed);
    return result['roomId'];
  }

  enterRoom(int room) async {
    final result = await chatProvider.loadMessages(room);
    final tmp =
        result['data'].map<ChatModel>((m) => ChatModel.parse(m)).toList();
    chatList.assignAll(tmp);
    scrollToBottom(); // 메시지 로드 후 스크롤 아래로 내리기
  }

  void sendMessage(int roomId, String content) {
    socketProvider.sendMessage(roomId, content);
  }

  void connect() {
    socketProvider.connect();
    socketProvider.messages.listen((message) {
      final chat = ChatModel.parse(json.decode(message));
      chatList.add(chat);
      scrollToBottom();

      final roomIndex = roomList.indexWhere((room) => room.id == chat.roomId);
      if (roomIndex != -1) {
        roomList[roomIndex].lastMessage = chat.content;
        roomList.refresh();
      }
    });
  }

  void disconnect() {
    socketProvider.disconnect();
  }

  void scrollToBottom() {
    if (scrollController != null && scrollController!.hasClients) {
      Future.delayed(const Duration(milliseconds: 100), () {
        scrollController!.animateTo(
          scrollController!.position.maxScrollExtent,
          duration: const Duration(milliseconds: 300),
```

```
67          curve: Curves.easeOut,
68        );
69      });
70    }
71  }
72  }
```

15번째 줄의 ScrollController는 차후 사용될 채팅 화면 ListView의 스크롤을 다루기 위하여 추가하였습니다. 채팅 목록의 화면이 가득 차 있는 경우, 새로 채팅이 추가될 때 스크롤이 움직이지 않으면 새로운 채팅은 화면 아래에 가려져서 보이지 않을 수가 있습니다. 따라서 채팅방에 입장 후 채팅 화면의 ListView의 스크롤을 **61**번째 줄의 scrollToBottom 함수를 이용하여 제일 아래로 이동하여 사용자에겐 새로운 채팅이 추가됨을 알려줌과 동시에 자연스러운 움직임을 만들어 주기 위함입니다.

42번째 줄의 connect 함수는 웹 소켓의 연결과, 메시지 처리를 관리합니다. **44**번째 줄의 listen으로 메시지의 수신 이후 동작할 동작을 정의합니다. **45**번째 줄에서 소켓으로 받아온 메시지를 모델로 만든 뒤, **49**번째 줄에서 해당 채팅의 방 번호를 사용자가 보유했는지 판단합니다. 즉 이 말은 해당 방 번호를 가지고 있다면 나와 관련된 채팅이고 그렇지 않다면 나와 상관없는 데이터가 들어왔다고 판단합니다.

나와 관련된 채팅이라면 **50**번째 줄에서 chatList에 데이터를 추가하고 스크롤을 아래로 내립니다. 또한 **52**번째 줄에서 채팅방 목록에서 마지막 메시지를 현재 채팅으로 대체하여 채팅방에 입장하지 않더라도 목록에서 채팅을 볼 수 있도록 합니다.

채팅용 위젯 생성

컨트롤러에서는 API 통신과 웹 소켓 통신을 활용해 데이터를 UI로 제공할 준비를 마쳤습니다. 이제는 데이터들을 받아 사용자에게 시각적으로 메시지를 보여줄 수 있는 위젯을 만들어야 합니다.

그림 14-3 상대의 글과 나의 글이 다른 모습

목록형의 위젯은 매물 목록(feed_list_item.dart), 사용자 목록(user_list_item.dart)들이 있습니다. 여기에 더 추가해 채팅방 목록(room_list_item.dart)과 채팅 목록(chat_list_item.dart)을 추가하겠습니다.

lib/src/widgets/listitems/chat_list_item.dart

```dart
import 'package:flutter/material.dart';
import 'package:get/get.dart';

import '../../controllers/user_controller.dart';
import '../../models/chat_model.dart';
import '../../shared/timeutil.dart';

class ChatListItem extends StatelessWidget {
  final ChatModel chat;
  const ChatListItem(this.chat, {super.key});

  @override
  Widget build(BuildContext context) {
    final userController = Get.put(UserController());
    bool isMe = userController.my.value?.id == chat.userId;
    return isMe ? _buildMyMessage(context) : _buildOtherMessage(context);
  }

  Widget _buildOtherMessage(BuildContext context) {
    return Row(
      children: [
       Container(
          margin: const EdgeInsets.symmetric(horizontal: 10, vertical: 4),
          padding: const EdgeInsets.symmetric(horizontal: 10, vertical: 4),
          decoration: BoxDecoration(
            color: Colors.grey.shade300,
            borderRadius: BorderRadius.circular(12),
          ),
          child: Text(chat.content),
        ),
        Text(
          TimeUtil.parse(chat.createdAt),
          style: const TextStyle().copyWith(color: Colors.grey),
        ),
      ],
    );
  }

  Widget _buildMyMessage(BuildContext context) {
    return Row(
      mainAxisAlignment: MainAxisAlignment.end,
```

```
42        children: [
43          Text(
44            TimeUtil.parse(chat.createdAt),
45            style: const TextStyle().copyWith(color: Colors.grey),
46          ),
47          Container(
48            margin: const EdgeInsets.symmetric(horizontal: 10, vertical: 4),
49            padding: const EdgeInsets.symmetric(horizontal: 10, vertical: 4),
50            decoration: BoxDecoration(
51              color: Theme.of(context).primaryColor,
52              borderRadius: BorderRadius.circular(12),
53            ),
54            child: Text(
55              chat.content,
56              style: const TextStyle().copyWith(color: Colors.white),
57            ),
58          ),
59        ],
60      );
61    }
62  }
```

ChatListItem은 채팅방 안에서 채팅의 개별 메시지에 대한 처리를 위한 위젯입니다. 채팅은 내가 보낸 채팅은 우측에, 상대가 보낸 채팅은 좌측에 표시가 되도록 해서 해당 채팅이 내가 쓴 채팅인지, 상대가 쓴 채팅인지를 구분해야 합니다. 나를 구분하기 위하여 userController에 있는 user 상태를 활용하려 합니다. user 상태는 애플리케이션에 로그인 한 이후, 나의 정보를 표시하기 위하여 이름, 프로필, id 등의 정보를 기록해 두었으니 **15**번째 줄에서 해당 채팅의 user_id와 나의 정보 안에 들어있는 user.id를 비교하여 내가 보낸 메시지인지를 **16**번째 줄에서 판별하여 여부에 따라 채팅방 말풍선의 모양을 바꿉니다. **19**번째 줄의 _buildOtherMessage는 상대방의 채팅일 경우를 나타냅니다. 기본 배경은 회색 배경에 채팅 내용과, 채팅 시간이 좌에서 우로 표시된 형태입니다. **39**번째 줄의 _buildMyMessage는 나의 채팅일 경우를 나타냅니다. 이 경우 오른쪽에 정렬하기 위해 **41**번째 줄에서 Row의 기본 축 정렬을 MainAxisAlignment.end로 두어 오른쪽을 기준으로 정렬되도록 합니다. 시간 텍스트를 먼저, 채팅 말풍선을 나중에 배치하여 마치 상대방의 채팅과 좌우대칭을 이루도록 한 뒤, 보다 명확한 구분을 위해 말풍선의 색을 **51**번째 줄에서 primaryColor 즉 홍당무마켓의 메인 색상으로 바꾸어 표시합니다.

그림 14-4 채팅방 목록 화면

lib/src/widgets/listitems/room_list_item.dart

```
import 'package:flutter/material.dart';
import 'package:get/get.dart';

import '../../models/room_model.dart';
import '../../screens/chat/show.dart';
import '../../shared/timeutil.dart';

class RoomListItem extends StatelessWidget {
  final RoomModel room;
  const RoomListItem(this.room, {super.key});

  @override
  Widget build(BuildContext context) {
    return InkWell(
      onTap: () {
        Get.to(() => ChatShow(room.id));
      },
      child: Padding(
        padding: const EdgeInsets.all(10),
        child: Row(
          children: [
            SizedBox(
              width: 60,
              height: 60,
              child: Stack(
                children: [
                  CircleAvatar(
                    backgroundImage: NetworkImage(room.client.profileUrl),
                  ),
                  Positioned(
```

```
                    bottom: 0,
                    right: 0,
                    child: Container(
                      width: 40,
                      height: 40,
                      decoration: BoxDecoration(
                        border: Border.all(color: Colors.white, width: 2),
                        borderRadius: BorderRadius.circular(10),
                      ),
                      child: ClipRRect(
                        borderRadius: BorderRadius.circular(10),
                        child: Image.network(
                          room.feed.imageUrl,
                          width: 40,
                          height: 40,
                          fit: BoxFit.cover,
                        ),
                      ),
                    ),
                  ),
                ],
              ),
            ),
            const SizedBox(width: 15),
            Column(
              crossAxisAlignment: CrossAxisAlignment.start,
              children: [
                Row(
                  crossAxisAlignment: CrossAxisAlignment.center,
                  children: [
                    Text(
                      room.title,
                      style: const TextStyle().copyWith(
                        fontSize: 16,
                        fontWeight: FontWeight.bold,
                      ),
                    ),
                    const SizedBox(width: 10),
                    Text(TimeUtil.parse(room.updatedAt)),
                  ],
                ),
                Text(room.lastMessage)
```

```
73                ],
74              ),
75            ],
76          ),
77        ),
78      );
79    }
80  }
```

RoomListItem은 채팅 화면에서 채팅방의 목록을 나타내는 위젯입니다. **22**번째 줄의 Stack 위젯은 프로필 이미지를 위한 모양입니다. 홍당무마켓의 채팅방 화면에서는 채팅 상대의 프로필 이미지와 현재 채팅 중인 물건의 섬네일 이미지가 겹쳐서 표시됩니다. 이를 나타내기 위하여 Stack 위젯으로 두 이미지를 겹쳐내어 표시합니다.

최종적으로 채팅방 목록의 위젯은 **14**번째 줄의 InkWell 위젯으로 사용자가 탭 할 경우 채팅방의 상세(채팅 화면)로 이동할 수 있도록 제공합니다.

채팅용 화면 생성

채팅용 화면으로는 채팅방의 목록(chat/index.dart)와 채팅 메시지를 볼 수 있는 채팅방의 상세 화면(chat/show.dart)으로 이루어져 있습니다.

lib/src/screens/chat/index.dart

```
import 'package:flutter/material.dart';
import 'package:get/get.dart';

import '../../controllers/chat_controller.dart';
import '../../widgets/listitems/room_list_item.dart';

class ChatIndex extends StatefulWidget {
  const ChatIndex({super.key});

  @override
  State<ChatIndex> createState() => _ChatIndexState();
}

class _ChatIndexState extends State<ChatIndex> {
  final ChatController chatController = Get.put(ChatController());
  int _currentPage = 1;

```

```
  @override
  void initState() {
    super.initState();
    chatController.roomIndex();
  }

  Future<void> _onRefresh() async {
    _currentPage = 1;
    await chatController.roomIndex();
  }

  bool _onNotification(ScrollNotification scrollInfo) {
    if (scrollInfo is ScrollEndNotification &&
        scrollInfo.metrics.extentAfter == 0) {
      chatController.roomIndex(page: ++_currentPage);
      return true;
    }
    return false;
  }

  @override
  Widget build(BuildContext context) {
    return Scaffold(
      appBar: AppBar(
        title: const Text('채팅'),
        centerTitle: false,
      ),
      body: Column(
        children: [
          Expanded(
            child: Obx(() {
              return NotificationListener<ScrollNotification>(
                onNotification: _onNotification,
                child: RefreshIndicator(
                  onRefresh: _onRefresh,
                  child: ListView.builder(
                    itemCount: chatController.roomList.length,
                    itemBuilder: (context, index) {
                      return RoomListItem(chatController.roomList[index]);
                    },
                  ),
                ),
```

```
60               );
61             }),
62           ),
63         ],
64       ),
65     );
66   }
67 }
```

채팅 목록은 홍당무마켓 앱의 하단 바 중 '채팅'을 눌렀을 때 나오는 채팅 목록의 화면입니다. 이 화면은 자주 만들어주던 일반적인 목록을 나타내는 즐겨찾기 목록(feed/favorite.dart)과 검색 결과 목록(feed/search_result.dart) 화면과 매우 비슷합니다. 대신 feedController에서 데이터를 받지 않고 여기서는 **15**번째 줄과 같이 chatController에서 데이터를 받아오며, **21**, **26**, **32**번째 줄에서 chatController.roomIndex 함수로 대치하여 '당겨서 새로 고침' '스크롤 페이징' 등을 실행합니다. 마지막으로 앞서 작성한 RoomListItem 위젯을 **56**번째 줄에서 사용하여 채팅방의 목록을 나타내도록 합니다.

그림 14-5 채팅방 상세(채팅 화면)

lib/src/screens/chat/show.dart

```
import 'package:carrot_flutter/src/widgets/listitems/chat_list_item.dart';
import 'package:flutter/material.dart';
import 'package:get/get.dart';
import '../../controllers/chat_controller.dart';

class ChatShow extends StatefulWidget {
  final int roomId;
  const ChatShow(this.roomId, {super.key});

  @override
  State<ChatShow> createState() => _ChatShowState();
}

class _ChatShowState extends State<ChatShow> {
  final ChatController chatController = Get.put(ChatController());
  final _textEditingController = TextEditingController();
  final ScrollController _scrollController = ScrollController();

  @override
  void initState() {
    super.initState();
    chatController.scrollController = _scrollController; // ScrollController 설정
    chatController.enterRoom(widget.roomId);
  }

  @override
  void dispose() {
    chatController.disconnect();
    _textEditingController.dispose();
    _scrollController.dispose();
    super.dispose();
  }

  void _sendMessage() {
    final message = _textEditingController.text;
    if (message.isNotEmpty) {
      chatController.sendMessage(widget.roomId, message);
      _textEditingController.clear();
      chatController.scrollToBottom(); // 메시지 전송 후 스크롤 아래로
    }
  }
```

```
  @override
  Widget build(BuildContext context) {
    return Scaffold(
      appBar: AppBar(
        title: const Text('채팅'),
        centerTitle: false,
      ),
      body: Column(
        children: [
          Expanded(
            child: Obx(() {
              if (chatController.chatList.isEmpty) {
                return const Center(
                  child: Text(
                    '채팅이 없습니다.',
                    style: TextStyle(fontSize: 16, color: Colors.grey),
                  ),
                );
              } else {
                return ListView.builder(
                  controller: _scrollController,
                  itemCount: chatController.chatList.length,
                  itemBuilder: (context, index) {
                    return ChatListItem(chatController.chatList[index]);
                  },
                );
              }
            }),
          ),
          Padding(
            padding: const EdgeInsets.all(10),
            child: Row(
              children: [
                Expanded(
                  child: TextField(
                    controller: _textEditingController,
                    style: const TextStyle(
                        fontSize: 16, fontWeight: FontWeight.normal),
                    decoration: InputDecoration(
                      hintText: '메시지 보내기',
                      filled: true,
```

```
84                        fillColor: Colors.grey.shade300, // 배경 없애기
85                        border: OutlineInputBorder(
86                          borderSide: BorderSide.none, // 테두리 없애기
87                          borderRadius: BorderRadius.circular(10),
88                        ),
89                        focusedBorder: OutlineInputBorder(
90                          borderRadius: BorderRadius.circular(20),
91                          borderSide: BorderSide.none,
92                        ),
93                        enabledBorder: OutlineInputBorder(
94                          borderRadius: BorderRadius.circular(20),
95                          borderSide: BorderSide.none,
96                        ),
97                        contentPadding: const EdgeInsets.symmetric(
98                          horizontal: 20,
99                          vertical: 5,
100                       ),
101                     ),
102                     onSubmitted: (value) {
103                       _sendMessage();
104                     },
105                   ),
106                 ),
107                 IconButton(
108                   onPressed: _sendMessage,
109                   icon: const Icon(Icons.send),
100                 )
111               ],
112             ),
113           )
114         ],
115       ),
116     );
117   }
118 }
```

ChatShow 화면은 본격적으로 채팅이 이루어지는 화면입니다. **64**번째 줄에서 현재 ListView의 controller를 참조한 scrollController를 **22**번째 줄에서 ChatController에 넘겨주어 스크롤을 컨트롤할 수 있도록 준비합니다. 그다음 줄인 **23**번째 줄에서는 컨트롤러의 enterRoom 함수를 호출하여 이전에 받지 못한 메시지들을 받아옵니다. **72**번째 줄부터 채팅 메시지를 전송하기 위한 TextField를 중고 거래 앱과 유사한 디자인으로 만들어 둔 후, 메시지를 입력할 수 있도록 하였습니다. **102**번째

줄의 onSubmitted 함수와 **108**번째 줄의 아이콘 버튼의 onPressed 함수에서 호출하도록 하였습니다. 이는 채팅을 마친 후 키보드의 '전송' 버튼이나, TextField 우측의 전송 아이콘 중 어떤 걸 눌러도 같은 전송 동작이 수행될 수 있도록 합니다. 전송 동작은 **34**번째 줄에서 이루어지며 메시지가 비어 있는 경우 전송이 되지 않도록 처리하며, 전송이 완료된 이후에는 해당 TextField의 내용을 비운 후 스크롤을 아래로 움직일 수 있도록 합니다.

채팅 연동을 위한 UI 수정

피드 상세에 채팅을 시작할 수 있는 버튼을 추가하는 것과, 피드 목록에서 채팅방의 개수를 표시하는 일만 남았습니다.

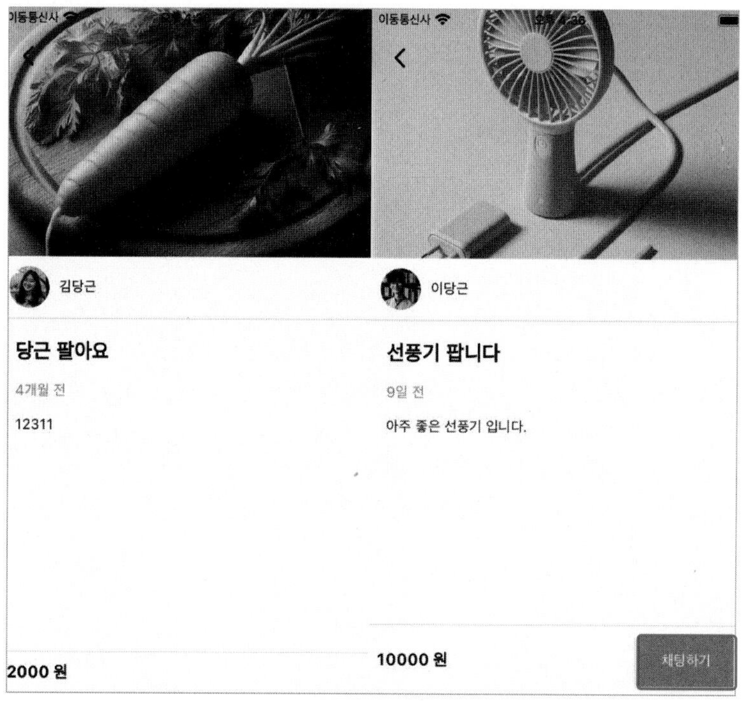

그림 14-6 피드 상세에서 내 글이 아닐 때만 채팅하기 버튼이 나오는 모습

lib/src/screens/feed/show.dart

```
import 'package:flutter/material.dart';
import 'package:get/get.dart';

import '../../widgets/listitems/user_list_item.dart';
import '../../controllers/feed_controller.dart';
import '../../controllers/chat_controller.dart';
import '../../screens/chat/show.dart';
```

```
import '../../shared/timeutil.dart';

class FeedShow extends StatefulWidget {
  final int feedId;
  const FeedShow(this.feedId, {super.key});

  @override
  State<FeedShow> createState() => _FeedShowState();
}

class _FeedShowState extends State<FeedShow> {
  final feedController = Get.find<FeedController>();
  final chatController = Get.find<ChatController>();

  @override
  void initState() {
    super.initState();
    feedController.feedShow(widget.feedId);
  }

  _chat() async {
    int id = await chatController.newRoom(widget.feedId);
    Get.to(() => ChatShow(id));
  }

  @override
  Widget build(BuildContext context) {
      // 기존 코드들 ...
      bottomNavigationBar: Obx(
        () {
          final feed = feedController.currentFeed.value;
          if (feed == null) {
            return const SizedBox();
          }
          return Container(
            decoration: BoxDecoration(
                border: Border(top: BorderSide(color: Colors.grey.shade200))),
            padding: const EdgeInsets.all(8.0),
            child: Row(
              children: [
                // 즐겨찾기 버튼
                IconButton(
                  onPressed: () async {
```

```
51                      await feedController.toggleFavorite(feed.id);
52                    },
53                    icon: Icon(
54                      feed.isFavorite ? Icons.favorite : Icons.favorite_border,
55                      color: feed.isFavorite ? Colors.red : Colors.grey,
56                    ),
57                  ),
58                  Expanded(
59                    child: Text(
60                      "${feed.price} 원",
61                      style: Theme.of(context).textTheme.labelLarge,
62                    ),
63                  ),
64                  Visibility(
65                    visible: !feed.isMe,
66                    child: SizedBox(
67                      width: 100,
68                      child: ElevatedButton(
69                        style: ElevatedButton.styleFrom(
70                          textStyle: Theme.of(context).textTheme.bodyMedium,
71                        ),
72                        onPressed: _chat,
73                        child: const Text("채팅하기"),
74                      ),
75                    ),
76                  ),
77                ],
78              ),
79            );
80          },
81        ),
82      );
83    }
84  }
```

chatController를 사용하기 위하여 **20**번째 줄에서 chatController를 추가한 뒤, **28**번째 줄에서 _chat 함수의 구현을 완성합니다. _chat 함수는 해당 물건의 판매자와 채팅할 수 있는 방을 **29**번째 줄에서 chatController.newRoom 함수를 활용해 방을 만든 뒤 해당 방으로 입장할 수 있는 기능을 가지고 있습니다. 또한 **64**번째 줄에서는 채팅방 입장 버튼을 Visibility 위젯으로 감싸 feed.isMe로 표시되지 않음을 토글합니다. 이는 자기 자신의 글에 대해서는 채팅을 할 수 없도록 만들어서 발생할 수 있는 채팅의 오류를 방지하기 위함입니다.

lib/src/widgets/listitems/feed_list_item.dart

```
import 'package:flutter/material.dart';
import 'package:get/get.dart';

import '../../controllers/feed_controller.dart';
import '../../models/feed_model.dart';
import '../../screens/feed/show.dart';
import '../../shared/timeutil.dart';
import '../modal/confirm_modal.dart';
import '../modal/more_bottom.dart';

const double _imageSize = 110;

class FeedListItem extends StatelessWidget {
    // 기존 코드들...
    // 댓글, 즐겨찾기 영역
    Positioned(
      right: 12,
      bottom: 0,
      child: Row(
        children: [
          const Icon(
            Icons.chat_bubble_outline,
            color: Colors.grey,
            size: 16,
          ),
          const SizedBox(width: 2),
          Text(
            '${data.chatCount}',
            style: const TextStyle(color: Colors.grey),
          ),
          const SizedBox(width: 4),
          const Icon(
            Icons.favorite_border,
            color: Colors.grey,
            size: 16,
          ),
          const SizedBox(width: 2),
          Text(
            '${data.favoriteCount}',
            style: const TextStyle(color: Colors.grey),
          ),
```

```
        ],
      ),
      // 기존 코드들 ......
```

홈 화면에서 보이는 FeedLIstItem에서 '좋아요' 개수(favoriteCount) 필드를 추가할 때와 마찬가지로 채팅 개수인 chatCount를 추가합니다. 이제부터는 임의의 숫자가 아닌 실제 채팅방의 숫자가 표시될 것입니다.

lib/src/screens/home.dart

```
import 'package:flutter/material.dart';
import 'package:get/get.dart';

import '../controllers/user_controller.dart';
import 'chat/index.dart';
import 'community/index.dart';
import 'feed/index.dart';
import 'my/mypage.dart';

final List<BottomNavigationBarItem> myTabs = <BottomNavigationBarItem>[
  BottomNavigationBarItem(icon: Icon(Icons.home), label: '홈'),
  BottomNavigationBarItem(icon: Icon(Icons.feed), label: '동네'),
  BottomNavigationBarItem(
      icon: Icon(Icons.chat_bubble_outline_rounded), label: '채팅'),
  BottomNavigationBarItem(icon: Icon(Icons.person_outline), label: '마이'),
];

final List<Widget> myTabItems = [
  FeedIndex(),
  CommunityIndex(),
  ChatIndex(),
  MyPage(),
];

class Home extends StatefulWidget {
// 기존 코드들 ......
```

마지막으로는 홈 화면에서 하단 탭 바의 '채팅' 바 아이템의 탭 부분을 ChatIndex로 만들어 줍니다. 이로써 홍당무마켓 홈 화면에서 하단 '채팅' 바 아이템을 터치하면 진행 중인 채팅 목록을 표시해 주는 ChatIndex 화면이 띄워질 것입니다.

찾아보기

한글(ㄱ~ㅎ)

고차 함수 27
네비게이션 바 93
데이터베이스 312
동등 연산자와 일치 연산자 262
람다 29
로그아웃 452
명명된 생성자 34
모듈 시스템 263
미들웨어 292
믹스인 37
비동기 프로그래밍 22
상단 탭 네비게이션 98
상수 25
상수 생성자 33
상태 관리 138
아이콘 438
암호화 310
애니메이션 179
오버라이딩 35
옵셔널 파라미터 30
익명 함수 29
컬렉션 25
콜백과 비동기 268
클로저 28
토큰 기반 인증 305
파일 처리 328
팩토리 패턴 32
페이지 이동 87
하단 탭 네비게이션 101
행과 열 45
호이스팅 257
화면 간 데이터 전달 84

영어(A~Z)

API 연동 188
AppBar 93
Button 위젯 60
Cocoa Pods 12
Connection Pool 317
Container 위젯 53
Dialog 114
Express 프레임워크 276
GetConnect 194
GetStorage 406
GetX 151
Icon 위젯 59
Image 위젯 55
ImagePicker 411

IndexedStack 위젯 52
JWT 306
margin과 padding 54
Modal 107
MVC 166
NamedRouter 82
Navigator 81
Node.js 250
nodemon 296
npm 265
package.json 266
Positioned 위젯 51
PreparedStatement 317
Promise 270
RefreshIndicator 372
Row, Column 45
Stack 위젯 50
Stateful 위젯 68
Stateless 위젯 65
Text 위젯 43
TextField 위젯 61
Timeago 427
WebSocket 524
WebSocketChannel 534
WebviewFlutter 434
Wireframe 175

기호

.env 301

플러터와 Node.js로 시작하는 풀스택 개발

1판 1쇄 발행 2024년 11월 13일

저 자 | 김진형
발 행 인 | 김길수
발 행 처 | ㈜영진닷컴
주 소 | ㈜08512 서울특별시 금천구 디지털로9길 32
갑을그레이트밸리 B동 10층
등 록 | 2007. 4. 27. 제16-4189호

©2024. ㈜영진닷컴

ISBN | 978-89-314-7796-2

이 책에 실린 내용의 무단 전재 및 무단 복제를 금합니다.
파본이나 잘못된 도서는 구입하신 곳에서 교환해 드립니다.

YoungJin.com Y.
영진닷컴